Hinweis:

Die Seitenzahlen der Musterlösungen entsprechen denen des dazugehörigen Prüfungsvorbereitungsbuches.

EUROPA LEHRMITTEL

EUROPA-FACHBUCHREIHE
für elektrotechnische Berufe

PRÜFUNGSVORBEREITUNG AKTUELL

Abschlussprüfung Teil 2

Elektroniker/-in für Energie- und Gebäudetechnik

- Aufgaben nach Themengebieten sortiert
- Mindmaps mit wichtigen Formeln und Hinweisen
- Beschreibung der Kompetenzen zum Lösen der Aufgaben
- mehrere gleichartige Aufgaben zum Üben und Festigen der Themengebiete
- mit Lösungsband zur raschen Kontrolle der Ergebnisse

3. Auflage

Musterlösungen

Bearbeitet von Gewerbelehrern und Ingenieuren

VERLAG EUROPA-LEHRMITTEL · Nourney, Vollmer GmbH & Co. KG
Düsseldorfer Straße 23 · 42781 Haan-Gruiten

Europa-Nr.: 37619

Autoren der PRÜFUNGSVORBEREITUNG AKTUELL Elektroniker Energie- und Gebäudetechnik:

Burgmaier, Monika	Oberstudiendirektorin	Durbach, Offenburg
Burgmaier, Patricia	Dipl.-Ing. (BA)	Melsungen
Schiemann, Bernd	Dipl.-Ing.	Durbach

Leitung des Arbeitskreises und Lektorat:

Monika Burgmaier, Oberstudiendirektorin, Durbach, Offenburg

Bildbearbeitung:

Zeichenbüro des Verlages Europa-Lehrmittel, 73760 Ostfildern

3. Auflage 2020

Druck 5 4 3 2 1

Alle Drucke derselben Auflage sind parallel einsetzbar, da sie bis auf die Behebung von Druckfehlern untereinander unverändert bleiben.

ISBN 978-3-8085-3940-8

http://www.europa-lehrmittel.de

Satz: Satz+Layout Werkstatt Kluth GmbH, 50374 Erftstadt

Umschlag: braunwerbeagentur, 42477 Radevormwald

Umschlagfoto: ERCO, 58507 Lüdenscheid

Umschlagidee: Bernd Schiemann und Monika Burgmaier

Druck: Himmer GmbH, 86167 Augsburg

Vorwort zur 3. Auflage

Die Prüfungsvorbereitung aktuell eignet sich hervorragend zum selbstständigen Wiederholen der wichtigsten Themengebiete der schriftlichen Gesellenprüfung Teil 2 für den Elektroniker für Energie- und Gebäudetechnik.

Wichtige Formeln und Hinweise werden zu jedem Themengebiet visualisiert.

Mithilfe eines für die Aufgaben festgelegten Kompetenzrasters wird der Lernende direkt zu den von ihm noch zu vertiefenden Fachinhalten geführt.

Aufgrund der Zusammenstellung nach fachsystematischen Themen eignet sich das Buch auch sehr gut zur Vorbereitung auf Klassenarbeiten.

Folgende in den Prüfungen immer wieder vorkommende Fachgebiete werden in diesem Buch behandelt:

- Antennen- und Verteilanlagen
- Antriebstechnik
- Beleuchtungstechnik
- Elektrowärme
- Fotovoltaik
- Gefahrenmeldeanlagen
- Haushaltsgeräte
- Kleinsteuerungen
- KNX
- Kompensation
- Leitungsberechnung
- Schutzmaßnahmen
- Steuerungs- und Regelungstechnik
- Telekommunikationstechnik
- Wirtschafts- und Sozialkunde

Mit dem eingelegten Lösungsheft können die eigenen Lösungen schnell und übersichtlich überprüft werden.

Wichtige Informationen zu Ausbildung und Prüfung runden das Buch ab.

In der **3. Auflage** sind in einigen Fachgebieten neue Aufgaben hinzugekommen. Eine Reihe von Aufgaben wurden an die technische Entwicklung angepasst.

Die Autoren von PRÜFUNGSVORBEREITUNG AKTUELL Energie- und Gebäudetechnik wünschen Ihnen eine informative Ausbildungszeit und eine erfolgreiche Prüfung.

Gerne lesen wir Ihre Verbesserungsvorschläge, Ihre Kritik und Ihre Zustimmung, die Sie uns weiterleiten unter: lektorat@europa-lehrmittel.de.

Autoren und Verlag — Sommer 2020

Liebe Leser, liebe Leserinnen,

hier einige Tipps zur Arbeit mit dem Buch.

Um gezielt Themengebiete, die für die Prüfung von Bedeutung sind, zu üben oder zu vertiefen, wurde für jedes Themengebiet ein Lernatlas **(Bild 1)** angelegt:

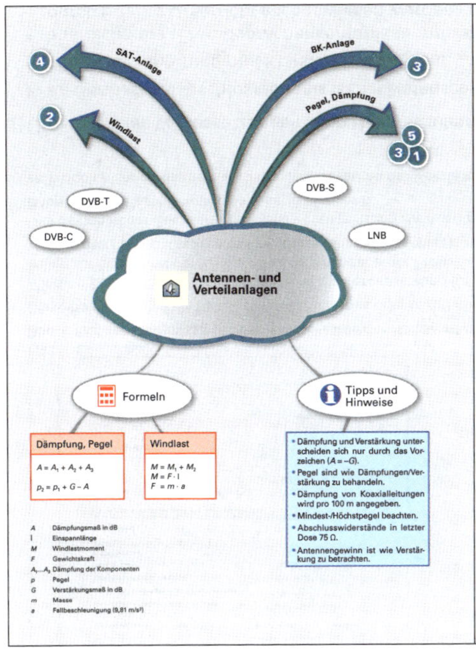

Kompetenzen im Fachgebiet Antennen- und Verteilanlagen	Aufgaben	🙂	☹	🙂
Ich kenne die normgerechten Schaltzeichen der Baugruppen einer Antennenanlage	1.1			
Ich kann die Notwendigkeit des Einbaus eines Abschlusswiderstandes erläutern und kenne dessen Wert	1.2, 4.3, 4.4			
Ich kann die Anlagendämpfung ermitteln	1.3, 3.3,			
Ich kenne die Vorschriften beim Errichten einer Antennenanlage	2.1, 4.5			
Ich kann die Windlast berechnen und beurteilen	2.2			
Ich kann die Anlagendämpfung abschätzen und beurteilen	3.1, 5.1, 5.2			
Ich kenne die minimalen und maximalen Nutzsignalpegel einer BK-Anlage	3.2			
Ich kann die Pegel an den verschiedenen Punkten einer Antennenanlage ermitteln	3.4, 5.3			
Ich kann die notwendige Verstärkung aus den Anlagendaten ermitteln	3.5			
Ich kenne die Baugruppen einer SAT-Anlage und kann deren Funktion erläutern	4.1, 4.6, 4.7			
Ich kann die Winkel beim Ausrichten einer SAT-Antenne benennen und erläutern	4.2			

Für weitere Notizen:

beherrsche ich schon — muss ich noch üben — Aufgaben habe ich gelöst

Bild 1: Lernatlas

Auf der linken Seite finden Sie kurz und bündig auf einen Blick

- die wichtigsten Formeln,
- Tipps und Hinweise, die häufig gemachte Fehler verhindern sollen und
- die Themen der ausgewählten Aufgaben.

Auf der rechten Seite können Sie wichtige Kompetenzen des Themengebietes nachlesen.

Wir schlagen Ihnen folgende Vorgehensweise vor:

1. Lesen Sie zuerst die notwendigen Kompetenzen durch.
2. Beherrschen Sie die Kompetenz, dann können Sie diese Aufgabenteile auch überspringen.
3. Die noch zu vertiefenden Kompetenzen üben Sie mit den vorgeschlagenen Aufgaben.
4. So behalten Sie jederzeit den Überblick über noch zu lösende oder zu wiederholende Aufgaben.

Überprüfen Sie das in der Prüfung zugelassene Tabellenbuch auf Vollständigkeit.

Bei noch nicht sicher vorhandenen Kompetenzen greifen Sie auf das Fachkundebuch zurück.

Inhaltsverzeichnis

Fragen zu Ausbildung und Prüfung

1 Welche Prüfungen erwarten mich im Rahmen meiner Ausbildung?

- Teil 1 der Gesellenprüfung
- Teil 2 der Gesellenprüfung
- Berufsschulabschlussprüfung[1)]

2 Warum werden am Ende der Ausbildung zwei getrennte Abschlusszeugnisse ausgestellt?

Sie erhalten am Ende der Ausbildung von der Berufsschule ein Abschlusszeugnis und von der Handwerkskammer ein Prüfungszeugnis **(Bild 1)**. Voraussetzung für den Erhalt der Zeugnisse ist das Bestehen der Abschlussprüfung nach der jeweils gültigen Prüfungsordnung.

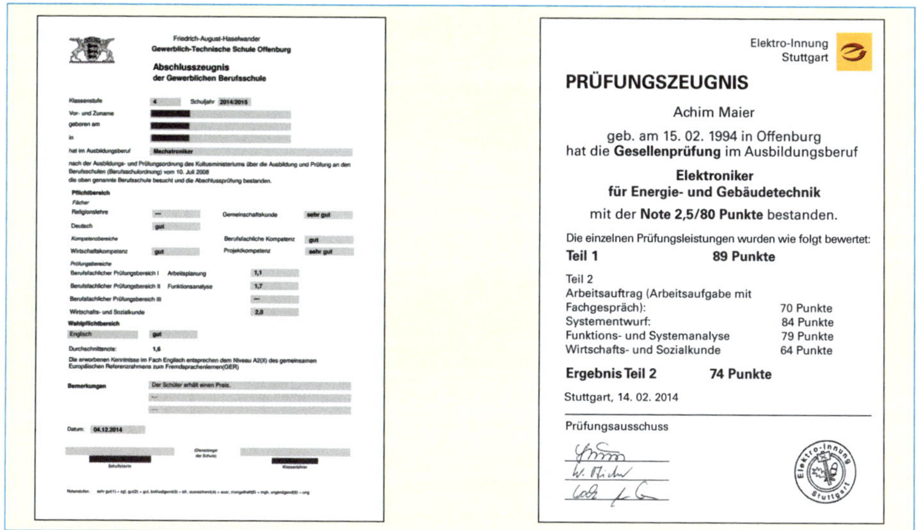
Friedrich-August-Haselwander Gewerblich-Technische Schule Offenburg
Abschlusszeugnis der Gewerblichen Berufsschule

Elektro-Innung Stuttgart
PRÜFUNGSZEUGNIS
Achim Maier
geb. am 15. 02. 1994 in Offenburg
hat die **Gesellenprüfung** im Ausbildungsberuf
Elektroniker für Energie- und Gebäudetechnik
mit der **Note 2,5/80 Punkte** bestanden.
Die einzelnen Prüfungsleistungen wurden wie folgt bewertet:
Teil 1 **89 Punkte**
Teil 2
Arbeitsauftrag (Arbeitsaufgabe mit Fachgespräch): 70 Punkte
Systementwurf: 84 Punkte
Funktions- und Systemanalyse 79 Punkte
Wirtschafts- und Sozialkunde 64 Punkte
Ergebnis Teil 2 **74 Punkte**
Stuttgart, 14. 02. 2014
Prüfungsausschuss

Bild 1: Prüfungszeugnisse der Berufsschule und der Handwerkskammer

Diese beiden Zeugnisse haben für Ihr schulisches oder berufliches Weiterkommen eine besondere Bedeutung.

Mit dem Berufsschulabschlusszeugnis ist die Voraussetzung für den Besuch von weiteren Schularten wie dem einjährigen Berufskolleg zur Erlangung der Fachhochschulreife oder einer Fachschule gegeben. Hauptschüler erhalten unter bestimmten Voraussetzungen den Fachschulabschluss (Mittlerer Bildungsabschluss) zuerkannt.

Das Bestehen der Gesellenprüfung ist Voraussetzung zur Ausübung des Berufes und damit können Sie laut Tarifvertrag als Geselle (Monteur) ein Beschäftigungsverhältnis eingehen.

Falls noch nicht vorhanden, wird mit dem Bestehen der Berufsschulprüfung der Hauptschulabschluss zuerkannt.

3 Unter welchen Voraussetzungen kann Hauptschülern ein Mittlerer Bildungsabschluss zuerkannt werden?

- im Berufsschulabschlusszeugnis ist ein Notenschnitt von mindestens 3,0 gefordert,
- die Gesellenprüfung muss bestanden sein und
- ausreichende Fremdsprachenkenntnisse müssen durch 5 Jahre Unterricht nachgewiesen werden.

4 Welcher Notenschlüssel wird bei der Kammerprüfung verwendet?

Bei der Kammerprüfung wird der 100-Punkte-Schlüssel **(Tabelle 1)** benutzt. Es handelt sich um einen nichtlinearen Schlüssel, bei dem bei weniger als 50 Punkten die Note mangelhaft erteilt wird.

Tabelle 1:

Punkte	Note
92 bis 100	sehr gut
81 bis 91	gut
67 bis 80	befriedigend
50 bis 66	ausreichend
30 bis 49	mangelhaft
0 bis 29	ungenügend

[1)] In Baden-Württemberg gibt es eine gemeinsame Abschlussprüfung mit der Kammer.

5 Wann finden die Prüfungsteile statt?

Der Prüfungsteil 1 soll vor Ende des zweiten Ausbildungsjahres stattfinden. Der Prüfungsteil 2 findet am Ende der Ausbildungszeit statt.

6 Welche Prüfungsbereiche gibt es und wie ist deren Gewichtung?

In dem Prüfungsbereich Arbeitsauftrag werden die Inhalte aus den Lernfeldern 1 bis 6 schriftlich abgeprüft, die die Berufsschule bis dahin vermittelt hat. Außerdem ist eine praktische Aufgabe zu lösen. Dieser Prüfungsteil geht mit 40 % in die Gesellenprüfung ein **(Tabelle 1)**.

Tabelle 1: Prüfung Teil 1, Lernfelder 1 bis 6

Lernfeld	Prüfung			
Lernfeld 1 • • • Lernfeld 6	**Prüfung Teil 1**	Komplexe **Arbeitsaufgabe** mit **situativen Gesprächsphasen**	**Schriftliche Aufgabenstellung** zu der komplexen Arbeitsaufgabe	
	Im 4. Halbjahr (nach 1,5 bis 2 Jahren)	In der Prüfung Teil 1 soll der Prüfling zeigen, dass er z. B. technische Unterlagen auswerten, Arbeitsabläufe planen, Teile montieren, demontieren, Betriebswerte einstellen, Unfallverhütungsvorschriften beachten, Fehler suchen und beseitigen, Produkte in Betrieb nehmen, übergeben, erläutern und Prüfprotokolle erstellen kann.		
		max. 8 h 20 %	**max. 8 h 20 %**	**40 %**

Der Prüfungsteil 2 besteht aus 4 Prüfungsbereichen:

- Systementwurf,
- Funktions- und Systemanalyse,
- Wirtschafts- und Sozialkunde und
- Arbeitsauftrag

Im Kundenauftrag zeigen Sie Ihre praktische Fähigkeiten, die bei der Ausübung Ihres Berufes von Bedeutung sind. Die weiteren Prüfungsbereiche behandeln die Inhalte, die Ihnen an der Berufsschule vermittelt wurden, diese werden schriftlich geprüft. Der **Tabelle 2** können Sie weitere Details sowie die Gewichtung der Prüfungsbereiche entnehmen.

Tabelle 2: Prüfung Teil 2, Lernfelder 7 bis 13

Lernfeld	Prüfung				
Lernfeld 7 • • • Lernfeld 13	**Prüfung Teil 2**	**Systementwurf**	**Funktions- und Systemanalyse**	**Wirtschafts- und Sozialkunde**	
	Ende 7. Halbjahr (nach 3,5 Jahren)	Es sind technische Problemanalysen durchzuführen und für bestehende Betriebsabläufe Lösungskonzepte zu entwickeln.	Es sind Schaltungsunterlagen und Dokumentationen auszuwerten und zu analysieren, Änderungen in Programmen vorzunehmen und Fehlerursachen zu bestimmen.	Es sind praxisbezogene, handlungsorientierte Aufgaben und wirtschaftliche und gesellschaftliche Zusammenhänge der Berufs- und Arbeitswelt darzustellen und zu beurteilen.	
		max. 2 h 12,5 %	**max. 2 h 12,5 %**	**max. 1 h 10,0 %**	
		Arbeitsauftrag: Hier soll der Prüfling zeigen, dass er die schon in Teil 1 der Prüfung genannten Anforderungen an einen komplexen betrieblichen Auftrag, z. B. Steuerung einer Tiefgarageneinfahrt, oder eine praktische Aufgabe umfassend beherrscht. Das Fachgespräch (siehe hintere Umschlaginnenseite) geht mit bis zu 30 % in die Bewertung ein.			
		17 h–24 h 25 %			**60 %**

7 Unter welchen Bedingungen kann der Prüfungstermin bei bestehenden Verträgen vorgezogen werden?

Das Berufsbildungsgesetz ermöglicht bei guten Leistungen in Berufsschule und Betrieb eine vorgezogene Prüfungszulassung. In der Regel kann die Ausbildung um ein halbes Jahr verkürzt werden. Beachten Sie die örtlichen Meldefristen bei den Prüfungsterminen der Kammern.

8 Welche Bestehensregelung gilt für die Gesellenprüfung?

Die Gesellenprüfung ist bestanden, wenn die Leistungen

- im Gesamtergebnis von Teil 1 und Teil 2 mit mindestens „ausreichend",
- im Ergebnis von Teil 2 mit mindestens „ausreichend",
- im Prüfungsbereich Arbeitsauftrag mindestens „ausreichend",
- in mindestens zwei der übrigen Prüfungsbereiche von Teil 2 mit mindestens „ausreichend" und
- in keinem schriftlichen Prüfungsbereich von Teil 2 mit „ungenügend" bewertet worden sind.

Die Bestehensregelungen der Berufsschulprüfung sind in den einzelnen Bundesländern geregelt.

9 Unter welchen Voraussetzungen findet bei der Gesellenprüfung eine mündliche Prüfung statt?

Mündliche Prüfungen werden auf Antrag des Prüflings nur dann abgehalten, wenn dieser durch die mündliche Prüfung die Gesellenprüfung noch bestehen kann. Die Prüfung bezieht sich ausschließlich auf die schriftlichen Prüfungsbereiche. Dabei ist das schriftliche Ergebnis mit dem mündlichen Ergebnis im Verhältnis 2:1 zu gewichten.

10 Welche Möglichkeiten gibt es bei Nichtbestehen der Gesellenprüfung?

Bei Verlängerung des Ausbildungsvertrages kann die Gesellenprüfung zweimal wiederholt werden.

11 Wer prüft bei der Kammerprüfung?

Der Prüfungsausschuss bei der Handwerkskammer besteht aus drei Personen **(Bild 1)**:

- Beauftragter des Arbeitgebers,
- Beauftragter der Arbeitnehmer,
- Lehrer.

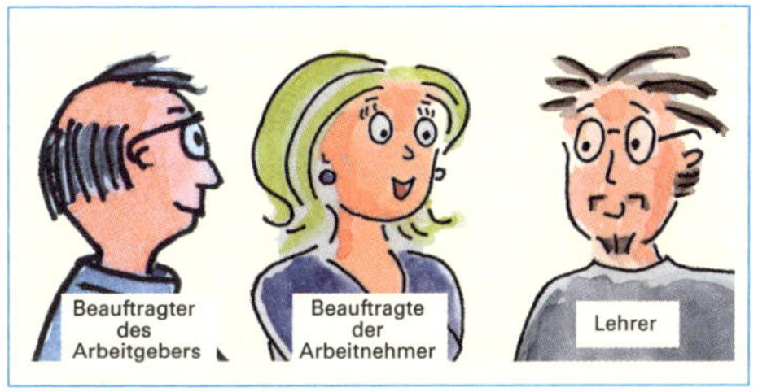

Bild 1: Prüfungsausschuss

12 Wie bereite ich mich auf die Prüfung vor?

- **Bilden Sie Lerngruppen (Bild 2).**

  Zusammen mit anderen Auszubildenden ist es einfacher, die Schwelle zum gezielten Lernen zu überwinden. Sich gegenseitig abfragen und erklären bringt auf jeden Fall allen Beteiligten einen sicheren Lernfortschritt.

- **Besorgen Sie sich die Prüfungsaufgaben von früheren Terminen.**

  Diese eignen sich hervorragend zum Üben des gesamten Lernstoffes der Ausbildung.

  Greifen Sie auf keinen Fall zu schnell zu den angebotenen Lösungshinweisen.

  Beachten Sie die Vorgehensweise nach **Bild 3**.

- **Planen Sie feste Übungsabschnitte mit Pausen ein.**

  Machen Sie nach 90 Minuten eine Pause von mindestens 15 Minuten.

- **Halten Sie Themen/Fragen, die noch nicht „so sitzen", schriftlich fest.**

  Eine Möglichkeit wäre die Erstellung von Lernkarten, die Sie sich immer wieder ansehen können.

Bild 2: Lerngruppe

Bild 3: Vorgehensweise beim Lösen von Prüfungsaufgaben

13 Wie besiege ich meine Prüfungsangst?

Die von Ihnen zu bewältigende Prüfungssituation stellt für Sie nicht den Normalzustand beim Lernen dar. Die Angst, in der Prüfung zu versagen oder die Aufgaben oder den Prüfer nicht zu verstehen, ist weit verbreitet. Dabei ist ein leichtes Lampenfieber durchaus normal und auch leistungssteigernd **(Bild 1)**.

Damit haben Sie die optimale Voraussetzung für ein gutes Gelingen Ihrer Prüfung. Dazu ist es wichtig, sich schon im Vorfeld auf die Prüfungssituation einzustimmen. Es helfen Ihnen die Vorschläge in **Bild 2**. Schließen Sie am Abend vor dem Prüfungstag Ihre Vorbereitungen rechtzeitig ab und stellen Sie alle notwendigen Unterlagen zusammen, die Sie für die Prüfung benötigen, z.B. Tabellenbuch, Formelsammlung und Zeichenschablonen.

Am Abend vor einer wichtigen Prüfung können Sie sich eine Ablenkung gönnen: einen Kinobesuch, einen Spaziergang oder ein schönes Abendessen.

Prüfungsangst kann auch zu Muskelanspannung führen, der Sie aber leicht durch eine gezielte Bauchatmung entgegenwirken können. Legen Sie die Hand unterhalb des Bauchnabels auf Ihren Bauch und atmen Sie tief ein und aus. Machen Sie sich dabei bewusst, wie Ihr Atem die Hand bewegt. Nach mehreren Atemzügen werden Sie ruhiger und entspannter werden.

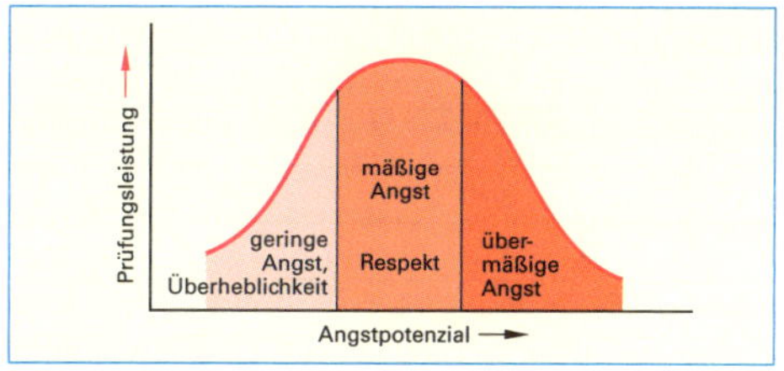

Bild 1: Auswirkungen der Angst auf die Leistung

Wie bekämpfe ich meine Prüfungsangst?

- Indem ich weiß, dass ich gut vorbereitet bin.
- Indem ich mir vorstelle, dass der Prüfungsausschuss mir nicht fremd ist.
- Indem ich weiß, dass ein mäßiges Angstpotenzial zu einer deutlichen Leistungssteigerung führt.
- Indem ich schon häufig solche Prüfungssituationen geübt habe.
- Indem ich gesund und ausgeruht zur Prüfung erscheine.
- Indem ich nicht aufgebe, wenn ich eine Frage nicht gleich vollständig beantworten kann.

Bild 2: Vorschläge zur Bekämpfung der Prüfungsangst

14 Welche Tipps gelten für den Prüfungstag?

- Legen Sie alle Unterlagen, die Sie zum Lösen der Aufgaben benötigen, griffbereit und übersichtlich vor sich auf den Tisch.
- Markieren Sie wichtige technische Daten der Aufgabe.
- Die Checkliste soll Ihnen häufige in den Prüfungen gemachte Fehler verdeutlichen **(Tabelle 1)**.
- Achten Sie bei den Aufgabenstellungen der schriftlichen Prüfungsteile auf die Verben **(Tabelle 2)**.
- Prüfen Sie nach jeder Aufgabe, ob Sie alle gestellten Fragen beantwortet haben.

15 Zu welchem Zeitpunkt endet mein Ausbildungsvertrag?

Mit der Bekanntgabe des Bestehens der Gesellenprüfung endet Ihr Ausbildungsvertrag, auch wenn in Ihrem Vertrag ein späteres Datum eingetragen wurde.

Meist dauert es noch einige Wochen, bis Sie von der Handwerkskammer Ihren Gesellenbrief zugeschickt bekommen. Häufig wird Ihnen dieser Brief bei einer Freisprechungsfeier überreicht.

Auf jeden Fall muss Ihnen der Ausbildungsbetrieb ein Ausbildungszeugnis ausstellen.

Tabelle 1: Checkliste zur Vermeidung von Prüfungsfehlern

Rechenaufgaben $R = \frac{U}{I} = \frac{230\ \text{V}}{100\ \text{mA}} = 2{,}3\ \text{k}\Omega$	In Formeln **Zahlenwerte** mit **Einheiten** einsetzen und an **Maßeinheiten** denken.
Diagramme (u, t)	Achsenbezeichnungen angeben.
Programme LDN I2.3 Q 6.4	Programme in Teilschritte zerlegen und dann erst zusammenfügen.
Aufgabenstellung Nennen Erläutern Welche? Wodurch?	Frageworte und Verben beachten.
Schaltpläne S1 Q1 Q1	Normgerechte Schaltzeichen und Benennungen der Bauelemente beachten.
Herstellungsunterlagen CQX35 A K I_F = 50 mA P_{tot} = 100 mW	Richtige Baugruppe laut Aufgabenstellung auswählen.

Tabelle 2: Verben der Fachfragen

nennen	Eine **Aufzählung** reicht aus.
erklären, erläutern	Sie sollen den Sachverhalt **in Sätzen** erklären.
analysieren	Sie sollen sich über **Zusammenhänge, Auswirkungen** und **Funktionen** äußern.
bewerten, beurteilen	Sie müssen eine **begründete Entscheidung** treffen.

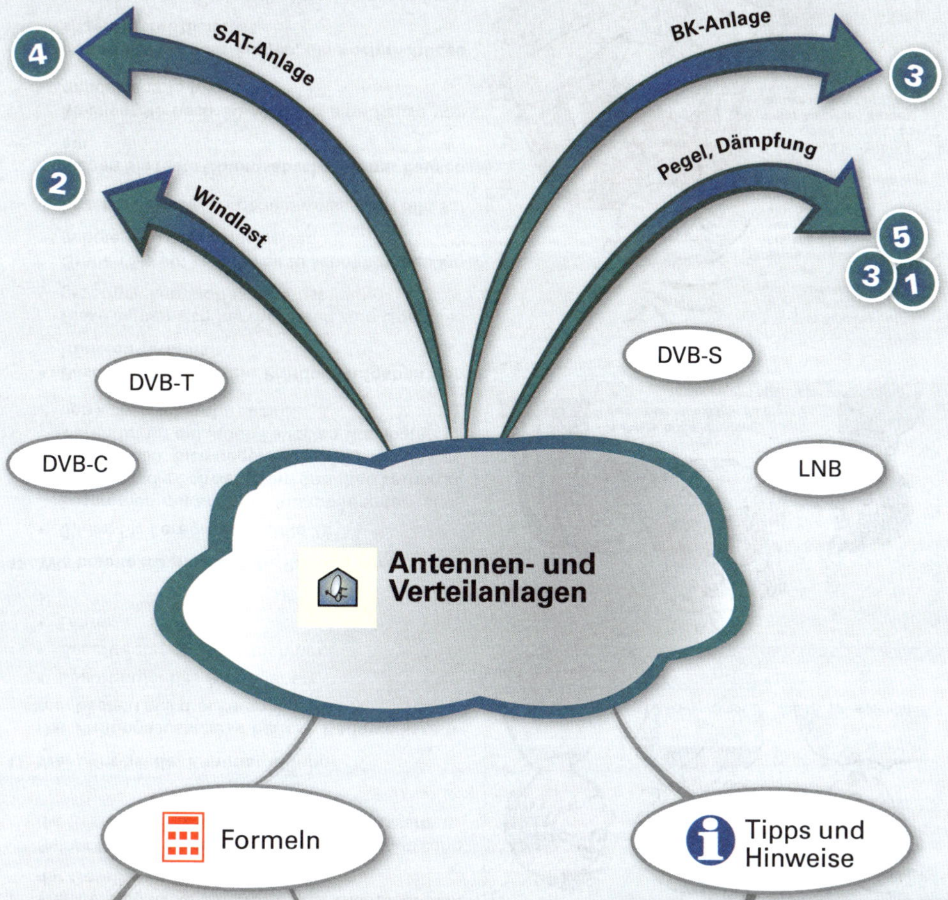

Dämpfung, Pegel

$A = A_1 + A_2 + A_3$

$p_2 = p_1 + G - A$

Windlast

$M = M_1 + M_2$

$M = F \cdot l$

$F = m \cdot a$

- Dämpfung und Verstärkung unterscheiden sich nur durch das Vorzeichen ($A = -G$).
- Pegel sind wie Dämpfungen/Verstärkung zu behandeln.
- Dämpfung von Koaxialleitungen wird pro 100 m angegeben.
- Mindest-/Höchstpegel beachten.
- Abschlusswiderstände in letzter Dose 75 Ω.
- Antennengewinn ist wie Verstärkung zu betrachten.

A	Dämpfungsmaß in dB
l	Einspannlänge
M	Windlastmoment
F	Gewichtskraft
$A_1 \ldots A_3$	Dämpfung der Komponenten
p	Pegel
G	Verstärkungsmaß in dB
m	Masse
a	Fallbeschleunigung (9,81 m/s²)

Kompetenzen im Fachgebiet Antennen- und Verteilanlagen	Aufgaben	🙂 (orange)	☹ (rot)	🙂 (grün)
Ich kenne die normgerechten Schaltzeichen der Baugruppen einer Antennenanlage.	1.1			
Ich kann die Notwendigkeit des Einbaus eines Abschlusswiderstandes erläutern und kenne dessen Wert.	1.2, 4.3, 4.4			
Ich kann die Anlagendämpfung ermitteln.	3.3, 6.1			
Ich kenne die Vorschriften beim Errichten einer Antennenanlage.	2.1, 4.5, 6.3, 6.4			
Ich kann die Windlast berechnen und beurteilen.	2.2			
Ich kann die Anlagendämpfung abschätzen und beurteilen.	3.1, 5.1, 5.2			
Ich kenne die minimalen und maximalen Nutzsignalpegel einer BK-Anlage.	3.2			
Ich kann die Pegel an den verschiedenen Punkten einer Antennenanlage ermitteln.	1.3, 3.4, 5.3, 6.2			
Ich kann die notwendige Verstärkung aus den Anlagendaten ermitteln.	3.5			
Ich kenne die Baugruppen einer SAT-Anlage und kann deren Funktion erläutern.	4.1, 4.6, 4.7			
Ich kann die Winkel beim Ausrichten einer SAT-Antenne benennen und erläutern.	4.2			

Für weitere Notizen:

🙂 (orange) beherrsche ich schon ☹ (rot) muss ich noch üben 🙂 (grün) Aufgaben habe ich gelöst

1 Antennenanlage analysieren

1.1 Geben Sie die fachgerechte Bezeichnung der Baugruppen ① bis ④ in **Bild 1** an.

① Verstärker
② Weiche
③ Verteiler
④ Abzweiger

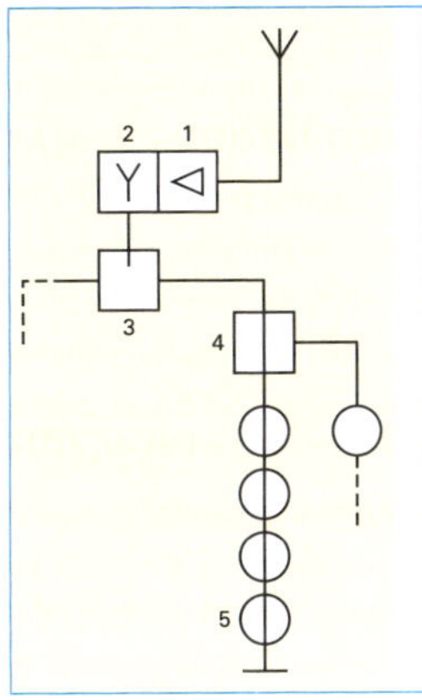

Empfangspegel	66 dBµV
Komponente 1	23 dB
Komponente 2	3 dB
Komponente 3	5 dB
Komponente 4	
Durchgang	2 dB
Abzweigung	14 dB
Steckdosen	
Durchgang	1 dB
Anschluss	18 dB

Bild 1: Baugruppen und Daten einer Antennenanlage

1.2 Welche Besonderheit ist bei der Installation der Steckdose ⑤ gegenüber den davor liegenden Antennensteckdosen zu beachten?

In die Antennensteckdose sind Abschlusswiderstände einzubauen.

1.3 Ermitteln Sie den Spannungspegel in dBµV an der Steckdose ⑤ unter Berücksichtigung eines Antennengewinns von 15 dB und einer Gesamtkabeldämpfung von 4 dB sowie den in **Bild 1** angegebenen Dämpfungswerten.

$p = p_E + G_A + G_1 - A_2 - A_3 - A_{4d} - 3\,A_{5d} - A_{5a} - A_K$

$= 66\ \text{dB}\mu\text{V} + 15\ \text{dB} + 23\ \text{dB} - 3\ \text{dB} - 5\ \text{dB} - 2\ \text{dB}$

$- 3 \cdot 1\ \text{dB} - 18\ \text{dB} - 4\ \text{dB} = 69\ \text{dB}\mu\text{V}$

2 Windlastberechnung durchführen

An einem 6 m langen Antennenstandrohr mit einem Eigenbiegemoment von M_r = 42 Nm sind folgende Antennen **(Tabelle 1)** angebracht.

Tabelle 1: Antennendaten

Antennenart	Gewichtskraft	Befestigungslänge ab Mastfuß
UKW-Antenne	F_1 = 65 N	l_1 = 5 m
Offset-Parabolantenne	F_2 = 420 N	l_2 = 2,5 m
Antenne für DVBT-Empfang	F_3 = 75 N	l_3 = 6 m

Die Einspannlänge des Standrohres beträgt 1 m. Das zulässige Windlastmoment M_z darf 1600 Nm nicht überschreiten.

2.1 Genügt die gewählte Einspannlänge den Vorschriften?

Ja, denn die Einspannlänge beträgt mindestens 1/6 der Länge des Antennenmastes.

2.2 Wird die zulässige Windlast eingehalten?

$M_G = M_r + M_1 + M_2 + M_3$

$= 42\ \text{Nm} + 65\ \text{N} \cdot (5 - 1)\ \text{m} + 420\ \text{N} \cdot (2{,}5 - 1)\ \text{m} + 75\ \text{N} \cdot (6 - 1)\ \text{m}$

$= 1307\ \text{Nm} < 1600\ \text{Nm}$

Ja, die maximale Windlast wird eingehalten.

3 Breitbandkommunikationsanlage

Eine Breitbandkommunikationsanlage wird mit 10 Teilnehmeranschlussdosen (X1 bis X10) nach **Bild 1** installiert. Am Übergabepunkt ÜP wird ein Pegel von 78 dBµV gemessen. Die Dämpfungswerte sind der **Tabelle 1** zu entnehmen.

Tabelle 1: Dämpfungswerte

Baugruppen	Dämpfung *A*
Koaxialleitung pro 100 m	18 dB
Abschlussdämpfung der Teilnehmeranschlussdose	8 dB
Durchgangsdämpfung der Teilnehmeranschlussdose	1,5 dB
4-fach-Abzweiger Durchgangsdämpfung	3 dB
4-fach-Abzweiger Abzweigdämpfung	14 dB
8-fach-Abzweiger Durchgangsdämpfung	6,5 dB
8-fach-Abzweiger Abzweigdämpfung	16 dB

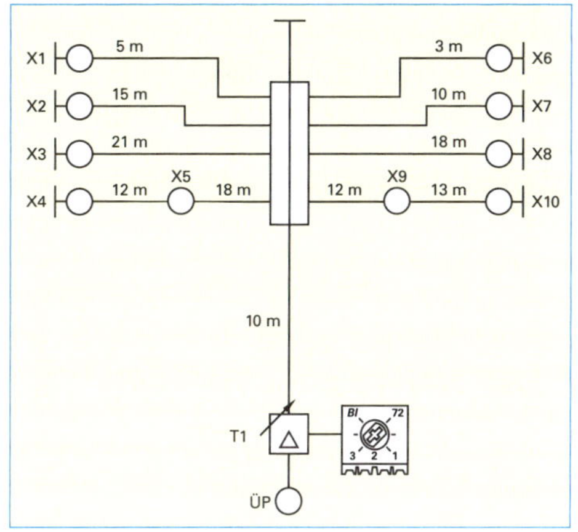

Bild 1: Breitbandkommunikationsanlage

3.1 Welche Teilnehmerdose erhält den geringsten Signalpegel? Begründen Sie Ihre Entscheidung.

Den geringsten Signalpegel erhält die Teilnehmerdose X4, da sie am weitesten vom Übergabepunkt entfernt ist und zusätzlich noch die Durchgangsdämpfung der Teilnehmerdose X5 berücksichtigt werden muss.

3.2 Welche minimalen und maximalen Nutzsignalpegel werden für a) das Bildsignal und b) das Tonsignal gefordert?

a) Bildsignal: 60 dBµV bis 84 dBµV
b) Tonsignal: 56 dBµV bis 80 dBµV

3.3 Welche Dämpfung erfährt ein Signal vom Ausgang des Verstärkers T1 bis zur Abnahme an der Teilnehmerdose X4?

$A = A_K + A_{a8fach} + A_{X5d} + A_{X4a}$

$= (10 + 18 + 12)\ \text{m} \cdot 18\ \text{dB/100m} + 16\ \text{dB} + 1{,}5\ \text{dB} + 8\ \text{dB}$

$= 32{,}7\ \text{dB}$

3.4 Berechnen Sie den Ausgangspegel am Verstärker T1, wenn an X4 ein Pegel von 65 dBμV zur Verfügung stehen soll.

$p_{T1} = A + p_{X4} = 32{,}7\ dB + 65\ dB\mu V = 97{,}7\ dB\mu V$

3.5 Welche Verstärkung ist für die Berechnung nach 3.4 am Verstärker eingestellt?

$G_{T1} = A_{T1} - p_{ÜP} = 97{,}7\ dB - 78\ dB\mu V = 19{,}7\ dB$

4 Digitale Satellitenempfangsanlagen installieren

4.1 Welchen Vorteil bringt der Einbau einer Multifeed-Antenne?

Es können mehrere Satelliten empfangen werden.

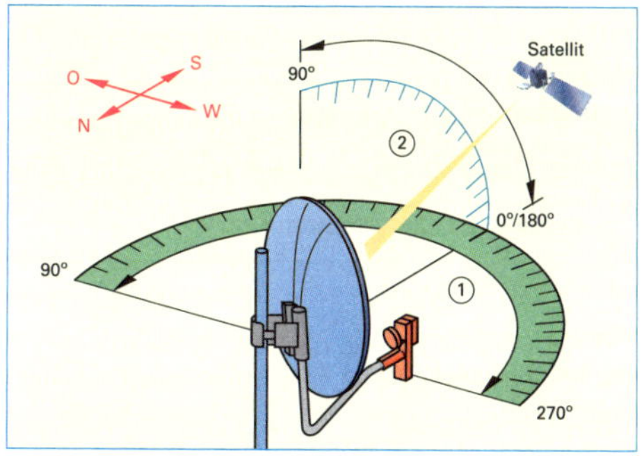

Bild 1: Winkeleinstellung an der Parabolantenne

4.2 Welche beiden Winkel müssen bei der Ausrichtung einer Parabolantenne (**Bild 1**) beachtet werden?

① Azimutwinkel (Winkel in horizontaler Ausrichtung).
② Evaluationswinkel (Winkel in vertikaler Ausrichtung).

4.3 Wo werden die Abschlusswiderstände bei SAT-Antennenanlagen eingebaut?

Die Abschlusswiderstände werden in der letzten bzw. nicht benutzten Antennendose eingebaut.

4.4 Welchen Widerstandwert haben die Abschlusswiderstände?

75 Ω

4.5 Welche Bedingungen sind an die Erdungsleitung für eine Satellitenempfangsanlage zu stellen?

Es muss ein eindrähtiger Kupferleiter mit mindestens 16 mm^2 benutzt werden.

4.6 Hochauflösende Fernsehprogramme sollen über Satellit empfangen werden. Welche Anforderungen sind an den Receiver zu stellen?

Der Receiver muss das Merkmal DVB-S2 haben und eine HDMI-Schnittstelle besitzen.

4.7 Welche Aufgaben übernimmt der Multischalter in einer Satellitenempfangsanlage?

Ein Multischalter kann mehrere Receiver mit den gewünschten Programmen versorgen.

5 Signale einer SAT-Empfangsanlage berechnen

Bei der neu zu installierenden SAT-Anlage ist von folgenden Bedingungen auszugehen:

- Die Signalstärke am Ausgang des LNB beträgt 70 dBμV.
- Der Mindestpegel am SAT-Receiver muss 47 dBμV betragen.
- Die SAT-Signal-Frequenz beträgt 2400 MHz.
- Der Anschluss der Enddose erfolgt direkt am LNB über eine 35 m lange Koaxialleitung.

Auszüge aus dem Datenblatt der SKB-Koaxialleitung (**Tabelle 1**) und der verwendeten Antennensteckdose (**Bild 1**) sind vorhanden.

Tabelle 1: SKB-Koaxialleitung 75 Ω

Typ/Technische Daten	SKB 11	SKB 75	SKB 395
Dämpfung/100 m			
5 MHz (dB)	1,01	–	–
47 MHz (dB)	4,86	7,3	4,3
200 MHz (dB)	7,60	14,0	8,5
500 MHz (dB)	11,26	23,0	13,9
1000 MHz (dB)	15,65	34,0	20,2
1750 MHz (dB)	20,97	45,0	27,5
2050 MHz (dB)	22,67	49,0	30,0
2400 MHz (dB)	24,64	53,0	32,8
Rückflussdämpfung (862/2050 MHz)	≥ 20 dB/≥ 12 dB	≥ 27 dB/≥ 22 dB	≥ 25 dB/≥ 20 dB

HIRSCHMANN		B I	UKW	USB-B III ESB	B IV/V	Sat-ZF
Frequenzbereich	MHz	47-68	87,5-108	174-470	470-862	950-2400
Anschlussdämpfung						
RF, Buchse	dB	-	2,0	-	-	-
TV, Stecker	dB	2,0	-	2,0	2,0	-
Sat, F-Buchse	dB	-	-	-	-	2,0 - 3,0
Fernspeisespannung/-strom		max. 24 V=/500 mA über Sat-Ausgang				

Bild 1: Dämpfungswerte von Antennensteckdosen

5.1 Berechnen Sie die maximale Anlagendämpfung, wenn eine SKB-395-Koaxialleitung verwendet wird.

$A = A_k + A_A = 35\ m \cdot 32{,}8\ dB/100\ m + 3\ dB = 14{,}48\ dB$

5.2 Ist der Einbau eines Verstärkers unter den genannten Bedingungen erforderlich?

$A = p_{LNB} - p_{Rec} = 70\ dB\mu V - 47\ dB\mu V = 23\ dB > 14{,}48\ dB \Rightarrow$
Der Einbau eines Verstärkers ist nicht nötig.

5.3 Ermitteln Sie den Pegel am Receiver ohne eingebauten Verstärker.

$p = p_{LNB} - A = 70\ dB\mu V - 14{,}48\ dB = 55{,}52\ dB$

6 SAT-Antennenanlagen überprüfen

Nach baulichen Veränderungen am Gebäude eines Fußballvereins ist die Antennenanlage zu überprüfen. Die Anlage besteht aus einer SAT-Antenne mit einem LNB für zwei Teilnehmer. Vom LNB führen zwei 5 m lange Koaxialkabel zu einem Hausanschlusskasten. Von dort führen SAT-Kabel zu den Abschlussdosen im Büro (Länge 11 m) und im Versammlungsraum (Länge 24 m).

In den Unterlagen finden Sie Angaben zur Anlage **(Tabelle 1)** und zu den Pegeln der verwendeten Antennensteckdosen **(Tabelle 2)**. Eine Pegelmessung am LNB ergab für alle Frequenzen 70 dBµV.

Tabelle 1: Unterlagen zur SAT-Antennenanlage

SAT 75 AFZ-Kabel	**Dämpfung bei 950 MHz**	**19 dB/100 m**
	Dämpfung bei 2150 MHz	**44 dB/100 m**
SAT-Steckdose ESD	**Dämpfung**	**2 dB**
SAT-Inline-Verstärker	**Verstärkung, einstellbar**	**12 dB bis 20 dB**
Koaxialkupplungsadapter F	**Dämpfung**	**0 dB**

Tabelle 2: Pegel von Antennensteckdosen in dBµV

Bereich	**Mindestpegel p_{min}**	**Höchstpegel p_{max}**
UKW	**50**	**70**
F I	**60**	**80**
F III	**60**	**80**
F IV/V	**60**	**80**
SAT-ZF	**47**	**75**

6.1 Berechnen Sie die Kabeldämpfung für die Kabel SAT75 AFZ nach **Tabelle 1**

a) von der SAT-Anlage bis zum Hausanschlusskasten,

b) vom Hausanschlusskasten bis zu den Anschlussdosen im Büro,

c) vom Hausanschlusskasten bis zum Versammlungsraum.

$$A_K = \frac{\text{Dämpfung}}{100\ \text{m}} \cdot l \Rightarrow$$

a) $p_{min950} = \frac{19\ \text{dB}}{100\ \text{m}} \cdot 5\ \text{m} = 0{,}95\ \text{dB}$ $\quad p_{min2150} = \frac{44\ \text{dB}}{100\ \text{m}} \cdot 5\ \text{m} = 2{,}2\ \text{dB}$

b) $p_{min950} = \frac{19\ \text{dB}}{100\ \text{m}} \cdot 11\ \text{m} = 2{,}09\ \text{dB}$ $\quad p_{min2150} = \frac{44\ \text{dB}}{100\ \text{m}} \cdot 11\ \text{m} = 4{,}84\ \text{dB}$

c) $p_{min950} = \frac{19\ \text{dB}}{100\ \text{m}} \cdot 24\ \text{m} = 4{,}56\ \text{dB}$ $\quad p_{min2150} = \frac{44\ \text{dB}}{100\ \text{m}} \cdot 24\ \text{m} = 10{,}56\ \text{dB}$

6.2 Ergänzen Sie **Tabelle 1** und berechnen Sie die Pegel an den Enddosen.

Tabelle 1: Pegelauswertung

	Enddose im Büro		Enddose im Versammlungsraum	
Frequenz	950 MHz	2150 MHz	950 MHz	2150 MHz
Pegel am LNB	70 dBµV	70 dBµV	70 dBµV	70 dBµV
Kabeldämpfung 5 m	0,95 dB	2,2 dB	0,95 dB	2,2 dB
Kabeldämpfung 11 m/24 m	2,09 dB	4,84 dB	4,56 dB	10,56 dB
Dämpfung SAT-Steckdose	2 dB	2 dB	2 dB	2 dB
Pegel an der Enddose	64,96 dBµV	60,96 dBµV	62,49 dBµV	55,24 dBµV
Pegel min	47 dBµV	47 dBµV	47 dBµV	47 dBµV
Pegel max	75 dBµV	75 dBµV	75 dBµV	75 dBµV
Verstärker ja/nein?	nein	nein	nein	nein

6.3 Beschreiben Sie die normgerechte Erdung der Antennenanlage und geben Sie den Leitungstyp und den notwendigen Leiterquerschnitt an.

Der Antennenmast ist mit einer Mastschelle über eine Erdungsleitung, z. B. mit NYY 1 x 16 mm², einadrig an die Haupterdungsschiene anzuschließen oder mit der Blitzschutzanlage zu verbinden.

6.4 Welche Maßnahmen sind zum Potenzialausgleich notwendig?

Die Schirmung der in das Gebäude führenden Koaxialkabel erfolgt mit Potenzialausgleichsleitungen z. B. aus Cu mit A ≥ 4 mm².

6.5 Erstellen Sie für die Unterlagen ein Blockschaltbild der SAT-Anlage **(Bild 1)**.

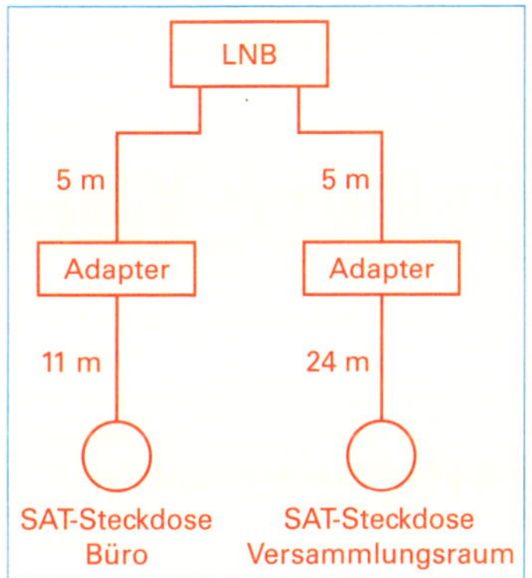

Bild 1: Blockschaltbild der SAT-Anlage

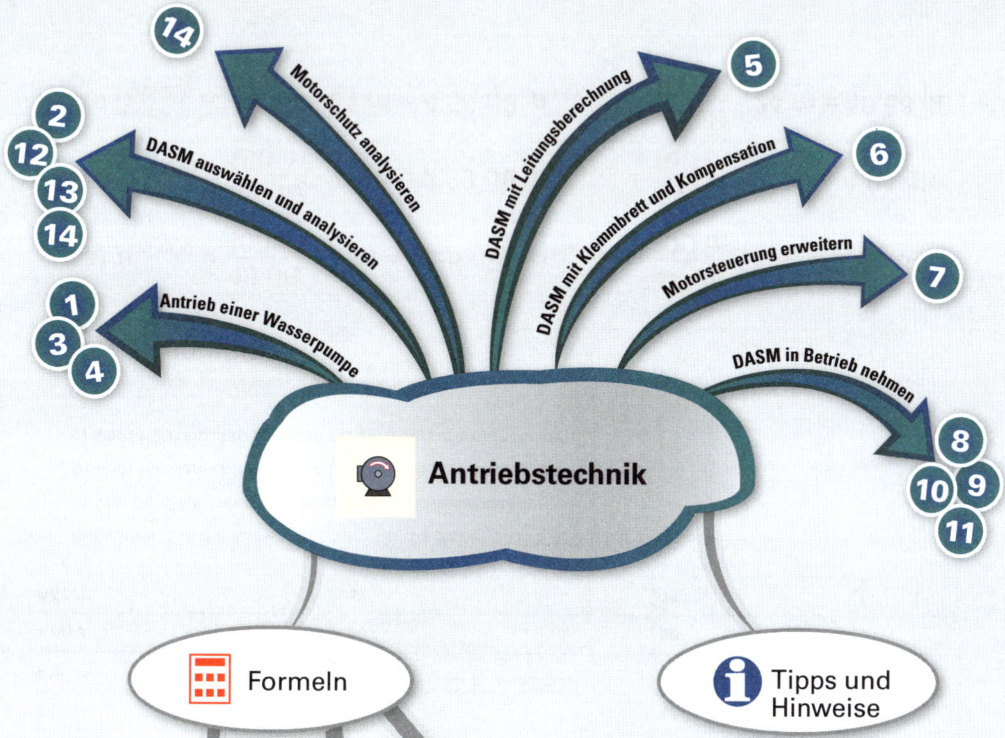

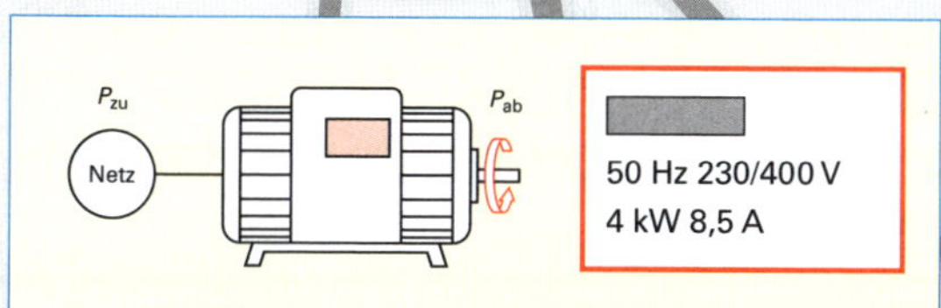

- Zulässige Strangspannung darf nicht überschritten werden.
- Kleinere Spannungsangabe entspricht der zulässigen Strangspannung.
- Auf dem Leistungsschild wird P_{ab} angegeben.
- ① Angabe von P_{ab} in kW
- ② n_s beträgt bei einem Polpaar $3000\,\frac{1}{\text{min}}$.

Motor, allgemein

$S = U \cdot I \cdot \sqrt{3}$

$P_{zu} = \sqrt{3} \cdot U \cdot I \cdot \cos\varphi$

$\cos\varphi = \frac{P_{zu}}{S}$

$P_{ab} = M \cdot \omega$

$\eta = \frac{P_{ab}}{P_{zu}}$ $\quad P_{ab} = \frac{M \cdot n}{9549}$ ①

DASM

Drehfelddrehzahl $n_s = \frac{f}{p}$ ②

Schlupf $s = \frac{n_s - n}{n_s} \cdot 100\,\%$

Pumpe

Förderleistung $P = F \cdot \frac{s}{t}$

Pumpe $F = m \cdot a$

S	Scheinleistung
U	Spannung
I	Strom
P_{zu}, P_{ab}	Motorleistungen
$\cos\varphi$	Wirkleistungsfaktor
ω	Kreisfrequenz
η	Wirkungsgrad
n	Drehzahl
M	Moment
f	Frequenz
n	Drehzahl
n_s	Drehfeldzahl
p	Polpaarzahl
s	Schlupf in %
a	Beschleunigung
F	Kraft
m	Masse
P	Leistung
s	Weg
t	Zeit

Kompetenzen im Fachgebiet Antriebstechnik	Aufgaben	🙂	☹	🙂
Ich kann die Förderleistung einer Pumpe berechnen.	1.1a, 3.1–3.4, 4.1			
Ich kann den zur Förderleistung passenden Pumpenmotor auswählen.	1.1b, 3.5, 4.2			
Ich kann eine Amortisierungsrechnung einer Anschaffung durchführen.	1.2, 1.3			
Ich kann die Daten eines Leistungsschildes eines Motors analysieren.	2.1, 9.1, 10.1, 10.2, 11.2, 12.1a–12.5e, 13.2			
Ich kann für die Anwendung den passenden Motor aussuchen.	2.2			
Ich kann die Wirkleistung eines Motors berechnen.	2.3, 4.3, 5.1a, 9.2a			
Ich kann den Wirkungsgrad eines Motors berechnen.	2.4, 9.2b, 13,5			
Ich kann das Drehmoment (Kraftmoment) eines Motors (Bemessungsdrehmoment) ermitteln.	2.6, 8.2a, 9.2c, 10.5, 13.2			
Ich kann den Betriebsstrom eines Motors berechnen.	4.5, 5.1b			
Ich kann die Verlegeart und den Leiterquerschnitt für einen Motor ermitteln (weitere Aufgaben im Kapitel 12).	4.5, 5.2			
Ich kann den Spannungsfall bei Motorbetrieb nach VDE überprüfen (weitere Aufgaben im Kapitel 12).	4.6, 5.3			
Ich kann das Motorklemmbrett für Stern/Dreieckschaltung richtig verdrahten.	6.1, 9.1			
Ich kann die Kompensation von Motoren begründen.	6.2			
Ich kann die Kapazität zur Kompensation des Motors berechnen (weitere Aufgaben im Kapitel Kompensation).	6.3–6.5			
Ich kenne die Bedeutung der thermischen Klassen bei Motoren.	6.6, 10.1b			
Ich kann den Haupt- und Steuerstromkreis einer Motorschaltung an die gewünschten Anforderungen anpassen.	7			
Ich kann den Zusammenhang zwischen der Polpaarzahl und der Drehfelddrehzahl beim Drehstrommotor bestimmen.	8.1, 10.3			
Ich kann den Schlupf des Drehstrommotors bei der Drehfelddrehzahl in % ermitteln.	2.5, 8.2b, 9.2d, 10.4, 12.1d			
Ich kann die Drehmomentenkennline eines Drehstrommotors analysieren.	8.3, 13.1, 13.3, 13.4			
Ich kann die Vor- und Nachteile sowie Aufgaben eines Frequenzumrichters nennen.	8.4, 10.9, 10.10, 11.6			
Ich kenne die Möglichkeiten, wie ein Motor gegen Überlastung geschützt werden kann.	10.6, 12.2b, 13.6, 14			
Ich kann beurteilen, ob der Motor direkt ans öffentliche Netz nach den TAB 2011 angeschlossen werden darf.	10.7, 12.1f			
Ich kenne verschiedene Möglichkeiten, einen Motor anzulassen, und kann diese beurteilen.	10.8, 11.1, 11.4a, 11.4c, 11.5, 11.6			
Ich kann aus einem Motorendatenblatt den Anlaufstrom ermitteln.	11.3			
Ich kann den Anlassstrom eines Motors in Sternschaltung ermitteln.	11.4b			
Ich kann den Schaltplan einer Schützschaltung für eine Maschinensteuerung verstehen.	12.2			

🙂 **beherrsche ich schon** ☹ **muss ich noch üben** 🙂 **Aufgaben habe ich gelöst**

1 Antrieb einer Wasserpumpe

Ein Landwirt will mit einer eigenen Pumpe täglich 12000 Liter Wasser fördern, statt die Wassermenge zum Preis von 3,80 €/m³ und der monatlicher Zählergebühr von 3,50 € vom Wasserwerk zu beziehen. Nach einem Gutachten kann diese Wassermenge aus einer Tiefe von h = 12 m gefördert werden, Brunnenbohrung und Brunnenfassung kosten 9500 €.

1.1 Die Pumpe wird von einem Drehstrommotor angetrieben. Sie kann maximal 1 m³ Wasser pro Minute fördern.

Die Förderleistung der Pumpe kann mit der Formel $P = F \cdot \frac{h}{t}$ berechnet werden. Der Wirkungsgrad η der Pumpe beträgt 60 %.

a) Berechnen Sie die Bemessungsleistung des Drehstrommotors.

$$P_{\text{Pumpe}} = F \cdot \frac{h}{t} = \frac{m \cdot a \cdot h}{t} = \frac{1000\ \text{kg} \cdot 9{,}81\ \frac{\text{m}}{\text{s}^2} \cdot 12\ \text{m}}{60\ \text{s}} = 1962\ \text{W}$$

$$P_{\text{Motor}} = \frac{P_{\text{Pumpe}}}{\eta} = \frac{1962\ \text{W}}{0{,}6} = 3{,}27\ \text{kW}$$

b) Wählen Sie aus der Motorentabelle **(Tabelle 1)** einen geeigneten Motor aus.

Tabelle 1: Kurzschlussläufermotoren KTP1A & KTP1G (Technische Daten)

4-polig, 1500 U/min, IP55 — 400 V, 50 Hz

Type	Leistung	Drehzahl	Nenn-strom bei 400 V	Wirkungs-grad bei 100 %	Wirkungs-grad bei 75 %	Wirkungs-grad bei 50 %	Leis-tungs-faktor	Nenn-moment	Anzugs-moment	Anzugs-strom	Kipp-moment	Trägheits-moment	Gewicht
	kW	U/min	A	%	%	%	cos φ	Nm	Ma/Mn	In/In	Mmax/Mn	kgm²	kg
808-4	0,75	120	1,73	82,5	82,8	80,6	0,76	5,04	2,3	5,4	2,9	0,0016	11,3
905-4	1,1	1425	2,42	84,1	84,6	83,2	0,78	7,37	2,3	5,9	2,7	0,0037	15,0
90L-4	1,5	1420	3,21	85,3	86,1	85,2	0,79	10,09	2,4	8,4	2,7	0,0047	18,0
100L1-4	2,2	1430	4,47	86,7	87,8	85,2	0,82	14,89	2,4	6,6	2,9	0,0092	23,3
100L2-4	3	1430	6,17	87,7	88,0	85,9	0,80	20,03	2,4	6,9	2,8	0,0120	28,0
112M-4	4	1435	8,25	88,6	98,9	87,5	0,79	26,62	2,5	7,9	3,0	0,0155	32,2
132S-4	5,5	1430	10,81	89,6	90,9	88,9	0,82	36,73	2,3	7,1	2,8	0,0340	48,0
132M-4	7,5	1430	14,43	90,4	91,3	91,2	0,83	50,08	2,3	7,8	2,7	0,0441	53,0

Gewählt aus der **Tabelle 1:** Typ 112M-4 mit der Leistung 4 kW

1.2 Welche Kosten entstehen zusätzlich zu den Kosten für Brunnenbau, Pumpe, Drehstrommotor, Installation?

- elektr. Energie
- Wartung
- Finanzierung
- Wasserproben

1.3 a) Berechnen Sie die jährlichen Kosten des Wasserbezugs durch das Wasserwerk.

Wassermenge	$12000\ \text{l} \cdot 360\ \text{Tage} = 4320\ \text{m}^3$
Wasserkosten	$4320\ \text{m}^3 \cdot 3{,}80\ \frac{€}{\text{m}^3} = 16416\ €$
Zählergebühr	$12 \cdot 3{,}50\ € = 42\ €$
Summe	16458 €

b) Berechnen Sie die Kosten der Eigenversorgung, wenn die Pumpenanlage 5500 € kostet und jährliche Betriebskosten von 400 € anfallen.

Brunnenerstellung	9500 €
Investitionskosten	5500 €
Betriebskosten ca.	400 €
Summe	15400 €

c) Ist die Eigenversorgung empfehlenswert?

Ja. Die Kosten der Eigenversorgung sind günstiger, die Anschaffung ist zu empfehlen.

2 Polumschaltbare DASM analysieren

Das Leistungsschild eines Drehstrommotors enthält folgende Daten **(Bild 1)**.

3 ~ Mot. Typ xxx Nr. yyy		
Δ/YY 400 V		2,48 A/3,3 A
1,0/1,4 kW		cos φ 0,83/0,92
1425/2850 min⁻¹		50 Hz
IS. Kl. B	IP 54	DIN VDE 0530

Bild 1: Leistungsschild Drehstrommotor

2.1 Welche besonderen Eigenschaften hat der Motor?

Zwei Wicklungen. Drehzahl ist umschaltbar: 1425 min^{-1} und 2850 min^{-1}

2.2 Nennen Sie zwei Beispiele für die Verwendung des Motors.

- Drehmaschinen mit zwei Grunddrehzahlen
- zweistufige Lüfterantriebe, z. B. Gebäudelüftung
- zweistufige Bohrmaschinen

2.3 Berechnen Sie die Wirkleistung P_{zu} des Motors bei niedriger Drehzahl.

$$P_{zu} = \sqrt{3} \cdot U \cdot I \cdot \cos\varphi_1 = \sqrt{3} \cdot 400\ \text{V} \cdot 2{,}48\ \text{A} \cdot 0{,}83 = 1{,}426\ \text{kW}$$

2.4 Welchen Wirkungsgrad η hat der Motor bei niedriger Drehzahl in %?

$$\eta = \frac{P_{ab}}{P_{zu}} = \frac{1\ \text{kW}}{1{,}426\ \text{kW}} = 0{,}7 \Rightarrow \eta = 70\,\%$$

2.5 Ermitteln Sie den Schlupf des Motors bei niedriger Drehzahl in %.

$$n_s = \frac{f}{p} = \frac{50\ \frac{1}{\text{s}}}{2} \Rightarrow n_s = 25\ \frac{1}{\text{s}} \Rightarrow n_s = 1500\ \frac{1}{\text{min}}$$

$$s = \frac{n_s - n}{n_s} \cdot 100\,\% = \frac{1500\ \frac{1}{\text{min}} - 1425\ \frac{1}{\text{min}}}{1500\ \frac{1}{\text{min}}} \cdot 100\,\% = 5\,\%$$

2.6 Berechnen Sie das maximale Kraftmoment des Motors bei niedriger Drehzahl.

$$P_{kW} = \frac{M \cdot n}{9549} \Rightarrow M = \frac{P_{kW} \cdot 9549}{n} = \frac{1{,}0\ kW \cdot 9549}{1425\ \frac{1}{min}} = 6{,}70\ Nm$$

oder:

$$P = M \cdot \omega \Rightarrow M = \frac{P}{\omega} = \frac{1000\ W}{2 \cdot \pi \cdot 23{,}75\ \frac{1}{s}} = 6{,}70\ Nm$$

3 Motor für eine Wasserpumpe auswählen

Aus einem 4 Meter tiefen Brunnen sollen 7000 Liter Wasser in 12 Minuten in einen Wasserturm mit einer Höhe von 24 Metern gepumpt werden. Die Pumpe befindet sich auf dem Brunnengrund. Daten der Pumpe: Förderleistung 202,5 Liter bei n = 1000 Umdrehungen, Wirkungsgrad η = 67 %.

3.1 Wie viele Umdrehungen n der Pumpe sind für eine Förderung von 7000 Liter Wasser nötig?

$$n = \frac{7000\ l \cdot 1000\ U}{202{,}5\ l} = 34568\ Umdrehungen$$

3.2 Berechnen Sie die nötige Drehzahl n der Pumpe pro Minute.

$$n = \frac{Umdrehungen}{t} = \frac{34568\ U}{12\ min} = 2880\ \frac{1}{min}$$

3.3 Welche potenzielle Arbeit W_{pot} wird verrichtet, um das Wasser in den Wasserturm zu pumpen?

$$W_{pot} = m \cdot a \cdot h = 7000\ kg \cdot 9{,}81\ \frac{m}{s^2} \cdot (4\ m + 24\ m) = 1{,}92 \cdot 10^6\ Ws$$

3.4 Berechnen Sie die Leistung P_{zu} des Pumpenmotors.

$$P_{zu} = \frac{W_{pot}}{t \cdot \eta} = \frac{1{,}92 \cdot 10^6\ Ws}{12 \cdot 60\ s \cdot 0{,}67} = 3{,}99\ kW$$

3.5 Wählen Sie einen geeigneten Drehstrommotor aus **(Tabelle 1)**.

Tabelle 1: Technische Daten/Technical Datas/Données techniques DASM

2-polig, 3000 U/min/2 Pose, 3000 rpm/2 Póles, 3000 t/min — 400 V, 500 V, 50 Hz

Typ	Leistung	Drehzahl	Nennstrom bei 400 V	Nennstrom bei 500 V	Wirkungsgrad	Leistungsfaktor	Nennmoment	Anzugsmoment	Anzugsstrom	Kippmoment	Trägheitsmoment	Gewicht
Typ	Rated output	Rated speed	Rated current at 400 V	Rated current at 500 V	Efficiency	Power factor	Rated torque	Locked rotor torque	Locked rotor current	Break down torque	Moment of inertia	Weight
Typ	Puissance	Vitesse	In	In	Rendement	Facteur de puissance	Cn	Cd/Cn	Id/In	Cmax/Cn	J	Poids
	kW	U/min	A	A	%	cos φ	Nm	Ma/Mn	Ia/In	Mmax/Mn	kgm²	kg (B3)
JS 56 1-2	0,09	2750	0,3	0,2	62,0	0,77	0,31	2,1	5,2	2,2	0,000	3,6
JS 56 2-2	0,12	2750	0,4	0,3	67,0	0,78	0,41	2,1	5,2	2,2	0,000	3,9
JS 65 1-2	0,18	2720	0,5	0,4	65,0	0,80	0,61	2,2	5,5	2,3	0,000	4,8
JS 65 2-2	0,25	2720	0,7	0,5	68,0	0,81	0,96	2,2	5,5	2,3	0,001	5,1
JS 71 1-2	0,37	2740	0,9	0,8	70,0	0,81	1,26	2,2	6,1	2,3	0,001	6,0
JS 71 2-2	0,55	2740	1,3	1,1	73,0	0,82	1,88	2,2	6,1	2,3	0,001	6,5
JS 80 1-2	0,75	2840	1,7	1,4	75,1	0,83	2,54	2,2	6,1	2,3	0,001	6,7
JS 80 2-2	1,1	2840	2,5	2,0	77,0	0,84	3,72	2,2	7,0	2,3	0,001	9,5
JS 90 S-2	1,5	2840	3,3	2,6	79,0	0,84	5,04	2,2	7,0	2,3	0,003	11,8
JS 90 L-2	2,2	2840	4,6	3,7	81,1	0,85	7,40	2,2	7,0	2,3	0,006	13,5
JS 100 L-2	3	2860	6,0	4,8	82,8	0,87	9,95	2,2	7,5	2,3	0,011	21,0
JS 112 M-2	4	2880	7,8	6,2	84,4	0,88	13,22	2,2	7,5	2,3	0,013	28,0
JS 132 S1-2	5,5	2900	10,5	8,4	85,9	0,88	18,11	2,2	7,5	2,3	0,038	39,0
JS 132 S2-2	7,5	2900	14,1	11,3	87,2	0,88	24,70	2,2	7,5	2,3	0,050	44,5

Gewählt: JS 112 M-2 mit 4 kW und der Drehzahl $n = 2880\ min^{-1}$

4 Sprinkleranlage mit Leitungsberechnung

Als Brandschutzeinrichtung wird in einer Festhalle eine Sprinkleranlage verwendet **(Bild 1)**. Die Anlage mit dem Drehstrommotor und der Pumpe befindet sich unterhalb der Festhalle. Die Förderhöhe beträgt 38 Meter und der Wasserausstoß aller Sprinkler beträgt 150 Liter je Sekunde. **Anlagedaten:** Wirkungsgrad der Pumpe 70 %, Motorwirkungsgrad 85 %, Leistungsfaktor ist auf 0,9 kompensiert.

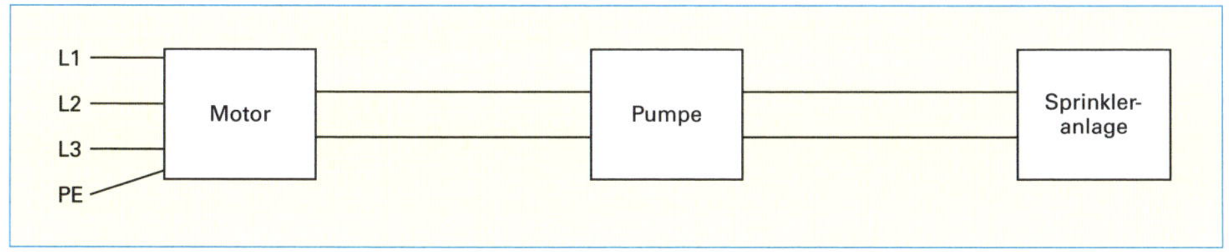

Bild 1: Sprinkleranlage

4.1 Welche mechanische Leistung muss die Pumpe an die Sprinkleranlage abgeben?

$$P_{mech} = \frac{m \cdot a \cdot h}{t} = \frac{150\ kg \cdot 9{,}81\ \frac{m}{s^2} \cdot 38\ m}{1s} = 55{,}92\ kW$$

4.2 Welche Leistung muss der Motor an die Pumpe abgeben?

$$P_{Pzu} = P_{Mab} = \frac{P_{mech}}{\eta_P} = \frac{55{,}92\ kW}{0{,}7} = 79{,}88\ kW$$

4.3 Welche Wirkleistung muss der Motor aufnehmen?

$$P_{Mzu} = \frac{P_{Mab}}{\eta_M} = \frac{79{,}88\ kW}{0{,}85} = 93{,}98\ kW$$

4.4 Ergänzen Sie **Bild 2** mit allen Formelzeichen für die Leistungen und den berechneten Werten.

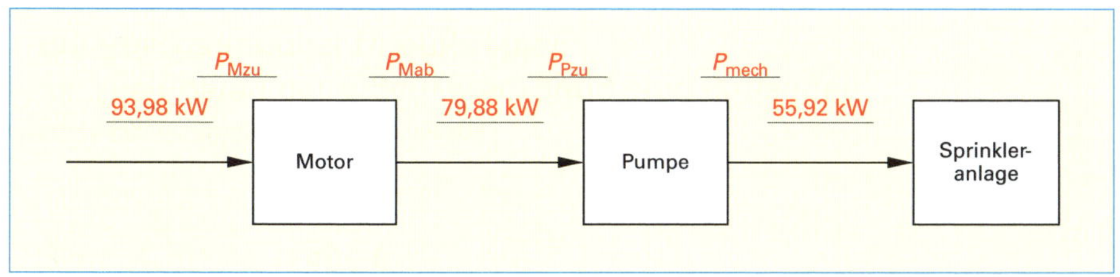

Bild 2: Leistungsarten und Leistungen der Sprinkleranlage

4.5 Die Zuleitung besteht aus einer mehradrigen Mantelleitung in einer offenen Gitterkabelwanne.

a) Berechnen Sie den Betriebsstrom I_B.

$$I_b = \frac{P_{Mzu}}{\sqrt{3} \cdot U \cdot \cos\varphi} = \frac{93{,}98\ kW}{\sqrt{3} \cdot 400\ V \cdot 0{,}9} = 150{,}7\ A$$

b) Geben Sie die Kurzbezeichnung für die Verlegeart sowie den notwendigen Normquerschnitt der Leitung bei einer Umgebungstemperatur von 25 °C nach Teilaufgabe 4.3 an.

Tabelle 1: Strombelastbarkeiten für Kabel und Leitungen bei $\vartheta_u = 25$ °C vgl. DIN VDE 0298-4

Nennquerschnitt in mm²	Belastbarkeit in A															
	Bemessungsstrom der Überstromschutzeinrichtung in A (wenn $I_2 \leq 1{,}45 \cdot I_N$)															
	Verlegeart, Anzahl der Strom führenden Leiter															
	A1		A2		B1		B2		C		E		F		G	
	2	3	2	3	2	3	2	3	2	3	2	3	2	3[1]	3h[2]	3v[2]
25	85	77	80	72	107	94	95	85	119	102	126	107	139	117	155	138
	80	63	80	63	100	80	80	80	100	100	125	100	125	100	125	125
35	105	94	98	88	133	117	118	105	146	126	157	134	172	145	192	172
	100	80	80	80	125	100	100	100	125	125	125	125	160	125	160	160
50	126	114	117	105	160	142	141	125	178	153	191	162	208	177	232	209
	125	100	100	100	160	125	125	125	160	125	160	160	200	160	224	200
70	160	144	147	133	204	181	178	158	226	195	246	208	266	229	298	269
	160	125	125	125	200	160	160	125	224	160	224	200	250	224	250	250
95	193	174	177	159	246	219	213	190	273	236	299	252	322	280	361	330
	160	160	160	125	224	200	200	160	250	224	250	250	315	250	355	315

ϑ_u Umgebungstemperatur
Die Tabelle gilt für Kupferleiter bei einer Betriebstemperatur von 70 °C

Aus der **Tabelle 1:** $I_N > I_b \Rightarrow I_N = 160$ A

Kabelrinnen: Verlegeart E $\Rightarrow$ A = 50 mm² (für $I_Z = 162$ A)

4.6 Berechnen Sie die maximal mögliche Leitungslänge bei 3% Spannungsfall und dem gewählten Leiterquerschnitt nach Teilaufgabe 4.5.

$$l = \frac{\Delta u \cdot U \cdot A \cdot \gamma}{\sqrt{3} \cdot 100\,\% \cdot I_N \cdot \cos\varphi} = \frac{3\,\% \cdot 400\,\text{V} \cdot 50\,\text{mm}^2 \cdot 56\,\frac{\text{m}}{\Omega \cdot \text{mm}^2}}{\sqrt{3} \cdot 100\,\% \cdot 160\,\text{A} \cdot 0{,}9} = 135\,\text{m}$$

oder:

$$\Delta U = \frac{\Delta u}{100\,\%} \cdot U = 0{,}03 \cdot 400\,\text{V} = 12\,\text{V}$$

$$l = \frac{\Delta u \cdot U \cdot A \cdot \gamma}{P_{Mzu}} = \frac{12\,\text{V} \cdot 400\,\text{V} \cdot 50\,\text{mm}^2 \cdot 56\,\frac{\text{m}}{\Omega \cdot \text{mm}^2}}{93978\,\text{W}} = 143\,\text{m}$$

5 Kompressor anschließen mit Leitungsberechnung

Ihr Betrieb wird beauftragt, nach einem Umbau einer Werkstatt die Kompressoranlage zu installieren. Aus den Planungsunterlagen sind folgende Informationen zu entnehmen:

Auf dem Leistungsschild des Drehstrommotors sind folgende Daten erkennbar.

- Motorbemessungsdaten: $U = 400$ V; $P = 11$ kW; $\cos\varphi = 0{,}86$; $\eta = 0{,}77$; $n = 1484$ min⁻¹; $f = 50$ Hz; Isol. Kl. B; IP 54
- Verlegung der NYM-Leitung zwischen Verteilung und Kompressor im Elektroinstallationsrohr, Umgebungstemperatur 25 °C
- Motoranlauf mit automatischer Stern-Dreieck-Schaltung

5.1 Berechnen Sie a) die Wirkleistungsaufnahme des Drehstrommotors und b) den Bemessungsstrom in der Zuleitung.

a) $P_{Pzu} = \frac{P_{ab}}{\eta} = \frac{11\,\text{kW}}{0{,}77} = 14{,}3\,\text{kW}$

b) $I = \frac{P_{zu}}{\sqrt{3} \cdot U \cdot \cos\varphi} = \frac{14{,}3\,\text{kW}}{\sqrt{3} \cdot 400\,\text{V} \cdot 0{,}86} = 24{,}0\,\text{A}$

5.2 Ermitteln Sie aus **Tabelle 1** a) die Verlegeart, b) den zu verlegenden Normquerschnitt und c) den Bemessungsstrom der Überstromschutzeinrichtung.

Tabelle 1: Strombelastbarkeiten für Kabel und Leitungen bei $\vartheta_u = 25$ °C vgl. DIN VDE 0298-4

Nennquerschnitt in mm²	Belastbarkeit in A															
	Bemessungsstrom der Überstromschutzeinrichtung in A (wenn $I_2 \leq 1{,}45 \cdot I_N$)															
	Verlegeart, Anzahl der Strom führenden Leiter															
	A1		A2		B1		B2		C		E		F		G	
	2	3	2	3	2	3	2	3	2	3	2	3	2	3[1]	3h[2]	3v[2]
1,5	16,5	14,5	16,5	14	18,5	16,5	17,5	16	21	18,5	23	19,5	–	–	–	–
	16	13	16	13	16	16	16	16	20	16	20	16	–	–	–	–
2,5	21	19	19,5	18,5	25	22	24	21	29	25	32	27	–	–	–	–
	20	16	16	16	25	20	20	20	25	25	32	25	–	–	–	–
4	28	25	27	24	34	30	32	29	38	34	42	36	–	–	–	–
	25	25	25	20	32	25	32	25	35	32	40	35	–	–	–	–

ϑ_u Umgebungstemperatur
Die Tabelle gilt für Kupferleiter bei einer Betriebstemperatur von 70 °C

a) Verlegeart B2, b) Zu verlegen: 4 mm², c) gewählt: $I_N = 25$ A

5.3 Wird der zulässige maximale Spannungsfall eingehalten, wenn die Leitung eine Länge von 29 m hat?

$$\Delta U = \frac{\sqrt{3} \cdot I \cdot l \cdot \cos\varphi}{A \cdot \gamma} = \frac{\sqrt{3} \cdot 25\,\text{A} \cdot 29\,\text{m} \cdot 0{,}86}{56\,\frac{\text{m}}{\Omega \cdot \text{mm}^2} \cdot 4\,\text{mm}^2} = 4{,}82\,\text{V}$$

Ja, der zulässige Spannungsfall ist < 3% bzw. < 12 V.

6 Antriebsmotor einer Kompressoranlage auswechseln, mit Kompensation

Ihr Meister beauftragt Sie mit der Installation eines neuen Drehstrommotors in einer Kompressoranlage. Der Ersatzmotor hat folgendes Leistungsschild **(Bild 1)**.

6.1 Beschalten Sie das Klemmbrett **(Bild 2)** und bezeichnen Sie die Klemmen der Anschlüsse.

3 ~ Typ xxx Nr. yyy	
Y/Δ 400/230 V	2,5 A/4,3 A
1,1 kW	cos φ 0,82
2860 min⁻¹	50 Hz
IS. Kl. B IP 54	DIN VDE 0530

Bild 1: Leistungsschild des Ersatzmotors

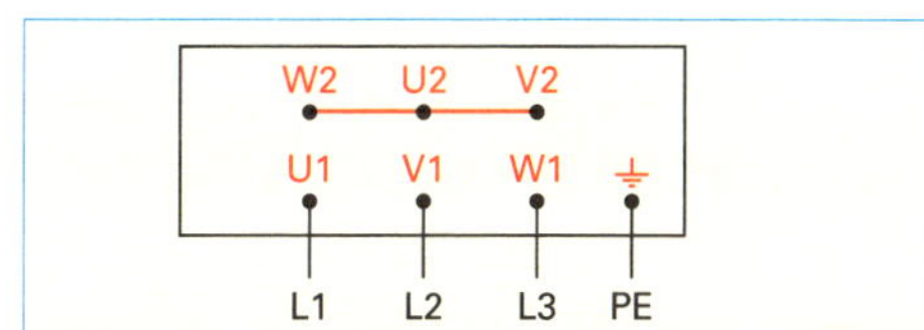

Bild 2: Klemmbrett mit Klemmenbezeichnungen

6.2 Motoren ab einer bestimmten Leistung müssen nach den TAB des örtlichen VNB kompensiert werden. Warum ist eine Kompensation sinnvoll?

- Kosteneinsparung durch kleinere Dimensionierung der elektrischen Anlagen und Leitungen,
- höhere Wirkleistungsübertragung bei unverändertem Netz,
- günstigere Stromtarife.

6.3 Berechnen Sie die kapazitive Blindleistung für einen Wirkfaktor (Leistungsfaktor) von 0,95.
Hinweis: Zuerst P_{zu} ermitteln, Motorangaben sind unkompensierte Werte. Winkelumrechnung vor bzw. nach der Kompensation beachten.

$$P_{zu} = \sqrt{3} \cdot U \cdot I \cdot \cos\varphi_1 = \sqrt{3} \cdot 400\,V \cdot 2{,}5\,A \cdot 0{,}82 = 1{,}42\,kW$$

Winkelumrechnung vor der Kompensation:

$$\cos\varphi_1 = 0{,}82 \Rightarrow \varphi_1 = 34{,}92° \Rightarrow \tan\varphi_1 = 0{,}70$$

Winkelumrechnung nach der Kompensation:

$$\cos\varphi_2 = 0{,}95 \Rightarrow \varphi_2 = 18{,}19° \Rightarrow \tan\varphi_2 = 0{,}33$$

$$Q_C = P_{zu} \cdot (\tan\varphi_1 - \tan\varphi_2) = 1{,}42\,kW \cdot (0{,}70 - 0{,}33) = 525\,var$$

6.4 Welche Gesamtkapazität wird für die Kompensation benötigt?

$$C_{ges} = \frac{Q_C}{2 \cdot \pi \cdot f \cdot U^2} = \frac{525\,var}{2 \cdot \pi \cdot 50\,Hz \cdot (400\,V)^2} = 10{,}44\,\mu F$$

6.5 Welche Kapazität hat jeder der drei Kondensatoren?

$$C = \frac{C_{ges}}{3} = \frac{10{,}45\,\mu F}{3} = 3{,}48\,\mu F$$

6.6 Welche Dauertemperatur ist für die Motorwicklung zulässig?

Die thermischen Klassen (Isolierstoffklassen) sind nach DIN EN 60085 festgelegt **(Tabelle 1)**.

Tabelle 1: Thermische Klassen nach DIN EN 60085

Klasse in °C	90	105	120	130	155	180	200
Kennbuchstabe	Y	A	E	B	F	H	C
Höchstzulässige Dauertemperatur in °C	< 105	< 120	< 130	< 155	< 180	< 200	< 220

Aus der Tabelle für B abgelesen: < 155 °C

7 Motorsteuerung erweitern

In einem Werk für Lackherstellung soll die Steuerung des Lackmischwerkes geändert werden.

Istzustand: polumschaltbarer Motor für zwei Drehzahlen.

Gewünscht: Direktumschaltung bei niedriger Drehzahl mit festem Einstellverhältnis zwischen Rechtslauf und Linkslauf.

Vorgaben für die Erweiterung:
- Start des Mischwerks entweder mit Taster S1 mit hoher Drehzahl oder mit Taster S2 mit niedriger Drehzahl.
- Direkter Wechsel zwischen hoher und niedriger Drehzahl mit den Tastern S1 und S2.
- Bei niedriger Drehzahl erfolgt der automatische Drehrichtungswechsel mit einem Blinkrelais.
- Das Auslösen des Motorschutzrelais soll durch eine Meldeleuchte P1 angezeigt werden.
- Die Anlage wird mit dem Taster S0 ausgeschaltet.

7.1 Ergänzen Sie a) den Stromlaufplan des Hauptstromkreises **(Bild 1)** und b) den Steuerstromkreis **(Bild 2)**.

a)

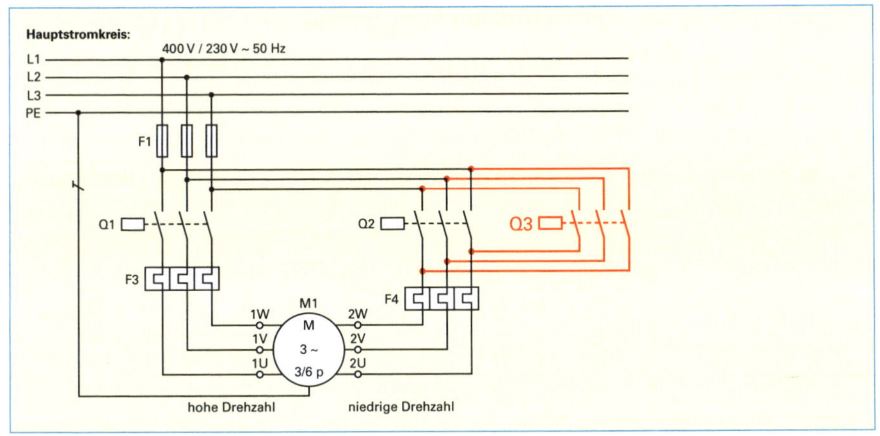

Bild 1: Hauptstromkreis der Anlage

b)

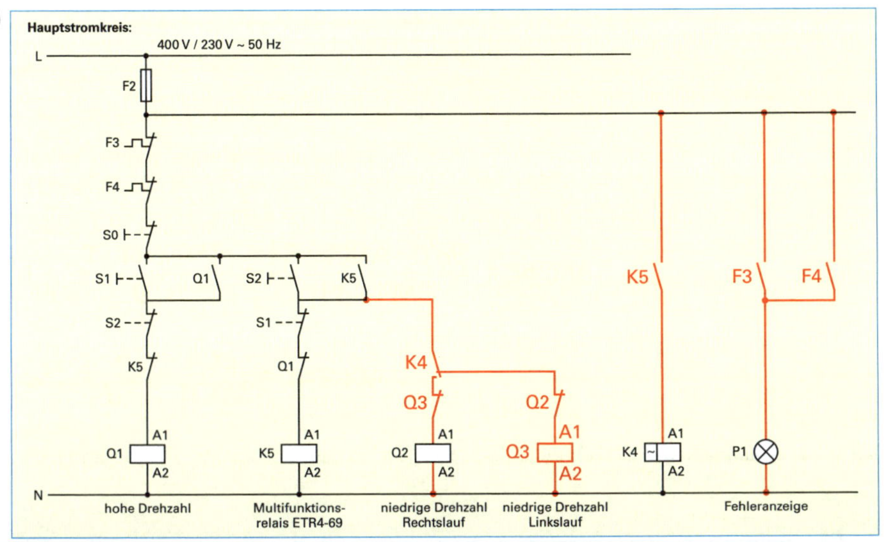

Bild 2: Steuerstromkreis der Anlage

8 Antriebsmotor für die Holzbearbeitung

Ihr Betrieb wird beauftragt, eine neue Maschine mit einem Drehstrommotor in Betrieb zu nehmen. Das Leistungsschild des Motors zeigt **Bild 1**.

3 ~ Typ xxx Nr. yyy			
Δ 400 V		13,8 A	
6,5 kW		cos φ 0,8	
1440/min		50 Hz	
IS. Kl. B	IP 54	t	
DIN VDE 0530	EN 60034		

Bild 1: Leistungsschild des Motors

8.1 Bestimmen Sie Polpaarzahl und Drehfelddrehzahl für den Motor mit dem Leistungsschild **(Bild 1)**.

$$p = 2;\ n_s = 1500\ \frac{1}{\text{min}}$$

8.2 a) Wie groß sind das Bemessungsdrehmoment und b) der Schlupf bei der Drehfelddrehzahl in %?

$$\text{a)}\ M_N = \frac{P_N}{2 \cdot \pi \cdot n_N} = \frac{6{,}5\ \text{kW}}{2 \cdot \pi \cdot 1440\ \frac{1}{\text{min}}} = 43{,}1\ \text{Nm}$$

$$\text{b)}\ s_N = \frac{n_S - n_N}{n_S} \cdot 100\,\% = \frac{1500\ \frac{1}{\text{min}} - 1440\ \frac{1}{\text{min}}}{1500\ \frac{1}{\text{min}}} \cdot 100\,\% = 4\,\%$$

8.3 Die Drehmomentkennlinien des Motors zeigt **Bild 2**.

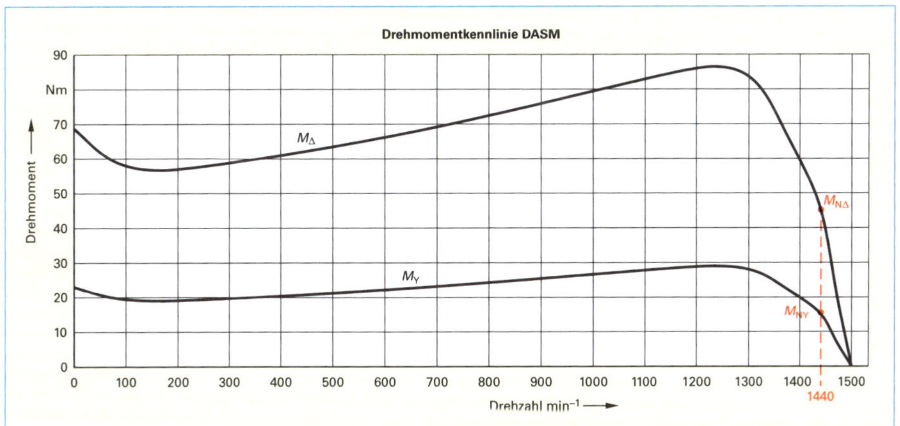

Bild 2: Drehmomentkennlinien für Stern-Dreieck-Betrieb

a) Kennzeichnen Sie in **Bild 2** das Bemessungsmoment in beiden Betriebsarten.

b) Unter welchen Bedingungen kann der Antriebsmotor bei dem konstanten Lastmoment M_L = 40 Nm anfahren?

Der Antrieb kann nur im Δ-Betrieb hochlaufen, da das Lastmoment im Sternbetrieb überschritten wird.

8.4 Nennen Sie je zwei Vorteile und Nachteile bei der Verwendung eines Frequenzumrichters anstelle der Stern-Dreieck-Anlaufschaltung.

Vorteile:

- einstellbare Drehzahl
- motorschonender Betrieb
- energieeffizient
- konstantes Drehmoment
- Drehzahl oberhalb Nenndrehzahl möglich

Nachteile:

- Kosten
- EMV-Störungen möglich
- größerer Aufwand bei der Inbetriebnahme

9 Antriebsmotor (DASM) für ein Abluftgebläse

Ihr Betrieb wird mit der Installation des Antriebsmotors eines Abluftgebläses im Niederspannungsnetz 400 V/230 V beauftragt. Das Gebläse benötigt im Bemessungsbetrieb (Dauereinsatz) eine mechanische Antriebsleistung von 15 kW. Es wird ein DASM mit folgendem Leistungsschild verwendet **(Bild 1)**.

Europa-Motoren GmbH	
Typ 160	
3 ~ Mot	Nr. yyy
ΔY 400/690 V	29/17 A
15 kW	cos φ 0,84
1430 U/min	50 Hz
Isol. Kl. F	IP 54
DIN VDE 0530	IEC 34-1

Bild 1: Leistungsschild des DASM

9.1 Beschalten Sie das Klemmbrett **(Bild 2)** so, dass der Motor im Bemessungsbetrieb läuft und das Gebläse im Linkslauf angetrieben wird, und erläutern Sie die notwendige Beschaltung.

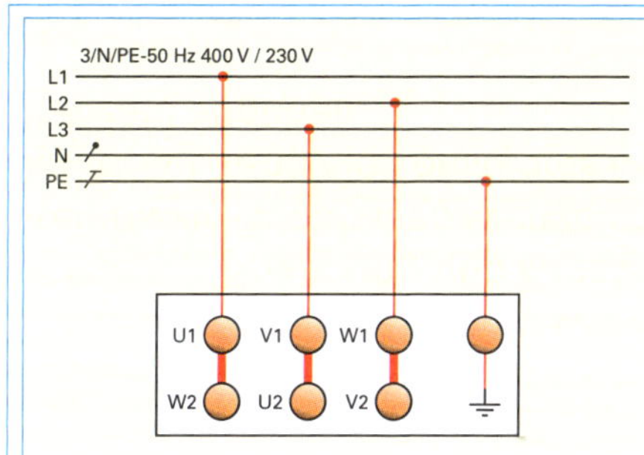

Rechtslauf:

L1 → U1
L2 → V1
L3 → W1

Linkslauf:

Durch Vertauschen des Anschlusses von zwei Außenleitern am Klemmbrett wird Linkslauf erreicht.

Bild 2: Klemmbrett mit Klemmenbezeichnungen

9.2 Berechnen Sie anhand des Leistungsschildes **(Bild 1)**, a) die aufgenommene Wirkleistung, b) den Wirkungsgrad, c) das abgegebene Drehmoment an der Welle, d) den Schlupf in %.

$$\text{a)}\ P_{zu} = \sqrt{3} \cdot U \cdot I \cdot \cos\varphi = \sqrt{3} \cdot 400\ \text{V} \cdot 29\ \text{A} \cdot 0{,}84 = 16{,}88\ \text{kW}$$

$$\text{b)}\ \eta = \frac{P_{ab}}{P_{zu}} = \frac{15\ \text{kW}}{16{,}88\ \text{kW}} = 0{,}89$$

$$\text{c)}\ M = \frac{P_{ab}}{2 \cdot \pi \cdot n} = \frac{15\ \text{kW}}{2 \cdot \pi \cdot 1430\ \frac{1}{60\ \text{s}}} = 100{,}2\ \text{Nm}$$

$$\text{d)}\ s = \frac{n_S - n_N}{n_S} \cdot 100\,\% = \frac{1500\ \frac{1}{\text{min}} - 1430\ \frac{1}{\text{min}}}{1500\ \frac{1}{\text{min}}} \cdot 100\,\% = 4{,}7\,\%$$

10 Antriebsmotor anschließen

In einem Fertigungsbetrieb soll ein Elektromotor mit dem Leistungsschild **(Bild 1)** angeschlossen werden.

DTA 180 M	
Δ 400 V	39 A
22 kW	cos φ 0,89
2940 1/min	50 Hz
Th. Cl F	IP 55

Bild 1: Teilleistungsschild des Motors

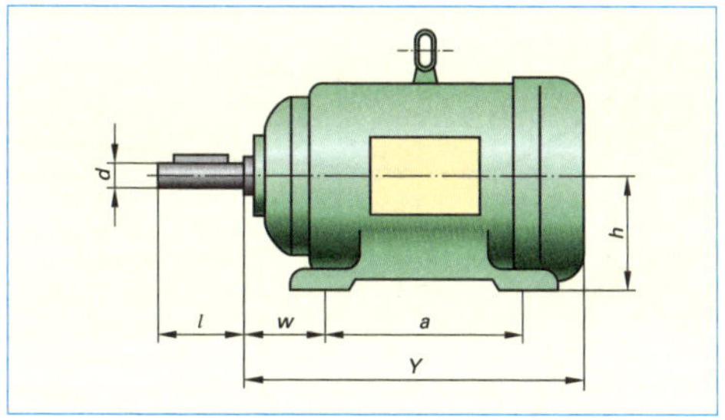

Bild 2: Motorabmessungen

10.1 Erklären Sie die Begriffe

a) DTA 180M und

b) Th. Cl F.

a) DTA: Drehstrommotor in Transnormalausführung

180 M: gibt die Baugröße h in mm an

b) Th Cl F: Thermal Class F, thermische Klasse, höchstzulässige Dauertemperatur < 155 °C nach DIN EN 60085 (Iso. Kl. Isolierstoffklasse)

c) Durch welches Maß **(Bild 2)** unterscheiden sich Motoren mit der Bezeichnung 180 M und 180 L?

Das Maß a ist unterschiedlich.

10.2 Warum handelt es sich um einen Drehstromasynchronmotor?

Δ 400 V: ⇒ Dreieckschaltung nur bei Drehstrom

$2940 \frac{1}{min}$: ⇒ Drehzahl kleiner als die Synchrondrehzahl mit $3000 \frac{1}{min}$

10.3 Wie groß ist die Polpaarzahl? $p = 1$ (2 Pole)

10.4 Wie groß ist der Bemessungsschlupf in %?

$$s = \frac{n_S - n_N}{n_S} \cdot 100\,\% = \frac{3000 \frac{1}{min} - 2940 \frac{1}{min}}{3000 \frac{1}{min}} \cdot 100\,\% = 2\,\%$$

10.5 Berechnen Sie das Drehmoment im Bemessungsbetrieb.

$$P_{kW} = \frac{M \cdot n}{9549} \Rightarrow M = \frac{P_N \cdot 9549}{n} = \frac{22\ kW \cdot 9549}{2940 \frac{1}{min}} = 71{,}5\ Nm$$

10.6 Welche Möglichkeiten gibt es, Motoren vor Überlastung zu schützen?

Motorschutzschalter, Motorschutzrelais, thermischer Motorvollschutz, z. B. mit PTC

10.7 Ab welchen Anschlusswerten darf der Motor am öffentlichen Netz nicht direkt angelassen werden?

Wenn die Bemessungsleistung > 5,2 kVA oder der Anlassstrom > 60 A sind. Bei unbekanntem Anlassstrom wird der 8-fache Bemessungsstrom angenommen.

10.8 Nennen Sie drei Arten, den Motor anzulassen.

Stern-Dreieck-Schaltung, Frequenzumrichter, Sanftstarter

10.9 Welche Aufgabe hat ein Frequenzumrichter?

Er erzeugt aus einer Dreiphasen-/Einphasenwechselspannung mit konstanter Spannung und konstanter Frequenz eine variable Dreiphasen-/Einphasenwechselspannung mit variabler Frequenz. Der Motor kann ein konstantes Drehmoment bei veränderlicher Drehzahl abgeben.

10.10 Warum muss beim Frequenzumrichter die Spannung an die Frequenz angepasst werden?

Der induktive Blindwiderstand des Motors ist frequenzabhängig, $X_{bl} = 2 \cdot \pi \cdot f \cdot L_M$. Zum Erreichen eines konstanten Motorstroms muss die Spannung bei niedrigen Drehzahlen (Boostbetrieb) mit der Frequenz erhöht (bzw. erniedrigt) werden.

11 Anlaufverfahren

Ein Förderband soll mit einem Drehstromasynchronmotor (DASM) mit Käfigläufer angetrieben werden. Ihr Meister beauftragt Sie, mögliche Anlassverfahren zu prüfen.

11.1 Welches ist das einfachste und kostengünstigste (aber nicht immer zulässige) Verfahren?

Direktanlaufverfahren

11.2 Der Motor soll an 400 V im Bemessungsbetrieb arbeiten. Entnehmen Sie dem Leistungsschild **(Bild 1)** die Schaltungsart und die Bemessungsstromstärke.

Dreieckschaltung, $I_N = 35$ A

Europa-Motoren GmbH	
Typ 160 M	
3 ~ Mot	Nr. yyy
ΔY 400/690 V	35/20 A
15 kW	cos φ 0,85
1430 U/min	50 Hz
Th. Cl. F	IP 54
DIN VDE 0530	IEC 34-1

Bild 1: Leistungsschild des DASM

11.3 Ermitteln Sie für I_N = 35 A aus der **Tabelle 1** den maximal möglichen Anlaufstrom beim Einschalten.

Tabelle 1: Betriebsdaten von Käfigläufermotoren

Größe	P_N in kW	η_N in 1/min	I_N in A	M_N in Nm	η in %	cos φ	$\frac{I_A}{I_N}$	$\frac{M_A}{M_N}$	$\frac{M_K}{M_N}$	m in kg
Drehstrommotoren bei 50 Hz/400 V, nicht polumschaltbar										
Drehfelddrehzahl n_S = 1500/min										
56	0,09	1300	0,3	0,66	52	0,75	2,7	1,7	2,0	3,3
63	0,18	1325	0,6	1,30	60	0,77	2,7	1,7	2,0	3,8
71	0,37	1375	1,1	2,60	62	0,78	3,2	1,7	2,0	4,5
80	0,75	1400	1,8	5,10	74	0,80	5,0	2,3	2,1	8,0
90S	1,1	1405	2,6	7,50	75	0,81	5,0	2,1	2,2	12,3
90L	1,5	1410	3,5	10,	75	0,82	5,2	2,2	2,2	14,5
100L	3	1415	6,5	20	81	0,82	6,2	2,7	2,5	24
112M	4	1435	8,4	27	83	0,83	7,0	2,9	2,6	29
132S	5,5	1450	11	36	84	0,85	7,0	2,2	2,3	39
132M	7,5	1450	15	49	86	0,85	7,6	2,4	2,7	53
180M	18,5	1460	35	121	91	0,85	6,2	2,6	2,8	165
180L	22	1460	41	144	91	0,85	6,4	2,6	2,8	180

Für Typ 180 M: $\frac{I_A}{I_N} = 6{,}2 \Rightarrow I_{Amax} = 6{,}2 \cdot I_N = 6{,}2 \cdot 35\ \text{A} = 217\ \text{A}$

11.4 Drehstrommotoren mit einer Scheinleistung $S > 5{,}2$ kVA dürfen wegen des hohen Anlaufstroms I_A nicht direkt angelassen werden.

a) Nennen Sie ein Anlassverfahren mit geringem Aufwand.

Stern-Dreieck-Anlaufverfahren (mit Y/Δ-Schalter)

b) Welcher Anlaufstrom ergibt sich beim Einschalten in Sternschaltung?

$P_Y = \frac{1}{3} \cdot P_\Delta \Rightarrow I_Y = \frac{1}{3} \cdot I_\Delta = \frac{1}{3} \cdot 217\ \text{A} = 72\ \text{A}$

c) Welche negativen Auswirkungen auf den Motor und das Netz entstehen durch das Schalten mit einem Stern-Dreieck-Schalter?

- ruckartiger Anlauf, dadurch mechanische Belastung der gesamten Antriebseinheit, z. B. Welle, Kupplung, Getriebe,
- kurzzeitige Netzbelastung durch den Einschaltstrom, d. h. Netzspannungseinbrüche.
- Anlaufmoment ist nur 1/3 von $M_{A\Delta}$.

11.5 Zum Vermeiden der negativen Auswirkungen verwendet man Sanftanlaufgeräte (Drehstromsteller). Prinzipschaltung und Ansteuerung siehe **Bild 1** und **Bild 2**.

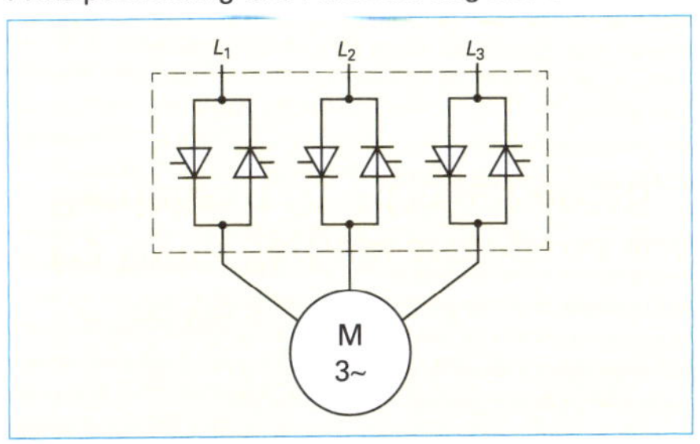

Bild 1: Prinzipschaltung der Steuereinheit

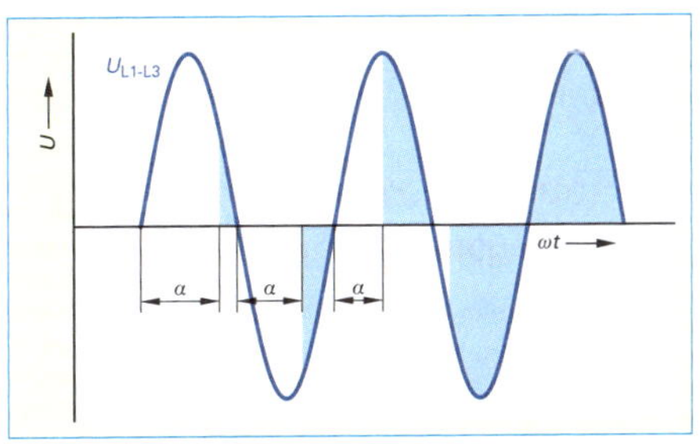

Bild 2: Ansteuerung

a) Welche Bauelemente werden in **Bild 1, vorhergehende Seite,** verwendet?

Thyristoren in Antiparallelschaltung.

b) Erklären Sie die Wirkungsweise der Ansteuerung anhand der Steuerspannung **(Bild 2, vorhergehende Seite)**.

Der Phasenanschnittwinkel α wird von groß auf klein geändert.

c) Nennen Sie drei Anwendungen für einen Sanftanlauf.

Aufzug, Förderband, Lüfter, Pumpe, Rolltreppe.

11.6 Durch welche Eigenschaften lässt sich der finanzielle Mehraufwand für das Anlaufverfahren mit Frequenzumrichtern rechtfertigen?

Drehzahl ist stufenlos einstellbar, großes Anlaufmoment, keine ruckartigen Änderungen, geringere mechanische Beanspruchungen.

12 Standbohrmaschine

Für Bohrarbeiten soll in einer Hobbywerkstatt eine ältere Standbohrmaschine aufgestellt werden. Das Leistungsschild zeigt **Bild 1**.

Europa-Motoren GmbH	
Typ 160 M	
3 ~ Mot	Nr. yyy
Δ/YY 400 V	3,8/5,1 A
1,8/2 kW	cos φ 0,77
1425/2890 1/min	50 Hz
Isol.-Kl. B	IP 44
DIN VDE 0530-1 1955	

Bild 1: Leistungsschild des Motors

12.1 Motortyp

a) Nennen Sie den Motortyp und erklären Sie die Eigenschaften anhand des Leistungsschildes **(Bild 1)**.

polumschaltbarer Asynchronmotor in Dahlanderschaltung

erkennbar an: 3 ~, 2 Drehzahlen, Schaltungsart Δ/YY

b) Wie groß ist die Polpaarzahl?

Δ: $p = 2$ YY: $p = 1$

c) Welche Motordrehzahlen werden verwendet?

Δ: $1425\ \frac{1}{\text{min}}$ YY: $2890\ \frac{1}{\text{min}}$

d) Berechnen Sie den Schlupf bei beiden Drehzahlen.

Δ: $s = \frac{n_S - n}{n_S} \cdot 100\,\% = \frac{1500\ \frac{1}{\text{min}} - 1425\ \frac{1}{\text{min}}}{1500\ \frac{1}{\text{min}}} \cdot 100\,\% = 5\,\%$

YY: $s = \frac{n_S - n}{n_S} \cdot 100\,\% = \frac{3000\ \frac{1}{\text{min}} - 2890\ \frac{1}{\text{min}}}{3000\ \frac{1}{\text{min}}} \cdot 100\,\% = 3{,}6\,\%$

e) Kann der Motor aufgrund seiner „Betriebsartangabe" im Hobbybereich betrieben werden?

Da keine Betriebsartangabe vorhanden ist, handelt es sich um Betriebsart S1 ≙ Dauerbetrieb, d. h. für diesen Einsatz geeignet.

f) Prüfen Sie anhand des Auszugs aus der TAB (**Bild 1**), ob für diesen Motor ein Anlassverfahren notwendig ist.

TAB Ausgabe 2011
10.2.2 Motoren
(1) Durch den Anlauf von Motoren dürfen keine störenden Spannungsänderungen im Netz verursacht werden. Folgende Scheinleistungs-Grenzwerte dürfen bei gelegentlich (zweimal täglich) anlaufenden Motoren nicht überschritten werden:
– Wechselstrommotoren mit einer Scheinleistung von nicht mehr als 1,7 kVA oder
– Drehstrommotoren mit einer Scheinleistung von nicht mehr als 5,2 kVA oder
– bei höheren Scheinleistungen Motoren mit einem Anlaufstrom von nicht mehr als 60 A

Bild 1: Auszug aus der TAB Ausgabe 2011

- Die Scheinleistungen betragen S_Δ = 2,6 kVA/S_Y = 3,5 kVA ⇒ kleiner als der TAB-Wert von 5,2 kVA
- $I_{Amax} = 8 \cdot I_N = 8 \cdot 5{,}1$ A = 40,8 A ⇒ kleiner als der TAB-Wert von 60 A.
  ⇒ kein Anlassverfahren notwendig.

12.2 Schaltungsfunktion

Überprüfen Sie bei der Inbetriebnahme der Standbohrmaschine die Schützschaltung des Hauptstromkreises (**Bild 2**).

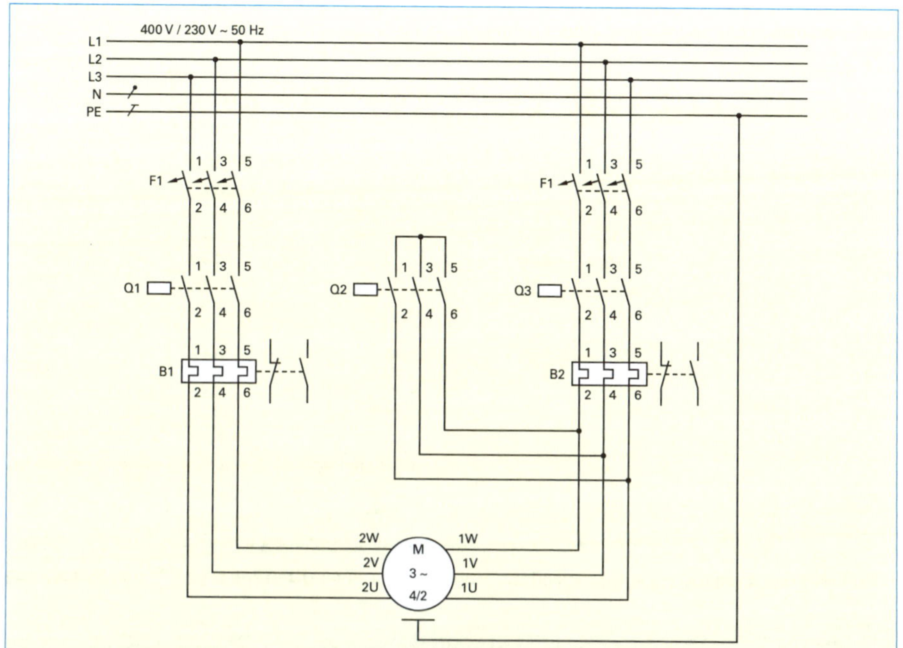

Bild 2: Hauptstromkreis der Standbohrmaschine

a) Benennen Sie die Betriebsmittel B1 und B2:

Motorschutzrelais

b) Erklären Sie die Aufgabe und die Wirkungsweise von B1 und B2.

- Schutz der Motorwicklung vor unzulässig hoher Stromaufnahme.
  ⇒ Schutz vor Überlastung.
- Bei Überlastung spricht der Bimetallschalter durch Stromerwärmung an. Der Öffnerkontakt des Motorschutzrelais unterbricht den Steuerkreis.
  ⇒ Schütz fällt ab und unterbricht den Hauptstromkreis.

c) Welche Schütze müssen anziehen, damit der Motor mit der höheren Drehzahl läuft?

Q1 und Q2

13 Antriebsmotor (DASM) für ein Förderband

Ihr Betrieb soll für ein Förderband einen geeigneten Drehstromasynchronmotor auswählen und anschließen. Das benötigte elektrische Drehmoment für den Antriebsmotor zeigt das Diagramm **Bild 1**. Es steht ein Drehstromnetz mit 400 V 50 Hz zur Verfügung.

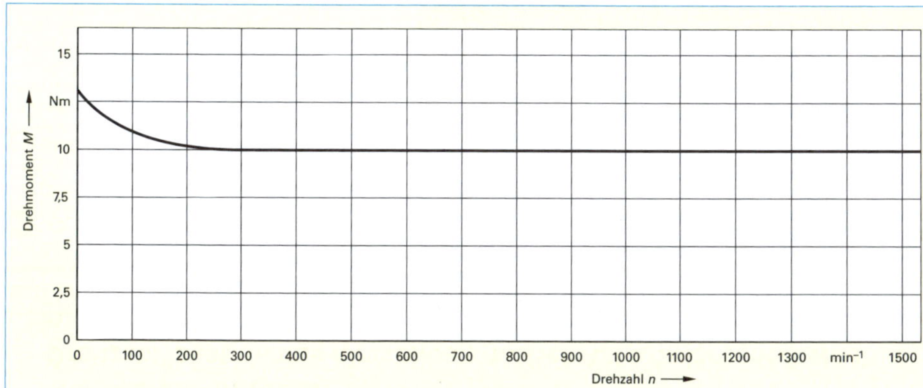

Bild 1: Momentkennlinie $M = f(n)$ für den Antriebsmotor des Förderbandes

13.1 Entnehmen Sie **Bild 1** das benötigte Bemessungsmoment M_r des Motors.

M_r = 10 Nm

13.2 Zur Verfügung stehen zwei Motoren mit den Daten aus den folgenden Leistungsschildern (**Bild 2**).

Motor 1:

Typ DT90S4	Nr. yyyy
ΔY 400 V/690 V	2,8/1,6 A
1,1 kW	cos φ 0,77
1400 1/min	50 Hz

Motor 2:

Typ DT90L4	Nr. zzzz
ΔY 230 V/400 V	6,4/3,7 A
1,5 kW	cos φ 0,79
1410 1/min	50 Hz

Bild 2: Auszüge aus den Leistungsschildern von Motor 1 und Motor 2

a) Berechnen Sie für jeden Motor das Bemessungsdrehmoment M_r:

Motor 1: $M_r = \frac{P}{\omega} = \frac{1{,}1\ \text{kW}}{1400 \cdot \frac{2 \cdot \pi}{60\ \text{s}}} = 7{,}5\ \text{Nm}$

Motor 2: $M_r = \frac{P}{\omega} = \frac{1{,}5\ \text{kW}}{1410 \cdot \frac{2 \cdot \pi}{60\ \text{s}}} = 10{,}15\ \text{Nm}$

b) Welchen Motor empfehlen Sie dem Kunden?

Motor 2, da er das geforderte Bemessungsmoment von 10 Nm liefert

13.3 Berechnen Sie das Anlaufmoment M_A und das Kippmoment M_K des gewählten Motors mit den Daten von **Tabelle 1**.

Tabelle 1: Motorkenndaten

Größen	$\frac{I_A}{I_r}$	$\frac{M_A}{M_r}$	$\frac{M_K}{M_r}$
DT90S4	4,3	2,0	3,0
DT90L4	5,3	2,6	3,25

$M_A = 2{,}6 \cdot M_r = 2{,}6 \cdot 10{,}15\ \text{Nm} = 26{,}39\ \text{Nm}$

$M_K = 3{,}25 \cdot M_r = 3{,}25 \cdot 10{,}15\ \text{Nm} = 32{,}99\ \text{Nm}$

13.4 Zeichnen Sie die Kennlinie des gewählten Motors in das Diagramm ein **(Bild 1)**.

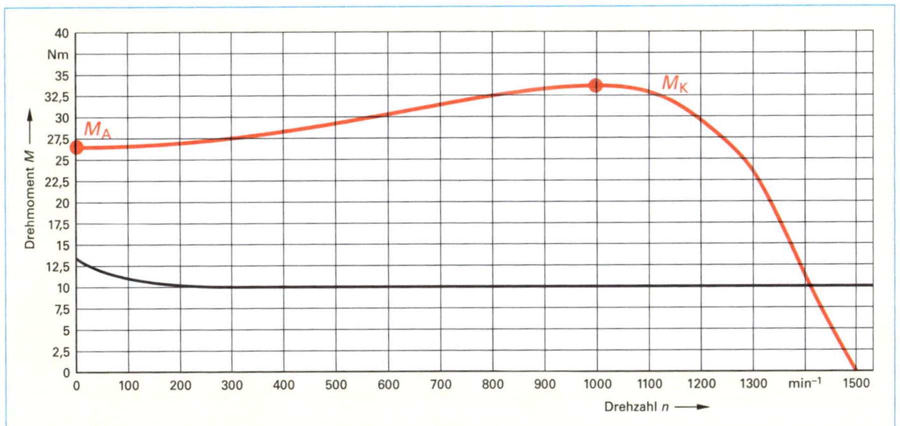

Bild 1: Momentenkennlinie des gewählten Motors

13.5 Berechnen Sie den Wirkungsgrad η des gewählten Motors.

$\eta = \frac{P_{ab}}{P_{zu}} = \frac{P_{ab}}{\sqrt{3} \cdot U \cdot I \cdot \cos\varphi} = \frac{1{,}5\ \text{kW}}{\sqrt{3} \cdot 400\ \text{V} \cdot 3{,}7\ \text{A} \cdot 0{,}79} = 0{,}74$

13.6 Auf welchen Wert muss der Motorschutzschalter eingestellt werden?

Der Motorschutzschalter wird auf $I = 3{,}7$ A eingestellt, da die Motorwicklung für $U = 230$ V dimensioniert ist (Sternschaltung).

14 Motorschutz beim Drehstromasynchronmotor (DASM)

14.1 Nennen Sie dem Kunden drei der häufigsten Ursachen einer Motorüberlastung.

zu großes Lastmoment beim Anlauf oder im Dauerbetrieb, Ausfall einer Phase, Unterspannung, blockierter Rotor, Lagerschaden.

14.2 Bei Überlastung erwärmt sich die Motorwicklung unzulässig. Diese Erwärmung kann direkt oder indirekt überwacht werden. Welcher Unterschied besteht zwischen den beiden Überwachungsarten?

Direkte Überwachung

Ein Temperatursensor misst die Wicklungstemperatur in der Wicklung des Motors, beim DASM meist ein Sensor je Wicklung.

Indirekte Überwachung

Die Wicklungstemperatur wird über die gemessene Stromstärke in der Zuleitung ermittelt.

14.3 Der Kunde hat von dem Begriff Motorvollschutz gehört. Erklären Sie den Begriff Motorvollschutz.

Beim Motorvollschutz wird die Temperatur der Temperatursensoren in der Wicklung direkt ausgewertet.

14.4 Der neue Drehstromasynchronmotor soll durch einen Motorschutzschalter vor Überlastung geschützt werden.

a) Welche Schutzfunktionen übernimmt der Motorschutzschalter?

Überlastschutz und Kurzschlussschutz

3 ~ Motor	2930 1/min
11 kW	cos φ 0,89
Δ 400 V	50 Hz

Bild 1: Leistungsschildausschnitt des alten Motors

b) Berechnen Sie anhand **Bild 1** den Bemessungsstrom des DASM für den Wirkungsgrad $\eta_r = 0{,}82$.

$I_r = \frac{P_r}{\sqrt{3} \cdot U_r \cdot \eta_r \cdot \cos\varphi_r} = \frac{11\ \text{kW}}{\sqrt{3} \cdot 400\ \text{V} \cdot 0{,}82 \cdot 0{,}89} = 21{,}76\ \text{A}$

c) Wählen Sie für den DASM den geeigneten Motorschutzschalter aus **Tabelle 1** aus.

Tabelle 1: Motorschutzschalter PKZM

Typ	Einstellbereich - Überlastauslöser	Kurzschluss-auslöser
PKZM 0-6,3	4,0 A–6,3 A	88 A
PKZM 0-10	6,3 A–10,0 A	140 A
PKZM 0-12	8,0 A–12,0 A	168 A
PKZM 0-16	10,0 A–16,0 A	224 A
PKZM 0-20	16,0 A–20,0 A	280 A
PKZM 0-25	20,0 A–25,0 A	350 A
PKZM 0-32	25,0 A–32,0 A	448 A

gewählt: PKZM 0–25

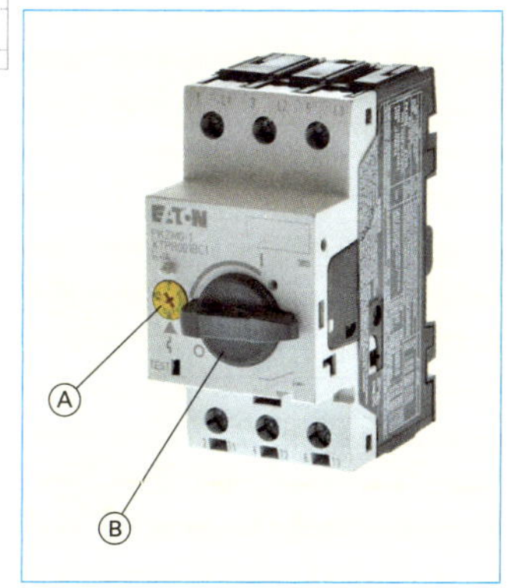

Bild 2: Motorschutzschalter

d) Welche Funktion haben die Bedienelemente in **Bild 2**?

Ⓐ Einstellschraube für die Betriebsstromstärke Ⓑ Drehschalter für EIN/AUS

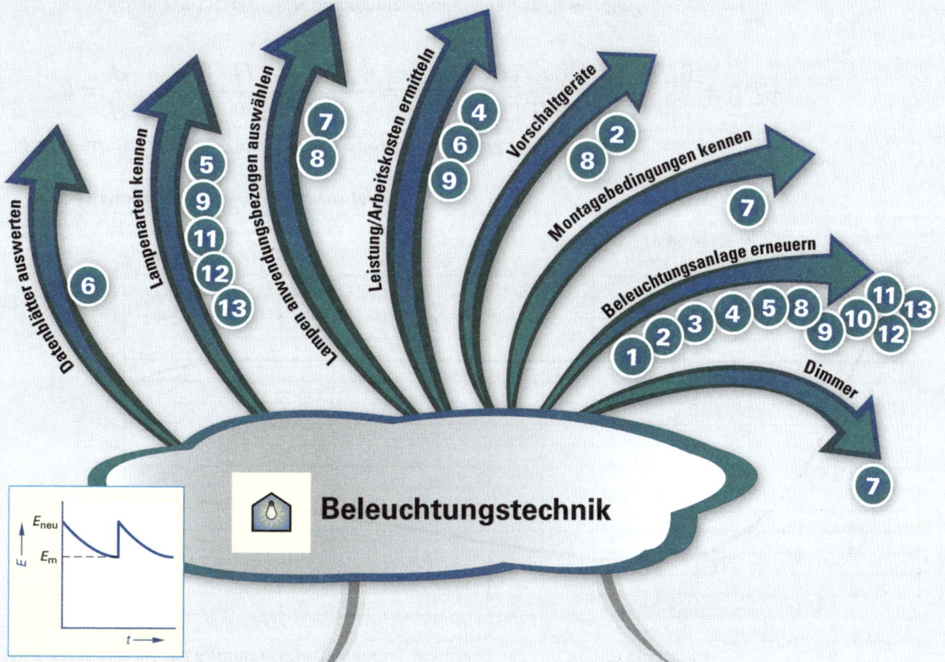

Formeln

Beleuchtungsstärke

$$E_m = \frac{\Phi_{La} \cdot n \cdot WF \cdot \eta_B}{A}$$

$$\eta_B = \eta_R \cdot \eta_{LB}$$

$$E_{neu} = \frac{E_m}{WF}$$

Raumindex

$$k = \frac{l \cdot b}{h \cdot (l + b)}$$

Lichtausbeute

$$\eta = \frac{\Phi_{La}}{P}$$

- A Fläche
- E_m Wartungswert der Beleuchtungsstärke
- E_{neu} Neuwert
- n Anzahl der Lampen
- WF Wartungsfaktor
- Φ_{LA} Lichtstrom
- η_B Beleuchtungswirkungsgrad
- η_{LB} Leuchtenbetriebswirkungsgrad
- η_R Raumwirkungsgrad
- b Breite
- l Länge
- h Höhe
- k Raumindex für direkte Beleuchtung
- P Leistungsaufnahme der Lichtquelle
- Φ_{LA} Lichtstrom
- η Wirkungsgrad
- ΔK Kostenersparnis

Tipps und Hinweise

- E_m wird durch die Norm für die Sehaufgabe festgelegt.
- Die Annahme des Wartungsfaktors berücksichtigt die Alterung und Verschmutzung der Lampe.
- Leuchten- und Beleuchtungswirkungsgrad nicht verwechseln!
- Beim Beleuchtungswirkungsgrad wird neben dem Leuchtenwirkungsgrad auch der Raumwirkungsgrad berücksichtigt.
- bei Ermittlung von k die Höhe zwischen Arbeitsfläche und Lampe einsetzen
- $E_{neu} > E_m$

Wartungsfaktoren WF (Referenzwerte, 3-jähriger Wartungszyklus):

- sehr saubere Räume, geringe Nutzungszeit: $WF = 0{,}8$
- saubere Räume: $WF = 0{,}67$
- normale Verschmutzung: $WF = 0{,}57$
- starke Verschmutzung: $WF = 0{,}5$

Kompetenzen im Fachgebiet Beleuchtungstechnik	Aufgaben			
Ich kann die Beleuchtungsstärke einer Beleuchtungsanlage ermitteln.	1.1			
Ich kann die erforderliche Leuchtenzahl ermitteln.	1.2c, 2.5, 3.2, 4.3, 5.1, 8.2, 9.4, 10.7, 11.8, 12.6, 13.7			
Ich kann die Leuchten im Raum anordnen.	1.3, 2.6, 8.3, 11,7			
Ich kann die Bedeutung des Wartungsfaktors erläutern.	2.1–2.3, 10.4			
Ich kann den Raumwirkungsgrad für ein konkretes Beispiel ermitteln.	1.2b, 2.4b, 3.1a, 5.1, 11.5, 12.5, 13.5			
Ich kann die Unterscheide zwischen KVG und EVG erläutern.	2.7, 8.1			
Ich kann den Beleuchtungswirkungsgrad berechnen.	3.1b, 4.1, 5.1, 9.2, 10.5, 11.6, 13.6			
Ich kann den für die Sehaufgabe notwendigen Wartungswert der Beleuchtungsstärke ermitteln.	4.2, 8.2, 9.3, 11.1, 13.1			
Ich kann die Besonderheiten einer Quecksilber-Hochdrucklampe erläutern.	5.1–5.2			
Ich kann den Lichtstrom einer Beleuchtungsanlage ermitteln.	6.1a, 9.3, 10.6			
Ich kann den Lichtstrom einer Lampe ermitteln.	6.2			
Ich kann die Betriebskosten einer Beleuchtungsanlage ermitteln.	6.3, 9.6			
Ich kann aus Datenblättern Aussagen über die Einbaulage von Leuchtstofflampen treffen.	6.4			
Ich kann die Anforderungen für Leuchten zur Montage in Holzdecken formulieren.	7.1			
Ich kann die Eigenschaften von HV-Halogenlampen, NV-Halogenlampen und Kompaktleuchtstofflampen vergleichen.	7.2			
Ich kann den geeigneten Dimmer auswählen.	7.3			
Ich kann die Leistungssteuerung bei Dimmern erläutern.	7.4			
Ich kann die Anforderungen für eine Badbeleuchtung formulieren.	7.6			
Ich kann die Lampenleistung bei Phasenanschnittssteuerung ermitteln.	7.5			
Ich kann das Anschlussschema der Leuchten bei einem Dreileitersystem erläutern.	8.4			
Ich kann aus Vergleichstabellen die geeigneten Lampen auswählen.	6.2b, 9.1, 10.2, 12.2			
Ich kann lichttechnische Größen erläutern.	10.1			
Ich kann die Eigenschaften von LED-Lampen erläutern.	10.3			
Ich kann den Raumindex eines Raumes ermitteln.	1.2a, 2.4, 3.1, 8.2, 9.2, 10.5, 11.3, 12.5, 13.3			
Ich kann die für die Anwendung geeignete Lichtfarbe auswählen.	11.8			
Ich kann die Bedeutung der Farbtemperatur erläutern.	12.1			
Ich kann den Neuwert der Beleuchtungsstärke ermitteln.	12.4			
Ich kann die Lichtausbeute berechnen und Lampen vergleichen.	12.3			
Ich kann Kriterien für die Auswahl von Leuchtmitteln benennen.	13.2			
Ich kann Kennzahlen von Leuchtstofflampen erläutern.	11.9, 13.8			
Ich kenne die Entsorgungsrichtlinien für Lampen.	13.9			

beherrsche ich schon — muss ich noch üben — Aufgaben habe ich gelöst

1 Beleuchtungsanlage einer Schneiderei erneuern

Der Meister beauftragt Sie mit der Planung der neuen Beleuchtungsanlage. Die Aufnahme der alten Beleuchtungsanlage ergab folgende Daten.
8 Leuchten in opalen Wannen in Duoschaltung mit den Lampendaten:

Lichtstrom einer Lampe: $\Phi = 5200$ lm,
Leuchtenbetriebswirkungsgrad: $\eta_{LB} = 50\,\%$
Raumwirkungsgrad: $\eta_R = 74\,\%$,
Wartungsfaktor: $WF = 0{,}8$
Raummaße: Länge 7,9 m, Breite 6,1 m und Höhe 3,1 m.
Arbeitsplatzhöhe: 0,85 m
Reflexionsgrade für Decke: $\varrho_1 = 0{,}8$, Wände: $\varrho_2 = 0{,}5$ und Boden: $\varrho_3 = 0{,}3$.

1.1 Berechnen Sie die Beleuchtungsstärke der alten Beleuchtungsanlage.

$$E = \frac{n \cdot \eta_R \cdot \eta_{LB} \cdot \Phi \cdot WF}{l \cdot b} = \frac{16 \cdot 0{,}74 \cdot 0{,}5 \cdot 5200\ \text{lm} \cdot 0{,}8}{7{,}9\ \text{m} \cdot 6{,}1\ \text{m}} = 511\ \text{lx}$$

1.2 Ermitteln Sie a) den Raumindex (k-Faktor), b) den Raumwirkungsgrad und c) die erforderliche Leuchtenzahl, wenn einlampige Spiegelreflektorleuchten verwendet werden, die um 0,9 m von der Decke abgehängt werden.

a) Raumindex

$$k = \frac{l \cdot b}{h \cdot (l + b)} = \frac{7{,}9\ \text{m} \cdot 6{,}1\ \text{m}}{(3{,}1\ \text{m} - 0{,}9\ \text{m} - 0{,}85\ \text{m}) \cdot (7{,}9\ \text{m} + 6{,}1\ \text{m})} = 2{,}55$$

b) Raumwirkungsgrad **(Tabelle 1)**.

Tabelle 1: Lichttechnische Daten von Leuchten

Lichtverteilung bei 1000 lm	Leuchte	Leuchten-betriebs-wirkungs-grad η_{LB} in %	Reflexionsgrade ϱ, Raumindex k und Raumwirkungsgrad η_R									
			Decke ϱ_1	0,8				0,5				0,3
			Wände ϱ_1	0,5		0,3		0,5		0,3		0,3
			Boden ϱ_1	0,3	0,1	0,3	0,1	0,3	0,1	0,3	0,1	0,1
direkt: stark gerichtet	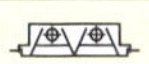 Spiegelraster, engstrahlend	60	Raumindex k	Raumwirkungsgrad η_R in %								
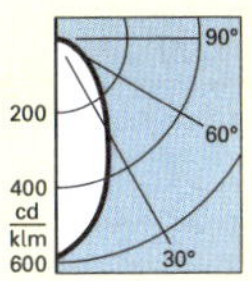	 Spiegelreflektor, einlampig	80	0,6	61	58	54	52	59	57	53	51	51
			1,0	80	75	73	69	76	73	70	68	67
			1,5	95	86	88	82	90	84	84	80	79
	 Rundreflektor	75	2,0	102	91	96	87	95	89	91	86	84
			3,0	111	97	106	95	103	95	99	92	91
			5,0	119	102	115	100	109	98	106	97	96

Aus **Tabelle 1**:

Mit $k = 2{,}55$: $\eta_R = 102\,\%$ zwischen 111 %; gemittelt: $\eta_R = 107\,\%$

c) Neue Leuchtenanzahl berechnen:

Zur Verwendung kommen einflammige Leuchten mit T5-Lampen mit einem Lichtstrom von 3300 lm, dem Leuchtenwirkungsgrad $\eta_{LB} = 0{,}8$ und dem Wartungswert $E_m = 500$ lx.

$$n = \frac{E \cdot l \cdot b}{\eta_R \cdot \eta_{LB} \cdot \Phi \cdot WF} = \frac{500\ \text{lx} \cdot 7{,}9\ \text{m} \cdot 6{,}1\ \text{m}}{1{,}07 \cdot 0{,}8 \cdot 3300\ \text{lm} \cdot 0{,}8} = 10{,}7$$

Es werden 11 Leuchten benötigt.

1.3 Die Leuchten mit einer Länge von 1520 mm sollen symmetrisch im Raum parallel zur Fensterfront angeordnet werden. Stellen Sie mögliche Leuchtenanordnungen für den Raum maßstabsgerecht dar **(Bild 1)**.

a) **Möglichkeit 1:**

$n = 12$ Leuchten in 3 Bändern mit je 4 Leuchten.

b) **Möglichkeit 2:**

$n = 11$ Leuchten mit 2 Bändern mit je 4 Leuchten und 1 Band in der Mitte mit je 3 Leuchten.

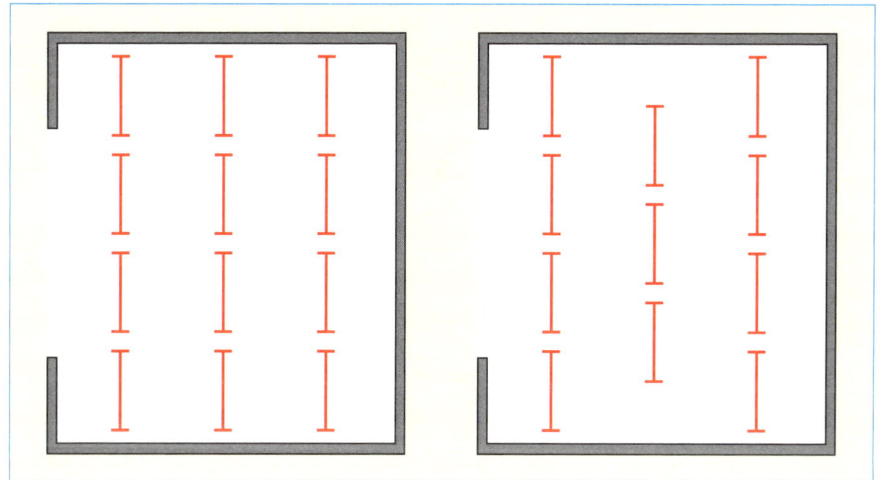

Bild 1: Mögliche Anordnungen der Leuchten

2 Werkstattbeleuchtung

Ihr Betrieb erhält den Auftrag für die Installation der Beleuchtungsanlage einer Kfz-Werkstatt mit den Raummaßen: Länge 11,2 m, Breite 6,1 m, Höhe 4 m.

Es sind 4 Lichtbänder an der Decke vorgesehen.

Die Reflexionsgrade betragen für Decke und Wände $\varrho_1 = \varrho_2 =$ 0,5 und Boden $\varrho_3 = 0{,}3$.

Im Pflichtenheft sind angegeben:
- einlampige Spiegelreflektorlampen
- Standard-Leuchtstofflampen 54 W, Lichtfarbe tageslichtweiß, 4450 lm
- Beleuchtungsstärke 500 lx
- Leuchten sind wahlweise mit konventionellen Vorschaltgeräten (UVG) oder mit elektronischen Vorschaltgeräten (EVG) auszustatten.

2.1 Warum nimmt die Beleuchtungsstärke mit zunehmender Betriebszeit der Anlage ab?

- Verschmutzung der Lampen und Leuchten.
- Alterung der Lampen.

2.2 Wie geht die Verschmutzung bei der Dimensionierung der Lampen in die Berechnung ein?

Der Wartungsfaktor berücksichtigt die Verschmutzung:
sehr sauber: $WF = 0,8$; sauber: $WF = 0,67$; normal: $WF = 0,57$
stark: $WF = 0,5$

2.3 Welchen Wartungsfaktor wählen Sie für die Kfz-Werkstatt aus?

Durch Staub und Ruß tritt normale Verschmutzung auf.
Gewählt: $WF = 0,57$

2.4 a) Berechnen Sie den Raumindex für die Werkstatt, die Arbeitshöhe beträgt 0,85 m.

$$k = \frac{l \cdot b}{h \cdot (l + b)} = \frac{11,2\ \text{m} \cdot 6,1\ \text{m}}{(4\ \text{m} - 0,85\ \text{m}) \cdot (11,2\ \text{m} + 6,1\ \text{m})} = 1,25$$

b) Ermitteln Sie den Raumwirkungsgrad **(Tabelle 1)**.

Tabelle 1: Lichttechnische Daten von Leuchten

Lichtverteilung bei 1000 lm	Leuchte	Leuchten-betriebs-wirkungs-grad η_{LB} in %	Reflexionsgrade ϱ, Raumindex k und Raumwirkungsgrad η_R									
			Decke ϱ_1	0,8				0,5				0,3
			Wände ϱ_2	0,5		0,3		0,5		0,3		0,3
			Boden ϱ_3	0,3	0,1	0,3	0,1	0,3	0,1	0,3	0,1	0,1
direkt: vorwiegend breitstrahlend 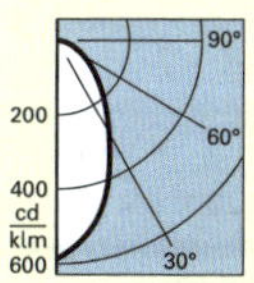	Spiegel-raster, engstrahlend	60	Raum-index k	Raumwirkungsgrad η_R in %								
	Spiegel-reflektor, einlampig	80	0,6	61	58	54	52	59	57	53	51	51
			1,0	80	75	73	69	76	73	70	68	67
			1,5	95	86	88	82	90	84	84	80	79
	Rund-reflektor	75	2,0	102	91	96	87	95	89	91	86	84
			3,0	111	97	106	95	103	95	99	92	91
			5,0	119	102	115	100	109	98	106	97	96

Aus **Tabelle 1:** $\eta_R = 83\,\%$, gemittelt (aus 90 % und 76 %)

2.5 Berechnen Sie die Anzahl der Lampen und Leuchten.

$$n = \frac{E \cdot A}{\eta_R \cdot \eta_{LB} \cdot \Phi \cdot WF} = \frac{500\ \text{lx} \cdot 11,2\ \text{m} \cdot 6,1\ \text{m}}{0,83 \cdot 0,8 \cdot 4450\ \text{lm} \cdot 0,57} = 20,2 \quad \text{Gewählt: } n = 20$$

2.6 Die Leuchten sind verlustarm auf die 4 Lichtbänder aufzuteilen.

Gewählt: 5 Leuchten je Lichtband: $n = 5 \cdot 4 = 20$ Leuchten

2.7 Wodurch unterscheiden sich konventionelle Vorschaltgeräte (VVG) und elektronische Vorschaltgeräte (EVG)?

EVG haben eine geringere Verlustleistung, z. B. $P = 3$ W,
kein Flackern, benötigen keinen Starter, evtl. dimmbar.

3 Beleuchtung in einem Backraum planen

Sie sind mit der Planung der Beleuchtungsausstattung eines Backraums mit erhöhter Staubentwicklung beauftragt. Die mittlere Beleuchtungsstärke darf 500 lx nicht unterschreiten.

Backraumdaten: weiße Decke, Wände hellgrün, Boden olivgrün, Raumfläche $A = 94,5\ \text{m}^2$, Raumhöhe 3 m, Höhe der Arbeitstheke 0,85 m.

Sie schlagen dem Inhaber folgende Ausstattung vor:
- Leuchtstofflampen 2 x 54 W mit EVG, Lichtfarbe hellweiß 840, d. h. Lichtstrom $\Phi_{La} = 4450$ lm
- Anordnung zweiflammig in prismatischen Wannen (breitstrahlend)
- Leuchtenbetriebswirkungsgrad $\Phi_{LB} = 0,65$
- Raumindex $k = 1,5$

3.1 a) Stellen Sie die Daten zur Berechnung der Beleuchtungsanlage zusammen und ermitteln Sie den Raumwirkungsgrad nach **Tabelle 1**.

Tabelle 1: Lichttechnische Daten von Leuchten

Lichtverteilung bei 1000 lm	Leuchte	Leuchten-betriebs-wirkungs-grad η_{LB} in %	Reflexionsgrade ϱ, Raumindex k und Raumwirkungsgrad η_R									
			Decke ϱ_1	0,8				0,5				0,3
			Wände ϱ_2	0,5		0,3		0,5		0,3		0,3
			Boden ϱ_3	0,3	0,1	0,3	0,1	0,3	0,1	0,3	0,1	0,1
direkt: stark gerichtet 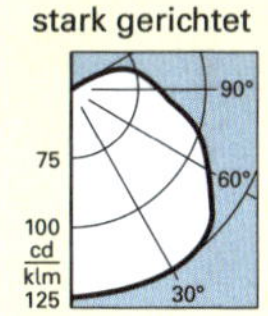	Nurglas-leuchte, Glühlampe	70	Raum-index k	Raumwirkungsgrad η_R in %								
	Wanne, prismatisch	65	0,6	41	39	31	30	37	35	29	28	27
			1,0	59	55	49	46	52	50	44	43	41
			1,5	74	67	64	60	66	61	58	55	52
	Wanne, opal	50	2,0	83	74	73	67	73	68	66	62	59
			3,0	95	83	87	77	83	76	77	71	68
			5,0	106	91	99	86	91	83	87	80	76

$E = 500$ lx $\quad A = 94,5\ \text{m}^2 \quad WF = 0,57 \quad \Phi_{La} = 4450$ lm

Reflexionsgrade für

Decke: $\rho_1 = 0,8$, Wände: $\rho_2 = 0,5$ und Boden: $\rho_3 = 0,3$

Aus **Tabelle 1:** $\Rightarrow$ Raumwirkungsgrad $\eta_R = 0,74$

b) Berechnen Sie den Beleuchtungswirkungsgrad.

$$\eta_B = \eta_R \cdot \eta_{LB} = 0,74 \cdot 0,65 = 0,481$$

3.2 Berechnen Sie die Lampenanzahl für den Backraum.

$$n = \frac{E_m \cdot A}{\eta_B \cdot \Phi \cdot WF} = \frac{500\ \text{lx} \cdot 94,5\ \text{m}^2}{0,481 \cdot 4450\ \text{lm} \cdot 0,57} = 38,73$$

Gewählt: 20 Leuchten mit je 2 Lampen

4 Tiefgaragenbeleuchtung installieren

Eine neu gebaute Tiefgarage ist 18 m lang, 17,5 m breit und 3 m hoch. Es wird eine normale Verschmutzung angenommen, der Raumwirkungsgrad beträgt η_R = 87 %, der Leuchtenbetriebswirkungsgrad η_{LB} = 82 %. Zur Verwendung kommen Lampen vom Typ – L 58 W mit einem Lichtstrom von 5400 lm.

4.1 Berechnen Sie den Beleuchtungswirkungsgrad.

$$\eta_B = \eta_R \cdot \eta_{LB} = 0{,}87 \cdot 0{,}82 = 0{,}71$$

4.2 Welche Beleuchtungsstärke ist für Tiefgaragen, Flure vorzusehen **(Tabelle 1)**?

Tabelle 1: Beleuchtung und Blendung

Wartungswert der Beleuchtungsstärke[1]/Lichtfarbe und Güteklasse

Raumart bzw. Tätigkeit	E_m in lx	Lichtfarbe[2]	UGR_L[3]	Raumart bzw. Tätigkeit	E_m in lx	Lichtfarbe[2]	UGR_L[3]
Allgemeine Räume				**Büro- und büroähnliche Räume**		ww, nw	
Wasch- und Toilettenräume	100	ww, nw	22	mit tageslichtorientierten			
Kantinen	200		22	Arbeitsplätzen in Fensternähe	300		19
Sanitärräume, Erste Hilfe	500		19	Büroräume, allgemein	500		19
				Großraumbüros			
Verkehrswege in Gebäuden				• mit hoher Reflexion	750		19
				• mit mittlerer Reflexion	1000		19
für Personen	50	ww, nw	28	Zeichenräume	750		19
für Personen und Fahrzeuge	100		25	Sitzungsräume	300		19
Treppen, Fahrtreppen	100		25	EDV-Räume, IT-Räume	500		19

[1] Minimalwert, unter den die mittlere Beleuchtungsstärke im Bereich der Sehaufgabe nicht sinken darf
[2] **Lichtfarben:** ww = warmweiß; nw = neutralweiß; tw = tageslichtweiß
[3] **UGR_L von Unified Glaring Rating Limit = Grenzwert zur Bewertung der Blendung**

Aus der **Tabelle 1:**

Verkehrswege in Gebäuden für Personen und Fahrzeuge E_m = 100 lx

4.3 Berechnen Sie die Anzahl der Lampen.

$$n = \frac{E \cdot A}{\eta_B \cdot \Phi \cdot WF} = \frac{100\ \text{lx} \cdot 18\ \text{m} \cdot 17{,}5\ \text{m}}{0{,}71 \cdot 5400\ \text{lm} \cdot 0{,}57} = 14{,}4$$

Es werden 15 Lampen benötigt.

4.4 Berechnen Sie die Leistungsaufnahme der verwendeten Leuchtstofflampen bei Verwendung von einem verlustarmen Vorschaltgerät (VVG) mit P = 13 W.

$$P_{\text{Leuchten}} = (P_L + P_{VVG}) = 15 \cdot (58\ \text{W} + 17\ \text{W}) = 1065$$

5 Beleuchtung einer Weinkelterei austauschen

In einer Kelterei soll die bestehende Beleuchtungsanlage mit Quecksilberdampf-Hochdrucklampen (400-W-HQL) auf LED-Strahler umgestellt werden **(Bild 1)**.

LED High Bay light, E40, Lumiled, 100-277 Volt

Geeignet für: Ersatz HQL 250 W und 400 W **ohne Eingriff in die Leuchte**

Artikel-Nr.	Leistung	Lichtstrom	Lichtfarbe	Lebensdauer	Länge/Ø
76157*	90 W	7.000 lm	5300 K	>50.000 h	305 x 225 mm
76158*	110 W	10.700 lm	5300 K	>50.000 h	305 x 225 mm

Bild 1: LED-Strahler

Die Raummaße sind Länge 7,9 m, Breite 6,1 m und Höhe 3,1 m. Die Leuchten sind 2 m abgehängt. Die Arbeitshöhe beträgt 0,85 m. Der Wartungswert der Beleuchtungsstärke ist mit E_m = 200 lx vorgegeben.

Tabelle 1: Lichttechnische Daten von Leuchten

Lichtverteilung bei 1000 lm	Leuchte	Leuchtenbetriebswirkungsgrad η_{LB} in %	Reflexionsgrade ϱ, Raumindex k und Raumwirkungsgrad η_R									
			Decke ϱ_1	0,8				0,5				0,3
			Wände ϱ_2	0,5		0,3		0,5		0,3		0,3
			Boden ϱ_3	0,3	0,1	0,3	0,1	0,3	0,1	0,3	0,1	0,1
direkt: stark gerichtet 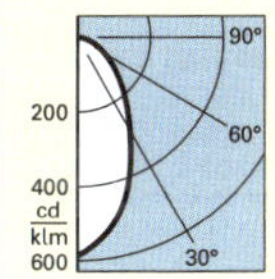	 Spiegelraster, engstrahlend	60	Raumindex k	Raumwirkungsgrad η_R in %								
	 Spiegelreflektor, einlampig	80	0,6	61	58	54	52	59	57	53	51	51
			1,0	80	75	73	69	76	73	70	68	67
			1,5	95	86	88	82	90	84	84	80	79
	 Rundreflektor	75	2,0	102	91	96	87	95	89	91	86	84
			3,0	111	97	106	95	103	95	99	82	91
			5,0	119	102	115	100	109	98	106	97	96

5.1 Berechnen Sie die erforderliche Anzahl der Lampen für die Reflexionsgrade: Decke ϱ_1 = 0,8, Wände und den Boden $\varrho_2 = \varrho_3$ = 0,3 und den Leuchtentyp Spiegelreflektor, einlampig, aus der **Tabelle 1**. Der Wartungsfaktor ist mit WF = 0,7 anzusetzen.

$$k = \frac{l \cdot b}{h \cdot (l + b)} = \frac{20\,\text{m} \cdot 19{,}5\,\text{m}}{(6\,\text{m} - 2\,\text{m} - 0{,}85\,\text{m}) \cdot (20\,\text{m} + 19{,}5\,\text{m})} = \frac{390\ \text{m}^2}{(3{,}15\ \text{m}) \cdot (39{,}5\ \text{m})} = 3{,}1$$

$$\eta_R = 1{,}06,\ \eta_{LB} = 0{,}8 \Rightarrow \eta_B = \eta_R \cdot \eta_{LB} = 1{,}06 \cdot 0{,}8 = 0{,}848$$

$$n = \frac{E \cdot A}{\eta_B \cdot \Phi \cdot WF} = \frac{200\ \text{lx} \cdot 20\ \text{m} \cdot 19{,}5\ \text{m}}{0{,}848 \cdot 10700\ \text{lm} \cdot 0{,}7} = 12{,}28$$

Gewählt: n = 13 Lampen

5.2 Erklären Sie dem Inhaber, welche Folgen diese Umstellung hat.

- Energieverbrauch sinkt,
- mehr Lampen für gleiche Beleuchtungsstärke notwendig,
- Lampenaustausch seltener notwendig,
- Leuchtmittel teurer und
- beim Einschalten sofort volle Helligkeit.

6 Seminarraumbeleuchtung erneuern

In einem renovierten Seminarraum mit der Fläche A = 18 m² sollen die Leuchtmittel der 12 Einbaustrahler (P = 100 W) durch 12 Energiesparlampen ersetzt werden. Ein neuer Bodenbelag und hellere Wandfarben verbessern den Raumwirkungsgrad auf η_R = 0,8, der Leuchtenbetriebswirkungsgrad beträgt η_{LB} = 0,75. Der Seminarraum wird selten genutzt.

6.1 Berechnen Sie den erforderlichen Gesamtlichtstrom für die Beleuchtungsstärke von E = 350 lx.

$$\Phi_{ges} = \frac{E \cdot A}{\eta_R \cdot \eta_{LB} \cdot WF} = \frac{350 \text{ lx} \cdot 18 \text{ m}^2}{0{,}8 \cdot 0{,}75 \cdot 0{,}8} = 13125 \text{ lm}$$

6.2 a) Wie groß ist der erforderliche Lichtstrom für eine Lampe?

$$\Phi_{Lampe} = \frac{\Phi_{ges}}{n} = \frac{13125 \text{ lm}}{12} = 1094 \text{ lm}$$

b) Wählen Sie geeignete Energiesparlampen aus **(Tabelle 1)**.

Tabelle 1: Energiesparlampen

Lampenform	Bemessungsleistung W	Lichtstrom Φ_{La} lm	Durchmesser bzw. Breite mm	Länge mit Sockel mm	Sockel	Lichtausbeute lm/W	vergleichbar mit Glühlampe W	Typ
Auswahl Philips (Farbwiedergabestufe 1 B, Lebensdauer 8000 h)								
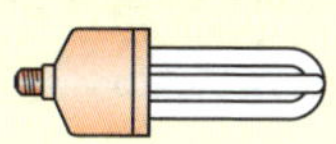	9 11 15 20 23	400 600 900 1200 1500	44,8 44,8 44,8 44,8 44,8	122 138 158 190 211	E 27	44 55 60 60 65	40 60 75 100 2 × 60	PLCE 9 PLCE 11 PLCE 15 PLCE 20 PLCE 23
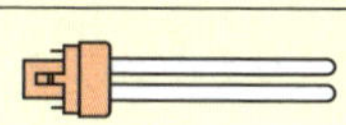	5 7 9	250 400 600	32,5 32,5 32,5	108 138 168	G 23	50 57 67	25 40 60	PL-S 5 W/..[1] PL-S 7 W/..[1] PL-S 8 W/..[1]
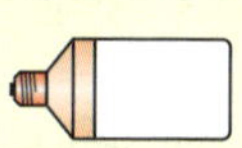	9 13 18 25	450 650 900 1200	74 74 74 74	151 161 171 181	E 27	50 50 50 48	40 60 75 100	SL 9 P SL 13 P SL 18 P SL 25 P
	9 13 18	400 600 850	102 112 120	108 138 168	E 27	44 46 47	40 46 47	SL 9 D SL 13 D SL 18 D

Gewählt: PLCE 20 W/1200 lm. Die Lichtausbeute der PLCE 20 W ist höher als die der SL 25 P.

6.3 Wie groß ist die jährliche Kostenersparnis ΔK, wenn die Beleuchtung an 6 Tagen/Woche für 10 Stunden in Betrieb ist? Der Arbeitspreis VP für den Strom beträgt 0,32 €/kWh.

$$P = P_{alt} - P_{neu} = 12 \cdot 100 \text{ W} - 12 \cdot 20 \text{ W} = 1200 \text{ W} - 240 \text{ W} = 960 \text{ W}$$

$$\Delta K = 0{,}96 \text{ kW} \cdot 52 \frac{\text{Wochen}}{\text{Jahr}} \cdot 6 \frac{\text{Tage}}{\text{Woche}} \cdot 10 \frac{\text{h}}{\text{Tag}} \cdot 0{,}32 \frac{€}{\text{kWh}} = 958{,}46 \frac{€}{\text{Jahr}}$$

6.4 Den Zusammenhang zwischen Lichtstrom, Temperatur und Einbaulage bei Leuchtstofflampen zeigen die Diagramme **(Bild 1)**.

Werten Sie die Diagramme aus und geben Sie die Einbaulage an.

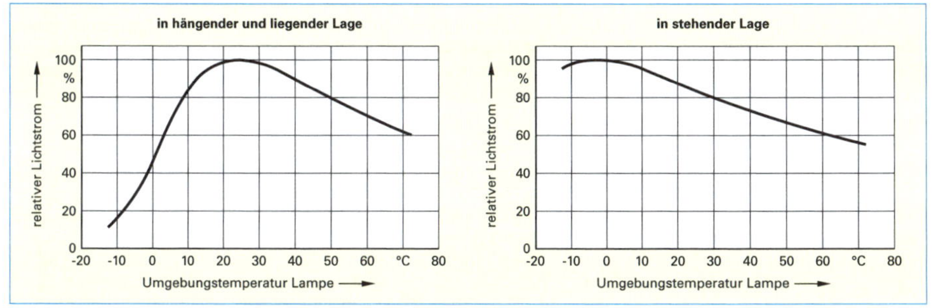

Bild 1: Lichtstrom, Temperatur und Einbaulage bei Leuchtstofflampen

a) Linkes Diagramm **(Bild 1 links)**:

Maximum des Lichtstroms bei ca. 25 °C ⇒ für Innenraumbeleuchtung: hängende oder liegende Einbaulage

b) Rechtes Diagramm **(Bild 1 rechts)**:

Maximum des Lichtstroms bei ca. –5 °C ⇒ für Außenbeleuchtung: stehende Einbaulage

7 Beleuchtung mit Helligkeitssteuerung planen

Ihr Betrieb beauftragt Sie, die Beleuchtung für ein Wohnzimmer zu planen und dem Kunden zu erläutern.

Für den Wohnbereich mit Holzbalkendecke sind acht dimmbare Rundreflektor-Leuchten mit HV-Halogen-Lampen (HV-Hochvolt) 230 V/50 W/E27 vorgesehen. Die Leuchten sind zwischen den Balken der Holzdecke zu installieren **(Bild 2)**.

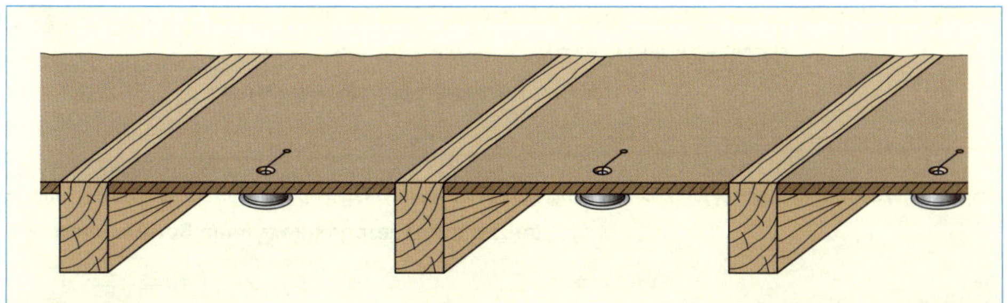

Bild 2: Holzdeckenkonstruktion

7.1 Erklären Sie dem Kunden die Anforderungen, die Leuchten für die Montage an Holzdecken erfüllen müssen.

- für die Montage an Decken geeignet
- für die Montage auf Holz zugelassen
- CE-Zeichen und VDE-Prüfzeichen vorhanden
- Mindestabstand zu Holz einhalten (Angabe auf der Leuchte)

7.2 Welche Vorteile weisen HV-Halogen-Lampen im Vergleich zu NV-Halogenlampen, Glühlampen und Kompaktleuchtstofflampen auf? Benennen Sie die Vorteile in **Tabelle 1**.

Tabelle 1: Vorteile der HV-Halogen-Lampe im Vergleich zur

HV-Halogen-Lampe	Glühlampe	Kompaktleuchtstofflampe
• Kein Transformator	• längere Lebensdauer, • höherer Lichtstrom, • geringerer Energieverbrauch	• einfach zu dimmen, • nach dem Einschalten sofort volle Lichtstärke

7.3 Der Kunde wünscht eine Helligkeitssteuerung der Lampen mit Dimmern. Es gibt verschiedene Dimmertypen mit den folgenden Kennzeichen **(Bild 1)**.

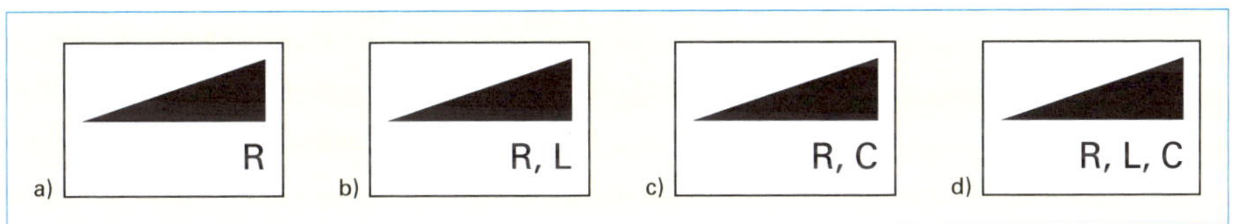

Bild 1: Dimmertypen und Dimmersymbole

Erklären Sie dem Kunden die Bedeutung der Symbole

a) Ohm'sche Last, für Glühlampen

b) Ohm'sche Last und induktive Last

c) Ohm'sche Last und kapazitive Last

d) Universaldimmer

7.4 Dimmer steuern die Leistung durch Phasenanschnittsteuerung oder Phasenabschnittsteuerung. Zeichnen Sie die Diagramme in **Bild 2** ein.

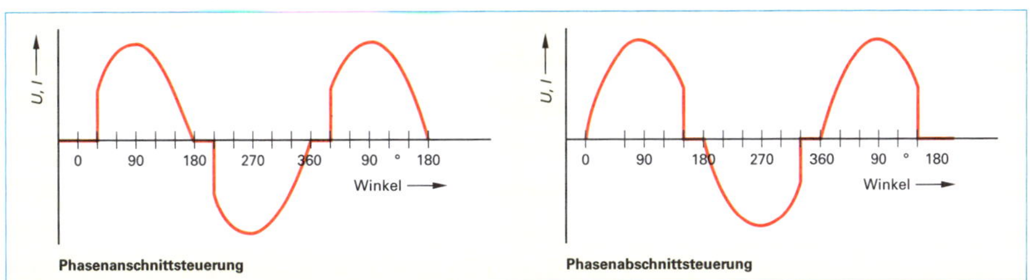

Bild 2: Phasenanschnittsteuerung und Phasenabschnittsteuerung

7.5 Welche Leistung nehmen die acht Lampen für den Anschnittwinkel $\alpha = 90°$ auf?

$P_{max} = 8 \cdot P_{Lampe} = 8 \cdot 50\ W = 400\ W$

für $\alpha = 90°$ gilt: $P_{90°} = 0{,}5 \cdot P_{max} = 0{,}5 \cdot 400\ W = 200\ W$

7.6 Im Badezimmer wünscht der Kunde eine Leuchtstofflampe direkt neben der Badewanne. Erklären Sie dem Kunden, welche Anforderungen einzuhalten sind.

Im Bereich 2 eines Raumes mit Dusche oder Badewanne ist eine Leuchte zulässig, wenn

- zusätzlicher Schutz durch RCD mit $I_{\Delta N} \leq 30$ mA oder
- Schutztrennung oder
- SELV bzw. PELV vorhanden und die Leuchte mindestens der Schutzart IP4X entspricht.

8 Beleuchtungsanlage Büroraum planen

Ein Büroraum ist renoviert worden. Die Decke ist weiß, Wände und Boden sind hellbraun.
Die Raumhöhe beträgt 2,80 m, die Arbeitsflächen haben die Höhe 0,85 m.
Die Fenster sind klein und sollen bei der Berechnung vernachlässigt werden **(Bild 1)**.

Der Geschäftsinhaber wünscht einen geringen Energieverbrauch. Sie empfehlen deshalb Leuchtstofflampen mit elektronischen Vorschaltgeräten (EVG).

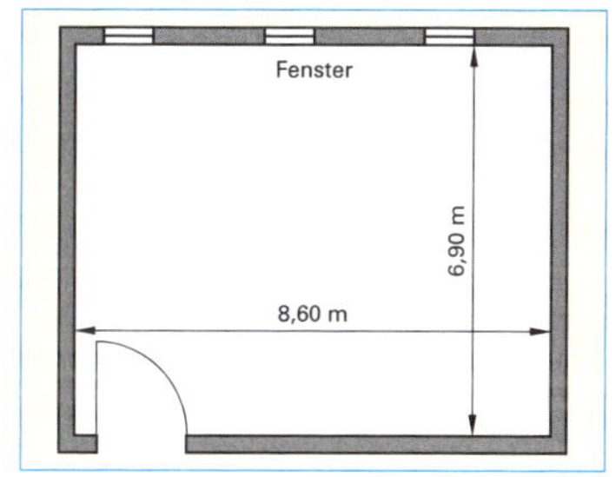

Bild 1: Grundriss des Büroraums

8.1 Nennen Sie 6 Vorteile durch den Betrieb mit EVG gegenüber VVG.

- höhere Lichtausbeute
- längere Lebensdauer der Leuchtstofflampen bei lampenschonendem Start
- flackerfreier Sofortstart ohne Starter
- kein stroboskopischer Effekt, da f > 30 kHz
- keine Lichtschwankungen durch Netzspannungsschwankungen
- keine Blindleistungskompensation, da keine induktive Last und keine Leistungsfaktorkorrektur (PFC).

8.2 Der Kunde verlangt eine gleichmäßige Ausleuchtung des Büroraums. Sie schlagen direkt strahlende einlampige Spiegelreflektorleuchten mit Lampen entsprechend **Tabelle 1** vor.

Tabelle 1: Produktdatenblatt Osram HO 49 W/840 Lumilux T5

Farbtemperatur 4000 K	Farbwiedergabestufe 1B	Farbwiedergabeindex Ra ≥ 80
Lichtfarbe 840	Nennlichtstrom 4310 lm	Nennleistung 49,20 W

a) Ermitteln Sie aus **Tabelle 1** die Beleuchtungslichtstärke für allgemeine Büroräume.

Tabelle 1: Beleuchtung und Blendung

Wartungswert der Beleuchtungsstärke[1]/Lichtfarbe und Güteklasse

Raumart bzw. Tätigkeit	E_m in lx	Lichtfarbe[2]	UGR_L[3]	Raumart bzw. Tätigkeit	E_m in lx	Lichtfarbe[2]	UGR_L[3]
Allgemeine Räume				**Büro- und büroähnliche Räume**		ww, nw	
Wasch- und Toilettenräume	100	ww, nw	22	mit tageslichtorientierten Arbeitsplätzen in Fensternähe	300		19
Kantinen	200		22	Büroräume, allgemein	500		19
Sanitärräume, Erste Hilfe	500		19	Großraumbüros			
Verkehrswege in Gebäuden				• mit hoher Reflexion	750		19
für Personen	50	ww, nw	28	• mit mittlerer Reflexion	1000		19
für Personen und Fahrzeuge	100		25	Zeichenräume	750		19
Treppen, Fahrtreppen	100		25	Sitzungsräume	300		19
				EDV-Räume, IT-Räume	500		19

[1] Minimalwert, unter den die mittlere Beleuchtungsstärke im Bereich der Sehaufgabe nicht sinken darf
[2] **Lichtfarben:** ww = warmweiß; nw = neutralweiß; tw = tageslichtweiß
[3] **UGR_L von Unified Glaring Rating Limit = Grenzwert zur Bewertung der Blendung**

E = 500 lx

b) Berechnen Sie die Anzahl der Leuchten für den sauberen Büroraum anhand von **Tabelle 2**.

Tabelle 2: Lichttechnische Daten von Leuchten

Lichtverteilung bei 1000 lm	Leuchte	Leuchtenbetriebswirkungsgrad η_{LB} in %	Decke ϱ_1	0,8				0,5				0,3
			Wände ϱ_2	0,5		0,3		0,5		0,3		0,3
			Boden ϱ_3	0,3	0,1	0,3	0,1	0,3	0,1	0,3	0,1	0,1
direkt: tiefstrahlend 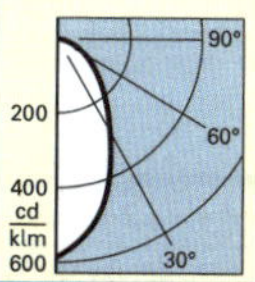	Spiegelraster, engstrahlend	60	Raumindex k	Raumwirkungsgrad η_R in %								
	Spiegelraster, breitstrahlend	80	0,6	61	58	54	52	59	57	53	51	51
			1,0	80	75	73	69	76	73	70	68	67
			1,5	95	86	88	82	90	84	84	80	79
	Rundreflektor	75	2,0	102	91	96	87	95	89	91	86	84
			3,0	111	97	106	95	103	95	99	92	91
			5,0	119	102	115	100	109	98	106	97	96

Aus Tabelle 2 abgelesen:
Spiegelreflektor, einlampig
Leuchtenwirkungsgrad $\eta_{LB} = 0{,}80$

Reflexionsgrade:

Weiße Decke: $\varrho_1 = 0{,}8$, Wände und Boden: $\varrho_2 = \varrho_3 = 0{,}3 \Rightarrow$

Für Büroräume gilt der Wartungsfaktor $WF = 0{,}8$.

$$k = \frac{l \cdot b}{h \cdot (l + b)} = \frac{8{,}6\ \text{m} \cdot 6{,}9\ \text{m}}{(2{,}8\ \text{m} - 0{,}85\ \text{m}) \cdot (8{,}6\ \text{m} + 6{,}9\ \text{m})} = 1{,}96$$

Gewählt: $k = 2 \Rightarrow$ Raumwirkungsgrad $\eta_R = 0{,}96$

$$n = \frac{E \cdot A}{\eta_R \cdot \eta_{LB} \cdot \Phi \cdot WF} = \frac{500\ \text{lx} \cdot 8{,}6\ \text{m} \cdot 6{,}9\ \text{m}}{0{,}96 \cdot 0{,}8 \cdot 4310\ \text{lm} \cdot 0{,}67} = 13{,}4 \Rightarrow$$

Gewählt: $n = 14$

8.3 Welche Anordnung wählen Sie für die Leuchten?

3 Reihen mit je 5 Leuchten (parallel zum Fenster)

8.4 Wie schließen Sie die Leuchten an einem Dreileitersystem an?

5 Leuchten je Außenleiter je Lichtband

9 Konferenzraumbeleuchtung planen

Ihre Firma erhält den Auftrag, für einen neuen Konferenzraum die Beleuchtungsanlage zu planen. Die Raumabmessungen sind Länge 11,1 m, Breite 7,2 m und Höhe 3,3 m. Der Raum hat eine weiße Decke und hellgrüne Wände. Der Boden ist olivgrün und die Arbeitsflächen sind beigefarben. Die Leuchten werden 0,5 m von der Decke abgehängt, die Arbeitsflächenhöhe ist 0,75 m.

Der Auftraggeber wünscht für zwei Lichtbänder Leuchtstofflampen mit Spiegelreflektoren, zweiflammig, mit EVGs mit einer Verlustleistung von 2 W.

Als Leuchtmittel sind T5-Lampen 49 W mit der Farbwiedergabestufe 1B warmweiß ww Lichtfarbennummer 830 vorgesehen **(Tabelle 1)**.

Tabelle 1: Vergleich von Osram- und Philips-Leuchtmitteln

Lampentyp	P_L W	L mm	Ø mm	LF	Ra ≥	FW	Osram-Bezeichnung	WG $\Phi°$ lm	EVG $\Phi°$ lm	Philips-Bezeichnung	WG $\Phi°$ lm	EVG $\Phi°$ lm
T5	54	1149	16	ww	80	1 B	FQ 54 W/827 HO	–	4450	TL5 HO 54 W/827	–	4450
T5	54	1149	16	ww	80	1 B	FQ 54 W/830 HO	–	4450	TL5 HO 54 W/830	–	4450
T5	54	1149	16	nw	80	1 B	FQ 54 W/840 HO	–	4450	TL5 HO 54 W/840	–	4450
T5	54	1149	16	tw	80	1 B	FQ 54 W/865 HO	–	4050	TL5 HO 54 W/865	–	4250
T5	54	1149	16	nw	90	1 A	FQ 54 W/940	–	3500	TL5 HO 54 W/940	–	3500
T5	54	1149	16	bw	90	1 A	–	–	–	TL5 HO 54 W/950	–	3800
T5	54	1149	16	tw	90	1 A	FQ 54 W/965	–	3450	TL5 HO 54 W/965	–	3800
T5	35	1449	16	ww	80	1 B	FH 35 W/827 HE	–	3300	TL5 HO 35 W/827	–	3300
T5	35	1449	16	ww	80	1 B	FH 35 W/830 HE	–	3300	TL5 HO 35 W/830	–	3300
T5	35	1449	16	w	80	1 B	–	–	–	TL5 HO 35 W/835	–	3300
T5	35	1449	16	nw	80	1 B	FH 35 W/840 HE	–	3300	TL5 HO 35 W/840	–	3300
T5	35	1449	16	tw	80	1 B	FH 35 W/865 HE	–	3050	TL5 HO 35 W/865	–	3100
T5	49	1449	16	ww	80	1 B	FQ 49 W/827 HO	–	4300	TL5 HO 49 W/827	–	4300
T5	49	1449	16	ww	80	1 B	FQ 49 W/830 HO	–	4300	TL5 HO 49 W/830	–	4300
T5	49	1449	16	w	80	1 B	–	–	–	TL5 HO 49 W/835	–	4300
T5	49	1449	16	nw	80	1 B	FQ 49 W/840 HO	–	4300	TL5 HO 49 W/840	–	4300
T5	49	1449	16	tw	80	1 B	–	–	–	TL5 HO 49 W/865	–	4100
T5	49	1449	16	nw	90	1 A	FQ 49 W/940	–	3500	TL5 HO 49 W/940	–	3400
T5	80	1449	16	tw	90	1 A	FQ 49 W/965	–	3450	TL5 HO 49 W/965	–	3700
T5	80	1449	16	ww	80	1 B	FQ 80 W/827 HO	–	6150	TL5 HO 80 W/827	–	6150
T5	80	1449	16	ww	80	1 B	FQ 80 W/830 HO	–	6150	TL5 HO 80 W/830	–	6150
T5	80	1449	16	nw	80	1 B	FQ 80 W/840 HO	–	6150	TL5 HO 80 W/840	–	6150
T5	80	1449	16	tw	80	1 B	FQ 80 W/860 HO	–	5700	TL5 HO 80 W/865	–	5850

9.1 Welche Bezeichnung haben die Lampen a) bei Osram und b) bei Philips?

a) FQ 49 W/830 HO

b) TL5 HO 49 W/830

9.2 Berechnen Sie den Beleuchtungswirkungsgrad.

$$k = \frac{l \cdot b}{h \cdot (l + b)} = \frac{11{,}1\ \text{m} \cdot 7{,}2\ \text{m}}{(3{,}3\ \text{m} - 0{,}75\ \text{m} - 0{,}5\ \text{m}) \cdot (11{,}1\ \text{m} + 7{,}2\ \text{m})} = 2{,}13$$

gewählt: $k = 2$

Reflexionsgrade: Decke: $\varrho_1 = 0{,}8$, Wand: $\varrho_2 = 0{,}5$ und Boden: $\varrho_3 = 0{,}3$

Tabelle 1: Lichttechnische Daten von Leuchten

Lichtverteilung bei 1000 lm	Leuchte	Leuchtenbetriebswirkungsgrad η_{LB} in %	Reflexionsgrade ϱ, Raumindex k und Raumwirkungsgrad η_R									
			Decke ϱ_1	0,8				0,5				0,3
			Wände ϱ_2	0,5		0,3		0,5		0,3		0,3
			Boden ϱ_3	0,3	0,1	0,3	0,1	0,3	0,1	0,3	0,1	0,1
direkt: tiefstrahlend 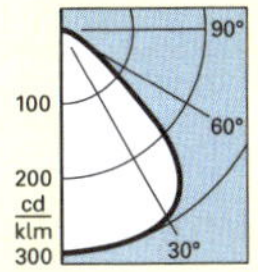	 Wanne, prismatisch	60	Raumindex k	Raumwirkungsgrad η_R in %								
	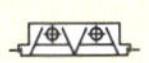 Spiegelraster, breitstrahlend	60	0,6	52	49	43	42	49	48	42	41	41
			1,0	73	67	64	60	69	65	61	59	58
			1,5	89	81	81	75	83	78	77	73	72
	 Spiegelreflektor, mehrlampig	75	2,0	97	86	89	81	90	83	84	79	78
			3,0	107	94	101	90	99	91	94	88	86
			5,0	116	100	111	97	106	96	102	94	93

Leuchtenbetriebswirkungsgrad: $\eta_{LB} = 0{,}75$

Raumwirkungsgrad: $\eta_R = 0{,}97$

Beleuchtungswirkungsgrad: $\eta_B = \eta_R \cdot \eta_{LB} = 0{,}97 \cdot 0{,}75 = 0{,}728$

9.3 Wie groß ist der benötigte Lichtstrom?
Für sehr saubere Büroräume gilt der Wartungsfaktor $WF = 0{,}8$.
Der Wartungswert der Beleuchtungsstärke für einen Sitzungsraum ist **Tabelle 2** zu entnehmen.

Tabelle 2: Beleuchtung und Blendung

Wartungswert der Beleuchtungsstärke[1]/Lichtfarbe und Güteklasse

Raumart bzw. Tätigkeit	E_m in lx	Lichtfarbe[2]	UGR_L[3]	Raumart bzw. Tätigkeit	E_m in lx	Lichtfarbe[2]	UGR_L[3]
Allgemeine Räume				**Büro- und büroähnliche Räume**			
Wasch- und Toilettenräume	100	ww, nw	22	mit tageslichtorientierten Arbeitsplätzen in Fensternähe	300	ww, nw	19
Kantinen	200		22	Büroräume, allgemein	500		19
Sanitärräume, Erste Hilfe	500		19	Großraumbüros			
Verkehrswege in Gebäuden				• mit hoher Reflexion	750		19
				• mit mittlerer Reflexion	1000		19
für Personen	50	ww, nw	28	Zeichenräume	750		19
für Personen und Fahrzeuge	100		25	Sitzungsräume	300		19
Treppen, Fahrtreppen	100		25	EDV-Räume, IT-Räume	500		19

[1] Minimalwert, unter den die mittlere Beleuchtungsstärke im Bereich der Sehaufgabe nicht sinken darf
[2] **Lichtfarben:** ww = warmweiß; nw = neutralweiß; tw = tageslichtweiß
[3] UGR_L **von Unified Glaring Rating Limit = Grenzwert zur Bewertung der Blendung**

$\Rightarrow E_m = 300\ \text{lx}$, $A = 79{,}9\ \text{m}^2$

$$\Phi = \frac{E_m \cdot A}{\eta_B \cdot WF} = \frac{300\ \text{lx} \cdot 79{,}9\ \text{m}^2}{0{,}728 \cdot 0{,}8} = 41157{,}28\ \text{lm}$$

9.4 Berechnen Sie die Anzahl der Leuchtstofflampen und der Leuchten.

aus Tabelle 1, Seite 50: $\Phi_{LA} = 4300\ \text{lm} \Rightarrow n = \frac{\Phi}{\Phi_{LA}} = \frac{41158{,}6\ \text{lm}}{4300\ \text{lm}} = 9{,}57$

gewählt: 10 Lampen $\Rightarrow$ 5 zweilampige Leuchten

9.5 Berechnen Sie die gesamte Wirkleistungsaufnahme der Beleuchtung.

$P = n \cdot (P_{La} + P_{EVG}) = 10 \cdot (49\ \text{W} + 2\ \text{W}) = 510\ \text{W}$

9.6 Welches monatliche Verbrauchsentgelt entsteht, wenn die Beleuchtung an 20 Tagen für 6 Stunden in Betrieb ist?
Der Arbeitspreis VP für den Strom beträgt 0,32 €/kWh.

$$VE = P \cdot t \cdot VP = 0{,}510\ \text{kW} \cdot 120\ \text{h} \cdot 0{,}32\ \frac{€}{\text{kWh}} = 19{,}58\ €$$

10 Beleuchtungsanlage planen

Ein ungenutzter Vorratsraum soll als Besprechungsraum genutzt werden. Bei der Besprechung mit dem Kunden ergeben sich Fragen zur Beleuchtungstechnik.

10.1 Der Kunde kennt die Größen a) Lichtstrom und b) Beleuchtungsstärke nicht. Erklären Sie diese.

a) Lichtstrom ist die gesamte Lichtmenge, die eine Lampe aussendet.

b) Beleuchtungsstärke ist der Teil des Lichtstroms, der auf der zu beleuchtenden Fläche auftrifft.

10.2 Welcher Energiesparlampentyp kann eine defekte 60-W-Glühlampe nach **Tabelle 1** ersetzen?

Tabelle 1: Daten von Energiesparlampen

Bemessungsleistung in W	Lichtstrom in lm	Durchmesser in mm	Sockel	Lichtausbeute in lm/W	vergleichbare Glühlampe W
11	450	100	E27	41	60
15	700	100	E27	47	75
20	1000	120	E27	50	100

Energiesparlampe mit 11 W

10.3 Der Kunde schlägt den Einsatz von LED-Lampen zur Beleuchtung vor. Welche Vorteile und welche Nachteile haben LED-Lampen im Vergleich mit Leuchtstofflampen?

Vorteile: hohe Lichtausbeute, hohe Lebensdauer

Nachteile: teuer, geringer Lichtstrom

10.4 Der Kunde entscheidet sich für Leuchtstofflampen. Die gewählten Leuchten sind zweilampig, tiefstrahlend mit einer prismatischen Wanne und für direkte Deckenmontage vorgesehen. Der Raum hat die Abmessungen Länge = 7,8 m, Breite = 5,7 m, Höhe = 3,2 m. Die Decke ist weiß, die Wände sind hellrot, der Boden ist dunkelgrün. Die Tischhöhe ist 0,8 m.

a) Welche Bedeutung hat der Wartungsfaktor und b) welchen Wartungsfaktor wählen Sie?

a) Der Wartungsfaktor berücksichtigt Verschmutzung, Wartungszyklus und Alterung der Lampen.

b) Geringe Verschmutzung, da büroähnliche Räume, d. h. $WF = 0{,}67$

10.5 Ermitteln Sie den Beleuchtungswirkungsgrad mit **Tabelle 1**.

Tabelle 1: Lichttechnische Daten von Leuchten

Lichtverteilung bei 1000 lm	Leuchte	Leuchten-betriebs-wirkungs-grad η_{LB} in %	Reflexionsgrade ϱ, Raumindex k und Raumwirkungsgrad η_R									
			Decke ϱ_1	0,8				0,5				0,3
			Wände ϱ_2	0,5		0,3		0,5		0,3		0,3
			Boden ϱ_3	0,3	0,1	0,3	0,1	0,3	0,1	0,3	0,1	0,1
direkt: tiefstrahlend 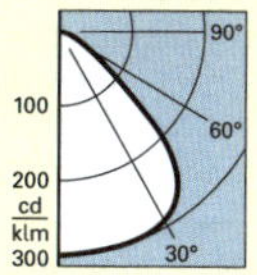	Wanne, prismatisch	60	Raum-index k	Raumwirkungsgrad η_R in %								
	Spiegelraster, breitstrahlend	60	0,6	52	49	43	42	49	48	42	41	41
			1,0	73	67	64	60	69	65	61	59	58
			1,5	89	81	81	75	83	78	77	73	72
	Spiegel-reflektor, mehrlampig	75	2,0	97	86	89	81	90	83	84	79	78
			3,0	107	94	101	90	99	91	94	88	86
			5,0	116	100	111	97	106	96	102	94	93

$$k = \frac{l \cdot b}{h \cdot (l + b)} = \frac{7{,}8\ \text{m} \cdot 5{,}7\ \text{m}}{(3{,}2\ \text{m} - 0{,}8\ \text{m}) \cdot (7{,}8\ \text{m} + 5{,}7\ \text{m})} = 1{,}37$$

gewählt: $k = 1{,}5$

Reflexionsgrade: Decke $\varrho_1 = 0{,}8$, Wand: $\varrho_2 = 0{,}5$ und Boden $\varrho_3 = 0{,}1$

Aus Tabelle 1:

Leuchtenbetriebswirkungsgrad: $\eta_{LB} = 0{,}6$

Raumwirkungsgrad: $\eta_R = 0{,}81$

Beleuchtungswirkungsgrad: $\eta_B = \eta_R \cdot \eta_{LB} = 0{,}81 \cdot 0{,}6 = 0{,}49$

10.6 Welcher Lichtstrom wird für die Raumfläche benötigt, um eine Beleuchtungsstärke von 500 lx zu erreichen?

$$A = l \cdot b = 7{,}8\ \text{m} \cdot 5{,}7\ \text{m} = 44{,}5\ \text{m}^2$$

$$\Phi = \frac{E_m \cdot A}{\eta_B \cdot WF} = \frac{500\ \text{lx} \cdot 44{,}5\ \text{m}^2}{0{,}49 \cdot 0{,}67} = 67773{,}4\ \text{lm}$$

10.7 Berechnen Sie die notwendige Leuchtenzahl für Leuchtstofflampen mit einem Lichtstrom von 4300 lm.

$$n = \frac{\Phi}{\Phi_{La}} = \frac{67773{,}4\ \text{lm}}{4300\ \text{lm}} = 15{,}76$$

gewählt: 16 Lampen ⇒ 8 Leuchten

11 Beleuchtungstechnik in einem Laborraum erneuern

Ein Laborraum einer Schule **(Bild 1)** soll nach der Renovierung des Laborgebäudes mit engstrahlenden einlampigen Spiegelrasterleuchten ausgestattet werden.

Die Leuchten werden mit Leuchstofflampen T5 49 W 4300 lm, Leuchtenlänge 1550 mm, bestückt.

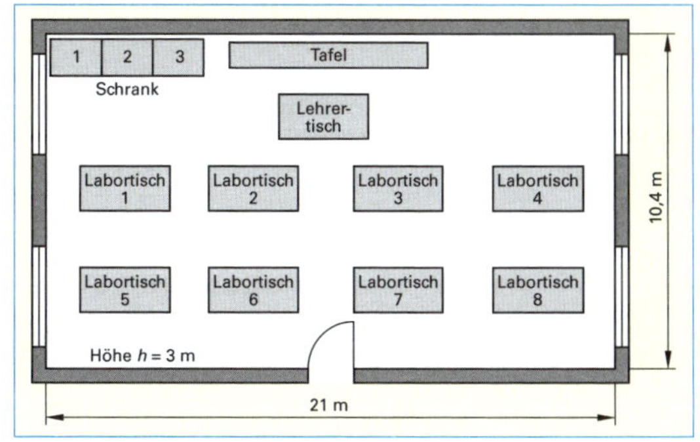

Bild 1: Grundriss des Laborraums

11.1 Ermitteln Sie den Wartungswert der Beleuchtungsstärke E_m aus **Tabelle 1**.

Tabelle 1: Beleuchtung und Blendung

Wartungswert der Beleuchtungsstärke[1]/Lichtfarbe und Güteklasse

Raumart bzw. Tätigkeit	E_m in lx	Lichtfarbe[2]	UGR_L[3]	Raumart bzw. Tätigkeit	E_m in lx	Lichtfarbe[2]	UGR_L[3]
Allgemeine Räume				**Unterrichtungsstätten**			
Wasch- und Toilettenräume	100	ww, nw	22	Lehrmittelräume	200	ww, nw	22
Kantinen	200		22	Flure, Eingangshallen	100		28
Sanitärräume, Erste Hilfe	500		19	Treppen	100		22
Verkehrswege in Gebäuden				Bibliotheken	300		19
für Personen	50	ww, nw	28	Unterrichtsräume	300		19
für Personen und Fahrzeuge	100		25				
Treppen, Fahrtreppen	100		25				

[1] Minimalwert, unter den die mittlere Beleuchtungsstärke im Bereich der Sehaufgabe nicht sinken darf
[2] **Lichtfarben:** ww = warmweiß; nw = neutralweiß; tw = tageslichtweiß
[3] **UGR_L von Unified Glaring Rating Limit = Grenzwert zur Bewertung der Blendun**

Für Unterrichtsräume:

$E_m = 300$ lx

11.2 Welche Auswirkung hat eine Überschreitung des UGR-Wertes > 22 bei $E = 300$ lx auf den Menschen?

Bei zu starker Blendung lässt die Konzentration nach, die Fehlerquote steigt bzw. es kommt zu schnellen Ermüdungserscheinungen.

11.3 Berechnen Sie den Raumindex k für Labortische mit der Höhe 0,9 m.

$$k = \frac{l \cdot b}{h \cdot (l + b)} = \frac{21\ \text{m} \cdot 10{,}4\ \text{m}}{(3\ \text{m} - 0{,}9\ \text{m}) \cdot (21\ \text{m} + 10{,}4\ \text{m})} = 3{,}31$$

11.4 Ermitteln Sie für $k = 3$ und die Reflexionsgrade für weiße Decken, für beige Wände und hellbraune Böden den Raumwirkungsgrad nach **Tabelle 1**.

Tabelle 1: Lichttechnische Daten von Leuchten

Lichtverteilung bei 1000 lm	Leuchte		Leuchten-betriebs-wirkungs-grad η_{LB} in %	Reflexionsgrade ϱ, Raumindex k und Raumwirkungsgrad η_R									
				Decke ϱ_1	0,8				0,5				0,3
				Wände ϱ_2	0,5		0,3		0,5		0,3		0,3
				Boden ϱ_3	0,3	0,1	0,3	0,1	0,3	0,1	0,3	0,1	0,1
direkt: stark gerichtet 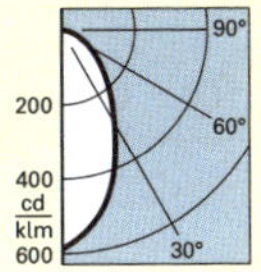	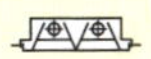	Spiegelraster, engstrahlend	60	Raum-index k	Raumwirkungsgrad η_R in %								
		Spiegel-reflektor, einlampig	80	0,6	61	58	54	52	59	57	53	51	51
				1,0	80	75	73	69	76	73	70	68	67
				1,5	95	86	88	82	90	84	84	80	79
		Rundreflektor	75	2,0	102	91	96	87	95	89	91	86	84
				3,0	111	97	106	95	103	95	99	92	91
				5,0	119	102	115	100	109	98	106	97	96

Decke: $\varrho_1 = 0{,}8$, Wand: $\varrho_2 = 0{,}3$ und Boden: $\varrho_3 = 0{,}3$

Abgelesen aus **Tabelle 1**: $\eta_R = 1{,}06$

11.5 Berechnen Sie den Beleuchtungswirkungsgrad.

$\eta_{LB} = 0{,}60 \Rightarrow \eta_B = \eta_R \cdot \eta_{LB} = 1{,}06 \cdot 0{,}60 = 0{,}636$

11.6 Welchen Wartungsfaktor wählen Sie für einen sehr sauberen Laborraum?

Für sehr saubere Räume: $WF = 0{,}8$

11.7 a) Berechnen Sie die Anzahl der erforderlichen engstrahlenden Spiegelrasterleuchten.

$$n = \frac{E_m \cdot l \cdot b}{\eta_B \cdot \Phi \cdot WF} = \frac{300\ \text{lx} \cdot 21\ \text{m} \cdot 10{,}4\ \text{m}}{0{,}636 \cdot 4300\ \text{lm} \cdot 0{,}8} = 29{,}95$$

gewählt: $n = 30$ Lampen

b) Wie verteilen Sie die Lampen im Drehstromnetz auf die Außenleiter?

Jeweils 10 auf jeden Außenleiter

11.8 Überlegen Sie mögliche Anordnungen der Lichtbänder und bestimmen Sie die Lampen je Lichtband.

1. Lichtbänder senkrecht zur Tafel:

$$n_{\text{Lichtband1}} = \frac{b}{l_{\text{Lampe}}} = \frac{10{,}4\ \text{m}}{1{,}55\ \text{m}} = 6{,}71$$

$\Rightarrow$ 5 Bänder mit je 6 Leuchten (= 30)

2. Lichtbänder parallel zur Tafel:

$$n_{\text{Lichtband2}} = \frac{l}{l_{\text{Lampe}}} = \frac{21\ \text{m}}{1{,}55\ \text{m}} = 13{,}55$$

$\Rightarrow$ 3 Bänder mit je 10 Leuchten (= 30)

11.9 Es ist noch ein Vorrat von Leuchtstofflampen mit der Bezeichnung „Leuchtstofflampe NL-T5 49 W/840 GP EP" vorhanden. Sind diese Lampen für den Unterrichtsraum geeignet?

Lichtfarbe 840: Cool white, sehr gute Farbwiedergabe, geeignet.

12 Landgasthofbeleuchtung projektieren

Ihre Firma erhält den Auftrag, die Beleuchtungsanlage für den Speissaal eines Landgasthofes zu projektieren. Es wird Wert auf stimmungsvolles Licht gelegt. Die Tischbeleuchtungen sollen deshalb mit Pendelleuchten erfolgen, die 0,7 m abgehängt werden. Es werden Kompaktleuchtstofflampen Osram Dulux D/DE mit direkter, stark gerichteter Lichtverteilung und einem Leuchtenbetriebswirkungsgrad $\eta_{LB} = 0{,}75$ gewünscht.

Bei der Raumbesichtigung werden die Daten des Raumes erfasst.
Länge 9,7 m, Breite 7,4 m und Höhe 3,5 m, mit den Reflexionsgraden Decke 0,5, Wände 0,3 und Boden 0,1. Die Tischhöhen betragen 0,75 m. Der Wartungsfaktor wird mit 0,67 angenommen.

Die Wartungsbeleuchtungsstärke des Raumes soll $E_m = 300$ lx betragen. Eine Auswahl von Kompaktleuchtstofflampen zeigt **Tabelle 1.**

Tabelle 1: Kompaktleuchtstofflampenauswahl

Bezeichnung	Leistung in W	Lichtstrom in lm	Farbwiedergabe R_a	Farbtemperatur in K
Dulux D/E 10W/827	10	600	≥ 80	2700
Dulux D/E 10W/840	10	600	≥ 80	4000
Dulux D/E 26W/827	26	1800	≥ 80	2700
Dulux D/E 26W/840	26	1800	≥ 80	4000

12.1 Erklären Sie den Begriff Farbtemperatur anhand der Farbübersicht und wählen Sie die geeignete Farbtemperatur aus **(Bild 1).**

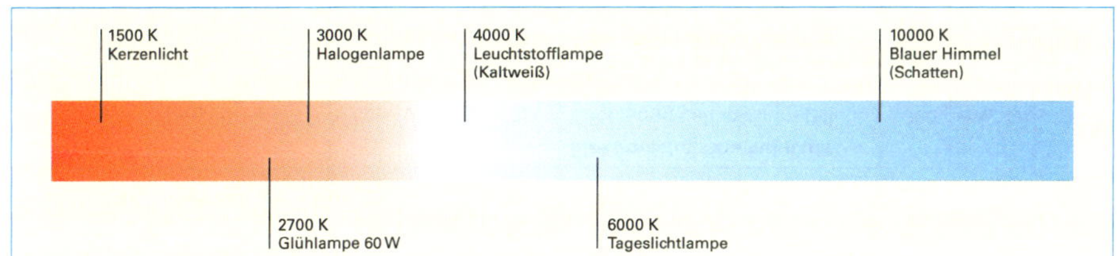

Bild 1: Farbübersicht

Je höher die Farbtemperatur, desto kälter wirkt das Licht.
Für stimmungsvolles Licht: 2700 K

12.2 Wählen Sie die entsprechenden Lampen aus **Tabelle 1** aus.

Dulux D/E 10W/827 oder Dulux D/E 26W/827

12.3 Berechnen Sie die Lichtausbeute der möglichen Lampe und wählen Sie die lichttechnisch wirtschaftlichere Lampe aus.

Dulux D/E 10W/827: $\eta = \frac{\Phi_V}{P_{\text{Lampe}}} = \frac{600\ \text{lm}}{10\ \text{W}} = 60\ \frac{\text{lm}}{\text{W}}$

$$\text{Dulux D/E 26W/827: } \eta = \frac{\Phi_V}{P_{Lampe}} = \frac{1800\ \text{lm}}{26\ \text{W}} = 69\ \frac{\text{lm}}{\text{W}}$$

Gewählt:

Die Lampe Dulux D/E 26W/827 hat die größere Lichtausbeute.

12.4 Berechnen Sie den Neuwert der Beleuchtungsstärke E_{neu}.

$$E_{neu} = \frac{E_m}{WF} = \frac{300\ \text{lx}}{0{,}67} = 447{,}8\ \text{lx}$$

12.5 Ermitteln Sie den Raumwirkungsgrad η_R mit **Tabelle 1.**

Tabelle 1: Lichttechnische Daten von Leuchten

Lichtverteilung bei 1000 lm	Leuchte	Leuchten-betriebs-wirkungs-grad η_{LB} in %	Reflexionsgrade ϱ, Raumindex k und Raumwirkungsgrad η_R									
			Decke ϱ_1	0,8				0,5				0,3
			Wände ϱ_2	0,5		0,3		0,5		0,3		0,3
			Boden ϱ_3	0,3	0,1	0,3	0,1	0,3	0,1	0,3	0,1	0,1
direkt: stark gerichtet 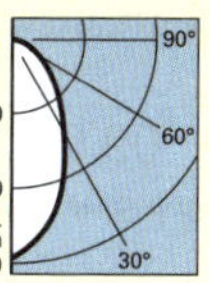	Spiegelraster, engstrahlend	60	Raumindex k	Raumwirkungsgrad η_R in %								
	Spiegelreflektor, einlampig	80	0,6	61	58	54	52	59	57	53	51	51
			1,0	80	75	73	69	76	73	70	68	67
			1,5	95	86	88	82	90	84	84	80	79
	Rundreflektor	75	2,0	102	91	96	87	95	89	91	86	84
			3,0	111	97	106	95	103	95	99	92	91
			5,0	119	102	115	100	109	98	106	97	96

Aus den räumlichen Gegebenheiten wird zuerst der Raumindex k berechnet.

$$k = \frac{A}{(h - h_{Tisch} - l_{Pendel}) \cdot (l + b)} = \frac{9{,}7\ \text{m} \cdot 7{,}4\ \text{m}}{(3{,}5\ \text{m} - 0{,}75\ \text{m} - 0{,}7\ \text{m}) \cdot (9{,}7\ \text{m} + 7{,}4\ \text{m})} = 2{,}05$$

Aus Tabelle 1 abgelesen: Raumwirkungsgrad: $\eta_R = 0{,}86$

12.6 Berechnen Sie die erforderliche Leuchtenzahl für die Lampen Dulux D/E 26W/827 für den angegebenen Wartungswert der Beleuchtungsstärke.

$$n = \frac{E_n \cdot l \cdot b}{\eta_R \cdot \eta_{LB} \cdot \Phi \cdot WF} = \frac{300\ \text{lx} \cdot 9{,}7\ \text{m} \cdot 7{,}4\ \text{m}}{0{,}86 \cdot 0{,}75 \cdot 1800\ \text{lm} \cdot 0{,}67} = 27{,}7 \Rightarrow 28\ \text{Leuchten}$$

13 Beleuchtungsanlage für eine Feinmechanikerwerkstatt erneuern

In einer Werkstatt für feine Maschinenarbeiten ist die Beleuchtungsanlage zu erneuern.

Werkstattdaten:

Der Raum ist 9 m lang, 5,5 m breit und 3 m hoch.

Die Farbe der Decke ist weiß, die Wände sind hellgrün, der Boden ist mittelgrau.

Die Arbeitsflächen haben eine Höhe von 0,8 m. Der Verschmutzungsgrad ist normal, der Wartungsfaktor für saubere Räume beträgt 0,67.

Als Leuchtentyp ist die Form Wanne, prismatisch, vorgesehen.

13.1 Ermitteln Sie den Wartungswert der Beleuchtungsstärke E_m aus **Tabelle 1.**

Tabelle 1: Beleuchtung und Blendung

Wartungswert der Beleuchtungsstärke[1]/Lichtfarbe und Güteklasse

Raumart bzw. Tätigkeit	E_m in lx	Lichtfarbe[2]	UGR_L[3]	Raumart bzw. Tätigkeit	E_m in lx	Lichtfarbe[2]	UGR_L[3]
Allgemeine Räume				**Elektrotechnische Industrie**			
Wasch- und Toilettenräume	100	ww, nw	22	Kabel- und Leitungsherstellung	300	ww, nw	25
Kantinen	200		22	Montage von kleinen Motoren	500		22
Sanitärräume, Erste Hilfe	500		19	Montage feiner Geräte, Justieren	1000		19
Verkehrswege in Gebäuden				Montage elektron. Bauteile	1500		16
für Personen	50	ww, nw	28	**Metallbearbeitung**			
für Personen und Fahrzeuge	100		25	Schweißen	300	ww, nw	25
Treppen, Fahrtreppen	100		25	Maschinenarbeiten, z. B. Drehen	300		22
Büro- und büroähnliche Räume				feine Maschinenarbeiten	500		19
mit tageslichtorientierten Arbeitsplätzen in Fensternähe	300	ww, nw	19	Anreiß-, Kontroll- u. Messplätze	750		19
Büroräume, allgemein	500		19	Montage, mittelfein	300		19
Großraumbüros				Montage, fein	500		19
• mit hoher Reflexion	750		19	Gießerei: Gießhallen	200		25
• mit mittlerer Reflexion	1000		19	Gießerei: Modellbau	500		19
Zeichenräume	750		19				

[1] Minimalwert, unter den die mittlere Beleuchtungsstärke im Bereich der Sehaufgabe nicht sinken darf
[2] **Lichtfarben:** ww = warmweiß; nw = neutralweiß; tw = tageslichtweiß
[3] **UGR_L von Unified Glaring Rating Limit = Grenzwert zur Bewertung der Blendung**

Aus Tabelle 1: $E_m = 500$ lx

13.2 Nennen Sie fünf wichtige Kriterien für die Auswahl von Leuchtmitteln.

- Lichtausbeute
- Lichtstrom
- Preis
- Flimmern
- Abmessungen
- Betriebsspannung
- Farbwiedergabe
- Lebensdauer
- Leuchtdichteverteilung
- Energieeffizienzklasse
- Dimmbarkeit
- Verfügbarkeit nach EU-Glühlampenverbot

13.3 Bestimmen Sie den Raumindex.

$A = 9\ \text{m} \cdot 5{,}5\ \text{m} = 49{,}5\ \text{m}^2$

$k = \frac{A}{h \cdot (l + b)} = \frac{49{,}5\ \text{m}^2}{(3{,}0\ \text{m} - 0{,}8\ \text{m}) \cdot (9\ \text{m} + 5{,}5\ \text{m})} = 1{,}55$, gewählt: $k = 1{,}5$

Für die Werkstatt ist eine Leuchte entsprechend **Tabelle 1** vorgesehen.

Tabelle 1: Leuchte und Leuchtstofflampe

Leuchte Diana 08415		**Leuchtstofflampe T8 18 W/830**
Betriebsgerät	elektronisches Vorschaltgerät	Leuchtstoffröhre T8 18 Watt/830, (3-Banden) Warmweiß.
Leuchtenbetriebswirkungsgrad	65 %	Leistungsdaten:
Entblendung	Strukturblende	• Energie-Effizienzklasse: A
Technik	stufenlos dimmbar direkt tiefstrahlend	• Lichtstrom der Lampe: 1300 Lumen
Bedienung	ohne Schalter	• Leistungsaufnahme: 18 Watt
Lampenabdeckung	Acryl	• mittlere Nennlebensdauer der Lampe: 20 000 Stunden
Maße, Gewicht u. Funktionen	Höhe: 6,2 cm Länge: 80,2 cm Breite: 19,0 cm	• Hinweis: Lebensdauerangabe für EVG-Betrieb
weitere Eigenschaften:		• Lichtfarbe: 830
Garantie	2 Jahre	• Farbtemperatur: 3000 K
Energieeffizienzklasse	keine Angabe	• Farbwiedergabestufe: 1B
Schutzart	IP20	• Farbwiedergabeindex: R_a 80…89
Schutzklasse	I	• Sockel: G13, ∅ 26
inklusive Leuchtmittel	nein	
Leuchtmittel		
Anzahl	2 x 18 Watt G13	
Gesamtleistung	36 Watt	
Fassung	G13	
Spannung	230 V	
Artikel-Nr.	4288896	

13.4 Ermitteln Sie die Reflexionsgrade von Decken, Boden und Wänden nach **Tabelle 2**.
Die Farben können der Aufgabenbeschreibung, Seite 59, entnommen werden.

Tabelle 2: Rückstrahlvermögen (Reflexion)

Farbanstriche	**Reflexionsgrad ϱ in %**	**Werkstoffe**	**Reflexionsgrad ϱ in %**	**Lichtdurchlässige Stoffe**	**Reflexionsgrad ϱ in %**
weiß	70…80	Spiegel, versilbert	90…94	Klarglas	6…10
gelb	65…75	Zeichenpapier, weiß	70…75	Mattglas	
hellgrün, rosa	45…50	Rein-Alu, eloxiert	85…90	(Licht auf matte Seite)	8…12
hellblau	40…45	Rein-Alu, poliert	65…75	Mattglas	
beige, hellbraun	25…35	Chrom, blank	60…70	(Licht auf glatte Seite)	12…18
ockergelb, olivgrün	25…35	Kacheln, weiß	60…75	Trübglas	30…75
orange	20…25	Mörtel, hell	40…50	Acrylglas	15…65
mittelgrau	20…25	Holzplatte, hell	40…50	Lampenschirmpapier	20…50
dunkelgrün	10…15	Holz, dunkel	10…25	Pergament	35…50
dunkelblau, dunkelrot	10…15	Beton	15…25	Opalglas	40…55
schwarz	4	Samt, schwarz	2… 4	Alabaster	55…60
				Webstoffe	35…40

Reflexionsgrad ϱ: Verhältnis des zurückgestrahlten Lichtstromes zum aufgestrahlten Lichtstrom

Reflexionsgrade: Decke: $\varrho_1 = 0{,}8$, Wände: $\varrho_2 = 0{,}5$ und

Boden: $\varrho_3 = 0{,}1$

13.5 Ermitteln Sie den Raumwirkungsgrad mithilfe von **Tabelle 1**.

Tabelle 1: Lichttechnische Daten von Leuchten

Lichtverteilung bei 1000 lm	Leuchte	Leuchtenbetriebswirkungsgrad η_{LB} in %	Reflexionsgrade ϱ, Raumindex k und Raumwirkungsgrad η_R									
			Decke ϱ_1	0,8				0,5				0,3
			Wände ϱ_2	0,5		0,3		0,5		0,3		0,3
			Boden ϱ_3	0,3	0,1	0,3	0,1	0,3	0,1	0,3	0,1	0,1
direkt: tiefstrahlend	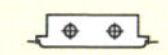 Wanne prismatisch	60	Raumindex k	Raumwirkungsgrad η_R in %								
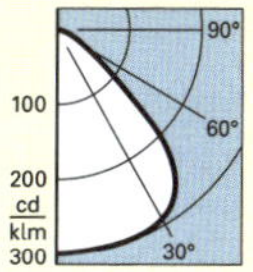 100 200 cd/klm 300 90° 60° 30°	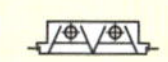 Spiegelraster, breitstrahlend	60	0,6	52	49	43	42	49	48	42	41	41
			1,0	73	67	64	60	69	65	61	59	58
			1,5	89	81	81	75	83	78	77	73	72
	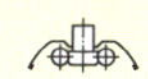 Spiegelreflektor, mehrlampig	75	2,0	97	86	89	81	90	83	84	79	78
			3,0	107	94	101	90	99	91	94	88	86
			5,0	116	100	111	97	106	96	102	94	93

Aus **Tabelle 1**: $\eta_R = 0{,}81$

13.6 Berechnen Sie den Beleuchtungswirkungsgrad.

$\eta_B = \eta_R \cdot \eta_{LB} = 0{,}81 \cdot 0{,}60 = 0{,}486$

13.7 Berechnen Sie die Anzahl der Leuchten.

$\Phi_{Leuchte} = 2 \cdot 1300\ \text{lm} = 2600\ \text{lm}$

$n = \frac{E_m \cdot A}{\eta_B \cdot \Phi_{Leuchte} \cdot WF} = \frac{500\ \text{lx} \cdot 9\ \text{m} \cdot 5{,}5\ \text{m}}{0{,}486 \cdot 2600\ \text{lm} \cdot 0{,}67} = 29{,}23 \Rightarrow$

Es sind 30 Leuchten erforderlich.

13.8 Die Leuchtstofflampe hat die Bezeichnung T8 18W/830.
Welche Bedeutung hat die Bezeichnung 830?

8 Farbwiedergabeindex R_a oder CRI (Color Rendering Index) beschreibt, mit welcher Qualität Lichtquellen gleicher Farbtemperatur die einzelnen Farben wiedergeben.

30 bedeutet 3000 K Farbtemperatur. Je höher die Farbtemperatur, desto weißer und kälter ist das Licht.

13.9 Wie werden Leuchtstofflampen fachgerecht entsorgt?

- Händler nimmt die Lampe zurück oder
- Abgabe in Baumärkten oder
- Abgabe im Schadstoffhof der Gemeinde oder
- am Schadstoffmobil für Sondermüll abgeben.

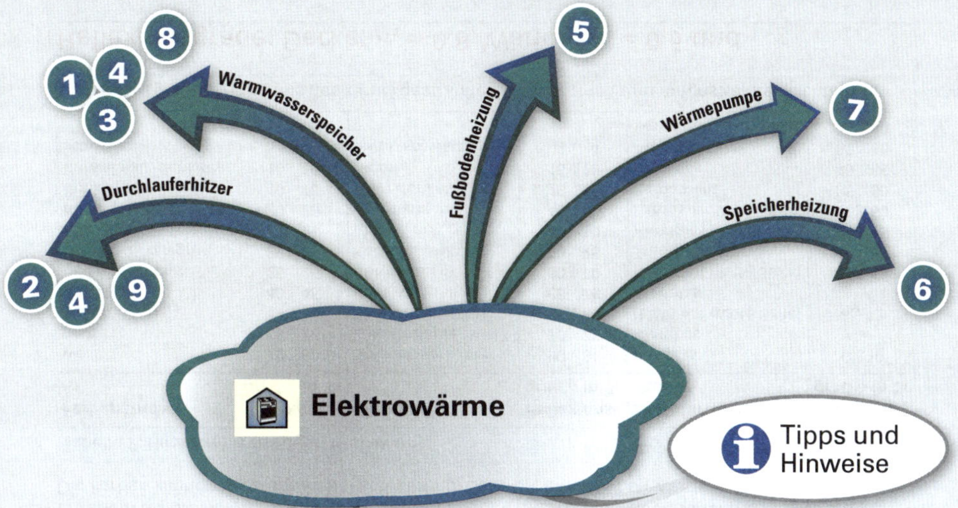

Tipps und Hinweise

- bei Wärmegeräten gilt $\cos \varphi = 1$
- Einheiten beachten
  1 Ws = 1 J
  1 h = 3600 s

Formeln

für Aufheizvorgang

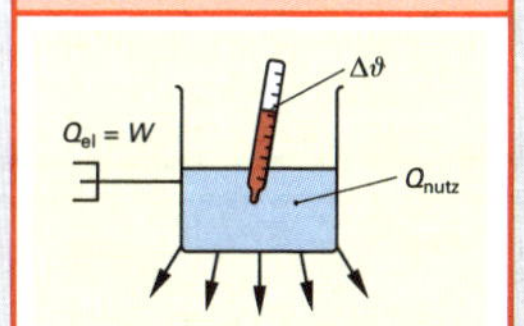

$Q_{el} = W = P \cdot t = Q_s$

$Q_{nutz} = m \cdot c \cdot \Delta\vartheta$

$\zeta = \frac{Q_{nutz}}{Q_{el}}$

für Anschlussleistung

$P = U \cdot I$
bei Wechselstrom

$P = U \cdot I \cdot \sqrt{3}$
bei Drehstrom

für Kosten

$VE = P \cdot t \cdot VP$
$= W \cdot VP$

für Jahresarbeitszahl

$ß = \frac{Q_{Jahr}}{W_{Jahr}}$

Q_{el}	Stromwärme	m	Masse	$ß$	Jahresarbeitszahl
Q_{nutz}	Nutzwärme	$\Delta\vartheta$	Temperaturdifferenz in K	t	Zeit
ζ	Wärmearbeitsgrad	P	Leistung	VE	Verbrauchsentgelt
$c = 4{,}19 \frac{kJ}{kg \cdot K}$ (Wasser)		U	Spannung	VP	Arbeitspreis
		I	Strom	W	Arbeit

Kompetenzen im Fachgebiet Elektrowärme	Aufgaben	beherrsche ich schon	muss ich noch üben	Aufgaben habe ich gelöst
Ich kann aus den gegebenen Daten die Aufladezeit t für eine Schnellaufheizung eines Warmwasserbehälters berechnen.	**1.4, 3.4, 8.4**			
Ich kann aus dem Herstellerkatalog für die beschriebene Anwendung den geeigneten Warmwasserspeicher aus-wählen.	**1.2, 4.2a, 4.2b**			
Ich kann das Verbrauchsentgelt *VE* für einen Aufheizvor-gang eines Warmwassergerätes ermitteln.	**1.5, 5.1.c–d, 5.2c, 8.5, 9.4**			
Ich kann einen Kunden über Besonderheiten offener Speicher und Druckspeicher beraten.	**1.3, 4.2c**			
Ich kann einen Durchlauferhitzer nach der geforderten Warmwasserleistung auswählen.	**2.2, 2.3, 4.4, 9.6**			
Ich kann den Wärmebedarf W eines Raumes ermitteln.	**5.1a, 5.1c–d, 5.2a, 5.2c, 6.5**			
Ich kann die für den Wärmebedarf notwendigen Heizmatten auswählen.	**5.1b, 5.2b**			
Ich kann die Unterschiede zwischen Boiler, Warmwasser-speicher und Durchlauferhitzer erläutern.	**1.1a, 1.1b, 8.1, 9.6**			
Ich kann den täglichen Warmwasserbedarf m für einen vorgegebenen Anwendungsfall ermitteln.	**4.1, 4.3**			
Ich kann dem Kunden den Unterschied zwischen Einkreisspeicher und Zweikreisspeicher erklären.	**4.2d**			
Ich kann die benötigte Wärmeleistung P anwendungs-bezogen ermitteln.	**1.4, 2.1–2.3, 4.3, 4.4, 9.3**			
Ich kann für die vorgegebenen Speicher die geeigneten Armaturen auswählen.	**3.1**			
Ich kann die Aufladedauer für einen Speicher dem Herstellerdiagramm entnehmen.	**3.5**			
Ich kann die Funktionsweise einer Wärmepumpe beschreiben.	**7.1, 7.2**			
Ich kann Kenndaten der Wärmepumpe aus der Typenüber-sicht ermitteln.	**7.3, 7.4**			
Ich kann mithilfe eines Formblattes den Wärmebedarf eines Raumes ermitteln.	**6.1, 6.5**			
Ich kann für den ermittelten Wärmebedarf die geeignete Speicherheizung auswählen und anschließen.	**6.2–6.5**			
Ich kann den Anschlussplan eines Warmwasserspeichers lesen.	**3.2, 3.3**			
Ich kann den Wärmewirkungsgrad ζ aus den technischen Daten ermitteln.	**3.6**			
Ich kann die Jahresarbeitszeit einer Wärmepumpe ermitteln.	**7.4**			
Ich kenne die Installationsbereiche 0, 1 und 2.	**8.2, 8.3**			

Für weitere Notizen:

beherrsche ich schon **muss ich noch üben** **Aufgaben habe ich gelöst**

1 Warmwasserbereiter bewerten

Für den Gastronomiebereich im örtlichen Tennisklub sind in den beiden Toiletten und einem angrenzenden Lager-/Putzraum nur Kaltwasseranschlüsse für die Handwaschbecken vorhanden. Alle Waschbecken sollen einen Warmwasseranschluss bekommen. Aus baulichen Gründen gibt es keine Möglichkeit, eine Warmwasserleitung zu verlegen.

Es gibt zwei Gerätebauarten zur Warmwassererzeugung.

1.1 a) Benennen Sie die Verfahren in **Tabelle 1.**
b) Stellen Sie für das Beratungsgespräch Vor- und Nachteile der Verfahren in **Tabelle 1** zusammen.

Tabelle 1: Arten der Warmwassererzeugung

Art	Vorteile	Nachteile
Warmwasserspeicher	preisgünstig bei kleinen Wassermengen kleine Anschlussleistung	Aufheizzeit kann lang sein große Wärmeverluste
Durchlauferhitzer	Warmwasser sofort verfügbar geringe Verluste kleine Bauform	teuer im Verbrauch hohe Anschlussleistung, d.h. großer Leiterquerschnitt nötig

Der Kunde entscheidet sich aufgrund Ihrer Beratung für den Warmwasserspeicher mit drei Entnahmestellen.

1.2 Suchen Sie für Ihren Kunden aus der **Tabelle 2** ein Gerät mit dem kleinstmöglichen Wasserspeicher aus. Begründen Sie Ihre Auswahl.

Tabelle 2: Warmwasserspeichertypen

Gerät		Einzelversorgung	Gruppenversorgung	Zentralversorgung	Speichergröße
VEN 10	Kleinspeicher	empfohlen			10 l
VEN H	Kleinspeicher	empfohlen			15 l/30 l
VEH exclusiv/pro	Wandspeicher (Druckspeicher)	möglich	empfohlen		50 l/80 l/100 l/120 l
eloSTOR VEH	Standspeicher			empfohlen	200 l/300 l/400 l

Gewählt: VEH exclusiv/pro Inhalt: 50 l, da Gruppenversorgung nötig für 3 Waschbecken.

1.3 Erklären Sie die Begriffe Einzel-, Gruppen- und Zentralversorgung und geben Sie Beispiele für den Einsatzort an.

Einzelversorgung: Es kann nur eine Entnahmestelle angeschlossen werden. Einsatzort: Waschbecken.

Gruppenversorgung: Es sind mehrere Entnahmestellen möglich. Einsatzort: große Wohnung, kleines Haus.

Zentralversorgung: Es ist eine Vielzahl von Entnahmestellen möglich. Einsatzort: größeres Haus, Mehrfamilienhaus.

1.4 Um Energie zu sparen, wird am Ruhetag die Stromversorgung abgeschaltet. Dabei kühlt das Wasser auf 15 °C ab.

Berechnen Sie die Aufheizzeit, die bei einer elektrischen Leistung von 2 kW erforderlich ist, um am nächsten Tag wieder auf 60 °C aufzuheizen. Abkühlverluste können bei der Berechnung vernachlässigt werden.

$$Q_{nutz} = m \cdot c \cdot \Delta\vartheta = 50\,\text{kg} \cdot 4{,}19\,\frac{\text{kJ}}{\text{kg} \cdot \text{K}} \cdot 45\,\text{K} = 9427{,}5\,\text{kJ}$$

$$Q_{nutz} = Q_{el} = P \cdot t \Rightarrow t = \frac{Q}{P} = \frac{9427{,}5\,\text{kWs}}{2\,\text{kW}} = 4713{,}75\,\text{s} \mathrel{\hat=} 1{,}31\,\text{h}$$

1.5 Berechnen Sie das Verbrauchsentgelt *VE* für den Aufheizvorgang (VE = 0,32 €/kWh)

$$VE = P \cdot t \cdot VP = 2\,\text{kW} \cdot 1{,}31\,\text{h} \cdot 0{,}32\,\text{€/kWh} = 0{,}84\,\text{€}$$

2 Durchlauferhitzer analysieren

Für das Wasser in den Duschräumen des örtlichen Fußballvereins wird der Durchlauferhitzer mittels einer Kombination mit dem Warmwasserspeicher einer Solarthermieanlage betrieben. Der Durchlauferhitzer soll eine Warmwasserleistung von 400 l/h sicherstellen, auch wenn die Solarthermieanlage keine Energie liefert. Der Durchlauferhitzer hat eine Anschlussleistung von 24 kW (Drehstrom).

2.1 Berechnen Sie die Wärmeenergie *Q*, die zur Erwärmung von 400 l Wasser erforderlich ist. Gehen Sie von einer Kaltwassertemperatur von 10 °C und einer Warmwassertemperatur von 55 °C aus.

$$Q = m \cdot c \cdot \Delta\vartheta = 400\,\text{kg} \cdot 4{,}19\,\frac{\text{kJ}}{\text{kg} \cdot \text{K}} \cdot 45\,\text{K} = 75420\,\text{kJ} \mathrel{\hat=} 20{,}95\,\text{kWh}$$

2.2 Überprüfen Sie, ob der Durchlauferhitzer leistungsmäßig ausreichend dimensioniert ist.

$$Q = P \cdot t \Rightarrow P = \frac{Q}{t} = \frac{20{,}95\,\text{kWh}}{1\,\text{h}} = 20{,}95\,\text{kW}$$

Ja, 20,95 kW < 24 kW (Anschlussleistung)

2.3 Berechnen Sie, ob die Leistung des Durchlauferhitzers ausreicht, wenn die gewünschte Warmwassertemperatur 65 °C betragen soll.

$$Q = m \cdot c \cdot \Delta\vartheta = 400\,\text{kg} \cdot 4{,}19\,\frac{\text{kJ}}{\text{kg} \cdot \text{K}} \cdot 55\,\text{K} = 92180\,\text{kJ} \mathrel{\hat=} 25{,}61\,\text{kWh}$$

$$Q = P \cdot t \Rightarrow P = \frac{Q}{t} = \frac{25{,}61\,\text{kWh}}{1\,\text{h}} = 25{,}61\,\text{kW}$$

Anschlussleistung 24 kW ist geringer als die benötigte Leistung ⇒

Die Leistung des Durchlauferhitzers ist nicht ausreichend.

3 Warmwasser-Wandspeicher analysieren

In einer Werkstatt erfolgt die Wasserversorgung über einen Warmwasser-Wandspeicher mit 150 l. Es sind 5 Entnahmestellen für Warmwasser vorgesehen. Die Entscheidung des Kunden fiel auf einen Zweikreisspeicher mit einer Leistungsaufnahme von maximal 6 kW/400 V. Die Grundleistung im Zweikreisbetrieb soll auf 1 kW eingestellt werden.

3.1 Erklären Sie, worauf bei der Auswahl der Armaturen geachtet werden muss.

Es sind fünf Entnahmestellen vorgesehen. Es handelt sich um einen geschlossenen (druckfesten) Speicher. Die Armaturen müssen daher für einen geschlossenen Speicher geeignet sein.

3.2 Welche Einstellungen müssen an den Schiebeschaltern 7 und 8 **(Bild 1)** vorgenommen werden? Begründen Sie die Wahl der Einstellungen.

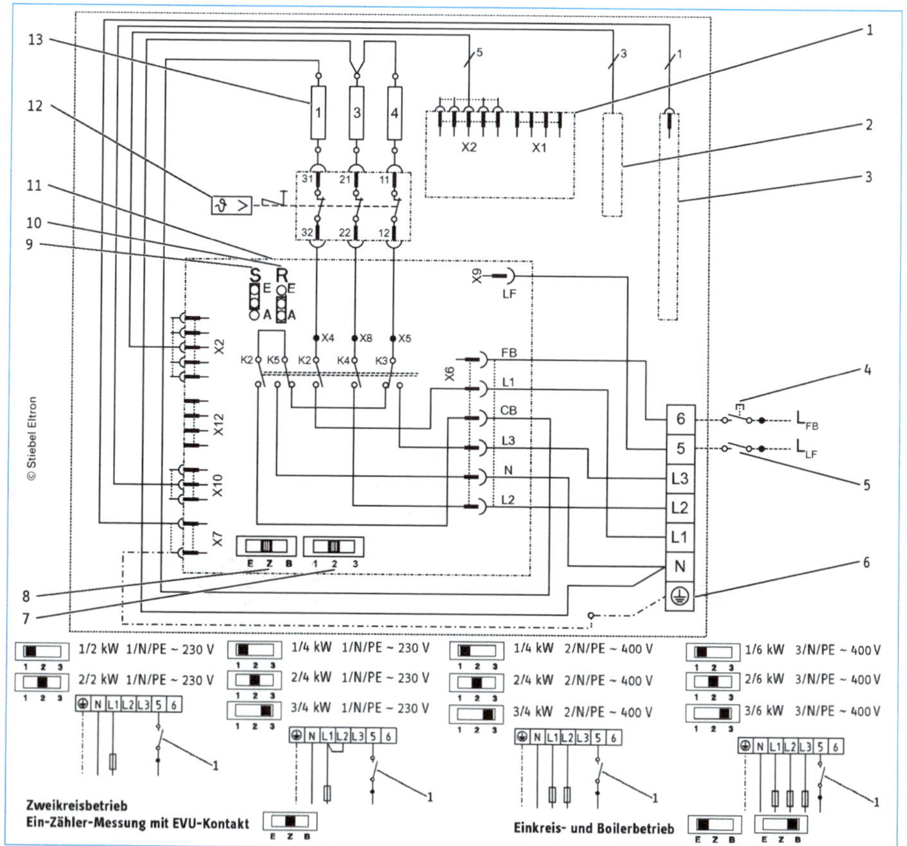

Bild 1: Anschlussplan Warmwasserspeicher

Schiebeschalter 7: Stellung 1 – 1 kW Grundleistung
Schiebeschalter 8: Stellung Z – Zweikreisbetrieb

3.3 Der Speicher **(Bild 1, vorherige Seite)** beinhaltet drei Heizkörper (13) mit jeweils 2 kW. Wie müssen die Heizkörper geschaltet werden, um die Grundleistung von 1 kW zu erhalten?

Heizkörper 1 aus, Heizkörper 3 und 4 in Reihe geschaltet

3.4 Im Speicher wird das Wasser von 10 °C auf 70 °C erwärmt. Der Speicher ist gefüllt. Der Wärmewirkungsgrad ist $\zeta = 95\,\%$ (für Wasser gilt $c = 4{,}19\,\frac{\text{kJ}}{\text{kg}\cdot\text{K}}$).

a) Wie lange dauert der Aufwärmvorgang bei maximaler Leistungsaufnahme?

$$Q_{el} = \frac{m \cdot c \cdot \Delta\vartheta}{\zeta} = \frac{150\text{ kg} \cdot 4{,}19\,\frac{\text{kJ}}{\text{kg}\cdot\text{K}} \cdot 60\text{ K}}{0{,}95} = 39694{,}7\text{ kWs} \mathrel{\hat=} 11\text{ kWh}$$

$$Q_{el} = P \cdot t \Rightarrow t = \frac{Q_{el}}{P} = \frac{11\text{ kWh}}{6\text{ kW}} = 1{,}83\text{ h}$$

b) Wie lange dauert der Aufwärmvorgang bei Grundleistung?

$$Q = P \cdot t \Rightarrow t = \frac{Q}{P} = \frac{11\text{ kWh}}{1\text{ kW}} = 11\text{ h}$$

3.5 Geben Sie mithilfe des Diagramms **(Bild 1)** an, wie lange es dauert, bis das Wasser (Anfangstemperatur 15 °C) bei Grundleistung auf 70 °C erwärmt ist, wenn

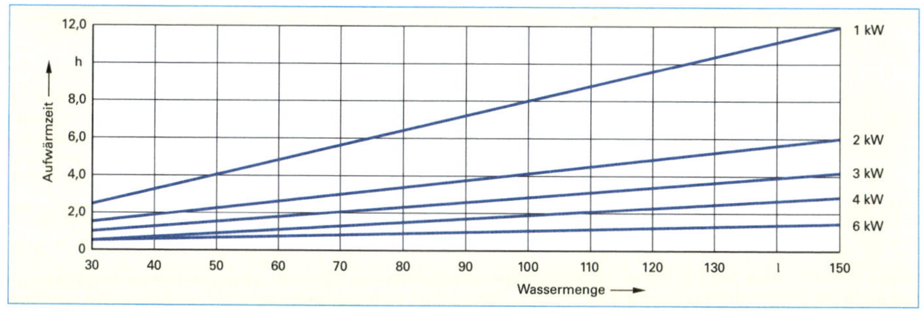

Bild 1: Diagramm: Aufwärmzeiten (15 °C auf 70 °C)

a) der Speicher mit 100 l Wasser gefüllt ist, abgelesen: 8 h

b) der Speicher voll ist, abgelesen: 12 h

c) wenn bei vollem Speicher die vorhandenen drei Heizkörper volle Leistung erbringen. abgelesen: 1,7 h

3.6 Berechnen Sie den Wärmewirkungsgrad des Warmwasserspeichers

a) nach Aufgabe 3.5a)

$$Q = \frac{m \cdot c \cdot \Delta\vartheta}{\zeta} \Rightarrow \zeta = \frac{m \cdot c \cdot \Delta\vartheta}{P \cdot t} = \frac{100\text{ kg} \cdot 4{,}19\,\frac{\text{kJ}}{\text{kg}\cdot\text{K}} \cdot 55\text{ K}}{1\text{ kW} \cdot 8\text{ h} \cdot 3600\,\frac{\text{s}}{\text{h}}} = 0{,}8 = 80\,\%$$

b) nach Aufgabe 3.5c)

$$\zeta = \frac{m \cdot c \cdot \Delta\vartheta}{P \cdot t} = \frac{150\text{ kg} \cdot 4{,}19\,\frac{\text{kJ}}{\text{kg}\cdot\text{K}} \cdot 55\text{ K}}{6\text{ kW} \cdot 1{,}7\text{ h} \cdot 3600\,\frac{\text{s}}{\text{h}}} = 0{,}94 = 94\,\%$$

4 Standspeicher/Durchlauferhitzer erneuern

Im Umkleidebereich der Straßenwacht sollen WC und Duschen erneuert werden. Für diesen Bereich wird die Warmwasserversorgung geplant. Zur Auswahl stehen

1. zwei elektronisch geregelte Durchlauferhitzer
2. ein elektrischer Standspeicher (Einkreissystem oder Zweikreissystem)

Folgende Daten für die Nutzung werden angegeben:
Wasserentnahmestellen: 4 Duschen und 3 Handwaschbecken
Nutzung pro Tag: 12 Duschvorgänge und 18 Handwaschbeckennutzungen
Wassereinlauftemperatur: 15 °C

Tabelle 1: Verbrauchsdaten von Entnahmestellen

Entnahmestelle	Wassermenge	Nutztemperatur	Durchflussmenge	Warmwassermenge bei einer Speichertemperatur von 60 °C
Badewanne	150 l	40 °C	10 l/min	100 l
Dusche	50 l	37 °C	8 l/min	25 l
Waschtisch	15 l	37 °C	4 l/min	8 l
Handwaschbecken	5 l	37 °C	4 l/min	4 l

4.1 Ermitteln Sie mit **Tabelle 1** den täglichen Warmwasserbedarf bei einer Speichertemperatur von 60 °C.

Dusche: 25 l · 12 = 300 l   Handwaschbecken: 4 l · 18 = 72 l

Der Tagesbedarf beträgt 372 l.

4.2 Folgende Warmwasserspeicher stehen zur Auswahl **(Bild 1)**.

eloSTOR	Einheit	VEH 200	VEH 300	VEH 400
Leistung	kW	7,5	7,5	7,5
Speicher-Gesamtinhalt	l	200	300	400
Warmwasser-Bereitstellungsmenge Mischwasser 40 °C	l	385	580	770
Bereitschaftswärmeverlust Speicher	kWh/24 h	1,4	1,6	1,8
Min. elektr. Leistungsaufnahme mit 1/N/PE – 230 V/50 Hz	kW	2	2	2
Max. elektr. Leistungsaufnahme mit 3/N/PE – 400 V/50 Hz	kW	7,5	7,5	7,5
Elektrischer Anschluss Schutzart		Anschlussleitung IP22	Anschlussleitung IP22	Anschlussleitung IP22
Max. Betriebsdruck warmwasserseitig	bar	6	6	6

Bild 1: Elektro-Warmwasserspeicher, Gerätetypen (Auszug aus Katalogangaben eines Herstellers)

a) Welcher Warmwasser-Standspeicher in **Bild 1** ist geeignet?

VEH 400

b) Geben Sie die Anschlussdaten für Einkreis- und Zweikreisspeicher des von Ihnen ausgewählten Gerätes aus **Bild 2** an. Es ist ein Drehstromanschluss vorhanden.

Betriebsart	Netzanschluss	Grundlast	Schnellaufheizung
Einkreisschaltungen	L2/N/PE	2 kW	–
	L2/N/PE (Brücke L2, L3)	4 kW	–
	L1/L2/N/PE	5,5 kW	–
	L1/L2/L3/N/PE	7,5 kW	–
Zweikreisschaltungen	L2/N/PE	2 kW	2 kW
	L2/N/PE (Brücke 4, 5)	3,5 kW	2 kW
	L1/L2/N/PE	2 kW	5,5 kW
	L1/L2/N/PE (Brücke 4, 5)	3,5 kW	5,5 kW
	L1/L2/L3/N/PE	2 kW	7,5 kW
	L1/L2/L3/N/PE (Brücke 4, 5)	3,5 kW	7,5 kW

Bild 2: Schaltungsvarianten eloSTOR (Auszug aus Katalogangaben eines Herstellers)

Einkreisspeicher: 7,5 kW

Zweikreisspeicher: 3,5/7,5 kW (mit Brücke 4,5)

c) Erläutern Sie, ob ein offener oder geschlossener Speicher verwendbar ist. Erklären Sie den Unterschied.

Es wird ein geschlossener Speicher benötigt, weil ein offenes druckloses Gerät nur eine Warmwasser-Entnahmestelle bedienen kann.

d) Erklären Sie den Unterschied zwischen einem Einkreisspeicher und einem Zweikreisspeicher.

- Ein Einkreisspeicher hat nur eine Leistungsstufe.
- Bei einem Zweikreisspeicher lassen sich zwei Leistungsstufen für Hoch- und Niedertarifbetrieb schalten.

4.3 Alle Wasserentnahmestellen sollen zur gleichen Zeit in Betrieb sein. Könnten diese auch mit **einem** Durchlauferhitzer versorgt werden? Ermitteln Sie die dafür benötigte Anschlussleistung (Wärmewirkungsgrad $\zeta = 97\,\%$).

Duschen: 4 · 8 l/min = 32 l/min

Handwaschbecken: 3 · 4 l/min = 12 l/min

$$P = \frac{m \cdot c \cdot \Delta\vartheta}{\zeta \cdot t} = \frac{(4 \cdot 8\,\text{kg} + 3 \cdot 4\,\text{kg}) \cdot 4{,}19\,\frac{\text{kJ}}{\text{kg} \cdot \text{K}} \cdot 22\,\text{K}}{0{,}97 \cdot 60\,\text{s}} = 69{,}69\,\text{kW}$$

Nein, es müssten mehrere Durchlauferhitzer verwendet werden.

4.4 Es sollen bauartgleiche Durchlauferhitzer angeschafft werden.

a) Wählen Sie anhand von **Bild 1** den Typ der Durchlauferhitzer aus und geben Sie die Anzahl der benötigten Geräte und die Anschlussleistung an.

Typ bzw. Verkaufsbezeichnung Art.-Nr.	Einheit	VED E 18/7 E 0010007716	VED E 21/7 E 0010007717	VED E 24/7 E 0010007718	VED E 27/7 E 0010007719
Zur Versorgung		einer oder mehrerer Zapfstellen			
Wassereinlauftemperatur	°C	1…60			1…25
Einschaltwassermenge	l/min	3			
Ausschaltwassermenge	l/min	2,5			
Einschaltfließdruck	MPa	> 0,015			
Max. Wasserdurchfluss	l/min	12	14	16	18
Bemessungsüberdruck	MPa	1			
Bemessungsleistung	kW	18	21	24	27
Mindest. Wasserwiderstand bei 15 °C	Ωcm	≥ 900			
Bemessungsspannung		3/PE ~ 400 V; 50 Hz			
Sicherheit		entspricht deutschen und österreichischen Sicherheitsbestimmungen, funkentstört, netzrückwirkungsfrei			
Schutzart	bar	IP 25 = Strahlwasserschutz			

Bild 1: Durchlauferhitzer, technische Daten (Auszug aus Katalogangaben eines Herstellers)

Gewählt: 3 Durchlauferhitzer VED E 24/7 E

Anschlussleistung: 3 · 24 kW

b) Lässt sich die Anzahl der Durchlauferhitzer reduzieren, wenn unterschiedliche Typen **(Bild 1)** eingebaut werden? Begründen Sie Ihre Antwort.

Nein.

Es werden insgesamt 44 l/min benötigt, der Durchlauferhitzer mit der größten max. Wasserdurchflussmenge schafft aber nur 18 l/min. Das ergibt bei 2 Geräten nur 36 l/min.

5 Fußbodenheizung einbauen

5.1 Der örtliche Fußballverein will zwei neue Umkleidekabinen anbauen, die eine elektrische Fußbodenheizung erhalten sollen. Jeder Raum hat die Maße: 4 m · 5 m. Für die Berechnung ist der Temperaturwert für ein Bad **(Tabelle 1)** anzunehmen.

Tabelle 1: Überschlägiger Wärmebedarf (*P* in W)

Watt/m² bei einer Raumhöhe von ca. 2,50 m je nach Isolierung und Fensterverarbeitung

Wohnraum	Altbau	Neubau	Fertighaus	Niedrigenergiehaus
Wohnen	110 W	80 W	70 W	45 W
Essen	100 W	80 W	70 W	45 W
Kochen	90 W	65 W	50 W	40 W
Bad	130 W	110 W	90 W	60 W
Kind	110 W	80 W	70 W	60 W
Schlafen	80 W	65 W	60 W	40 W
Arbeiten	110 W	80 W	70 W	45 W
Flur	70 W	55 W	50 W	40 W
Keller	60 W	60 W	60 W	50 W

a) Ermitteln Sie anhand der **Tabelle 1** den überschlägigen Wärmebedarf für den Anbau.

$$P = (2 \cdot 20\ m^2) \cdot 110\ \frac{W}{m^2} = 4400\ W$$

b) Wählen Sie aus **Bild 1, folgende Seite,** eine Heizung aus. Der gesamte Boden der Räume soll mit Heizmatten ausgelegt werden. Geben Sie den Typ der gewählten Heizmatte und die benötigte Anzahl der Heizmatten an.

Typ: TBS TC 50 120/2, da 120 W/m² ausreichend

Anzahl: 20 Matten, jeweils 10 · 0,5 m · 4 m

c) Berechnen Sie die Kosten für die Heizung an einem Übungstag, wenn die Heizung am Tag 5 Stunden betrieben wird.
Die Kosten für eine Kilowattstunde betragen 0,32 €.

$$W = P \cdot t = 20 \cdot 240\ W \cdot 5\ h = 24000\ Wh = 24\ kWh$$

$$VE = W \cdot VP = 24\ kWh \cdot 0{,}32\ \frac{€}{kWh} = 7{,}70\ €$$

d) Während eines Turniers werden die Räume von Freitag, 15 Uhr, bis Sonntag, 20 Uhr, beheizt. Mit welchen Stromkosten ist zu rechnen?

$$W = P \cdot t = 20 \cdot 240\ W \cdot 53\ h = 254{,}4\ kWh$$

$$VE = W \cdot VP = 254{,}4\ kWh \cdot 0{,}32\ \frac{€}{kWh} = 81{,}41\ €$$

THERMO BODEN Comfort

Der Boden für den gehobenen Anspruch:
Aufgrund seiner flexiblen Verlegebreite von 30 oder 50 cm ist der THERMO BODEN Comfort ideal für große und kleine Grundrisse einsetzbar. Die Schutzart IP X7 ermöglicht zudem auch die Verlegung in feuchten Bereichen. Heizleistung 160 W/m² für alle Stein- und Fliesenböden. Heizleistung 120 W/m² für alle übrigen Bodenbelagsarten.

- Heizleiter mit doppelter Teflonisolation
- Geringer Schleifenabstand für besonders gleichmäßige Temperierung, niedrige Längenbelastung (W/m²)
- Selbstklebendes Trägergewebe mit eingewebten Heizleitern für beste Formstabilität
- Geringe Aufbauhöhe: < 3 mm
- Leistung 160 W/m² und 120 W/m², für alle Bodenbelagsarten geeignet
- Verlegebreite 30 cm und 50 cm, lieferbar für flexible Verlegung auf großen und kleinen Grundrissen
- Einfache Montage durch einseitigen Anschluss, Anschlusskabel ca. 5 m

THERMO BODEN Einzelmatten

Modell	Gesamtleistung [W]	Flächendeckung [m²]	Mattenlänge [m]
TBS TC 30, Verlegebreite 30 cm, Leistung 160 W/m²			
TBS TC 30 160/1	160	1,0	3,3
TBS TC 30 160/1,5	240	1,5	5,0
TBS TC 30 160/2	320	2,0	6,7
TBS TC 30 160/3	480	3,0	10,0
TBS TC 50, Verlegebreite 50 cm, Leistung 160 W/m²			
TBS TC 50 160/4	640	4,0	8,0
TBS TC 50 160/5	800	5,0	10,0
TBS TC 50 160/6	960	6,0	12,0
TBS TC 50 160/7	1120	7,0	14,0
TBS TC 50 160/8	1280	8,0	16,0
TBS TC 50, Verlegebreite 50 cm, Leistung 120 W/m²			
TBS TC 50 120/1	120	1,0	2,0
TBS TC 50 120/1,5	180	1,5	3,0
TBS TC 50 120/2	240	2,0	4,0
TBS TC 50 120/3	360	3,0	6,0
TBS TC 50 120/4	480	4,0	8,0
TBS TC 50 120/5	600	5,0	10,0
TBS TC 50 120/6	720	6,0	12,0
TBS TC 50 120/7	840	7,0	14,0
TBS TC 50 120/8	960	8,0	16,0

Bild 1: Einzelmatten, technische Daten (Katalogauszug)

5.2 Die beiden flächengleichen Umkleidekabinen im Altbau sollen auch eine Fußbodenheizung erhalten.

a) Berechnen Sie den Wärmebedarf.

$$P = (2 \cdot 20\ m^2) \cdot 130\ \frac{W}{m^2} = 5200\ W$$

b) Wählen Sie den Typ und die Anzahl der benötigten Heizmatten.

Typ: TBS TC 30 160/1,5, da 130 W/m² nötig.

Breite 0,3 m ⇒ 4 m : 0,3 = 13,3 ⇒ Gewählt 13 Matten/Raum ⇒

Anzahl Matten = 26

c) Berechnen Sie die Kosten für eine Trainingszeit von 5 Stunden täglich bei einem Arbeitspreis von $0{,}32\ \frac{€}{kWh}$.

$$W = P \cdot t = 26 \cdot 240\ W \cdot 5\ h = 31200\ Wh = 31{,}2\ kWh$$

$$VE = W \cdot VP = 31{,}2\ kWh \cdot 0{,}32\ \frac{€}{kWh} = 9{,}98\ €$$

6 Wärmebedarfsberechnung (HEA)

Der überschlägige Wärmebedarf kann vereinfacht nach dem HEA-Kurzverfahren[1] in Anlehnung an DIN 4701/83 ermittelt werden.

In einer 1977 errichteten Doppelhaushälfte (EG, 1. OG, DG) wurde das 1. Obergeschoss umgebaut. Eine Wärmedämmung ist teilweise vorhanden. Der 19 m² große Raum soll mit einer Elektro-Speicherheizung ausgestattet werden. Die zwei Fenster in der Außenwand sind doppelt verglast. Die verglaste Fläche ist als „klein" einzustufen. Der Kunde gibt als gewünschte Wohnraumtemperatur 20 °C an. Das Dachgeschoss wird nicht beheizt. Als tiefste Außentemperatur ist von –15 °C auszugehen. Das Gebäude steht in einer windschwachen Gegend, seine Lage kann als „normal" bezeichnet werden. Das Gebäude ist aus Hohlblocksteinen errichtet worden.

[1] HEA – Fachgemeinschaft für effiziente Energieanwendung e. V., Reinhardtstraße 32, in 10117 Berlin.

6.1 Ermitteln Sie mithilfe des Formblattes **(Bild 1)** den Wärmebedarf des Raumes.

Bitte tragen Sie in das zutreffende Feld die Ziffer 1 ein, die anderen Felder derselben Zeile bleiben leer!

Nr.	Merkmal							
1	Gebäudetyp		freistehendes EFH	1	Doppelhaus		Reihenhaus	
2	Baujahr		bis 1960	1	1960–1977		ab 1978	
3	Gebäudelage		frei	1	normal			
4	Windlage		windstark	1	windschwach			
5	Raumlage/Etage		oben **und** unten nicht beheizt/1. Etage	1	oben **oder** unten nicht beheizt/2. Etage		oben **und** unten beheizt/1–4. Etage	
6	Anzahl Außenwände	1	3–4		2		1	
7	Fenstertyp		Einfachglas	1	Doppelglas		Isolierglas	
8	Fensterfläche		> 20 % der Außenfläche		11–19 % der Außenfläche	1	bis 10 % der Außenfläche	
9	Wohnraumtemperatur		+22 °C	1	+20 °C		+15°	
10	tiefste Außentemperatur	1	–18 °C		–14 °C/–12 °C		–10 °C	
11	**Summe aus den Zeilen 1–10**	2		7		1		
		x		x		x		
12	**Multiplikator**	15		11		8		
		=		=		=		
13	**Teilsumme**	30	+	77	+	8	=	115
								x
14	**Art der Wärmedämmung**		**nicht wärmegedämmt**	1,3				
			teilweise wärmegedämmt	1,0			→	1,0
			erhöht wärmegedämmt	0,7				
								=
15	**spezifischer Wärmebedarf**						Watt/m²	115
								x
16	**Fläche des zu beheizenden Raumes**						m²	19
								=
17	**überschlägiger Raumwärmebedarf (zur Auslegung von Raumheizgeräten)**						Watt	2185

Bild 1: Formblatt für die überschlägige Ermittlung des Wärmebedarfs von Einzelräumen

6.2 Wie viele Wärmespeicher sind a) für diesen Raum sinnvoll und b) wo sind sie zu montieren?

a) 2 Wärmespeicher

b) unter den Fenstern, da dort der größte Wärmeverlust auftritt

6.3 Wählen Sie mithilfe von **Tabelle 1** und **Tabelle 2** einen geeigneten Gerätetyp aus und geben Sie die ausgewählte Anschlussleistung an.

Tabelle 1: Wärmedämmungsarten – Auswahlkriterien Bauweise

Leicht ($\Delta\vartheta_a$ = 0 K)	schwer ($\Delta\vartheta_a$ = 2 K)	sehr schwer ($\Delta\vartheta_a$ = 4 K)
Häuser aus Leichtbauelementen	Massivhäuser mit Wänden aus • Hohlblocksteinen • Hochlochziegeln mit Betondecken	Massivhäuser mit Wänden aus • Vollziegeln • Betonelementen • Natursteinen

Tabelle 2: Heizleistungen und Anschlussleistungen für Elektro-Wärmespeicher-Heizungen

Bauweise			leicht (Heizleistung des Wärmespeichers)	schwer	sehr schwer	Elektrische Anschlussleistung des Wärmespeichers
Baureihe	**Typ**	**Best.-Nr. Gehäuse**	**Heizleistung P_H (W)**			**P_N kW**
ETW	120	07 43 91	390 430 470 500	370 410 450 480	360 390 430 460	0,90 1,00 1,10 1,20
ETW	180	07 43 92	580 640 710 770	560 620 680 740	530 590 650 710	1,35 1,50 1,65 1,80
ETW	240	07 43 93	– 860 940 1010	– 820 900 980	– 780 860 940	1,80 2,00 2,20 2,40
ETW	300	07 43 94	– 1070 1170 1220	– 1020 1130 1180	– 980 1080 1140	2,25 2,50 2,75 3,00
ETW	360	07 43 95	– 1280 1410 1420	– 1230 1350 1370	– 1180 1290 1320	2,70 3,00 3,30 3,60
ETW	420	07 43 96	1490 1630 –	1430 1570 1590	1370 1510 –	3,50 3,85 4,20
ETW	480	07 43 97	1710 1810 –	1640 1760 1810	1570 1690 –	4,00 4,40 4,80

Heizleistung je Heizkörper = 2185 W/2 = 1092,5 W

Bauweise: schwer

Typ: ETW 300 Anschlussleistung: 2,75 kW

6.4 Geben Sie die Anschlussart des Elektrospeichers anhand der Anschlussübersicht **(Tabelle 1)** und der Anschlussarten **(Tabelle 2)** an.

Tabelle 1: Anschlussübersicht

Mögliche Anschlussleistungen								
Anschluss	***P***	**ETW 120**	**ETW 180**	**ETW 240**	**ETW 300**	**ETW 360**	**ETW 420**	**ETW 480**
	%	**W**	**W**	**W**	**W**	**W**	**W**	**W**
3/N/PE ~ 400 V	100 (1)	1200	1800	2400	3000	3600	4200	4800
	91,5 (2)	1099,2	1648,8	2196,4	2745	3300	3847,2	4396,8
	83,3 (3)	999,6	1499,4	1999,2	2499	3000	3496,6	3996,4
	75 (4)	900	1350	1800	2250	2700	3150	3600
1/N/PE ~ 230 V	100 (5)	1200	1800	2400	–	–	–	–

Tabelle 2: Anschlussarten

Anschlussart 1	100 % P_N (Serienverdrahtung)	3/N/PE ~ 400 V	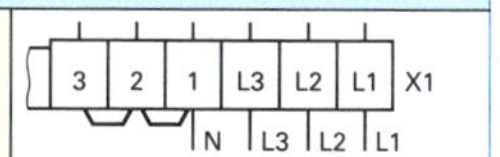
Anschlussart 2	91,6 % P_N	3/N/PE ~ 400 V	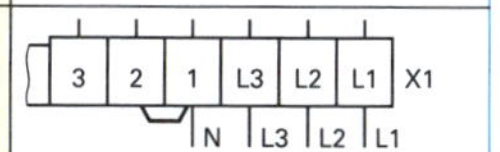
Anschlussart 3	83,3 % P_N	3/N/PE ~ 400 V	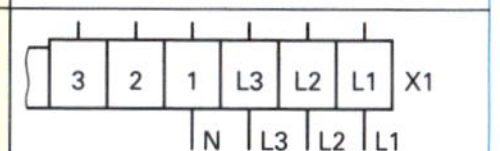
Anschlussart 4	75 % P_N	3/N/PE ~ 400 V	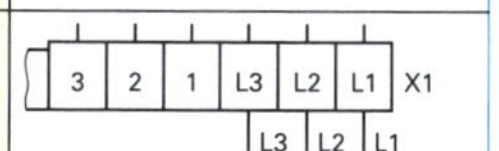
Anschlussart 5	100 % < 2 kW	3/N/PE ~ 230V	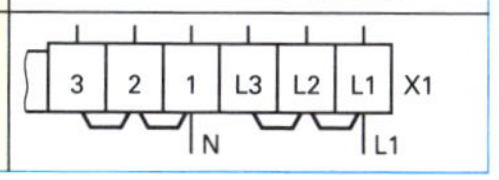

Aus **Tabelle 1** und **Tabelle 2:**

Anschlussart 2

6.5 Wie wirkt sich eine erhöhte Wärmedämmung aus?

a) Geben Sie den dafür überschlägigen Raumwärmebedarf nach Formblatt **Seite 72** an.

Wärmebedarf $W = (115 \cdot 0{,}7)\ \text{W/m}^2 \cdot 19\ \text{m}^2 = 1529{,}5\ \text{W}$

b) Wählen Sie Gerätetyp und Anschlussleistung.

Leistung pro Heizkörper: 764,8 W
Typ: ETW 240
Anschlussleistung: 2 kW

c) Geben Sie die Anschlussart an.

Anschlussart 3

7 Wärmepumpe

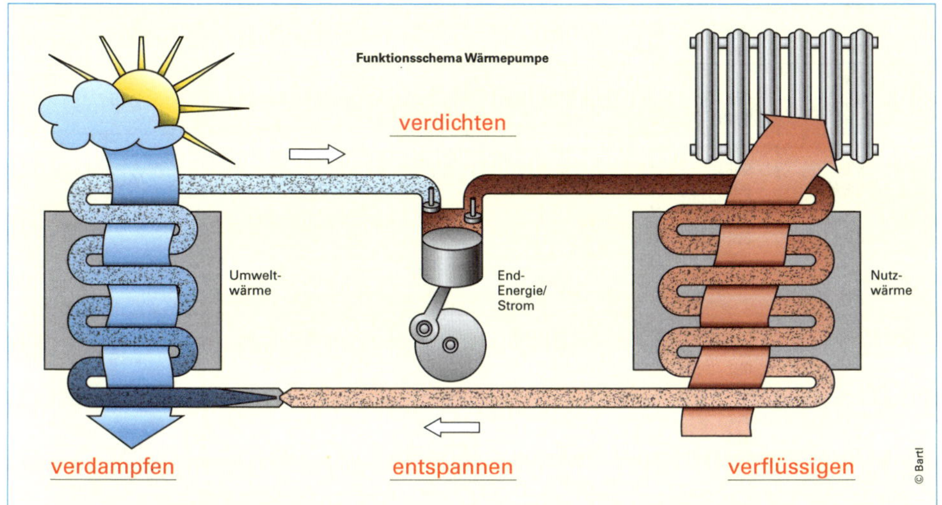

Bild 1: Funktionsschema Wärmepumpe

7.1 Ordnen Sie dem Funktionsschema Wärmepumpe in **Bild 1** die Begriffe **verdampfen, verdichten, verflüssigen** und **entspannen** zu.

7.2 Erklären Sie die Wirkungsweise anhand von **Bild 1.**

- verdampfen:

  Im Wärmetauscher geht das flüssige Kältemittel in den dampfförmigen Zustand über. Dazu wird Wärmeenergie benötigt.

- verdichten:

  Das gasförmige Kältemittel wird vom Kompessor angesaugt und durch die Verdichtung auf hohen Druck und Temperatur gebracht.

- verflüssigen:

  Das dampfförmige Kältemittel wird mit hoher Temperatur in einen Kondensator (Wärmetauscher) gedrückt. Dabei gibt es seine Wärme an das Heizungswasser ab.

- entspannen:

  Das Kältemittel wird vom hohen Druck auf den Ausgangsdruck entspannt.

7.3 In einem Nebengebäude wird als Heizungsanlage eine Grundwasser-Wärmepumpe eingebaut. Verwendet wird eine Wärmepumpe vom TYP WB10 CF/W mit einem DIN-Bezug von W10W55. Die Vorlauftemperatur soll 55 °C betragen.

Tabelle 1: Grundwasser-Wärmepumpen (Auszug aus Katalogangaben eines Herstellers)

Typenübersicht BARTL Grundwasser Wärmepumpe WB 2–10 CF/W

Gerätetyp		WB 2 CF/W	WB 4 CF/W	WB 6 CF/W	WB 8 CF/W	WB 10 CF/W	WB 10 CF/W-T
Bezug		**W10 W35**	**W10 W35**	**W10 W35**	**W10 W35**	**W10 W35**	**W10 W35**
Heizleistung	kW	10,1	13	18,4	21,3	28,4	26,4
Leistungsaufnahme	kW	1,95	2,5	3,6	4,2	5,5	5,2
Leistungsziffer		5,2	5,2	5,1	5,1	5,2	5,1
Bezug		**W10 W55**	**W10 W55**	**W10 W55**	**W10 W55**	**W10 W55**	**W10 W55**
Heizleistung	kW	9,1	11,7	16,8	19,9	25,1	23,4
Leistungsaufnahme	kW	2,7	3,4	5,5	6,2	7,6	7,1
Leistungsziffer		3,4	3,4	3,1	3,2	3,3	3,3
Maße Innenteil H x B x T	mm	1150 x 700 x 740					
Gewicht Innenteil	kg	120	128	153	171	240	250
Schallleistungspegel direkt an der Wärmepumpe gemessen	dB (A)	45	45	45	46	51	52

a) Geben Sie die Leistungsziffer der vorgesehenen Wärmepumpe **(Tabelle 1)** an und erklären Sie die Bedeutung der Leistungsziffer (bzw. Leistungszahl).

Leistungsziffer 3,3
Die Leistungsziffer einer Wärmepumpe ist das Verhältnis von erzeugter Wärmeleistung und eingesetzter elektrischen Leistung.

b) Erklären Sie die Bezeichnung W10W35 für den DIN-Bezug.

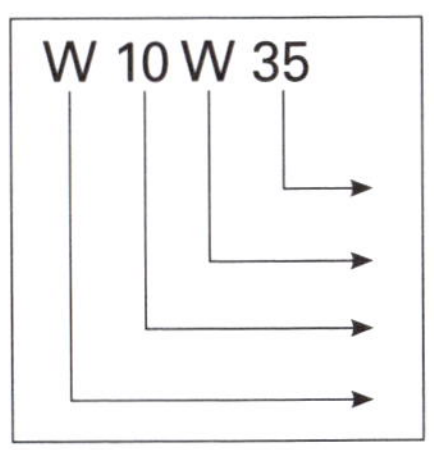

35 Heizungsvorlauftemperatur 35 °C
W Wärmeabnahmemittel: Wasser
10 Grundtemperatur: 10 °C
W Wärmequelle: Wasser

7.4 Ein Niedrigenergiehaus wird über eine Wärmepumpe geheizt. Die Wärmepumpe liefert innerhalb eines Jahres eine Wärmeleistung von 3000 kWh. Die dafür benötigte Energie liegt bei 700 kWh.

Berechnen Sie die Jahresarbeitszahl.

$$\beta = \frac{Q_{Jahr}}{W_{Jahr}} = \frac{3000\ \text{kWh}}{700\ \text{kWh}} = 4{,}29$$

8 Einbau eines Warmwasserspeichers

Ein Kunde will das Warmwassergerät im Badezimmer ersetzen. Er ist noch unsicher, ob er einen Durchlauferhitzer oder einen Warmwasserspeicher nehmen soll. Das Warmwassergerät soll am Fußende der Badewanne installiert werden.

8.1 Erklären Sie dem Kunden den Unterschied zwischen a) Warmwasserspeicher und b) Durchlauferhitzer und nennen Sie jeweils die Vorteile und Nachteile.

a) Das Wasser befindet sich im wärmegedämmten Innenraum. Kaltes Wasser strömt nach, wenn warmes Wasser entnommen wird. Über eine Grundheizung oder über eine Schnellheizung wird das Wasser auf die eingestellte Temperatur erhitzt.

Vorteil: Kleiner Leitungsdurchschnitt, kleine Anschlussleistung

Nachteil: Große Abmessung, schlechter Wirkungsgrad

b) Während der Wasserentnahme wird das durchströmende Wasser erhitzt.

Vorteil: Kleine Abmessung, guter Wirkungsgrad

Nachteil: Großer Leitungsquerschnitt, teilweise genehmigungspflichtig

8.2 Erklären Sie dem Kunden die vorgeschriebenen Installationsbereiche 0, 1 und 2.

Bereich 0: Es ist der Innenbereich einer Badewanne oder Dusche mit Wanne. ⇒ keine Installation von Installationsgeräten oder Leitungen zulässig.

Bereich 1: Über dem Schutzbereich 0 bis auf eine Höhe von mind. 2,25 m. Installation von Betriebsmitteln und Verbraucher für SELV- oder PELV-Stromkreise. Zulässig sind auch fest installierte Wassererwärmer, Duschpumpen, Abluftgeräte.

Bereich 2: Flächen mit einer Tiefe von 60 cm vor Badewanne oder Dusche, die in Handreichweite sind. Installation aller Installationsgeräte bis auf Steckdosen und Rasiersteckdosen mit Transformatoren.

8.3 Prüfen Sie, ob ein Warmwasserspeicher am Fußende der Badewanne installiert werden darf und nennen Sie Besonderheiten der Installation.

Im Bereich 1 dürfen Wassererwärmer angebracht werden, wenn sie fest installiert sind. Die Zuleitung muss von hinten durch die Wand gelegt werden oder man legt die Leitung 6 cm tiefer ab Putz. Der Wassererwärmer muss mindestens IP 44 sein.

Der Kunde entscheidet sich aufgrund Ihrer Beratung für einen 120-Liter-Zweikreisspeicher und will nun wissen, wie lang die Aufheizzeit ist, wenn das Wasser von 10 °C auf 60 °C erhitzt werden muss.

Folgende Daten sind im Datenblatt enthalten.

Leistung: 2,0/6,0 kW Wärmearbeitsgrad: $\zeta = 93\,\%$

8.4 Berechnen Sie die Zeit bei Schnellaufheizung.

$$Q_{nutz} = m \cdot c \cdot \Delta\vartheta = 120\text{ kg} \cdot 4{,}19\,\frac{\text{kJ}}{\text{kg}\cdot\text{K}} \cdot 50\text{ K} = 25140\text{ kJ}$$

$$\zeta = \frac{Q_{nutz}}{Q_{el}} \Rightarrow Q_{el} = \frac{Q_{nutz}}{\zeta} = \frac{25140\text{ kJ}}{0{,}93} = 27035{,}26\text{ kWs}$$

$$Q_{el} = P \cdot t \Rightarrow t = \frac{Q}{P} = \frac{27035{,}26\text{ kWs}}{6\text{ kW}} = 4505{,}38\text{ s} = 1{,}25\text{ h}$$

8.5 Berechnen Sie das Verbrauchsentgelt für den Aufheizvorgang (Arbeitspreis 32 Cent/kWh).

$$VE = P \cdot t \cdot VP = 6\text{ kW} \cdot 1{,}25 \cdot 0{,}32\,\frac{€}{\text{kWh}} = 2{,}40\text{ €}$$

9 Warmwasserversorgung des Sanitärbereichs

Für einen neuen Sanitärbereich wird warmes Wasser für drei Handwaschbecken und eine Dusche benötigt. Die Handwaschbecken werden von den Mitarbeitern sehr viel benutzt, die Dusche jedoch kaum. Der Kunde überlegt sich, ob er einen Warmwasserspeicher oder einen Durchlauferhitzer anschaffen soll.

9.1 Ergänzen Sie in **Tabelle 1**, ob die Geräte für die angestrebte Benutzung geeignet sind oder nicht (Ja/Nein) und erläutern Sie Ihre Aussage.

Tabelle 1: Warmwassererzeugung

	Durchlauferhitzer	Warmwasserspeicher
Handwaschbecken	Geeignet: [X] Ja [ ] Nein Wasser steht sofort zur Verfügung.	Geeignet: [X] Ja [ ] Nein Wasser steht sofort zur Verfügung (wenn geschlossener Druckspeicher).
Dusche	Geeignet: [X] Ja [ ] Nein Wasser steht sofort zur Verfügung, da nur bei Gebrauch erwärmt wird.	Geeignet: [ ] Ja [X] Nein Da die Dusche nur selten benutzt wird, ist eine Speicherung nicht sinnvoll.

Der Kunde entscheidet sich, für die Dusche einen Durchlauferhitzer installieren zu lassen.

9.2 Nennen Sie zwei Faktoren, von denen die Warmwasserleistung eines Durchlauferhitzers abhängig ist.

Kaltwassertemperatur, Heizleistung des Gerätes

Tabelle 1: Durchlauferhitzer (Auszug aus Händlerkatalog ZANKER)

Typ	DE18 ES	DE21 ES	DE24 ES
Bauart	Druckfest		
Anschlussspannung	3/PE ~ 400 V 50 Hz		
Temperaturbereich	ca. 30 °C–60 °C		
Warmwasserleistung bei $\Delta t = 26$ K (Temperaturerhöhung)	9,9 l/min	11,6 l/min	13,2 l/min
Mindestdurchfluss	3,0 l/min.		
Nennleistung	18 kW	21 kW	24 kW
Absicherung	3 x 32 A	3 x 32 A	3 x 35 A
Schutzart	IP25		

9.3 Berechnen Sie die benötigte Leistung für einen Duschvorgang und wählen Sie den kleinstmöglichen Durchlauferhitzer aus **Tabelle 1** aus.

Für einen Duschgang werden ca. 48 l Wasser für einen Zeitraum von 5 Minuten benötigt. Die Duschtemperatur soll bei 42 °C liegen, bei einem Kaltwassereinlauf von 16 °C (Wärmewirkungsgrad $\zeta = 1$).

$$Q_{nutz} = m \cdot c \cdot \Delta\vartheta = 48\text{ kg} \cdot 4{,}19\,\frac{\text{kJ}}{\text{kg}\cdot\text{K}} \cdot (42\text{ °C} - 16\text{ °C}) = 5229{,}12\text{ kJ}$$

$$Q_{el} = Q_{nutz} = P \cdot t \Rightarrow P = \frac{Q_{nutz}}{t} = \frac{5229{,}12\text{ kJ}}{300\text{ s}} = 17{,}43\text{ kW}$$

gewählt: DE18 ES

9.4 Berechnen Sie die Kosten für einen fünfminütigen Duschvorgang für den von Ihnen gewählten Durchlauferhitzer (Arbeitspreis: 32 Cent/kWh).

$$VE = P \cdot t \cdot VP = 18\text{ kW} \cdot \frac{5}{60}\text{ h} \cdot 0{,}32\text{ €/kWh} = 0{,}48\text{ €}$$

9.5 Der Kunde fragt, ob es möglich ist, mit dem gewählten Durchlauferhitzer auch die Handwaschbecken parallel zu betreiben.

Es sind mehrere Zapfstellen möglich, da die Durchlauferhitzer druckfest (geschlossen) sind.

9.6 Begründen Sie, warum der gewählte Durchlauferhitzer nicht ausreicht, wenn alle vier Zapfstellen zur gleichen Zeit benutzt werden.

Für den gleichzeitigen Betrieb der vier Zapfstellen reicht der gewählte Durchlauferhitzer DE18 ES nicht aus, da die Warmwasserleistung von 9,9 l/min bei dem vorgegebenen Temperaturunterschied von 26 K überschritten wird.

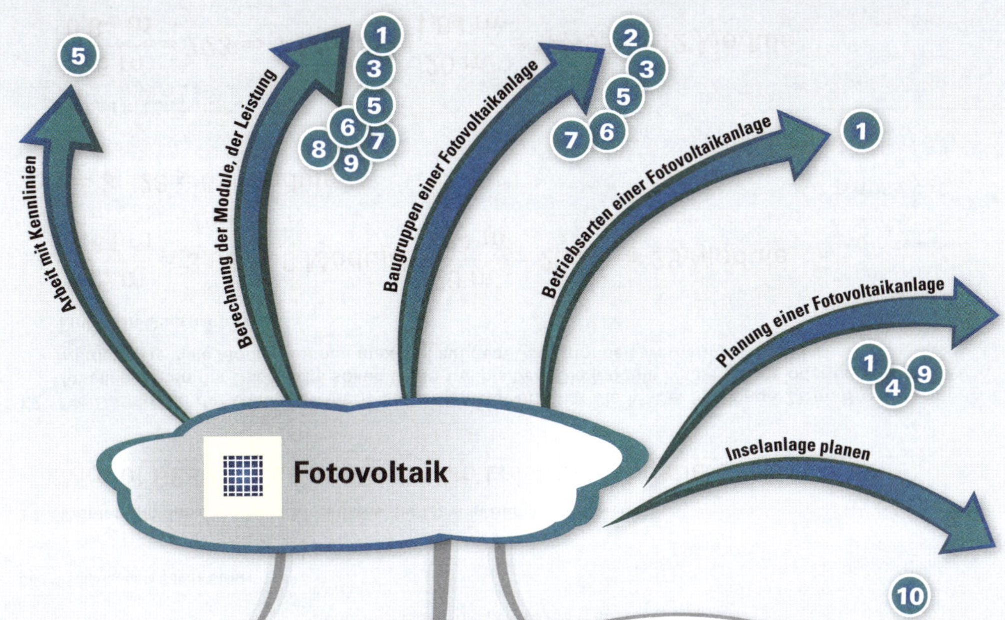

Tipps und Hinweise

- Leerlaufspannung der Zelle steigt bei sinkender Umgebungstemperatur.
- Bei Schatten auf einem Modul ist der ganze String betroffen.
- Pro Jahr verlieren die Zellen 1 % ihrer Leistung.
- Kenndaten des Wechselrichters müssen zu Strangspannung und Gesamtleistung der Anlage passen.
- Einstrahlungsmenge wird in kWh/m² angegeben und ist von der Region abhängig.
- Alle Aufgaben sind durch einfachen Dreisatzansatz zu lösen.

Standardtestbedingungen

W_P, die elektrische Leistung wird bei Standardtestbedingungen (STB) angegeben:
Zellentemperatur 25 °C
Bestrahlungsstärke 1000 W/m²
Sonnenlichtspektrum gemäß AM[1] = 1,5

Formeln

$$P_{MPP_{Anl}} = n \cdot P_{MPPModul}$$

$$U = n \cdot U_{Modul}$$

P_{MPPAnl} Spitzenleistung Solaranlage
$P_{MPPModul}$ Spitzenleistung Solarmodul
n Anzahl Solarmodule
U_{Modul} Spannung Solarmodul

[1] AM von Air Mass = Luftmenge

Kompetenzen im Fachgebiet Fotovoltaik	Aufgaben	🙂 (orange)	☹ (rot)	🙂 (grün)
Ich kann die Solarmodule für die vorgegebene Anwendung auswählen.	1.1, 7.3a, 8.1			
Ich kann die Anzahl der Solarmodule ermitteln.	1.2, 1.3b–c, 3.2a, 4.5, 5.3, 8.1, 9.2a, 10.3			
Ich kann die maximale Leistung bzw. die Nennleistung einer Fotovoltaikanlage ermitteln.	1.3a, 2.3b, 3.2b, 4.7, 6.2, 9.2b			
Ich kann die Betriebsarten einer Fotovoltaikanlage und deren Anwendung erläutern.	1.4, 1.5, 4.3, 10.1, 10.2			
Ich kann die Blöcke einer Fotovoltaikanlage benennen und erklären.	2.1, 6.1			
Ich kann die Aufgaben eines Wechselrichters erläutern.	2.2, 4.4, 7.4a			
Ich kann das Datenblatt eines Wechselrichters analysieren.	2.3, 3.3, 5.3, 6.3, 7.4b, 8.2b, 8.3			
Ich kann die erzeugte Leistung anhand der Daten des Rücklieferungszählers ermitteln.	2.4			
Ich kann die Auswirkungen einer Verschattung der Fotovoltaikanlage erklären.	3.1			
Ich kann die Einspeisevergütung ermitteln.	3.4, 6.5			
Ich kann Aussagen zu der Alterung von Solarmodulen machen.	3.5			
Ich kenne die Bedingungen für die optimale Ausbeute an meinem Wohnort bzw. kann diese aus Tabellen ermitteln.	4.1, 9.1			
Ich kenne den Einfluss der Umgebungstemperatur auf den Wirkungsgrad der Anlage.	4.2			
Ich kann die maximale Gleichspannung bzw. den Gleichstrom der Fotovoltaikanlage ermitteln.	4.6, 6.4, 7.4c			
Ich kann die Vorteile der Errichtung einer Fotovoltaikanlage erläutern.	5.1a, 7.1			
Ich kann den Kunden wichtige Kenngrößen einer Fotovoltaikanlage erläutern.	5.1b			
Ich kann die Solarmodulkennlinie interpretieren.	5.2			
Ich kann die Vor- und Nachteile eines Wechselrichters mit und ohne Transformator benennen.	5.4			
Ich kann die Amortisation einer Fotovoltaikanlage ermitteln.	6.5			
Ich kann die Planungsgrundlagen für den Bau einer Anlage benennen.	7.2			
Ich kann die Investitionskosten einer Anlage berechnen.	7.3c			
Ich kann die Kosten einer Kilowattstunde anhand von Betriebsdaten ermitteln.	7.3d			
Ich kann die Leerlaufspannung eines Solarmoduls bei verschiedenen Temperaturen ermitteln.	8.2a			
Ich kann für den Solargenerator den passenden Wechselrichter auswählen.	6.3, 7.4b, 8.3			
Ich kann die Kenngrößen von Solarspeicher erläutern.	10.4			
Ich kann die Speicherkapazität von Akkumulatoren und die für die Anwendung notwendige Anzahl ermitteln.	10.5–10.7			

🙂 (orange) beherrsche ich schon ☹ (rot) muss ich noch üben 🙂 (grün) Aufgaben habe ich gelöst

1 Fotovoltaikanlage auf einem Garagendach errichten

Auf einer Firmengarage wird die Installation einer Fotovoltaikanlage geplant. Zur Auswahl stehen drei preisgleiche Solarmodule **(Bild 1)**.

SOLARA® AG

SOLARA Select S870TI/S875TI/S880TI

Technische Daten

	S870TI	S875TI	S880TI
Maximale Leistung Pmax:	170 Wp	175 Wp	180 Wp
Spannung bei Maximalleistung:	24,7 V	24,8 V	24,9 V
Leerlaufspannung:	29,82 V	29,85 V	29,95 V
Strom bei Maximalleistung:	6,88 A	7,06 A	7,23 A
Kurzschlussstrom:	7,45 A	7,65 A	7,73 A
Anzahl Solarzellen:	50 St.	50 St.	50 St.
Temperaturkoeffizient (Strom):	2,3 mA/K	2,3 mA/K	2,3 mA/K
Temperaturkoeffizient (Spannung):	−0,106 V/K	−0,106 V/K	−0,108 V/K
Temperaturkoeffizient (Leistung):	−0,43 %/K	−0,43 %/K	−0,43 %/K
Füllfaktor:	76,5 %	76,6 %	77,7 %
Bypass-Dioden:		3 St. à 10 A	
Abmessung der Solarzellen:		156 x 156 mm	
Gewicht:		17 kg	
Maße (± 2 mm):		1640 x 840 x 35 mm	
Glasstärke:		≥ 3,2 mm	
Maximale Systemspannung:		750 V	
SOLARA-Garantie*:		26 Jahre	

* Nach Maßgabe der SOLARA-Garantiebedingungen (inkl. Produkt- und Leistungsgarantie)
Nach STC (Standard Testbedingungen)
AM 1,5, 1 kW/m², 25 °C, Leistungstoleranz ± 3 %

W_p elektrische Leistung bei Standardtestbedingungen (STB):
Zellentemperatur 25 °C
Bestrahlungsstärke 1000 W/m²
Sonnenlichtspektrum gemäß AM = 1,5

Bild 1: Solarmodule Solara Select

1.1 Wählen Sie das effektivste Modul aus der Liste in **Bild 1** aus.

Modul S880TI. Es hat die größte Leistungsabgabe.

1.2 Die Dachfläche der Garage ist nach Süden geneigt und hat die Maße: Firstlänge 21 m, Breite 7,5 m. An allen Seiten der Dachfläche sollen 0,5 m frei bleiben. Die Module können längs oder quer montiert werden. Wie viele Module können maximal auf dem Dach montiert werden?

Einbau in Querrichtung:

$$\frac{6{,}5\text{ m}}{1{,}64\text{ m}} = 3{,}96 \Rightarrow 3\text{ Module}, \quad \frac{20\text{ m}}{0{,}84\text{ m}} = 23{,}81 \Rightarrow 23\text{ Module}$$

$$\Rightarrow 3 \cdot 23 = 69\text{ Module}$$

Einbau in Längsrichtung:

$$\frac{6{,}5\text{ m}}{0{,}84\text{ m}} = 7{,}73 \Rightarrow 7\text{ Module}, \quad \frac{20\text{ m}}{1{,}64\text{ m}} = 12{,}195 \Rightarrow 12\text{ Module}$$

$$\Rightarrow 7 \cdot 12 = 84\text{ Module}$$

1.3 Leistung der Anlage und Modulschaltungen

a) Wie groß ist die maximale Leistung der Fotovoltaikanlage in kW_p?

$P = 84 \cdot 180\ W_p = 15120\ W_p = 15{,}12$ kW

b) Die Anlage soll auf eine maximale Betriebsspannung von 630 V ausgelegt werden. Berechnen Sie die Anzahl n der in Reihe zu schaltenden Module.

$$n = \frac{630\text{ V}}{29{,}95\text{ V}} = 21$$

c) Wie viele Stränge m müssen parallel geschaltet werden?

$$m = \frac{84\text{ Module}}{21\text{ Module}} = 4 \Rightarrow 4\text{ Stränge}$$

1.4 Erklären Sie die Begriffe a) Inselbetrieb und b) Netzparallelbetrieb bei Fotovoltaikanlagen.

a) Inselbetrieb:

Die Fotovoltaikanlage ist einziger Stromlieferant.
Die Energie wird meist in Akkumulatoren gespeichert.

b) Netzparallelbetrieb:

Die Fotovoltaikanlage ist parallel zu einem VNB-Versorgungsnetz geschaltet.
Der Betreiber erhält eine gesetzlich festgelegte Einspeisevergütung.

1.5 Nennen Sie Anwendungen für den Inselbetrieb und geben Sie Beispiele an.

Stromversorgung im Freizeitbereich, z. B. Camping, Boote.
Einzelobjekte fern vom Versorgungsnetz, z. B. Berghütten.
Überwachungsanlagen im Verkehr, Kommunikationsanlagen.

2 Fotovoltaikanlage für eine Wasserpumpe installieren

Das Pumpengebäude einer Wasserversorgung wird mit einer Fotovoltaikanlage ausgerüstet. Der erzeugte Strom soll in das Versorgungsnetz mit 400 V eingespeist werden. Die Anlage soll maximal 2,5 kW_p erzeugen und wegen der Dachabmessungen aus vier Strings mit je vier Modulen aufgebaut werden.

2.1 a) Benennen Sie im Blockschaltbild einer Fotovoltaikanlage für Parallelbetrieb die einzelnen Blöcke ① bis ⑥ **(Bild 1)**.

①	②	③	④	⑤	⑥
Solargenerator →	Generatoranschlusskasten →	DC-Freischalteinrichtung →	Wechselrichter →	Netz- und Anlagenschutz →	Rückspeisezähler

Bild 1: Blockschaltbild einer Fotovoltaikanlage

b) Wann kann Block ② entfallen?

Bei Verwendung von Strangwechselrichtern.

c) Ab welcher Leistung wird Block ⑤ als eigenständiges Betriebsmittel ausgeführt?

Ab 30 kVA

2.2 Bei Fotovoltaikanlagen werden für den Netzparallelbetrieb komplexe Wechselrichterschaltungen eingesetzt **(Bild 1)**.

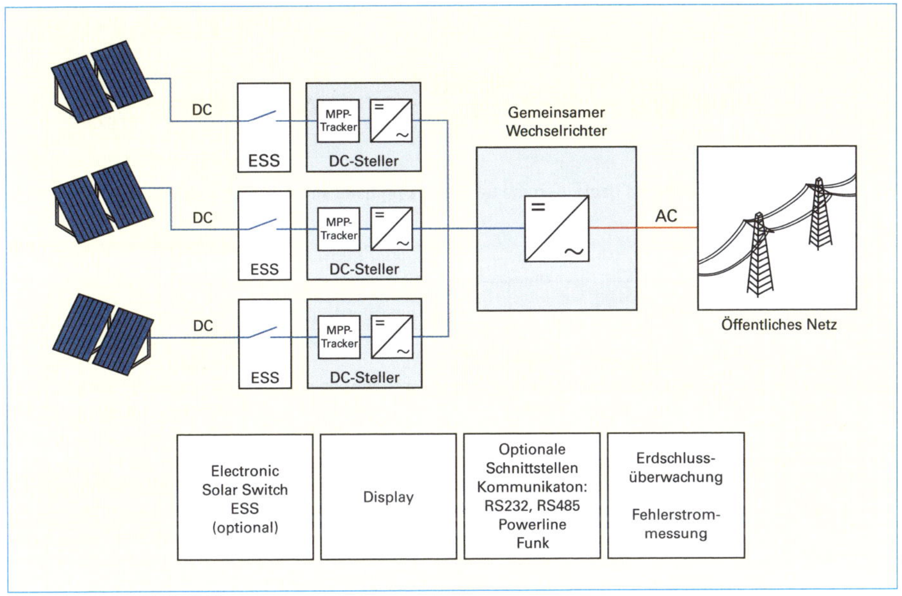

Bild 1: Multistring-Wechselrichter

Nennen Sie mindestens drei Aufgaben eines Wechselrichters.

- Umrichten von Gleichstrom in Wechselstrom,
- Einrichtung zur Netzüberwachung mit Schaltfunktion (ENS-Funktion),
- Abschalteinrichtung bei Spannungseinbruch,
- Netzüberwachung, Abschalten des PC-Generators bei Netzfreischaltung und
- MPP-Regler, hält Modul im optimalen Arbeitspunkt.

2.3 Für die Anlage werden Module vom Typ SW vorgeschlagen **(Bild 1)**.

Solar Welt

SolarWorld REAL VALUE

Solar Welt Modul SW 155/165/175 poly

Aufbau

1) Frontseite: gehärtetes Glas
2) 72 polykristalline Solarzeilen 125 mm x 125 mm in EAV (Ethylen-Vinyl-Acetat) eingebettet
3) Rückseite: Tedlar-Folie

Verhalten bei Standardtestbedingungen			
Leistung im Bestpunkt (P_{max})	155 Wp	165 Wp	175 Wp
Spannung bei Maximalleistung (Vmpp)	34,8 V	35,5 V	36,0 V
Strom bei Maximalleistung (Impp)	4,5 A	4,6 A	4,9 A
Leerlaufspannung (Voc)	43,3 V	43,9 V	44,2 V
Kurzschlussstrom (Isc)	4,9 A	5,1 A	5,3 A

Verhalten bei 800 W/m², NOCT, AM 1,5			
Leistung im Bestpunkt (P_{max})	116 Wp	124 Wp	131 Wp
Spannung bei Maximalleistung (Vmpp)	32,3 V	32,9 V	33,4 V
Strom bei Maximalleistung (Impp)	3,6 A	3,8 A	3,9 A
Leerlaufspannung (Voc)	40,1 V	40,7 V	41,0 V
Kurzschlussstrom (Isc)	3,9 V	4,1 V	4,3 V

Geringe Wirkungsgradreduktion im Teillastverhalten bei 25 °C: bei 200 W/m² werden 95 % (+/– 3 %) des STC-Wirkungsgrades (1000 W/m²) erreicht.

Verwendete Materialien	
Zeilen pro Modul	72
Zelltyp	polykristallines Silizium
Zellmaße	125 x 125 mm

Kenngrößen zur Charakterisierung des thermischen Verhaltens	
NOCT	46 °C
TK Isc	0,06 %/K
TK Voc	–0,35 %/K

Kenngrößen zur optimalen Systemeinbindung	
Maximale Systemspannung	715 V. SK II
Rückstromblastbarkeit	keine externen Spannungen größer als Voc auf das Modul einprägen

Leistungsangaben und Fertigungs-Grenzabweichung	
Nennleistung	155/165/175 Wp +/– 3 %
Andruckdose	IP 65
Stecker	MC Typ 4

Bild 1: Datenblatt der Modulreihe SW

a) Erklären Sie die Angabe W_p **(Bild 1)**.

Die elektrische Leistung wird in W_p bei Standardtestbedingungen ermittelt.
Zellentemperatur 25 °C,
Bestrahlungsstärke 1000 W/m²,
Sonnenlichtspektrum gemäß AM = 1,5 (Einfallswinkel 48° bezogen auf Senkrechte).

b) Berechnen Sie die Leistung der Anlage für die Module SW 155.

$P_{max} = 4 \cdot 4 \cdot 155\ W_p = 2{,}48\ kW_p$

2.4 Der Rücklieferungszähler hat die Zählerkonstante C_z = 600 1/kWh. An einem sonnigen Herbsttag dreht sich die Zählerscheibe 15-mal je Minute. Welche Leistung wird erzeugt?

$$P = \frac{900\ 1/h}{600 \cdot (1/kWh)} = 1{,}5\ kW$$

3 Fotovoltaikanlage auf einer Lagerhalle errichten

Der Landwirt plant, auf dem Dach seiner Lagerhalle eine Fotovoltaikanlage zu errichten. Die erzeugte Energie soll in das Netz des VNB eingespeist werden, wobei die Maximalleistung auf 4,5 kW je Außenleiter begrenzt ist.

3.1 Erklären Sie dem Landwirt, warum eine Verschattung der Fotovoltaikanlage oder einzelner Module durch Bäume oder benachbarte Gebäudeteile zu vermeiden ist.

Die Module werden als „Strings" in Reihe geschaltet, um die vorgesehene Eingangsspannung für die Wechselrichter zu erhalten. Fällt durch Schatten ein Modul aus, ist der ganze String betroffen. Dies bedeutet eine erhebliche Leistungsminderung der Anlage.

3.2 Für die Installation steht die Dachfläche mit den Maßen Länge $l = 9{,}5$ m und Breite $b = 6{,}5$ m zur Verfügung.

Auszug Datenblatt Solarmodule STM 190/200/210		STM 190	STM 200	STM 210
• 190/200/210 Wp Spitzenleistung • –2 %/+3 % Leistungstoleranz • 25 Jahre Garantie auf 80 % der Minimalleistung	P_{max}	190 W	200 W	210 W
• 12 Jahre Garantie auf 90 % der Minimalleistung • 5 Jahre Produktgarantie	I_{sc}	7,89 A	8,12 A	8,33 A
• 54 polykristalline Zellen 156 x 156 mm • Multi-Contact-Stecker	U_{oc}	33 V	33,4 V	33,6 V
• Rahmen: Aluminium • Abmessungen: 1482 x 992 x 35 mm (L/B/T)	I_{mpp}	7,31 V	7,63 V	7,95 V
• Gewicht: 16,8 kg • Schutzart Anschlussdose: IP65 • Zertifizierung: IEC 61215, Schutzklasse II bis maximal 1000 V	U_{mpp}	26 V	26,2 V	26,4 V

Bild 1: Daten der Solarmodule STM

a) Wie viele Module des Solarmoduls nach **Bild 1** können auf dem Dach untergebracht werden?

Einbau in Längsrichtung:

$$\frac{9{,}5\text{ m}}{1{,}482\text{ m}} = 6{,}4 \Rightarrow 6\text{ Module}, \quad \frac{6{,}5\text{ m}}{0{,}992\text{ m}} = 6{,}5 \Rightarrow 6\text{ Module}$$

$$\Rightarrow 6 \cdot 6 = 36\text{ Module}$$

Einbau in Querrichtung:

$$\frac{9{,}5\text{ m}}{0{,}992\text{ m}} = 9{,}6 \Rightarrow 9\text{ Module}, \quad \frac{6{,}5\text{ m}}{1{,}48\text{ m}} = 4{,}4 \Rightarrow 4\text{ Module}$$

$$\Rightarrow 9 \cdot 4 = 36\text{ Module, d. h. gleiche Modulanzahl}$$

b) Wählen Sie die Solarmodule mit der größten Leistung und berechnen Sie die Gesamtleistung.

Gewählt: STM 210 mit $P_{max} = 210\text{ W}_P$,

$P = 36 \cdot 210\text{ W} = 7560\text{ W}_P$.

3.3 Bestimmen Sie den Wechselrichtertyp und die Anzahl der benötigten Wechselrichter (Daten von **Bild 1**).

	SMC 6000TL	SMC 7000TL	SMC 8000TL
Eingang (DC)			
Max. DC-Leistung	6200 W	7200 W	8250 W
Max. DC-Spannung	700 V	700 V	700 V
PV-Spannungsbereich, MPPT	333 V–500 V	333 V–500 V	333 V–500 V
Max. Eingangsstrom	19 A	22 A	25 A
Anzahl MPP-Tracker	1	1	1
Max. Stringanzahl (parallel)	4	4	4
Ausgang (AC)			
AC-Nennleistung	6000 W	7000 W	8000 W
Max. AC-Leistung	6000 W	7000 W	8000 W
Max. Ausgangsstrom	27 A	31 A	35 A
AC-Nennspannung/Bereich	220 V–240 V/180 V–260 V	220 V–240 V/180 V–260 V	220 V–240 V/180 V–260 V
AC-Netzfrequenz (selbsteinstellend)/Bereich	50 Hz/± 4,5 Hz	50 Hz/± 4,5 Hz	50 Hz/± 4,5 Hz
Leistungsfaktor (cos φ)	1	1	1
AC-Anschluss/Power Balancing	einphasig/●	einphasig/●	einphasig/●
Wirkungsgrad			
Max. Wirkungsgrad	98,0 %	98,0 %	98,0 %
Euro-eta[1] (η_{EURO})	97,7 %	97,7 %	97,7 %
Schutzeinrichtungen			
DC-Verpolungsschutz	●	●	●
DC-Lasttrennschalter ESS	●	●	●
AC-Kurzschlussfestigkeit	●	●	●
Erdschlussüberwachung	●	●	●
Netzüberwachung (SMA grid guard 2)	●	●	●
Integrierter allstromsensitiver RCD	●	●	●
Allgemeine Daten			
Maße (B/H/T) in mm	468/613/242	468/613/242	468/613/242
Gewicht	31 kg	32 kg	33 kg
Betriebstemperaturbereich	–25 °C… +60 °C	–25 °C… +60 °C	–25 °C… +60 °C
Eigenverbrauch: Betrieb (Stand-by)/Nacht	< 10 W/0,25 W	< 10 W/0,25 W	< 10 W/0,25 W
Topologie	transformatorlos	transformatorlos	transformatorlos
Kühlkonzept	OptiCool	OptiCool	OptiCool
Montageort: innen/außen (IP65)	●/●	●/●	●/●
Ausstattung			
DC-Anschluss: MC3/MC4/Tyco	O/●/O	O/●/O	O/●/O
AC-Anschluss: Schraubklemme	●	●	●
LCD-Display	●	●	●
Schnittstellen: RS232/RS485/Funk	O/O/O	O/O/O	O/O/O
Garantie: 5 Jahre/10 Jahre	●/O	●/O	●/O
Zertifikate und Zulassungen	www.SMA.de	www.SMA.de	www.SMA.de
● Serienausstattung O Optional	Angaben bei Nennbedingungen		

[1] Euro-eta (η_{EURO}) siehe Aufgabe 5.3 Bild 1, Seite 90

Bild 1: Datenblatt Wechselrichter

Die Leistung der Anlage mit $P = 7{,}56$ kW ist größer als die auf 4,5 kW begrenzte Einspeiseleistung je Außenleiter.

Aus dem Datenblatt **(Bild 1)**:

2 x Wechselrichter Typ SMC 6000TL. Jeder Wechselrichter liefert $P = 7{,}56\text{ kW}/2 = 3{,}78$ kW je Außenleiter (< 4,5 kW).

3.4 Berechnen Sie die Einspeisevergütung für den Standort-Jahresertrag 920 kWh/kW$_P$ für eine Vergütung von 0,0987 €/kWh. (Stand 1.1.2020)

$$K_E = 920 \cdot \frac{\text{kWh}}{\text{kW}_P} \cdot 7{,}56\text{ kW}_P \cdot 0{,}0987\ \frac{€}{\text{kWh}} = 686{,}48\ €$$

3.5 Alterung der Module

a) Erklären Sie dem Landwirt, warum der Ertrag der Fotovoltaikanlage sich im Laufe der Zeit verändert.

Durch Alterung der Abdeckscheiben der Module geht die Leistung zurück.

b) Mit welcher Leistung ist nach 12 Jahren, 25 Jahren zu rechnen?

- nach 12 Jahren noch 90 %
- nach 25 Jahren noch 80 %

Als Daumenregel gilt: 1 % Verlust je Jahr

4 Fotovoltaikanlage auf einem Einfamilienhaus errichten

Ein Einfamilienhaus soll eine Fotovoltaikanlage erhalten. Zur Verwendung kommen 16 Solarmodule Typ SM7002.
Technische Daten je Modul:
Nennleistung $P_{max} = 175\ W_P$,
Spannung bei Nennleistung $U_{max} = 35{,}4\ V$,
Leerlaufspannung $U_0 = 44{,}4\ V$

4.1 Nennen Sie den Neigungswinkel und die Ausrichtungsrichtung für eine optimale Ausbeute in Süddeutschland.

Neigungswinkel 28 Grad, Südausrichtung

4.2 Welche Auswirkungen hat die Umgebungstemperatur auf den Ertrag einer Fotovoltaikanlage?

Je geringer die Umgebungstemperatur, desto größer der Wirkungsgrad.

4.3 Bei Netzparallelbetrieb gibt es zwei Einspeisearten: Zweirichtungszähler oder ein extra Einspeisezähler. Erläutern Sie den Unterschied?

- Zweirichtungszähler messen nur den in das Netz eingespeisten Überschuss.
- Einspeisezähler messen den gesamten in das Netz eingespeisten Strom.

4.4 Warum ist in jedem Wechselrichter eine Netzfreischalteinrichtung eingebaut?

Sie verhindert, dass Spannung auf der Netzleitung ist, wenn das Netz abgeschaltet ist.

4.5 Schalten Sie die 16 Solarmodule so, dass die Eingangsgleichspannung des Wechselrichters 400 V nicht überschreitet.

Parallelschaltung zweier Stränge mit je 8 Modulen in Reihe

4.6 Berechnen Sie für die obige Modulanordnung die maximale Gleichspannung.

$U = 8 \cdot 44{,}4\ V = 355{,}2\ V$

4.7 Welche maximale Leistung erzeugt die Fotovoltaikanlage?

$P_P = 16 \cdot 175\ W_P = 2800\ W_P$

5 Fotovoltaikanlage für ein Wohnhaus planen

Ein Wohnhaus soll eine Fotovoltaikanlage erhalten. Ihre Aufgabe ist die Beratung des Hausbesitzers und die Planung der Anlage.

5.1 a) Welche Argumente sprechen für eine Fotovoltaikanlage?

Erzeugung umweltfreundlicher Energie, Gewinn durch Einspeisevergütung bzw. Eigenverbrauch

b) Erläutern Sie dem Hausbesitzer die Begriffe:

Solarkonstante:

Strahlungsleistung der Sonne auf die Erde in Mitteleuropa, etwa 1 kW/m²

kW$_p$:

maximale Leistung eines Solarmoduls unter Standard-Testbedingungen

MPP-Tracking:

Arbeitspunkteinstellung in der *U*(*I*)-Kennlinie des Generators, sodass die maximal mögliche Generatorleistung an das Netz abgegeben wird.

c) Welche Voraussetzungen müssen am Dach und Standort des Hauses erfüllt sein?

- statische Belastbarkeit des Dachs, Dachneigung
- Dachausrichtung in Südost bis Südwest
- Verschattungsfreiheit

5.2 Zeigen Sie dem Kunden anhand der Kennlinie des Solarmoduls **(Bild 1)**

a) die maximal mögliche Modulleistung unter Standardbedingungen.

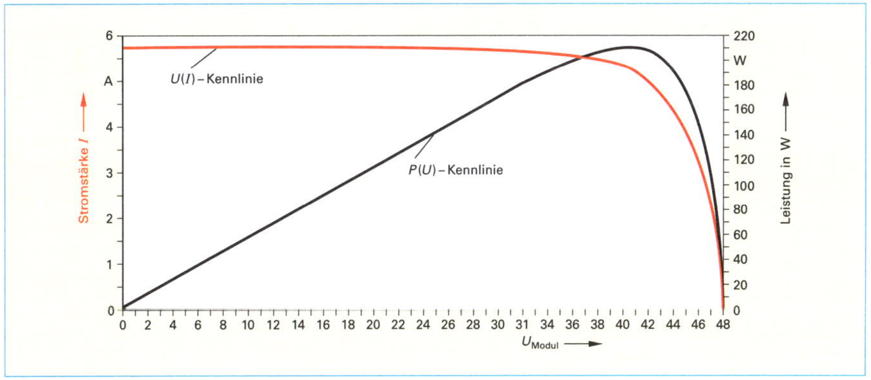

Bild 1: *U*(*I*)-Modulkennlinie und *P*(*U*)-Kennlinie

Aus der Kennlinie abgelesen: $P = 210\ W_p$

b) Ermitteln Sie anhand der Kennlinie **(Bild 1)** die Leerlaufspannung U_0 und den Strom I im MPP.

$U_0 = 48\ V$, $I_{max} = 5{,}5\ A$

5.3 Auf dem Dach werden Module mit einer Gesamtleistung von 8000 W_p installiert. Die Daten des Wechselrichters zeigt **Bild 1**.

Technische Daten			**Sunny Tripower 8000TL**
Eingang (DC)		**Ausgang (AC)**	
Max. DC-Leistung (cos φ = 1)	8200 W	AC-Nennleistung (230 V, 50 Hz)	8000 W
Max. DC-Spannung	1000 V	Max. AC-Scheinleistung	8000 VA
MPP-Spannungsbereich	320 V–800 V	AC-Nennspannung, Bereich	3/N/PE, 230 V/400 V; 160 V–280 V
DC-Nennspannung	600 V	AC-Netzfrequenz, Bereich	50 Hz, 60 Hz, –6 Hz, +5 Hz
Min. DC-Spannung/Startspannung	150 V/188 V	Max. Ausgangsstrom	16 A
Max. Eingangsstrom/pro String	A: 22 A, B: 11 A/33 A	Leistungsfaktor (cos φ)	0,8 übererregt ... 0,8 untererregt
Anzahl MPP-Tracker/ Strings pro MPP-Tracker	2/A: 4, B: 1		
Wirkungsgrad			
Max. Wirkungsgrad/Euro-eta[1]	98,1 %/97,5 %	[1] Der Wert für η_{EURO} wird aus 6 gewichteten Einstrahlungswerten ermittelt.	

Bild 1: Datenblattauszug Wechselrichter 8000TL

Ermitteln Sie die Anzahl der Stränge (Strings) und die Anzahl der Module je Strang, die mit dem Wechselrichter **(Bild 1)** an 380 V betrieben werden können.

Parallele Stränge: $n = \frac{22\ A}{5\ A} = 4{,}4 \Rightarrow n = 4$

Module in Reihe: $m = \frac{380\ V}{48\ V} = 7{,}91 \Rightarrow m = 8$

5.4 Erklären Sie dem Kunden die Vorteile und Nachteile zwischen a) einem netzgeführten Wechselrichter ohne Transformator und b) einem Wechselrichter mit Transformator.

a) Der Fotovoltaikgenerator wird über Halbleiterschalter direkt an das Netz geschaltet.

Vorteile: hohe Generatorspannung, hoher Wirkungsgrad

Nachteil: keine galvanische Trennung vom Netz

b) Der Wechselrichter mit Transformator transformiert die erzeugte Wechselspannung auf 230 V.

Vorteil: galvanische Trennung vom Netz

Nachteil: geringerer Wirkungsgrad

6 Fotovoltaikanlage auf einem Werkstattgebäude errichten

Ein Werkstattgebäude mit Flachdach soll eine Fotovoltaikanlage erhalten. Die erzeugte Energie soll in das VNB-Netz eingespeist werden.

STC (SM 230 p)			
Maximale Leistung (Pmax)	230 W	Toleranz	± 3 %
Spannung bei P_{max} (Vmpp):	29,5 V	Solarzellen	1000 VDC
Strom bei P_{max} (Impp):	7,8 A	Größe	1640 x 992 x 50 mm
Leerlaufspannung (Voc)	36,6 V	Gewicht	19,5 kg
Kurzschlussstrom (Isc)	8,42 A		
Modulwirkungsgrad	14,14 %		

Bild 1: Daten des chinesischen Moduls SM230 p

Auf dem Dach können 30 Module Typ SM 230 W_p **(Bild 1)** mit einem Neigungswinkel von 30° nach Süden ausgerichtet in 2 Strängen verschattungsfrei installiert werden.

Das Blockschaltbild einer Fotovoltaikanlage besteht mindestens aus vier Baugruppen **(Bild 1)**.

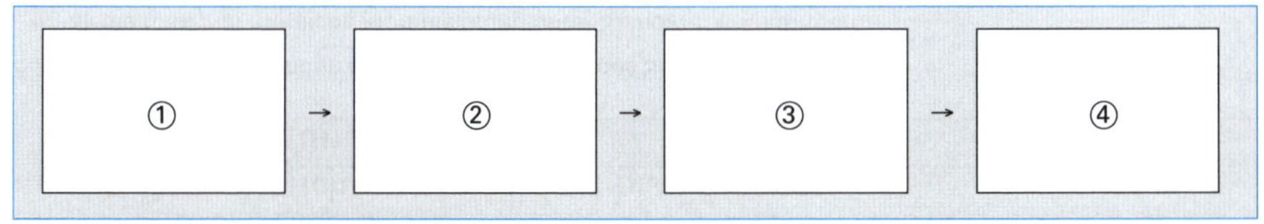

Bild 2: Vier Baugruppen einer Fotovoltaikanlage

6.1 Benennen und erklären Sie die Wirkungsweise der Baugruppen.

① Fotovoltaikmodule zur Stromerzeugung,
② Wechselrichter mit Freischalteinrichtung, wandelt Gleichstrom in Wechselstrom, Einspeisung in VNB-Netz möglich,
③ Einspeisezähler, Einspeisen der Solarenergie
④ Versorgungsnetz

6.2 Bestimmen Sie die Leistung der Solaranlage in kW_p.

$P = 30 \cdot 230\ W_p = 6900\ W_p = 6{,}9\ kWp$

6.3 Wählen Sie einen Wechselrichter nach **Bild 1, folgende Seite,** aus und geben Sie die notwendige Anzahl der Wechselrichter und den Typ für die Anlage aus.

2 x AT 3600

6.4 Werden a) die maximale Systemspannung und b) der maximale Eingangsstrom der Wechselrichter eingehalten?

a) $U_{DCmax} = 680\ V$ (Wechselrichter) $> U_{Strang} = 15 \cdot 36{,}6\ V = 549\ V$, ja

b) $I_{DCmax} = 15{,}5\ A$ (Wechselrichter) $> I_{MPP} = 7{,}8\ A$, ja

Sunways Solar-Inverter AT	AT 5000	AT 4500	AT 3600	AT 2700
Artikelnummer	SI250AT1A	SI245AT1A	SI236AT1A	SI227AT1A
DC-Eingang				
Nennleistung DC	5200 W	4700 W	3750 W	2800 W
maximaler DC-Strom	22,0 A	22,0 A	15,5 A	15,5 A
Nennspannung DC	350 V	350 V	350 V	350 V
MPP-Spannungsbereich	150 V bis 600 V	(für alle Typen)		
Minimale MPP-Spannung bei Volllast	236 V	214 V	242 V	181 V
Maximale DC-Spannung	680 V	680 V	680 V	680 V
Anzahl DC-Anschlüsse pro MPP-Tracker	2 x Tyco Solarlok			
Anzahl MPP-Tracker	1			
AC-Ausgang				
Nennausgangsleistung AC	4600 W	4500 W	3600 W	2700 W
Maximale AC-Leistung	5000 W	4500 W	3600 W	2700 W
Nennstrom AC	20,0 A	19,6 A	15,7 A	11,7 A
Maximaler AC-Strom	23,0 A	21,0 A	17,0 A	12,5 A
Frequenz nominal	50 Hz			
Frequenz Toleranzbereich	47,5 Hz bis 50,2 Hz (gemäß DIN VDE 0126-1-1)			
Netzspannung	230 V			
Spannungsbereich AC	–20 % bis +15 % (gemäß DIN VDE 0126-1-1)			
Klirrfaktor	< 4 %			
Leistungsfaktor (Cos Phi)	ca. 1			
Netzspannungsüberwachung	dreiphasig (nach DIN VDE 0126-1-1)			
Erdschlussüberwachung	AFI (Allstromsensitiv) nach DIN VDE 0126-1-1			
Isolations-, Frequenz- und Gleichstromüberwachung	integriert nach DIN VDE 0126-1-1			
Notwendige Phasen Netzanschluss	3 (L1, L2, L3, N, PE)			
Anzahl Einspeisephasen (230 V einphasig)	1			
Leistungsdaten				
Stand-by-Verbrauch	6,5 W			
Nachtverbrauch	< 0,06 W			
Maximaler Wirkungsgrad	95,5 %	95,5 %	95,5 %	95,5 %
Max. Euro-Wirkungsgrad	95,0 %	95,0 %	94,9 %	94,7 %
MPP-Wirkungsgrad (statisch)	99,99 %	99,99 %	99,99 %	99,99 %
Schaltungskonzept	HERIC®/FP. trafolos			

Bild 1: Wechselrichter für verschiedene Leistungen

6.5 In wie vielen Jahren hat sich die Fotovoltaikanlage amortisiert, wenn der durchschnittliche Jahresertrag für Süddeutschland mit 850 kWh/kW_p beträgt? Die Kosten K der Anlage betragen 9500 €, Rechnung ohne Ertragsminderung durch Alterung, Darlehenszinsen, Wartung und Versicherung.

Annahme: Die eingespeiste Energie wird nach EEG mit z. B. $0{,}0987\ \frac{€}{kWh}$ für 20 Jahre garantiert. (Stand 1.1.2020)

Erzeugte Energie pro Jahr: $W_{Jahr} = 850\ \frac{kWh}{kW_p} \cdot 6{,}9\ kW_p = 5865\ kWh$

Vergütung pro Jahr: $\frac{V}{Jahr} = 0{,}0987\ \frac{€}{kWh} \cdot 5865\ kWh = 578{,}87\ €$

Jahre bis zur Amortisation:

$$n = \frac{\text{Gesamtkosten}}{\text{Vergütung pro Jahr}} = \frac{9500\ €}{578{,}87\ €/\text{Jahr}} = 16{,}4\ \text{Jahre}$$

Nach ca. 16,5 Jahren hat sich die Anlage amortisiert.

7 Fotovoltaikanlage auf einem Garagenkomplex errichten

Auf den Garagen mit Flachdächern soll eine Fotovoltaikanlage errichtet werden. Geplant ist, 24 Module des Typs BP 3160 zu installieren **(Bild 1)**.

Moduldaten	**BP 3160**	**BP 3150**
Maximale Leistung (P_{max})	160 W	150 W
MPP-Spannung (U_{mpp})	35,1 V	34,1 V
Mpp-Strom (I_{mpp})	4,55 A	4,35 A
Garantierte Mindestleistung P_{max}	152 W	142,5 W
Kurzschlussstrom (I_{sc})	4,8 A	4,75 A
Leerlaufspannung (U_{oc})	44,2 V	43,5 V
Temperaturkoeffizient (I_{sc})	(0,065 ± 0,015) %/°C	
Temperaturkoeffizient (U_{oc})	–(160 ± 20) mV/°C	
Temperaturkoeefizient P_{max}	–(0,5 ± 0,05) %/°C	
NOCT[1]	47 ± 2 °C	
[1] (von Normal Operating Cell Temperature)	600 V (U.S. NEC rating)	
Max. Systemspannung	1000 V (TÜV Rheinland rating)	
Maße:	Länge 1580 mm, Breite 790 mm	
Gemessen unter Standardtestbedingungen:	1000 W/m² Einstrahlung, 25 °C Zelltemperatur	

Bild 1: Moduldaten der Serie BP

7.1 Welche Gründe sprechen für die Installation einer Fotovoltaikanlage?

- Umweltschutz durch Verminderung der CO_2-Emissionen
- Amortisation durch Einspeisevergütung
- mit eigenem Energiespeicher, VNB-unabhängiger

7.2 Worauf muss bei der Planung der Anlage geachtet werden?

- Größe der nutzbaren Dachfläche (Neigung und Ausrichtung)
- Investitionsvolumen
- Tragfähigkeit der Aufbaufläche
- Verschattung

7.3 In Süddeutschland kann je installiertem kW_p mit einem Ertrag von 950 kW/Jahr gerechnet werden.

a) Wählen Sie den Modultyp für eine möglichst große Leistung aus **(Bild 1)**.

BP 3160, 160 W

b) Ermitteln Sie den Ertrag der Anlage für ein Jahr.

$$\frac{\text{Ertrag}}{a} = \left(24 \cdot 950\ \frac{kWh}{kW_p}\right) \cdot 0{,}16\ kW = 3648\ \frac{kWh}{a}$$

c) Wie hoch sind die Investitionskosten K_{INV}, wenn mit 1600 € je installierter kW_p gerechnet wird?

$$K_{INV} = 24 \cdot 0{,}16\ kW \cdot 1600\ \frac{€}{kW} = 6144\ €$$

d) Welche Betriebskosten je kWh entstehen, wenn die Anlage 20 Jahre betrieben wird und jährlich 50 € Wartungskosten entstehen?

$$\frac{k}{\text{kWh}} = \frac{k_{INV} + k_W}{Ertrag \cdot Zeit} = \frac{6144\,€ + 20\,\text{a} \cdot 50\,\frac{€}{\text{a}}}{20\,\text{a} \cdot 3648\,\frac{\text{kWh}}{\text{a}}} = 0{,}098\,\frac{€}{\text{kWh}}$$

7.4 Es wird ein Wechselrichter mit den Daten aus **Bild 1** verwendet.

Eingang (DC)	**SB 4000TL-20**
Max. DC-Leistung	4300 W
Max. DC-Spannung	550 V
PV-Spannungsbereich, MPPT	125 V–440 V
Empfohlener Bereich bei Nennleistung	175 V–440 V
Max. Eingangsstrom	2 x 15 A
Anzahl MPP-Tracker	2
Max. Stringzahl (parallel)	2 x 2
Ausgang (AC)	
AC-Nennleistung	4000 W
Max. AC-Leistung	4000 W
Max. Ausgangsstrom	22 A
AC-Netzspannung/Bereich	220 V–240 V/180 V–280 V
AC-Netzfrequenz/Bereich	50 Hz, 60 Hz/± 5 Hz
Leistungsfaktor (cos φ)	1
AC-Anschluss	Einphasig
Wirkungsgrad	
Max. Wirkungsgrad	97,0 %

Bild 1: Datenblatt des Wechselrichters SUNNYBOY 4000TL

a) Welche Aufgaben muss ein Wechselrichter erfüllen?

- Wechselrichten
- Transformieren
- MPP-Tracking
- Betriebsdatenerfassung
- Abschalten bei Netzausfall

b) Können an den Wechselrichter 12 Module vom Type BP 3160, in Reihe geschaltet, angeschlossen werden?

$U_{String} = 12 \cdot 44{,}2\,\text{V} = 530{,}4\,\text{V} \Rightarrow$
$U_{String} < U_{Max} = 550\,\text{V}$, d. h., die Auslegung ist zulässig.

c) Ist es zulässig, 2 Strings zu je 12 Modulen parallel anzuschließen?

$I_{String} = 4{,}8\,\text{A} \Rightarrow I = 2 \cdot 4{,}8\,\text{A} = 9{,}6\,\text{A}$
$I_{Ein} = 2 \cdot 15\,\text{A}$
$\Rightarrow I < I_{Ein}$, d. h., Auslegung ist zulässig.

8 Fotovoltaikanlage auf einem Fabrikgebäude errichten

Auf einer Hälfte des nach Süden geneigten Dachs **(Bild 1)** des Gebäudes soll eine Fotovoltaikanlage installiert werden. Zum Dachrand und zum Kamin soll ein Abstand von 0,5 m frei bleiben.

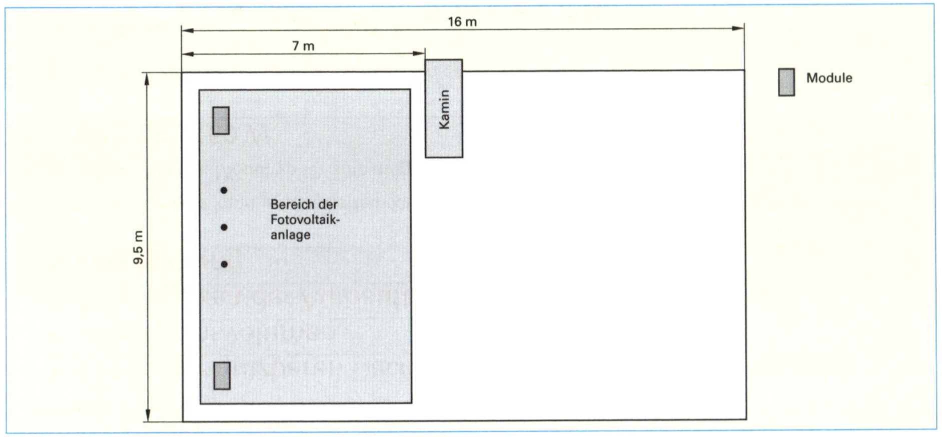

Bild 1: Modulbereich auf der Dachfläche

Es sollen Module des Typs SM240MT1A verwendet werden **(Bild 2)**.

Technische Daten Solarmodule			
Modul	**SM240MT1A**	**M235MT1A**	**SM230MT1A**
Elektrische Daten bei STC			
Luftmasse AM 1,5; Einstrahlung 1000 W/m²; Zellentemperatur 25 °C			
Nennleistung bei P_{MPP} (W_p)	240	235	230
Spannung U_{MPP} (V)	29,6	29,3	29,0
Stromstärke I_{MPP} (A)	8,11	8,03	7,94
Leerlaufspannung U_{OC} (V)	37,1	36,9	36,6
Kurzschlussstrom I_{SC} (A)	8,65	8,60	8,55
Sonstige elektrische Kenngrößen			
Maximale Systemspannung (V)	1000		
Temperaturkoeffizient P_{MPP} (%/K)	–0,48		
Temperaturkoeffizient I_{SC} (%/K)	0,01		
Temperaturkoeffizient U_{OC} (mV/K)	–137		
Abmessungen			
Höhe (mm)	1680		
Breite (mm)	990		

Bild 2: Datenblattauszug Solarmodule Typ SM

8.1 Die Module sollen in Längsrichtung angeordnet werden. Wie viele Module können montiert werden?
Verfügbare Fläche:

Höhe $h = 9{,}5\,\text{m} - 2 \times 0{,}5\,\text{m} = 8{,}5\,\text{m}$;
Breite $b = 7\,\text{m} - 2 \times 0{,}5\,\text{m} = 6\,\text{m}$.
Höhe $h = 8{,}5\,\text{m} : 1{,}68\,\text{m} = 5{,}05 \Rightarrow$ 5 Module übereinander,
Breite $b = 6\,\text{m} : 0{,}99\,\text{m} = 6{,}06 \Rightarrow$ 6 Module nebeneinander.
Anzahl der Module: $5 \times 6 = 30$

8.2 a) Berechnen Sie die Leerlaufspannung U_{OC} eines Moduls SM240MT1A für die Temperatur von $\vartheta = -10$ °C mit dem Temperaturkoeffizienten $\alpha = -0{,}137$ V/K bezogen auf die Leerlaufspannung des Moduls bei 25 °C.

$$U_{OC(-10\,°C)} = 37{,}1\ \text{V} + \left(-0{,}137\ \frac{\text{V}}{\text{K}} \cdot (-35\ \text{K})\right) = 41{,}9\ \text{V}$$

b) Wie viele Module können beim Betrieb mit −10 °C maximal in Reihe an den Wechselrichter SB3300TL **(Bild 1)** geschaltet werden, ohne die maximal zulässige DC-Eingangsspannung zu überschreiten?

Technische Daten: Wechselrichter	
Typ	**Sunnyboy SB3300TL**
Max. DC-Leistung	3440 W + 10 %
Max. DC-Spannung	750 V
MPP-Spannungsbereich	313 V–600 V
DC-Nennspannung	520 V
Min. DC-Spannung/Startspannung	125 V/150 V
Max. DC-Eingangsstrom	11 A
AC-Nennleistung	3300 VA
AC-Nennspannung	220, 230, 240 V
AC-Netzfrequenz	50 Hz; –4,5 Hz, +2,5 Hz
Max. Wirkungsgrad/Euro-eta	96,0 %/94,6 %

Bild 1: Technische Daten eines Wechselrichters

$$n_{max} = \frac{750\ \text{V}}{41{,}9\ \text{V}} = 17{,}9 \Rightarrow 17 \text{ Module maximal}$$

8.3 Ermitteln Sie die Anzahl der Wechselrichter für die Anlage. Die Gleichstromleistung $P_=$ des Solargenerators darf die Leistung P_{WR} des Wechselrichters um 10 % übersteigen **(Bild 1)**.

$$P_= = 30 \cdot 240\ \text{W} = 7200\ \text{W}$$

$$P_{WR} = 3440\ \text{W} + 0{,}1 \cdot 3440\ \text{W} = 3784\ \text{W}$$

$$n = \frac{7200\ \text{W}}{3784\ \text{W}} = 1{,}9 \Rightarrow 2 \text{ Wechselrichter.}$$

Je 1 Wechselrichter für 15 Module

9 Fotovoltaikanlage auf einer Bushalle errichten

Um die Energiebilanz des Betriebes zu verbessern, soll auf dem Dach des Busunternehmens eine Fotovoltaikanlage errichtet werden. Bauliche Gegebenheiten des Dachs:

- Dachausrichtung: 30° Südwest
- Dachneigung: 30°
- Dachfläche: 175,44 m², Länge 17,2 m, Breite 10,2 m
- Keine Verschattungen z. B. durch Bäume oder andere Gebäude

Für das Kundengespräch haben Sie aus dem Internet folgende Tabelle ausgedruckt **(Bild 1)**.

	Dachausrichtung																		
	Süd	Südost Südwest								Ost West	Nordost Nordwest								Nord
	0	10	20	30	40	50	60	70	80	90	100	110	120	130	140	150	160	170	180
Dachneigung 0°	87 %	87 %	87 %	87 %	87 %	87 %	87 %	87 %	87 %	87 %	87 %	87 %	87 %	87 %	87 %	87 %	87 %	87 %	87 %
10°	93 %	93 %	93 %	92 %	92 %	91 %	90 %	89 %	88 %	86 %	85 %	84 %	83 %	81 %	81 %	80 %	79 %	79 %	79 %
20°	97 %	97 %	97 %	96 %	95 %	93 %	91 %	89 %	87 %	85 %	82 %	80 %	77 %	75 %	73 %	71 %	70 %	70 %	70 %
30°	100 %	99 %	99 %	97 %	96 %	94 %	91 %	88 %	85 %	82 %	79 %	75 %	72 %	69 %	66 %	64 %	62 %	61 %	61 %
40°	100 %	99 %	99 %	97 %	95 %	93 %	90 %	86 %	83 %	79 %	75 %	71 %	67 %	63 %	59 %	56 %	54 %	52 %	52 %
50°	98 %	97 %	96 %	95 %	93 %	90 %	87 %	83 %	79 %	75 %	70 %	66 %	61 %	56 %	52 %	48 %	45 %	44 %	43 %
60°	94 %	93 %	92 %	91 %	88 %	85 %	82 %	78 %	74 %	70 %	65 %	60 %	55 %	50 %	46 %	41 %	38 %	36 %	35 %
70°	88 %	87 %	86 %	85 %	82 %	79 %	76 %	72 %	68 %	70 %	58 %	54 %	49 %	44 %	39 %	35 %	32 %	29 %	28 %
80°	80 %	79 %	78 %	77 %	75 %	72 %	68 %	65 %	61 %	56 %	51 %	47 %	42 %	37 %	33 %	29 %	26 %	24 %	23 %
90°	69 %	69 %	69 %	67 %	65 %	63 %	60 %	56 %	53 %	48 %	44 %	40 %	35 %	31 %	27 %	24 %	21 %	19 %	18 %

Bild 1: Ertragswerte in Abhängigkeit von der Dachneigung und der Ausrichtung der Module

9.1 Ist der Bau der Anlage bezüglich der baulichen Gegebenheiten des Gebäudes zu empfehlen?

Für den Dachneigungswinkel von 30° und die Ausrichtung mit Azimut 30° Südwest entnimmt man der Tabelle einen Ertrag von 97 %. Aufbau kann empfohlen werden.

9.2 Als Solarmodule sollen Module der Leistungsklasse 245 W Typ SM2xxx mit den Abmessungen 1642 mm x 994 mm verwendet werden **(Bild 1, folgende Seite)**.

a) Ermitteln Sie die maximal mögliche Anzahl Module n für die Dachfläche.

Horizontale Modulausrichtung:

$$\frac{10{,}2\ \text{m}}{0{,}994\ \text{m}} = 10{,}3 \Rightarrow 10 \text{ Module}, \quad \frac{17{,}2\ \text{m}}{1{,}642\ \text{m}} = 10{,}48 \Rightarrow 10 \text{ Module}$$

$$\Rightarrow n = 10 \cdot 10 = 100 \text{ Module}$$

Vertikale Modulausrichtung:

$$\frac{10{,}2\ \text{m}}{1{,}642\ \text{m}} = 6{,}2 \Rightarrow 6 \text{ Module}, \quad \frac{17{,}2\ \text{m}}{0{,}994\ \text{m}} = 17{,}30 \Rightarrow 17 \text{ Module}$$

$$\Rightarrow n = 6 \cdot 17 = 102 \text{ Module}$$

gewählt: vertikale Anordnung.

b) Berechnen Sie die Nennleistung P_{MPP} der Anlage.

$$P_{MPPAnl} = n \cdot P_{(MPP\ Mod)} = 102 \cdot 245\ \text{W}_P = 24990\ \text{W}_P \approx 25\ \text{kWp}$$

c) Wie groß ist der resultierende Ertrag in kWh bei einer Einstrahlungsmenge von 1120 kWh/m², vertikaler Anordnung der Module und einem Systemwirkungsgrad von 13,7 %?

$A_{eff} = n \cdot l \cdot b = 102 \cdot 1{,}642\ m \cdot 0{,}994\ m = 166{,}48\ m^2$

$W_{mittel} = A_{eff} \cdot W = 166{,}48\ m^2 \cdot 1120\ \frac{kWh}{m^2} = 186456\ kWh$

$\Rightarrow$ Ertrag: $W_{gesamt} = W_{mittel} \cdot \eta = 186456\ kWh \cdot 0{,}137 = 25544\ kWh$

9.3 Das Moduldatenblatt **(Bild 1)** enthält Kenngrößen, die zur Auswahl eines passenden Wechselrichters erforderlich sind. Welche drei Kenngrößen sind besonders zu beachten?

Artikelnummern	SM235MD2A	SM240MD2A	SM245MD2A	SM250MD2A	SM255MD2A
Leistungsklassen (W)	**235**	**240**	**245**	**250**	**255**
Elektrische Daten bei STC[1)]					
Nennleistung bei P_{MPP} (W)	235	240	245	250	255
Spannung U_{MPP} (V)	31,8	32,0	32,2	32,4	32,6
Stromstärke I_{MPP} (A)	7,37	7,50	7,60	7,71	7,82
Leerlaufspannung V_{OC} (V)	37,1	37,2	37,3		
Kurzschlussstrom I_{SC} (A)	8,37	8,47	8,56		
Rückstrombelastbarkeit (A)	16,0	16,0	16,0		
1) STC-Standardtestbedingungen: Luftmasse AM 1,5 – Einstrahlung 1000 W/m² – Zellentemperatur 25 °C; Messungenauigkeit +/–3%					
Elektrische Daten bei NOCT[2)]					
Nennleistung bei P_{MPP} (W)	170	174	178		
Spannung U_{MPP} (V)	27,3	27,5	27,7		
Stromstärke I_{MPP} (A)	6,22	6,33	6,41		
Leerlaufspannung V_{OC} (V)	34,2	34,2	34,3		
Kurzschlussstrom I_{SC} (A)	6,78	6,86	6,93		
Wirkungsradreduktion bei 200 W/m²[2),3)]	< 6 %	< 6 %	< 6 %		
2) Die NOCT-Werte sind typische Werte. NOCT: Nominal operating cell temperature (45 °C); Messungenauigkeit +/–3 % Typische Zelltemperatur bei: Einstrahlung 800 W/m² – Umgebungstemperatur 20 °C – Windgeschwindigkeit 1 m/s 3) Reduktion des Wirkungsgrades bei Rückgang der Bestrahlungsstärke von 1000 W/m² auf 200 W/m², Umgebungstemperatur 25 °C, EN60904-1 konf.					
Sonstige elektrische Kenngrößen					
Maximale Systemspannung (V)	1000	Temperaturkoeffizent U_{OC} (%/K)	–0,33		
Temperaturkoeffizent I_{SC} (%/K)	0,06	Temperaturkoeffizent P_{MPP} (%/K)	–0,44		

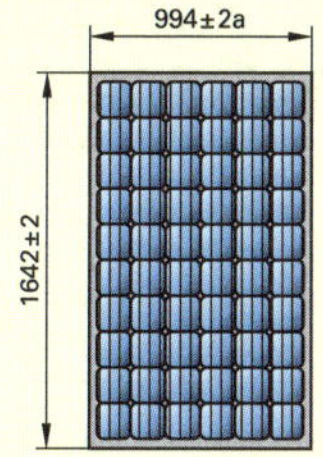

Bild 1: Technische Daten der Modulserie SMxxxMD2A

Faustformel für die Bemessungsleistung P_{MPP}:
Die Solargeneratorleistung $n \cdot P_{MPP}$ soll das 0,9- bis 1,2-fache der AC-Bemessungsleistung Wechselrichter betragen.

Die Bemessungseingangsspannung U_{MPP} des Wechselrichters muss größer sein als die Leerlaufspannung $n \cdot U_{oc}$ des Solargenerators.

Temperaturkoeffizient der Leerlaufspannung U_{OC}:
Mit sinkender Temperatur steigt die Leerlaufspannung des Solarmoduls entsprechend Temperaturkoeffizient.

10 Fotovoltaik-Inselanlage für ein Ferienhaus planen

Ein Kunde will sein an einem Südhang gelegenes Ferienhaus mit elektrischer Energie versorgen.

10.1 Wie nennt man festinstallierte Anlagen ohne Anschluss an das öffentliche Stromnetz?

Inselanlagen, Inselsysteme oder Off-Grid-Systeme

10.2 Nennen Sie drei Möglichkeiten für die Energieversorgung mit Inselanlagen.

Ersatzstromerzeuger mit Verbrennungsmotor, Windkraftanlage, Fotovoltaikanlage

Der Kunde entscheidet sich für eine Fotovoltaikanlage. Die Energie soll in 12-V-Akkumulatoren zwischengespeichert werden. Der tägliche elektrische Energiebedarf wird auf $W_{el} = 1{,}3$ kWh/d geschätzt (einschließlich der Systemverluste). Der tägliche solare Energieertrag pro Quadratmeter Modulfläche beträgt an dem Standort für den ungünstigsten Monat:

$W_{Modul} = \frac{65\ Wh}{dm^2}$

offgridtec

Wirkungsgrad	20,4 %
Nennleistung P_{MPP}	100 Wp
Nennspannung U_{MPP}	17,6 V
Nennstrom I_{MPP}	5,68 A
Umgebungs-temperatur ϑ	– 40° C bis 80°C

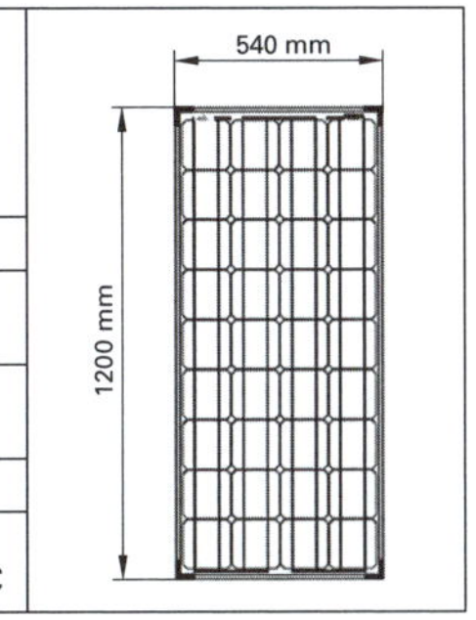

Bild 1: Datenblatt Modul SP 100

10.3 Berechnen Sie die Anzahl n der benötigten Module, um den täglichen Energiebedarf decken zu können.

$A_{ges} = \frac{W_{el}}{W_{Modul}} = \frac{\frac{1{,}3\ kWh}{d}}{\frac{65\ Wh}{dm^2}} = 20\ m^2$

$A_{Modul} = l \cdot b = 1{,}2\ m \cdot 0{,}54\ m = 0{,}65\ m^2$

$\Rightarrow n = \frac{A_{ges}}{A_{Modul}} = \frac{20\ m^2}{0{,}65\ m^2} = 30{,}77$

10.4 Erklären Sie dem Kunden den Unterschied zwischen Solarspeichern mit Blei-Akkumulatoren und Lithium-Akkumulatoren **(Tabelle 1)**.

Tabelle 1: Solarspeicher mit Akkumulatoren

Batterieart	Blei	Lithium
Ladezyklen	1500	5000
Wirkungsgrad	70 % – 80 %	90 %
Entladetiefe	50 % – 60 %	70 % – 95 %
Lebensdauer	bis zu 10 Jahren	bis zu 20 Jahren
Sonstiges	Wartung notwendig	Wartungsfrei
Kosten für 5 kWh	ca. 1600 €	ca. 2200 €

- Blei-Akkumulatoren sind kostengünstig, Wartung nötig, geringere Lebensdauer, kleinerer Wirkungsgrad, weniger Ladezyklen
- Lithium-Ionen-Akkumulatoren sind teurer, keine Wartung, große Lebensdauer, großer Wirkungsgrad, große Anzahl Ladezyklen

10.5 Ermitteln Sie die erforderliche elektrische Energie der benötigten Akkumulatoren, damit auch vier Tage ohne Sonnenschein überbrückt werden können.

$W_{gesamt} = 4 \cdot 1{,}3\ kWh = 5{,}2\ kWh$

10.6 Berechnen Sie die Gesamtkapazität Q in Ah für den Akkumulator.

$Q_{gesamt} = \frac{W_{gesamt}}{U} = \frac{5{,}2\ kWh}{12\ V} = 433{,}33\ Ah$

10.7 Berechnen Sie die Anzahl der benötigten Akkumulatoren. Die ausgewählten Akkumulatoren haben eine Kapazität von 120 Ah. Die Entladetiefe soll 50 % betragen.

$n = \frac{Q_{gesamt}}{Q_{Akku}} = \frac{433{,}33\ Ah}{(120\ Ah)/2} = 7{,}22 \Rightarrow$ Gewählt: $n = 8$

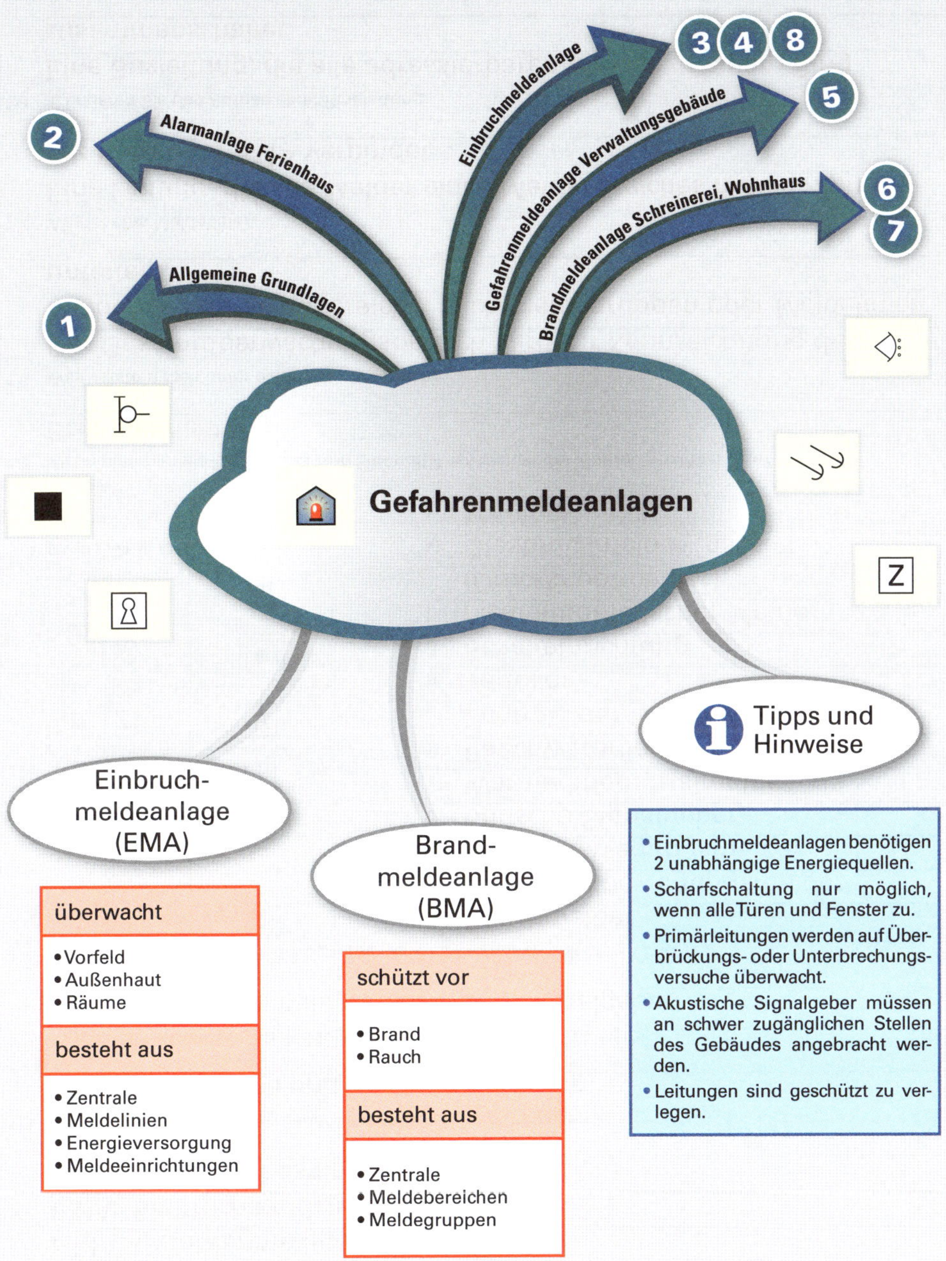

Kompetenzen im Fachgebiet Gefahrenmeldeanlagen	Aufgaben			
Ich kenne die Aufgaben einer Brandmeldeanlage.	2.1			
Ich kenne die Baugruppen einer Einbruchmeldeanlage.	1.3			
Ich kann die Schaltzeichen Meldern und Signalgebern von Gefahrenmeldeanlagen zuordnen.	1.4, 6.2			
Ich kann die Aufgabe einer Meldelinie erläutern.	1.7, 4.2			
Ich kenne die Bedeutung von Primärleitungen.	1.8, 1.9			
Ich kann die Meldeeinrichtungen dem Anwendungsbereich zuordnen.	1.10, 4.1b, 5.1b			
Ich kann die Eigenschaften von Brandmeldern erläutern.	1.11–1.15, 7.3			
Ich kann verschiedene Meldeeinrichtungen einer Einbruchmeldeanlage erläutern.	2.1b, 2.3, 4.1a, 5.1a, 8.2b			
Ich kann die Anforderungen an die Energieversorgung einer Einbruchmeldeanlage erläutern.	2.1c, 5.2c			
Ich kenne den Nutzen einer Gefahrenmeldeanlage.	2.1a, 8.1			
Ich kenne die Sicherungsklassen für Einbruchmeldeanlagen.	2.2a–b, 8.2			
Ich kann die fachgerechte Montage eines Bewegungsmelders erläutern.	2.2e, 8.4			
Ich kann die Funktionsweise von Einbruchmeldern zur Außenhautüberwachung erläutern.	3.1			
Ich kenne die Sensortypen zur Innenraumüberwachung.	3.2			
Ich kenne die Möglichkeiten zur Scharfstellung einer Einbruchmeldeanlage.	3.3			
Ich kenne die verschiedenen Alarmmöglichkeiten.	3.4, 6.3			
Ich kann das Prinzip der Überwachung einer Meldelinie erläutern.	3.5, 4.3, 5.2a–b, 7.4			
Ich kann das Datenblatt eines Bewegungsmelders analysieren.	2.2c, 3.6, 8.3			
Ich kann die Wirkungsweise der Prinzipschaltung einer Meldeanlage rechnerisch begründen.	4.3			
Ich kenne die Aufgaben von Meldebereichen.	1.6			
Ich kann die Wirkungsweise von optischen Rauchmeldern erläutern.	5.3			
Ich kenne die Bedeutung der VdS-Richtlinien.	2.2d, 6.1			
Ich kann die Auswirkungen einer Unterbrechung des Neutralleiters für die Brandursache erläutern.	7.1, 7.2			
Ich kann die Wirkungsweise von Infrarot- und Ultraschall-Bewegungsmeldern erläutern.	8.5			

Für weitere Notizen:

beherrsche ich schon — muss ich noch üben — Aufgaben habe ich gelöst

1 Gefahrenmeldeanlagen

1.1 Erklären Sie die Abkürzungen GMA, EMA und BMA.

GMA: Gefahrenmeldeanlage
EMA: Einbruchmeldeanlage
BMA: Brandmeldeanlage

1.2 Welche drei Merkmale von Feuer können Brandmelder detektieren?

Brandgase, Rauch und Temperaturanstieg

1.3 Nennen Sie die wesentlichen Baugruppen der EMA gemäß EVA-Prinzip.

Melder, Einbruchmeldezentrale und Signalgeber

1.4 Welche Bedeutung haben die Symbole für Gefahrenmeldeanlagen in **Bild 1**?

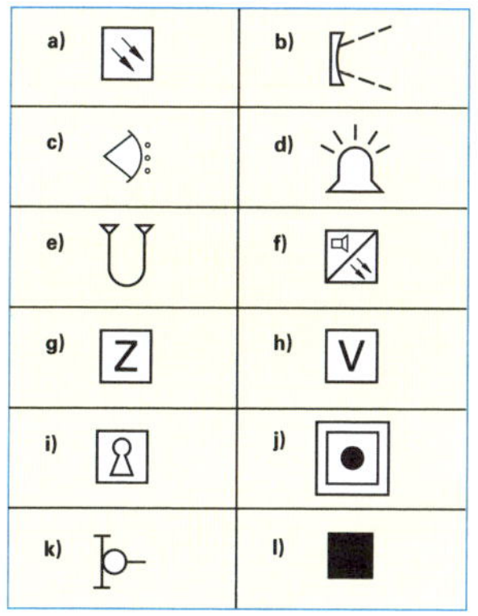

Bild 1: Symbole für Gefahrenmeldeanlagen

a) Rauchmelder
b) Ultraschallbewegungsmelder
c) Infrarotbewegungsmelder
d) optische Signalgeber
e) Wärmedifferenzialmelder
f) Rauchwarnmelder
g) Zentrale der Gefahrenmeldeanlage
h) Verteiler
i) Schalteinrichtung
j) nicht automatischer Melder (Druckknopfmelder)
k) Glasbruchmelder (passiv)
l) Magnetkontakt

1.5 Wie nennt man die Einrichtung zum Ein- und Ausschalten der Einbruchmeldeanlage?

Schalteinrichtung

1.6 Was versteht man unter einem Meldebereich?

Der Gesamtüberwachungsbereich wird zur Kennzeichnung des Meldeortes in Meldebereiche, auch Meldegruppen oder Meldelinien unterteilt.

1.7 Was ist eine Meldelinie?

Eine Leitung, die alle Melder eines Meldebereiches mit der Zentrale der EMA oder BMA verbindet.

1.8 a) Erklären Sie den Aufbau einer Ringleitung.

Eine Busleitung, die alle adressierbaren Melder zu einem Ring zusammenschaltet.

b) Welche Eigenschaft hat eine Ringleitung?

Bei einer Unterbrechung des Rings arbeitet die Anlage mit zwei Meldelinien weiter.

1.9 Welcher Unterschied besteht zwischen der Anwesenheitssicherung und der Abwesenheitssicherung?

Bei der Anwesenheitssicherung ist der Betreiber im Objekt (interne Scharfschaltung), bei Abwesenheitssicherung (externe Scharfschaltung) sind alle Linien aktiv.

1.10 Nennen Sie a) zwei Melder für die Außenhautsicherung und b) zwei Melder für die Raumüberwachung einer EMA.

a) Außenhautsicherung:

Glasbruchmelder, Alarmdrahttapeten, Fadenzugkontakte, Gitter und andere mechanische Sicherungsmaßnahmen.

b) Raumüberwachung:

Infrarotbewegungsmelder, Ultraschallbewegungsmelder und optische Überwachung, z. B. mit einer Videokamera.

1.11 Warum verwendet man meist optische Rauchmelder z. B. in Wohnräumen oder Büros?

Sie erkennen Schwelbrände mit großer Rauchentwicklung bei geringer Wärmeentwicklung.

1.12 Welche weiteren Arten von Brandmeldern unterscheidet man?

Wärmemelder, z. B. Maximalmelder und Differenzialmelder, Rauchmelder, z. B. optische Melder und Ionisationsmelder.

1.13 Wie arbeitet ein Maximalmelder?

Er spricht bei Erreichen einer bestimmten Temperatur an.

1.14 Wie arbeitet der Differenzialmelder?

Er spricht auf Temperaturunterschiede an.

1.15 Wie arbeitet ein optischer Rauchmelder **(Bild 1)**?

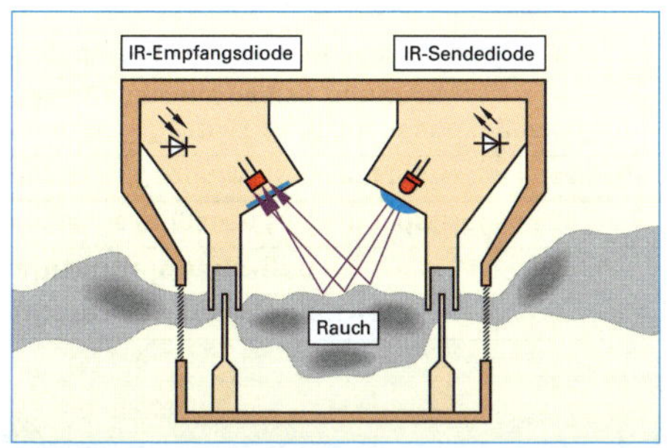

Bild 1: Optischer Brandmelder

Bei Eintritt von Rauch in die Messkammer wird ein Teil der Infrarotstrahlung der Infrarotsendediode abgelenkt und die Infrarotempfangsdiode empfängt die Streustrahlung. Bei Überschreiten eines einstellbaren Grenzwertes wird Alarm ausgelöst.

1.16 Welchen Nachteil hat ein Ionisationsrauchmelder?

Er verwendet in der Messkammer radioaktive Substanzen.

2 Alarmanlage für ein Ferienhaus auswählen

Ein Kunde möchte sein etwas abgelegenes Ferienhaus und das umgebende Grundstück mit einer Alarmanlage ausrüsten, da wiederholt eingebrochen wurde.

2.1 a) Nennen Sie die Gefahren, die eine Gefahrenmeldeanlage erkennen und melden kann.

Einbruch, Überfall, Brand

b) Welche Meldeeinrichtungen der Einbruchmeldeanlage sind für ein Gebäude mit umgebendem Grundstück möglich?

Vorfeldüberwachung, Außenhautüberwachung, Raumüberwachung

c) Welche Anforderungen werden an die Energieversorgung von Einbruchmeldeanlagen gestellt?

Es müssen zwei voneinander unabhängige Energiequellen verwendet werden.

d) Nennen Sie zwei Arten von Energiequellen.

Energiequelle 1: öffentliches Netz
Energiequelle 2: Akkumulator oder Batterie

2.2 Die Einbruchmeldeanlage (EMA) soll den Vorschriften der Versicherungswirtschaft entsprechend ausgeführt werden, um bei höheren Versicherungssummen eine niedrigere Einstufung bei der Versicherungsprämie zu erhalten.

a) Welche Sicherungsklassen für Einbruchmeldeanlagen gibt es nach **Tabelle 1** für ein Ferienhaus?

Tabelle 1: VdS-Sicherungsklassen für EMA (DIN VDE 0833)

Klasse A Grad 2	EMA verfügt über einen einfachen Schutz gegen Überwindungsversuche. Häuser oder Wohnungen werden nur mit Bewegungsmeldern überwacht. Wenn es der Versicherer fordert, muss auch auf Öffnen, Verschluss und Durchgriff von Wertbehältnissen überwacht werden. Richtwert < 100 000 €
Klasse B Grad 3	EMA verfügt über einen mittleren Schutz gegen Überwindungsversuche. Die Risiken entsprechen denen der Klasse A. Zusätzlich muss auf Durchstieg von Fenstern, Lichtkuppeln, Schaufenstern und sonstigen Gebäudeöffnungen überwacht werden. Außentüren müssen auf Öffnen und Verschluss überwacht werden. Die Zwangsläufigkeit muss erreicht werden. Richtwert 100 000 € bis 500 000 €
Klasse C Grad 4	EMA verfügt über einen hohen Schutz gegen Überwindungsversuche. Es muss eine vollständige Außenhautüberwachung sowie eine Fallenüberwachung vorgenommen werden. Zusätzlich sind Türen und Wände auf Durchgriff und Durchstieg zu überwachen.

Sicherungsklassen: Klasse A, Klasse B, Klasse C

b) Im Ferienhaus ist die Zentrale VdS Klasse B. Alle anderen Komponenten sind VdS Klasse A. Welche Sicherungsklasse hat die Einbruchmeldeanlage?

VdS Klasse A. Die niedrigste Klasse bestimmt die Einstufung.

c) Entnehmen Sie **Tabelle 1** den passenden Melder für die Überwachung der Grundstücksgrenzen.

Tabelle 1: Daten von Bewegungsmeldern

Typ	Ultra-Light-Profi	Ultra-Light EXX	Tek Infrarot
Kontaktarten[1]	NC/NO	NC/NO	NC/NO
Maximale Reichweite frontal, seitlich	15 m, 15 m	15 m, 15 m	25 m, 25 m
Erfassungswinkel in °	220	280	90
Schaltspannung	24 V DC	24 V DC	24 V DC
Schaltstrom	0,1 A	0,1 A	0,15 A
Betriebsspannung	9 V bis 16 V DC	9 V bis 16 V DC	9 V bis 16 V DC
VdS-Klasse	B	–	–
Schutzart	IP44	IP21	IP44

[1] Alarmkontakt immer als Öffner, Deckelschalter Schließer oder Öffner
Schließerkennzeichnung: NO von normally open, Öffnerkennzeichnung: NC von normally closed

Für die Außengeländeabsicherung muss ein VdS-zertifizierter Bewegungsmelder verwendet werden: Ultra-Light-Profi.

d) Erklären Sie die Abkürzung VdS und welche Aufgaben hat die VdS.

Vertrauen durch Sicherheit. Die VdS-Schadenverhütung arbeitet in den Bereichen Brandschutz und Sicherheit sowie im Bereich Sicherheitsdienste.

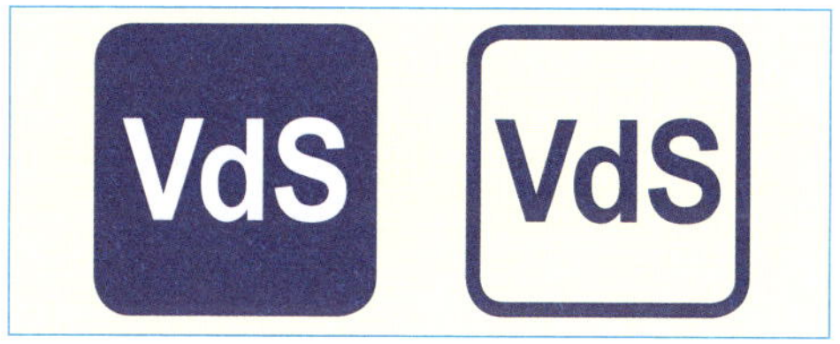

Bild 1: VdS-Kennzeichen

e) Wie müssen die Bewegungsmelder für die Raumüberwachung ausgerichtet werden, um Personen möglichst zuverlässig zu entdecken?

Quer zur Bewegungsrichtung, da Bewegungsmelder am empfindlichsten auf schnelle Temperaturänderungen und größere Temperaturdifferenzen reagieren

2.3 Für das Ferienhaus wurden folgende sechs Komponenten zur Absicherung gewählt. Geben Sie die Bezeichnung an und beschreiben Sie die Wirkungsweise.

Magnetkontakt

Dauermagnete an Türen und Fenstern und Reed-Kontakte an den Rahmen bewirken einen geschlossenen Alarmstromkreis. Bei Öffnung eines Reed-Kontaktes wird Alarm ausgelöst.

Glasbruchmelder (aktiv)

Aktive Glasbruchmelder prüfen das Reflexionssignal aus gesendeten Schallwellen. Passive Glasbruchmelder reagieren auf Schwingungen, die beim Zerstören einer Scheibe auftreten.

Glasbruch-melder (passiv)	Er reagiert auf Schwingungen, die beim Zerstören der Scheibe entstehen.
Infrarotbewe-gungsmelder	Die Änderung von unsichtbarer Infrarotstrahlung (Wärmestrahlung) löst den Alarm aus.
Radar-Bewegungs-melder	Radar-Bewegungsmelder erfassen nur Bewegungen. Anwendung deshalb meist in Innenräumen. Radar-Bewegungsmelder werden z. B. in Leuchten verbaut. Arbeiten im 24-GHz-Frequenzband.
Ultraschall-bewegungs-melder	Er besteht aus einem Ultraschallsender und einem Ultraschallempfänger. Der Melder spricht auf eine Änderung der vom Sender abgestrahlten und als Reflexion empfangenen Schallwellen im Überwachungsbereich z. B. durch eine Person an. Die Sendefrequenzen im Bereich 35 kHz bis 50 kHz können teils von Haustieren gehört werden!

3 Einbruchmeldeanlage für eine Werkstatt entwerfen

In einer Werkstatt wurden wiederholt durch Einbrüche und Diebstähle Messgeräte entwendet. Der Werkstattbesitzer lässt sich von Ihnen über Einbruchmeldeanlagen beraten.

3.1 Nennen Sie für die Außenhautsicherung zwei Einbruchmelder und erklären Sie ihre Überwachungsfunktionen.

Magnetkontakte zur Absicherung von Fenstern und Türen, z. B. gegen Aufhebeln.
Glasbruchmelder zur Absicherung von Glasflächen, z. B. gegen Glasbruch oder Ritzen der Scheibe.

3.2 Schlagen Sie dem Kunden für die Innenraumüberwachung drei geeignete Sensortypen vor.

Ultraschallbewegungsmelder, Infrarotbewegungsmelder, (aktive oder passive) Mikrowellenbewegungsmelder oder eine Kombination von Infrarot und Ultraschall.

3.3 Nennen Sie dem Werkstattbesitzer geeignete Möglichkeiten für die Scharfschaltung der Einbruchmeldeanlage.

- Transponder
- Codeschloss mit Zahlencode
- Aktivierung mit dem Smartphone (Fingerprint)

3.4 Welche Alarmmöglichkeiten gibt es?

- optische Alarmierung z. B. mit einer Warnleuchte
- akustische Alarmierung z. B. mit einer Sirene
- stiller Alarm, z. B. Weiterleitung an die Polizei
- Anrufweiterleitung an einen Wachdienst

3.5 Erklären Sie anhand der Skizze **(Bild 1)** die permanente Überwachung einer Meldelinie von der Einbruchmeldezentrale aus.

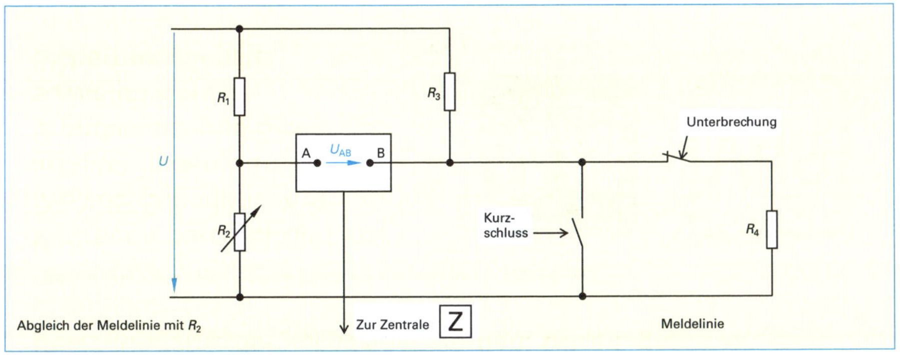

Bild 1: Prinzip der Überwachung mit einer Meldelinie

Die Meldelinie ist als Brückenschaltung ausgeführt (Bild 1). R_2 wird so eingestellt, dass die Brückenspannung $U_{AB} = 0$ ist. Bei Überbrückung der Meldelinie (Kurzschluss, $R = 0\ \Omega$) oder Unterbrechung der Meldelinie (Leitung unterbrochen, $R = \infty\ \Omega$) ist $U_{AB} \neq 0$, es kommt zur Alarmmeldung.

3.6 Der Kunde wünscht einen Bewegungsmelder, der möglichst wenige Fehlalarme auslöst **(Bild 1)**.

Bewegungsmelder DUPLEX MW VdS ABUS

Der Bewegungsmelder DUPLEX MW VdS ist ein Bewegungsmelder mit einem PIR- und einem Mikrowellensensor. Erst wenn beide eine Bewegung erkennen, wird Alarm ausgelöst.

Die Verknüpfung von Passiv-Infarot (PIR) und Mikrowelle (MW) sorgt für eine sehr hohe Sicherheit vor Falschalarm. Der Grund: Erst wenn beide Sensoren – die auf technisch unterschiedlichen Detektionsverfahren basieren – eine Bewegung registrieren, wird ein Alarm ausgelöst. Während der PIR-Sensor auf sich bewegende Wärme reagiert, überwacht der Mikrowellenmelder (ähnlich wie ein Radar) aktiv die Umgebung auf Bewegung. Die Sendefrequenz liegt bei 9,35 GHz.

Optimaler Montageort des Melders ist in einer Ecke 2 bis 3 Meter über dem Boden. Die mögliche Bewegungsrichtung eines Eindringlings sollte quer zum Melder sein.

Technische Daten	
Detektionsverfahren	Wärmeerkennung, Dopplereffekt
Erfassungsbereich	15 m x 15 m
Sensortyp	Dualer PIR, Mikrowellenelement Doppler Modul
Einstellbare Empfindlichkeit	Ja
Alarmspeicher	Ja
Impulswahlschalter	Ja
Weißlichtfilter	Ja
Unterkriechschutz	Ja
Statusanzeige	Ja
Sabotageüberwachung	NC, 100 mA, 24 V DC
Zertifizierungen	VdS B. VSO
Anschluss	NC, 100 mA, 24 V DC
Spannungsversorgung	9–16 V DC (nom. 12 V DC)
Stromaufnahme	13 mA bei 12 V
Gehäusematerial	ABS
Montageort	Wand
Betriebstemperatur	–10 °C bis +55 °C
Abmessungen (B x H x T)	60 x 107 x 48 mm

Der Blickwinkel des Bewegungsmelders DUPLEX MW VdS beträgt 90 Grad, die Erfassungsreichweite – je nach Montagehöhe – bis zu 15 x 15 Meter. Über eine Steckbrücke können Sie seine Empfindlichkeit verändern. So bestimmen Sie die Anzahl der Impulse, die erkannt werden müssen, bevor der Melder das Alarmrelais öffnet.

Der Bewegungsmelder DUPLEX MW VdS hat einen Alarmspeicher. Wird nach einem Alarm die Anlage deaktiviert, leuchtet die LED an dem Melder, der ausgelöst hat. Je nach Einstellung ist es auch möglich zu bestimmen, welcher Melder zuerst ausgelöst hat. Der Bewegungsmelder DUPLEX MW Vds ist aufgrund seiner Zuverlässigkeit und seiner hohen Qualität VdS-zertifiziert.

Bild 1: Daten des Bewegungsmelders ABUS DUPLEX MW VdS

a) Erklären Sie die Vorteile des Bewegungsmelders **(Bild 1)**.

Zur Vermeidung von Fehlalarmen werden zwei Erkennungsverfahren verwendet:
- Infrarot und Mikrowelle

b) Welche Bedeutung hat in den technischen Daten des Bewegungsmelders die Angabe NC bei der Sabotageüberwachung?

NC = Normally Closed (contact). Im eingeschalteten Zustand fließt ein Ruhestrom durch die Meldelinie(n). Beim Öffnen des Meldergehäuses oder bei Manipulation wird ein Sabotagealarm ausgelöst.

c) Begründen Sie dem Kunden die geeigneten Stellen im Raum für die Montage des Bewegungsmelders.

- Bewegungsmelder möglichst weit oben für möglichst großen Erfassungsbereich montieren, nicht auf Fenster ausrichten.
- Zimmerecken sind gut geeignet, da dann die Bewegungsrichtung quer zum Erfassungsbereich des Melders verläuft.
- Bei der Zimmerecke in Türnähe ist die Bewegung längs zum Erfassungsbereich und damit schlechter erkennbar.

4 Gefahrenmeldeanlage für ein Wohnhaus installieren

4.1 In einer Etagenwohnung will der Besitzer eine Einbruchmeldeanlage installieren lassen.

a) Welche zwei Meldeeinrichtungen schlagen Sie dem Besitzer vor?

Raumüberwachung und Außenhautsicherung

b) Machen Sie dem Kunden Vorschläge für die notwendigen Melder.

Raumüberwachung: Bewegungsmelder,
Außenhautüberwachung: Glasbruchmelder, Magnetkontakte

4.2 Erklären Sie dem Besitzer, warum mehr als zwei getrennte Meldelinien sinnvoll sind.

Es kann zwischen den Ereignissen Person im Haus oder Einbruch unterschieden werden.
Sind zulässigerweise Personen im Haus, kann die Raumüberwachung abgeschaltet werden.
Objektunterteilung durch mehrere Meldebereiche.

4.3 Die Wirkungsweise einer Meldeanlage nach dem Ruhestromprinzip **(Bild 1)** soll untersucht werden.

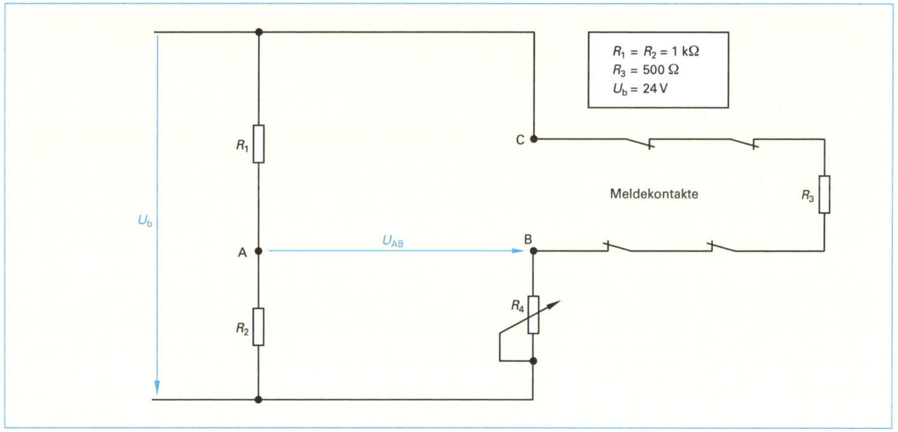

Bild 1: Prinzipschaltung einer Meldeanlage nach dem Ruhestromprinzip

a) Berechnen Sie den Wert, auf den R_4 eingestellt werden muss, damit die Brücke abgeglichen ist.

$$\frac{R_1}{R_2} = \frac{R_3}{R_4} \Rightarrow R_4 = \frac{R_2}{R_1} \cdot R_3 = \frac{1\ k\Omega}{1\ k\Omega} \cdot 500\ \Omega = 500\ \Omega$$

b) Welchen Wert hat dann die Brückenspannung U_{AB}?

Bei abgeglichener Brücke ist $U_{AB} = 0$

c) Wie ändert sich die Spannung U_{AB}, wenn ein Meldekontakt auslöst?

R_3 und R_4 sind stromlos. Die Spannung am Punkt B beträgt 0 V. Am Punkt A liegt die halbe Betriebsspannung 12 V an, da $R_1 = R_2 \Rightarrow U_{AB} = 12$ V.

d) Ein Einbrecher überbrückt die Meldelinie der Raumüberwachung an den Punkten B und C. Führt die Überbrückung zu einem Alarm?

Ja, denn bei einem Kurzschluss von Punkt B nach Punkt C liegt an Punkt B die volle Betriebsspannung $U_b = 24$ V. Am Punkt A liegt weiter die halbe Betriebsspannung von 12 V an. Die Spannung U_{BA} ist 12 V und damit $U_{AB} = -12$ V.

5 Gefahrenmeldeanlage für ein Verwaltungsgebäude planen

5.1 Ein Verwaltungsgebäude soll gegen Einbruch und Brand geschützt werden.

a) Welche drei Überwachungsbereiche gibt es für die Einbruchmeldeeinrichtungen?

Vorfeldüberwachung, Raumüberwachung und Außenhautsicherung

b) Der Kunde wünscht für die Einbruchüberwachung eine Gefahrenmeldeanlage mit VdS-Zulassung für die notwendigen Melder. Sie schlagen eine Meldezentrale L108 vor **(Bild 1)**.

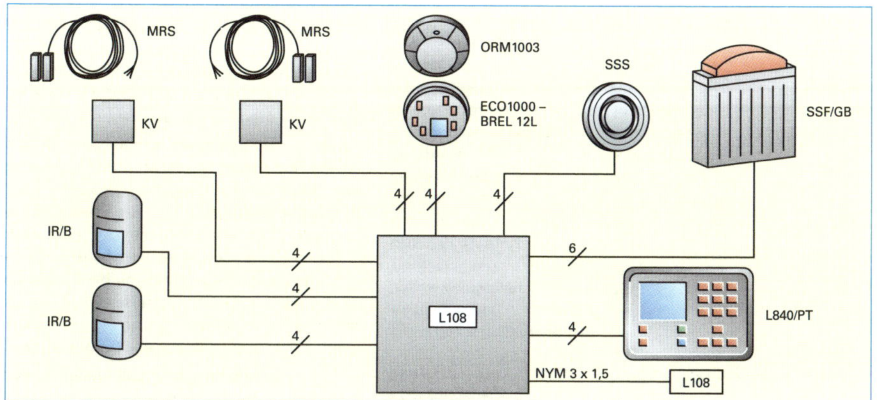

Bild 1: Gefahrenmeldezentrale ABB-L108

Ordnen Sie die Einbruchmelder **(Bild 1)** den oben genannten Meldeeinrichtungen zu.

- Vorfeldüberwachung: Bewegungsmelder IR/B
- Raumüberwachung: Magnetkontakte MRS
- Außenhautsicherung: Bewegungsmelder IR/B

5.2 Für den Konferenzraum wird eine Meldelinie mit zwei Magnetkontakten und zwei Infrarotbewegungsmeldern vorgesehen **(Bild 1)**.

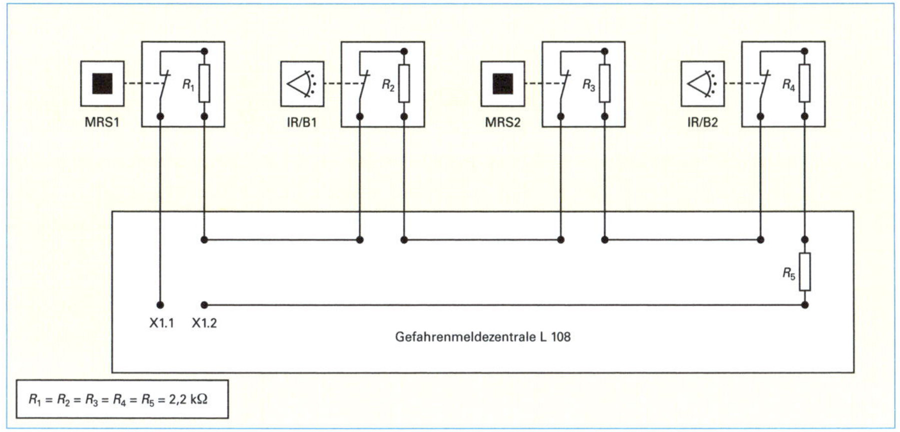

Bild 1: Meldelinienschaltung

a) Nach welchem Prinzip arbeitet die Meldelinie?

Alarmkreis mit Differenzialschleife

b) Wie wirkt sich eine Änderung der Widerstände R_1, R_2, R_3, R_4 und R_5 aus?

Bei Sabotage, d.h. Auftrennen oder Überbrücken, ändert sich der Widerstandwert der Meldelinie. Damit ist die Brückenschaltung in der Zentrale nicht mehr abgeglichen, es wird Alarm ausgelöst.

c) Welche Vorgaben muss die Energieversorgung für die Meldezentrale erfüllen?

- Die Energieversorgung der EMA-Zentrale muss über einen eigenen Stromkreis mit separater Absicherung an die Spannungsversorgung mit 230 V angeschlossen werden.
- Die Zentrale der EMA muss im Fall eines Stromausfalls über eine Notstromversorgung verfügen, z.B. mit Akkumulator oder Batterien.

5.3 An die gewählte Meldezentrale kann auch ein optischer Rauchmelder angeschlossen werden. Erklären Sie die Wirkungsweise der Raucherkennung bei einem optischen Rauchmelder.

Eine Messkammer enthält einen Infrarotsender und einen Infrarotempfänger. Befindet sich kein Rauch in der Messkammer, fällt keine Infrarotstrahlung auf den Empfänger. Gelangen sichtbare Rauchteilchen in die Kammer, erfolgt eine Streuung der Strahlung. Dadurch wird ein Teil der Strahlung reflektiert und gelangt zum Empfänger, der Alarm auslöst.

6 Brandmeldeanlage für eine Schreinerei entwerfen

6.1 Der Inhaber einer Schreinerei möchte seine Werkstatt mit einer Brandmeldeanlage schützen.

a) Welche Vorteile bietet die Installation einer Brandmeldeanlage mit VdS-Zulassung?

- Durch die Zertifizierung entspricht eine Gefahrenmeldeanlage den Anforderungen der VdS-Richtlinien, d.h. die Funktion ist gewährleistet.
- In bestimmten Einrichtungen schreiben Versicherungsunternehmen VdS-Zertifizierung für Gefahrenmeldeanlagen vor.
- Für VdS-zertifizierte Anlagen werden oft geringere Versicherungsbeiträge verlangt.

6.2 Der Kunde wünscht von Ihnen eine Erklärung der im Installationsplan verwendeten Schaltzeichen **(Bild 1)**.

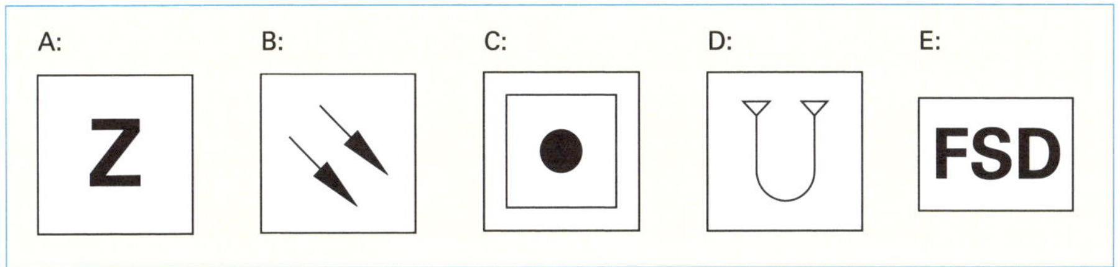

Bild 1: Symbole für Brandmeldeanlagen

Benennen Sie die Symbole von **Bild 1**.

A BMZ: Brandmeldezentrale

B optischer Rauchmelder

C Druckknopfmelder (Handauslösung)

D Wärmedifferenzialmelder

E Schlüsseldepot

6.3 Welche Möglichkeiten gibt es zur Alarmierung im Brandfall?

- optischer Alarm, z.B. mit Blitzleuchte
- akustischer Alarm, z.B. Hupe, Rauchwarnmelder mit Signal
- Standleitung zur Feuerwehr oder Polizei
- Telefonalarm, Smartphone-Alarm an den Hausmeister z.B. mit SMS
- Meldeimpuls an die Gebäudeleittechnik oder Rufanlage

7 Brandmeldeanlage für ein Wohnhaus installieren

Nach einem Brand in der Elektroinstallation eines älteren Hauses soll eine Brandmeldeanlage eingebaut werden.

7.1 Erklären Sie anhand der Skizze **(Bild 1)**, wie sich die Unterbrechung des Neutralleiters auf die beiden Verbraucher auswirkte.

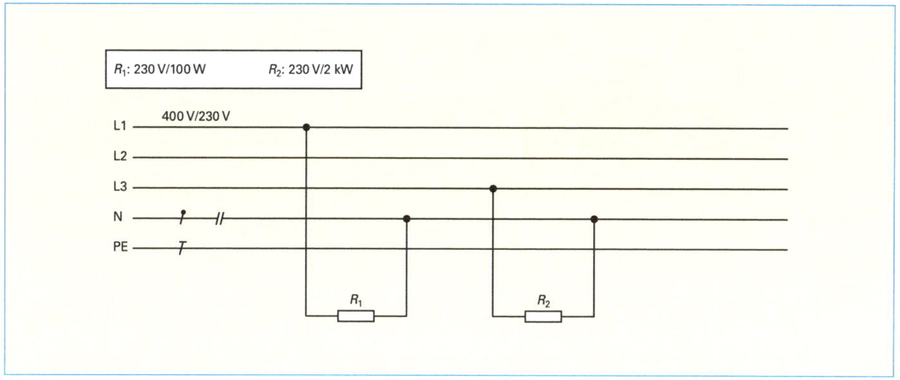

Bild 1: Schaltung der Verbraucher

Durch die Unterbrechung des Neutralleiters liegen die Verbraucher in Reihe an 400 V. Am Verbraucher mit der geringeren Leistung tritt eine zu große Spannung auf. Dieser kann überlastet werden und brennen.

7.2 Weisen Sie die Richtigkeit Ihrer Erklärung durch Rechnung nach.

a) Berechnen Sie den Strom, der durch die Reihenschaltung von R_1 und R_2 fließt.

$$R = \frac{U^2}{P} \Rightarrow R_1 = \frac{(230\ \text{V})^2}{100\ \text{W}} = 529\ \Omega \quad R_2 = \frac{(230\ \text{V})^2}{2000\ \text{W}} = 26{,}45\ \Omega \Rightarrow R_{ges} = 555{,}45\ \Omega$$

$$I = \frac{U}{R_{ges}} = \frac{400\ \text{V}}{555{,}45\ \Omega} = 0{,}72\ \text{A}$$

b) Wie groß sind die Spannungen U_1 und U_2?

$U_1 = R_1 \cdot I = 529\ \Omega \cdot 0{,}72\ \text{A} = 380{,}9\ \text{V}$

$U_2 = R_2 \cdot I = 26{,}45\ \Omega \cdot 0{,}72\ \text{A} = 19\ \text{V}$

c) Welche Leistungen P_1 und P_2 treten auf?

$P_1 = U_1 \cdot I = 380{,}9\ \text{V} \cdot 0{,}72\ \text{A} = 274{,}2\ \text{W}$

$P_2 = U_2 \cdot I = 19\ \text{V} \cdot 0{,}72\ \text{A} = 13{,}7\ \text{W}$

7.3 Der Hausherr möchte nun von Ihnen über Brandmelder informiert werden.

a) Nennen Sie ihm drei verschiedene Brandmeldertypen.

optische Rauchmelder, Differenzialwärmemelder, Flammenmelder

b) Erklären Sie die Wirkungsweise der genannten Brandmeldertypen.

optischer Rauchmelder:
Rauch, der in eine Messkammer eindringt, führt zu Reflexionen der Infrarotstrahlung auf einen Infrarotempfänger, Alarm wird ausgelöst.

Differenzialwärmemelder:
Alarmauslösen erfolgt bei sehr schneller Temperaturerhöhung.

Flammenmelder:
reagiert auf die optische Strahlung offener Flammen

c) Welchen der drei Brandmelder empfehlen Sie für den Wohnbereich?

Gewählt wird der optische Rauchmelder, da er auch die für Wohnungsbrände typischen Schwelbrände meldet.

7.4 In den Unterlagen der Brandmeldeanlage befindet sich folgende Skizze zur Erklärung der Wirkungsweise **(Bild 1)**.

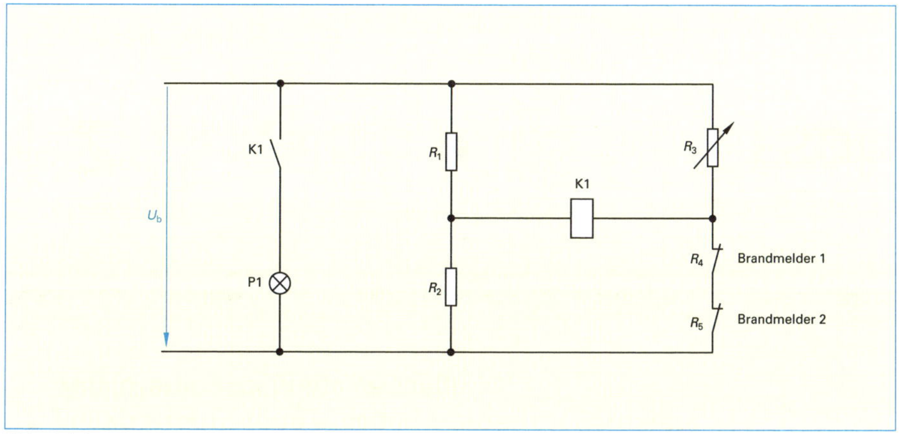

Bild 1: Schaltungsauszug einer Brandmeldeanlage

a) Aus welchem Grund verwendet der Brandmelder Öffnerkontakte?

Öffnerkontakte werden verwendet, um die Drahtbruchsicherheit zu gewährleisten.

b) Wie kommt es zur Alarmmeldung an P1, wenn ein Brandmelder auslöst?

Löst ein Brandmelder aus, ist die Brücke nicht mehr abgeglichen, im Brückenzweig fließt ein Strom durch K1, das Relais zieht an.

c) Warum ist der Widerstand R_3 als veränderbarer Widerstand ausgeführt?

R_3 wird zum Abgleich der Brücke bei der Inbetriebnahme benötigt.

8 Gefahrenmeldeanlage für landwirtschaftliche Gebäude

Ein Bauernhof liegt am Rande einer Gemeinde. Der Besitzer wünscht eine Überwachung des Raums 20 m x 7 m zwischen seiner Fahrzeuggarage und dem Zugang zu einem Lagerraum durch eine Gefahrenmeldeanlage.

8.1 Welche Arten von Gefahrenmeldeanlagen werden unterschieden?

Brandmeldeanlagen, Einbruchmeldeanlagen, Überfallmeldeanlagen

8.2 a) Welche Gefahrenmeldeanlage eignet sich für den Besitzer?

Einbruchmeldeanlage oder mit Brandmeldern kombinierte GMA.

b) Welche Brandmelder würden Sie empfehlen?

Wärmemelder

c) Welche Meldeeinrichtungen sind für Gebäude mit Außenflächen möglich?

Vorfeldüberwachung, Außenhautüberwachung, Raumüberwachung

8.3 Es soll eine Außenhautüberwachung für die Wand vom Lagerraum im zu überwachenden Bereich installiert werden.
Entnehmen Sie **Tabelle 1** geeignete Melder und begründen Sie Ihre Auswahl.

Tabelle 1: Daten von Bewegungsmeldern

Typ	Ultra-Schall-Profi	Ultra-Schall STD	Ultra-Lux Infrarot
Kontaktarten[1]	NC/NO	NC/NO	NC/NO
Maximale Reichweite	15 m x 15 m	15 m x 15 m	25 m x 25 m
Erfassungswinkel in °	70	90	200
Schaltspannung	24 V DC	24 V DC	24 V DC
Schaltstrom	0,1 A	0,1 A	0,15 A
Betriebsspannung	9 V bis 16 V DC	9 V bis 16 V DC	9 V bis 16 V DC
VdS-Klasse	–	B	B

[1] Alarmkontakt immer als Öffner, Deckelschalter Schließer oder Öffner
Schließerkennzeichnung: NO von normally open, Öffnerkennzeichnung: NC von normally closed

Ultra-Schall STD und Ultra-Lux Infrarot mit VdS-Zertifizierung

8.4 a) Wie viele Bewegungsmelder werden nach **Tabelle 1** jeweils für den zu überwachenden Bereich benötigt?
Bei Ultra-Schall STD : 2 und bei Ultra-Lux Infrarot: 1

b) Zeichnen Sie die Melder des gewählten Typs in den Lageplan in **Bild 1** und **Bild 2** ein.

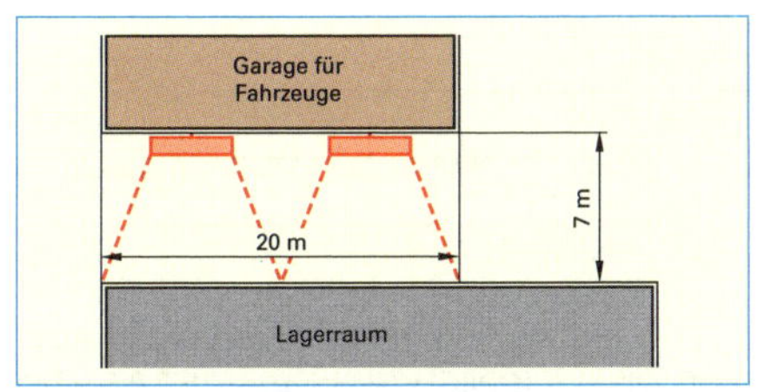

Bild 1: Anordnung Ultra-Schall STD-Melder

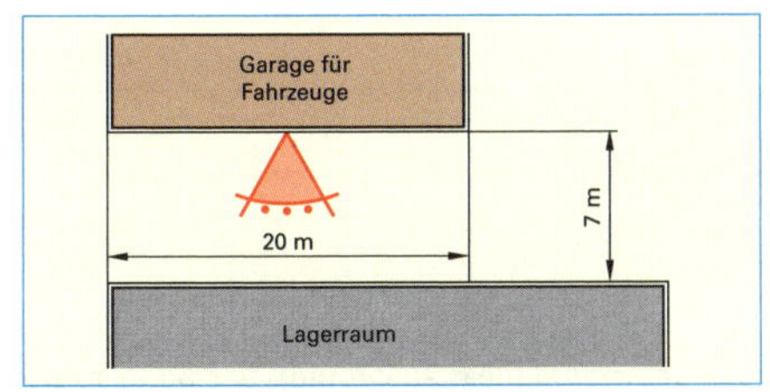

Bild 2: Anordnung Ultra-Lux Infrarot-Melder

8.5 Wann alarmieren a) Infrarot-Bewegungsmelder und b) Ultraschall-Bewegungsmelder?

a) Bei geänderter Strahlung oder Schwellwert-Überschreitung

b) Abgestrahlte und reflektierte Schallwellen stimmen nicht überein.

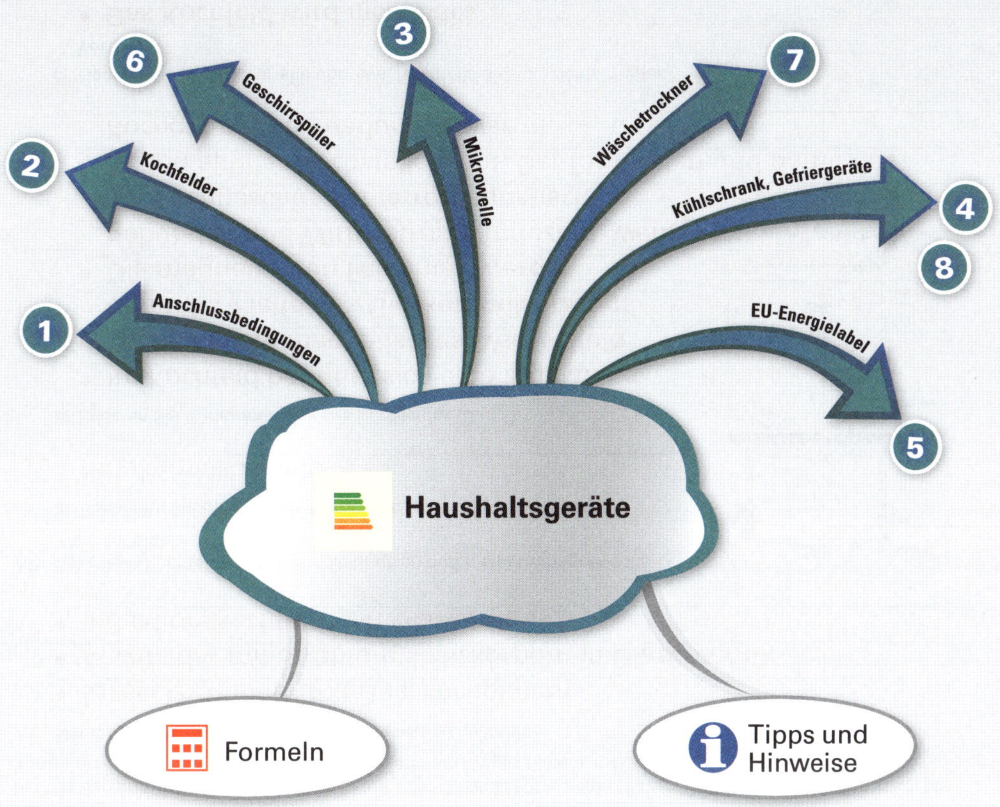

$P = U \cdot I$

$W = P \cdot t$

$VE = W \cdot VP$

$EEI = \frac{P}{P_{ref}}$

- Die Pluszeichen bei den Energieeffizienzklassen geben den Faktor der besseren Energieffizenz an.
- Ab 4,6-kW-Anschlusswert ist nach TAB ein eigener Drehstromanschluss nötig.
- Gefriergeräte nicht über RCD mit anderen Geräten absichern.
- Haushaltsgeräte über 3-kW-Anschlussleistung als separat abgesicherten Stromkreis installieren.

P Leistung
U Spannung
I Strom
W Arbeit
t Zeit
VE Verbrauchsentgelt
VP Arbeitspreis
EEI Energieeffizienzindex
P_{ref} Bezugsleistung

Kompetenzen im Fachgebiet Haushaltsgeräte	Aufgaben			
Ich weiß, für welche Haushaltsgeräte ein eigener Stromkreis vorzusehen ist.	1.1, 1.2			
Ich weiß, für welche Haushaltsgeräte ein Dreiphasenwechselstromkreis vorzusehen ist.	1.3, 2.3			
Ich kenne die verschiedenen Möglichkeiten für das elektrische Kochen.	2.1			
Ich kann das Induktionskochverfahren erläutern.	2.2a–b			
Ich kann die Vorteile und Nachteile des Induktionskochverfahrens benennen.	2.2c			
Ich kann die Vorgehensweise bei der Funktionsprüfung einer 7-Takt-Kochplatte erläutern.	2.5			
Ich kann die Unterscheidungsmerkmale verschiedener Kochplatten erläutern.	2.6			
Ich kann die Funktionsweise einer Mikrowelle beschreiben.	3.1			
Ich kann dem Kunden erklären, warum er in der Mikrowelle kein metallisches Geschirr verwenden darf.	3.2			
Ich kann die Funktionsweise eines Kompressorkühlschranks erläutern.	4.1			
Ich kann die Baugruppen eines Kompressorkühlschranks benennen.	4.2			
Ich kann eine Aussage treffen, warum eine offene Kühlschranktür nicht den Raum abkühlt.	4.3			
Ich kann die elektrotechnischen Größen auf dem Energielabel benennen.	4.4			
Ich kann den formelmäßigen Zusammenhang zwischen Energieverbrauch und Anschlussleistung benennen und kenne die zugehörenden Maßeinheiten.	4.5			
Ich kann die Verbrauchskosten verschiedener Haushaltsgeräte analysieren.	2.4, 4.6, 6.3, 8.1			
Ich kann die Besonderheiten beim Anschluss eines Gefriergerätes begründen.	4.7			
Ich kenne die Bedeutung der EU-Energielabel.	5			
Ich kann die Angaben der Energielabel interpretieren.	5.6, 7.2			
Ich kenne die Energieeffizienzklassen bei Geschirrspülern.	6.1, 6.2			
Ich kann die Funktionsweise von Abluft- und Kondensationstrocknern erläutern.	7.1			

Für weitere Notizen:

beherrsche ich schon

muss ich noch üben

Aufgaben habe ich gelöst

1 Haushaltsgeräte anschließen

1.1 Ab welcher Anschlussleistung ist für Haushaltsgeräte ein eigener Stromkreis vorzusehen?

Für Haushaltsgeräte mit einer Anschlussleistung von mehr als 3 kW.

1.2 Nennen Sie fünf solcher Haushaltsgeräte.

Waschmaschine, Spülmaschine, Wäschetrockner, Backofen, Gefrierschrank

1.3 a) Ab welcher Leistung ist ein Dreiphasenwechselstromkreis vorgeschrieben?

Betriebsmittel mit einer Anschlussleistung von mehr als 4,6 kW.

b) Nennen Sie ein solches Haushaltsgerät.

Kochfeld

2 Kochfelder unterscheiden

Bei der Sanierung einer Altbauwohnung wird der Gasanschluss abgeschaltet. Bisher wurde mit Gas gekocht. Informieren Sie den Kunden über die verschiedenen Möglichkeiten, elektrisch zu kochen.

2.1 Nennen Sie drei Möglichkeiten für das elektrische Kochen.

- Massekochfelder mit Gusskochplatten
- Kochfelder mit Strahlungsheizkörpern in Glaskeramik
- Induktionskochfelder in Glaskeramik

2.2 Bei einem Kochfeldtyp werden die Speisen durch elektromagnetische Wechselfelder erwärmt.

a) Benennen Sie den Typ des Kochfeldes.

Induktionskochfeld

b) Erklären Sie Wirkungsweise des Kochfeldes **(Bild 1)**.

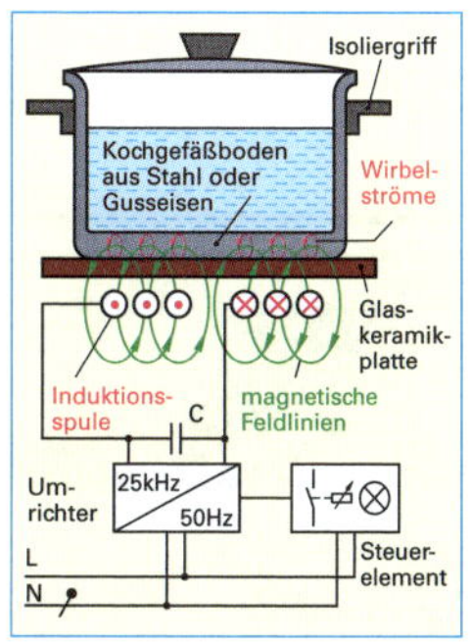

Bild 1: Induktionskochverfahren

- Im Kochfeld befindet sich eine Induktionsspule, die ein magnetisches Wechselfeld unter der Platte aus Glaskeramik erzeugt.
- Die magnetischen Feldlinien werden gebündelt und Wirbelströme induziert, wenn ein Kochgeschirr mit ferromagnetischem Boden auf der Kochstelle steht. Der Topfboden und damit das Kochgut werden dadurch erwärmt.

c) Nennen Sie je zwei Vorteile und zwei Nachteile dieses Kochfeldtypes.

Vorteile:

- Das Kochfeld wird nicht heiß.
- Eine Änderung der Kochleistung wirkt sich sofort ohne Verzögerung aus.

Nachteile:

- Es wird spezielles Kochgeschirr mit ferromagnetischen Böden benötigt,
- teurer als herkömmliche Kochstellen.

2.3 Es besteht die Möglichkeit, den Elektroherd an einen vorhandenen Stromkreis mit einem Außenleiter anzuschließen, der mit 25 A abgesichert ist.

Erläutern Sie dem Kunden, warum es notwendig ist, einen neuen Stromkreis für den Elektroherd zu installieren.

maximale Leistung bei 25 A:

$P_{max} = U \cdot I_{max} = 230\ V \cdot 25\ A = 5{,}75\ kW$

Der vorhandene Stromkreis ist für diese Belastung nicht mehr zulässig, da der Elektroherd ab einer Bemessungsleistung von 4,6 kW nach TAB einen eigenen Drehstromanschluss benötigt.

2.4 Die Kochstellen werden im Schnitt jeden Tag 50 Minuten genutzt. Die Familie des Kunden könnte eine Kochstelle 1 gebraucht für 100 € erhalten. Die durchschnittliche Leistung der Kochstelle liegt bei 2000 W.

a) Berechnen Sie die Kosten, die bei Beibehaltung der durchschnittlichen Nutzung im Jahr entstehen. (1 kWh kostet 0,32 €)

$$VE = P \cdot t \cdot VP = 2\ kW \cdot 50\ \frac{min}{Tag} \cdot 365\ \frac{Tage}{a} \cdot 0{,}32\ \frac{€}{kWh} = 194{,}67\ \frac{€}{a}$$

b) Berechnen Sie die Einsparung, wenn eine um 30 % sparsamere Kochstelle 2 gekauft würde.

$$VE = 2\ kW \cdot \frac{50\ min \cdot 1\ h}{60\ min} \cdot 365 \cdot 0{,}32\ \frac{€}{kWh} \cdot \frac{30\ \%}{100\ \%} = 58{,}40\ €$$

c) Überprüfen Sie, ob es sich lohnt, stattdessen eine um 30 % sparsamere Kochstelle 2 für 400 € bei einer Nutzungsdauer von 10 Jahren und einem durchschnittlichen Energiepreis von 0,32 € zu kaufen.

$$VE_{Kochstelle1} = 2\ kW \cdot \frac{50\ min \cdot 1\ h}{60\ min} \cdot 365 \cdot 10 \cdot 0{,}32\ \frac{€}{kWh} \mathrel{\widehat{=}} 1946{,}67\ €$$

$$Kosten_{Kochstelle1} = 100\ € + 1946{,}67\ € = 2046{,}67\ €$$

$$VE_{Kochstelle2} = 2\ kW \cdot \frac{50\ min \cdot 1\ h}{60\ min} \cdot 365\ \frac{Tage}{a} \cdot 10 \cdot 0{,}32\ \frac{€}{kWh} \cdot \frac{70\ \%}{100\ \%} \mathrel{\widehat{=}} 1362{,}67\ €$$

$$Kosten_{Kochstelle2} = 400\ € + 1362{,}67\ € = 1762{,}67\ €$$

⇒ Es lohnt sich, die teurere Kochstelle 2 zu kaufen.

d) Berechnen Sie die Nutzungsdauer, ab der die Gesamtkosten für die teurere Kochstelle geringer sind als die der billigeren Kochstelle.

$$\Delta VE = 400\,€ - 100\,€ = 300\,€$$

$$\Delta P = 2\,\text{kW} - \left(2\,\text{kW} \cdot \frac{70\,\%}{100\,\%}\right) = 0{,}6\,\text{kW}$$

$$\Delta t = \frac{\Delta VE}{\Delta P \cdot VP} = \frac{300\,€}{0{,}6\,\text{kW} \cdot \frac{0{,}32\,€}{\text{kWh}}} = 1562{,}5\,\text{h}$$

$$\Rightarrow \frac{1562{,}5\,\text{h}}{(5/6)\,\text{h/Tag}} = 1875\,\text{Tage} \quad \Rightarrow \frac{1875\,\text{Tage}}{365\,\text{Tage/Jahr}} = 5{,}14\,\text{Jahre}$$

Δt = 1562,5 h, d. h. 1875 Tage oder 5,14 Jahre.

2.5 Wegen den niedrigen Anschaffungskosten wurde doch der gebrauchte Herd mit Massekochfeldern mit Gusskochplatten eingebaut. Nach Aussage des Kunden wird eine Kochplatte des Elektroherds mit einer Bemessungsleistung von 1500 W und einem Plattendurchmesser von 180 mm nicht richtig heiß.

Wie können Sie ohne Messung anhand des Schaltungsschemas für eine 7-Takt-Schaltung (**Tabelle 1**) herausfinden, ob und welcher der drei Heizwiderstände keinen Durchgang hat?

Tabelle 1: Schaltungsschema der 7-Takt-Schaltung

7-Takt-Schalter								
Schaltstufen / Heizleiterschaltungen	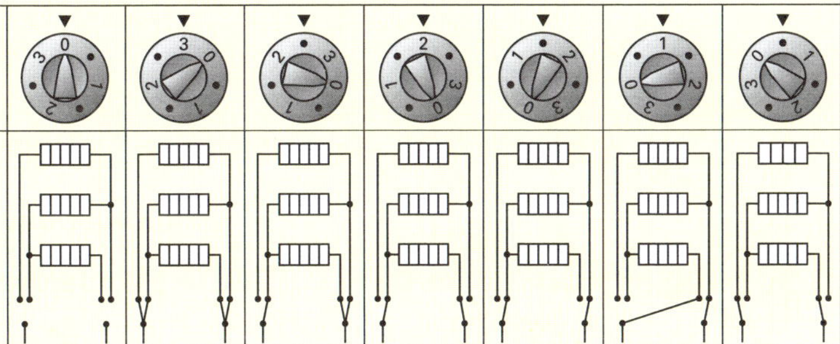							R_1 R_2 R_3
Normalkochplatte	Durchmesser	Bemessungsleistung	Beispiele für Leistungsstufen					
	14,5 cm 18 cm 22 cm	1000 W 1500 W 2000 W	750 W 1150 W 1400 W	500 W 850 W 950 W	250 W 300 W 450 W	165 W 220 W 305 W	100 W 135 W 200 W	

Beschreiben Sie Ihre Vorgehensweise bei der Funktionsprüfung.

Schaltstufe 0,5: Wird die Platte warm, haben alle 3 Heizwiderstände Durchgang, da Reihenschaltung. Nicht warm, R_1 oder R_2 oder R_3 kein Durchgang.

Schaltstufe 1,5: Nur der Widerstand R_2 ist in Betrieb. Nicht warm, R_2 kein Durchgang.

Schaltstufe 2: Nur der Widerstand R_3 ist in Betrieb. Nicht warm, R_3 kein Durchgang.

2.6 Unterscheiden Sie zwischen einer Standardkochplatte, einer Automatikkochplatte und einer Schnellkochplatte.

Standardkochplatte: Sie kann nur auf eine bestimmte und konstante Leistung geschaltet werden.

Automatikkochplatte: Sie heizt mit voller Leistung auf und dann mit getakteter Leistung auf der eingeschalteten Heizstufe zum Garen weiter.

Schnellkochplatte: Sie heizt mit voller Leistung auf und mit eingestellter Leistung zum Garen weiter.

3 Mikrowelle erklären

Im Betrieb wird überlegt, ob eine Mikrowelle für die Teeküche angeschafft werden soll.

3.1 Beschreiben Sie die Funktionsweise der Mikrowelle.

Das elektromagnetische Wechselfeld einer Mikrowelle versetzt die Wasserdipole der Speise in Bewegung. Die Erhitzung der Speise geschieht über das in der Speise enthaltene Wasser.

3.2 In einer Bedienungsanleitung einer Mikrowelle steht folgender Hinweis (**Bild 1**).

- **Benutzen Sie im Mikrowellenbetrieb niemals Geschirr mit Metallverzierungen, metallisches Geschirr oder den Grillrost, da es sonst zu Beschädigungen am Gerät kommen kann.**

Bild 1: Auszug aus der Bedienungsanleitung

Erklären Sie die Gründe für diesen Hinweis.

Im Innenraum der Mikrowelle werden Wirbelströme induziert, die dünne Metalle sogar zum Schmelzen bringen können. Es können auch Funkenüberschläge auftreten.

4 Kühlschrank – Gefriergeräte auswählen

Bei der Einrichtung einer neuen Küche überlegt sich der Kunde, ob er einen einfachen Kühlschrank oder eine Kühl-/Gefrierkombination aufstellen soll. Von Ihnen will er die Funktionsweise der Geräte erklärt bekommen.

4.1 Beschreiben Sie die Funktionsweise eines klassischen Haushalts-(Kompressor-)Kühlschranks (**Bild 2**). Gehen Sie insbesondere auf die Phasenübergänge des Kühlmittels ein.

Im Verdampfer (kälteste Stelle) wird ein flüssiges Kältemittel gasförmig. Dabei gibt der Innenraum Wärmeenergie an das Kältemittel ab. Das Kältemittel wird in einem Kompressor

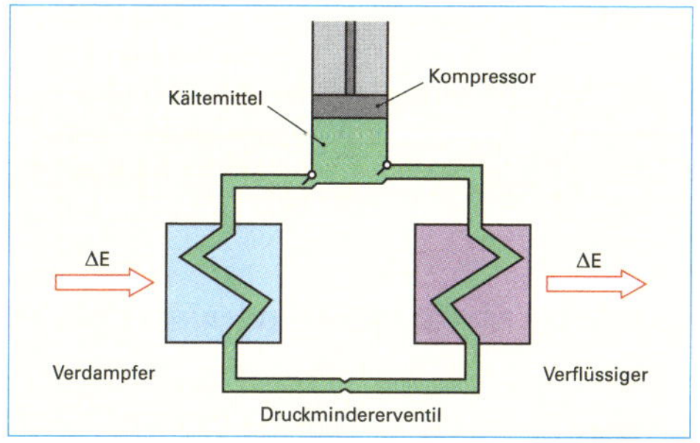

Bild 2: Funktionsprinzip Verdichterverfahren

verdichtet, das Kältemittel erwärmt sich. Im Verflüssiger auf der Rückseite des Kühlschrankes wird die Wärme an die Umgebung abgegeben. Das Kältemittel wird wieder flüssig und strömt zur Druckabsenkung durch einen Druckminderer (Kapillarrohr). Anschließend fließt es wieder durch den Verdampfer.

4.2 Ordnen Sie die aufgeführten Begriffe aus **Bild 2, vorhergehende Seite,** den entsprechenden Nummern in **Bild 1** zu.

① Verflüssiger

② Verdampfer

③ Druckmindererventil

④ Kompressor

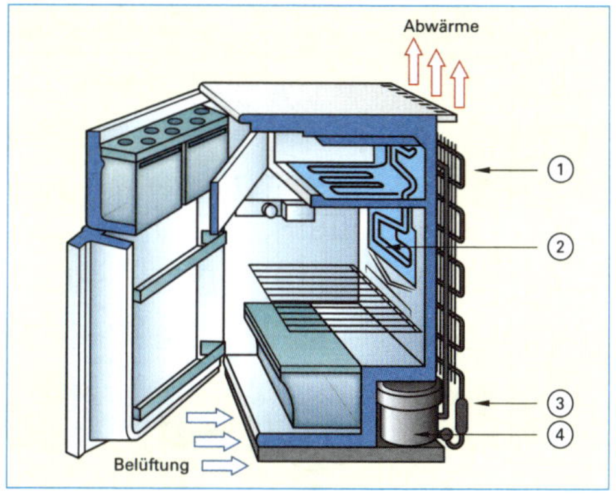

Bild 1: Kühlschrank

4.3 Begründen Sie, warum Sie einen Raum nicht kühlen können, indem Sie die Kühlschranktür offen lassen.

Die Wärmeenergie, die man dem Kühlraum entzieht, wird außerhalb des Kühlschrankes an die Umgebung abgegeben.

4.4 Ein Mitarbeiter hat durch eine Wohnungsauflösung eine relativ neue Kühl-/Gefrierkombination übrig, die er für die Teeküche spenden würde. In den Unterlagen ist auch ein Energielabel enthalten. Benennen Sie die elektrotechnische Größe, die auf dem Energielabel bei Kühl- und Gefriergeräten angegeben ist.

Angegeben ist der Energieverbrauch in kWh/Jahr.

4.5 Erläutern Sie den Unterschied zwischen a) dem Energieverbrauch sowie b) der Anschlussleistung und nennen Sie jeweils das Formelzeichen und die Einheit.

a) Der Energieverbrauch ergibt sich aus der Anschlussleistung des Gerätes und der Zeit t, während der das Gerät in Betrieb ist. Der Energieverbrauch entspricht der elektrischen Arbeit.

Formelzeichen: $W = P \cdot t$ Einheit: kWh

b) Die Anschlussleistung ist die Leistung, die ein Gerät beim Anschluss an die Bemessungsspannung aufnimmt.

Formelzeichen: P Einheit: kW

4.6 a) Berechnen Sie anhand des Energieverbrauchs des Kühlgerätes des Mitarbeiters **(Tabelle 1)** die Laufzeit des Kompressors im Jahr.

Tabelle 1: Technische Daten von Kühl- und Gefriergerätekombination

Altgerät des Mitarbeiters	**Neugerät**
Energieeffizienzklasse: A⁺	Energieeffizienzklasse: A⁺, A⁺⁺⁺
Jährlicher Energieverbrauch: 175 kWh/Jahr	Jährlicher Energieverbrauch: 92 kWh/Jahr
Klimaklasse: ST	Klimaklasse: SN–ST
Nutzinhalt: 85 l Kühl-/10 l Gefrierfach	Nutzinhalt: 110 l Kühl-/15 l Gefrierfach
Anschlusswerte: 230 V/50 Hz/0,8 A/110 W	Anschlusswerte: 230 V/50 Hz/0,8 A/110 W

$$W = P \cdot t \Rightarrow t = \frac{W}{P} = \frac{175000\,\text{Wh}}{110\,\text{W}} = 1591\,\text{h}$$

b) Berechnen Sie das Verbrauchsentgelt bei Normverbrauch (1 kWh kostet 0,32 Euro) für 5 Jahre.

$$VP = P \cdot t \cdot \quad VP = 175\,\frac{\text{kWh}}{\text{a}} \cdot 5\,\text{a} \cdot 0{,}32\,\frac{€}{\text{kWh}} = 280\,€$$

c) Welche Kostenersparnis entsteht, wenn stattdessen ein Neugerät **(Tabelle 1)** angeschafft wird?

$$\Delta Kosten = (175 - 92)\,\frac{\text{kWh}}{\text{a}} \cdot 5\,\text{a} \cdot 0{,}32\,\frac{€}{\text{kWh}} = 132{,}8\,€$$

4.7 Warum sollten Gefriergeräte über einen eigenen Stromkreis betrieben werden, der nicht gemeinsam mit anderen Verbrauchern über einen RCD abgesichert ist?

Durch die Trennung wird vermieden, dass durch Fehler in anderen Betriebsmitteln ein Gefriergerät möglicherweise über einen längeren Zeitraum ausfällt und das Gefriergut auftaut.

5 EU-Energielabel interpretieren

5.1 Seit wann gibt es das EU-Energielabel?

☐ 1992 ☒ 1996 ☐ 2001

5.2 Für welche der folgenden Haushaltsgeräte gibt es noch keine Energieeffizienzklassifizierung?

☒ Kochfeld ☐ Backofen ☐ Kühl-/Gefrierschrank

☐ Lampen ☐ Geschirrspüler ☒ Kaffeemaschine

☐ Staubsauger ☒ Toaster ☐ Weinlagerschrank

5.3 Nennen Sie weitere Gebrauchsgeräte, für die es EU-Energielabel gibt.

Fernsehgeräte (Bildschirmgeräte), Raumklimageräte, Wäschetrockner, Waschmaschinen, Pkw, Geschirrspüler, Leuchten

5.4 Nennen Sie die Bedeutung von Energieeffizienzklassen.

Die Energieeffizienzklasse ist eine Bewertungsskala für das europäische Energielabel. Die Bewertungsskala gibt über den Energiebedarf (Strom und andere Energieträger) und über zusätzliche Gebrauchseigenschaften des Gerätes Auskunft.

5.5 a) Geben Sie die fehlenden Engergieeffzienzindexbereiche (EEI-Bereiche) der zum 1.3.2021 neuen Energielabel für Geschirrspüler in Tabelle 1 ein.

Tabelle 1: Festlegung der Energieeffizienzklassenbereiche (Haushaltsgeräte)

Kennung	*EEI*-Bereich	Kennung	*EEI*-Bereich
A	EEI < 32	E	50 ≤ EEI < 56
B	32 ≤ EEI < 38	F	56 ≤ EEI < 62
C	38 ≤ EEI < 44	G	EEI ≥ 62
D	44 ≤ EEI < 50		

b) Welche Energieeffizienzklasse bedeutet höchsten Energieverbrauch?

G ist die Klasse mit dem höchsten Energieverbrauch.

5.6 Benennen Sie die Komponenten eines EU-Energielabels eines Geschirrspülers.

② Name oder Marke des Herstellers, Typenbezeichnung

③ Energieeffizienzklasse

④ Energieverbrauch des eco-Programms pro 100 Betriebszyklen

⑤ Nennkapzität des eco-Programms in Maßgedecke

⑥ Dauer des eco-Programms

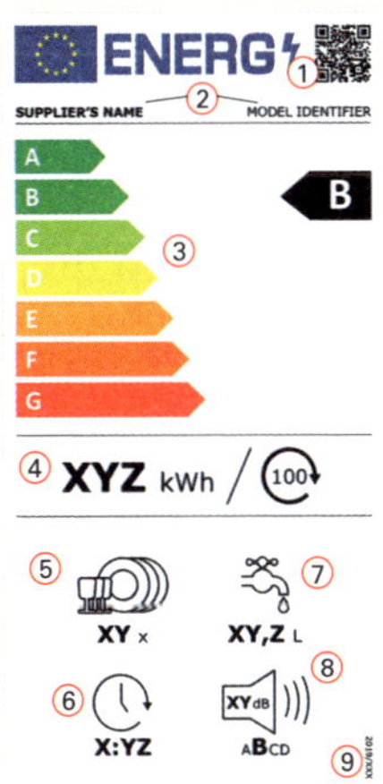

① QR-Code

⑦ Wasserverbrauch des eco-Programms pro Betriebszyklus

⑧ Geräuschemissionen in db(A) in Bezug auf 1pW, Geräuschemissionsklasse

⑨ Nummer der Verordnung

Bild 1: EU-Energielabel für einen Geschirrspüler (ab 1.3.2012)

5.7 Seit 2010 gibt es die EU-Rahmenrichtlinie 2010/30/-EU. Es wurden die Klassen A^{+}, A^{++} und A^{+++} eingeführt.

a) Welche Energieeffizienzklassen entfielen bei den Geräten, bei denen die Klassen A^{+}, A^{++} und A^{+++} eingeführt wurden?

Es entfielen die Klassen E, F und G. Die Klassifizierung reicht von A^{+++} bis D.

b) Welche Bedeutung haben die Pluszeichen?

Bei A^{+++} ist die Energieeffizienz bis Faktor 3 besser als bei A.

5.8 Mit der Rahmenverordnung EU/2017/1369 werden die Energieklassen für Haushaltsgeräte neu geordnet.

a) Welche Klassen hat das neue Energielabel?

A bis G

b) Nennen Sie die Gründe für diese Neuerung:

Die technologische Entwicklung führte dazu, dass es zu einer hohen Konzentration in den oberen Effizienzklassen kam und daher die Unterschiede keine große Hilfe beim Kauf der Geräte mehr ermöglichten.

6 Geschirrspüler

Für den anstehenden Umzug fragt der Kunde, ob er die alte Geschirrspülmaschine mit der Energieeffizienzklasse B mit in die neue Küche nehmen soll.

6.1 Erklären Sie dem Kunden die verschiedenen Energieeffizienzklassen. Geben Sie an, welche die beste Energieeffizienzklasse für Geschirrspüler ist.

Die Einteilung erfolgt in die Energieeffizienzklassen A^{+++} bis D. Die Klasse A^{+++} hat dabei die besten Verbrauchswerte.

6.2 Geben Sie anhand der **Tabelle 1** an, wie groß die Energieeinsparung der Klassen „A^{+}“ und „A^{++}“ gegenüber „A“ ist.

Tabelle 1: Energieeffizienzklassen für Geschirrspüler

Kennung	*EEI*-Bereich	Kennung	*EEI*-Bereich	Kennung	*EEI*-Bereich
A^{+++}	*EEI* < 50	A	63 ≤ *EEI* < 71	C	80 ≤ *EEI* < 90
A^{++}	50 ≤ *EEI* < 56	B	71 ≤ *EEI* < 80	D	90 ≤ *EEI*
A^{+}	56 ≤ *EEI* < 63				

A^{+} Energieeinsparung gegenüber A von 11%

A^{++} Energieeinsparung gegenüber A von 21%

6.3 Sie empfehlen dem Kunden eine neue Geschirrspülmaschine, die einen Energieverbrauch von 0,92 kWh je Standardreinigungszyklus hat. Das Altgerät des Kunden hat einen Energieverbrauch von 1,42 kWh.

Berechnen Sie die jährliche Kostenersparnis bzgl. des elektrischen Energieverbrauches für das Neugerät, wenn von drei Spülgängen in der Woche und einem Energiepreis von 32 Cent/kWh ausgegangen wird.

$$VE_N = W \cdot p = 0{,}92\ \text{kWh} \cdot 3 \cdot 52 \cdot 0{,}32\ \frac{€}{\text{kWh}} = 45{,}93\ €$$

$$VE_A = W \cdot p = 1{,}42\ \text{kWh} \cdot 3 \cdot 52 \cdot 0{,}32\ \frac{€}{\text{kWh}} = 70{,}89\ €$$

Ersparnis = 70,89 € – 45,93 € = 24,96 € pro Jahr

7 Wäschetrockner

Ein Kunde möchte einen Wäschetrockner kaufen.

7.1 Beschreiben Sie dem Kunden den Unterschied zwischen einem Ablufttrockner und einem Kondensationstrockner.

Ablufttrockner:

Mittels eines Gebläses wird Umgebungsluft angesaugt und durch die Heizung erwärmt. Die erwärmte Luft wird durch die Wäsche in die sich drehende Wäschetrommel geblasen. Dabei nimmt die Luft die Feuchte auf und leitet sie über den Abluftschlauch ins Freie.

1 Zuströmende Luft
2 Gebläse
3 Heizung
4 Abluft

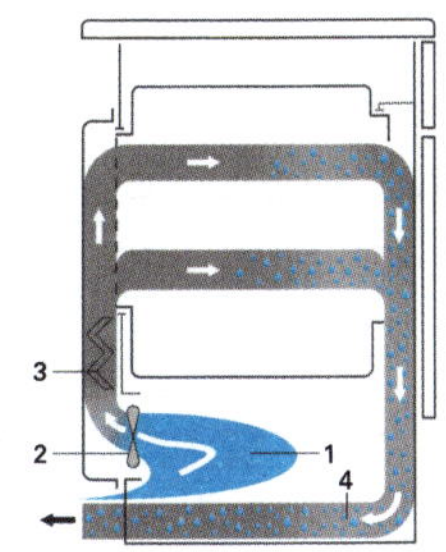

Bild 1: Ablufttrockner – schematische Darstellung

Kondensationstrockner:

Die Prozessluft wird in einem geschlossenen Kreislauf durch ein Gebläse umgewälzt und durch die Heizung erwärmt. Diese warme Luft nimmt die Feuchte auf und wird über den Kondensator geleitet und abgekühlt. Dabei kondensiert der Wasserdampf. Das Wasser wird in einen Kondenswasserbehälter gesammelt. Die nun wieder trockene Luft wird erneut durch die Wäsche geblasen.

1 Gebläse (Trocknungsluft)
2 Heizung
3 Trocknungsluft
4 Kühlluft
5 Gebläse (Kühlluft)
6 Wärmetauscher
7 Kondensatpumpe
8 Kondensatbehälter
9 Externer Ablauf

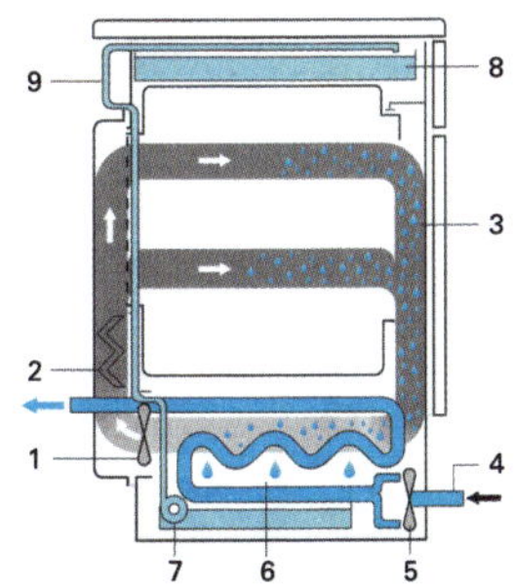

Bild 2: Kondensationstrockner – schematische Darstellung

7.2 Nennen Sie dem Kunden mindestens drei Angaben auf dem Energieetikett, mit dem er die Geräte verschiedener Hersteller vergleichen kann.

- Energieeffizienzklasse: von A^{+++} (niedriger Verbrauch) bis D (hoher Verbrauch)
- Jahresenergieverbrauch in kWh basierend auf 160 Standard-Trocknungsvorgängen
- Maximale Füllmenge in kg
- Gerätetyp: Abluft- oder Kondensationstrockner
- Geräuschemission

Es stehen dem Kunden zwei Geräte zur Auswahl.

Tabelle 1: Daten der Wäschetrockner		
	Gerät A	Gerät B
Energieeffizienzklasse	A^{+++}	A^{++}
Jahresenergieverbrauch	176 kWh	235 kWh
Anschaffungskosten	649 €	399 €

7.3 Erstellen Sie einen Kostenvergleich unter Berücksichtigung der Daten aus **Tabelle 1, vorhergehende Seite.** Es wird dabei von einer Standardnutzung mit 160 Trocknungsvorgängen, einer 8-jährigen Nutzungsdauer und einem Arbeitspreis vom 32 Cent/kWh ausgegangen.

Tabelle 1: Kostenvergleich		
	Gerät A	Gerät B
Energiekosten	450,56 €	601,60 €
Anschaffungskosten	649 €	399 €
Gesamtkosten	1099,56 €	1000,60 €

7.4 Der Kunde erkundigt sich, was beim Betrieb eines Kondensationstrockners besonders zu beachten ist. Nennen Sie dem Kunden zwei Punkte.

Folgende Arbeiten sollten regelmäßig erfolgen:

- Kondensationswasserbehälter leeren (nach jedem Trocknungsvorgang)
- Flusensieb reinigen (nach 1 bis 3 Trocknungsvorgängen)
- Wärmetauscher reinigen (vierteljährig)
- Für ausreichend Raumlüftung sorgen

8 Kühlgeräte

In einer Einliegerwohnung soll in der Küchenzeile ein neuer Einbaukühlschrank installiert werden. Es liegen zwei Angebote vor.

Tabelle 1: Daten der Kühlgeräte		
	Gerät A	Gerät B
Energieeffizienzklasse	A^{+}	A^{+++}
Jahresenergieverbrauch	122 kWh	64 kWh
Kaufpreis	319 €	399 €
Klimaklasse	SN-N-ST-T	SN-N-ST-T

8.1 Berechnen Sie die Energiekosten für die Geräte A und B **(Tabelle 1)** für ein Jahr (Arbeitspreis 0,32 €/kWh).

$$VE_A = W \cdot VP = 122\ \text{kWh} \cdot 0{,}32\ \frac{€}{\text{kWh}} = 39{,}04\ €$$

$$VE_B = W \cdot VP = 64\ \text{kWh} \cdot 0{,}32\ \frac{€}{\text{kWh}} = 20{,}48\ €$$

8.2 Berechnen Sie die Zeit, nach der sich das Gerät B trotz der höheren Anschaffungskosten amortisiert hat.

Preisdifferenz = Kaufpreis V_B – Kaufpreis V_A = 399 € – 319 € = 80 €

Energiekostenersparnis pro Jahr = Gerät A – Gerät B = 39,04 € – 20,48 € = 18,56 €

Amortisierungszeit = Preisdifferenz : Energiekostenersparnis pro Jahr = 80 € : 18,56 €/Jahr = 4,31 Jahre = 4 Jahre und 113 Tage

8.3 Begründen Sie aufgrund der Berechnung, warum Sie dem Kunden zu Gerät B raten.

Die normale Nutzungsdauer eines Kühlschranks liegt bei 10 Jahren (Abschreibungstabelle).
Zudem kann von steigenden Stromkosten ausgegangen werden.

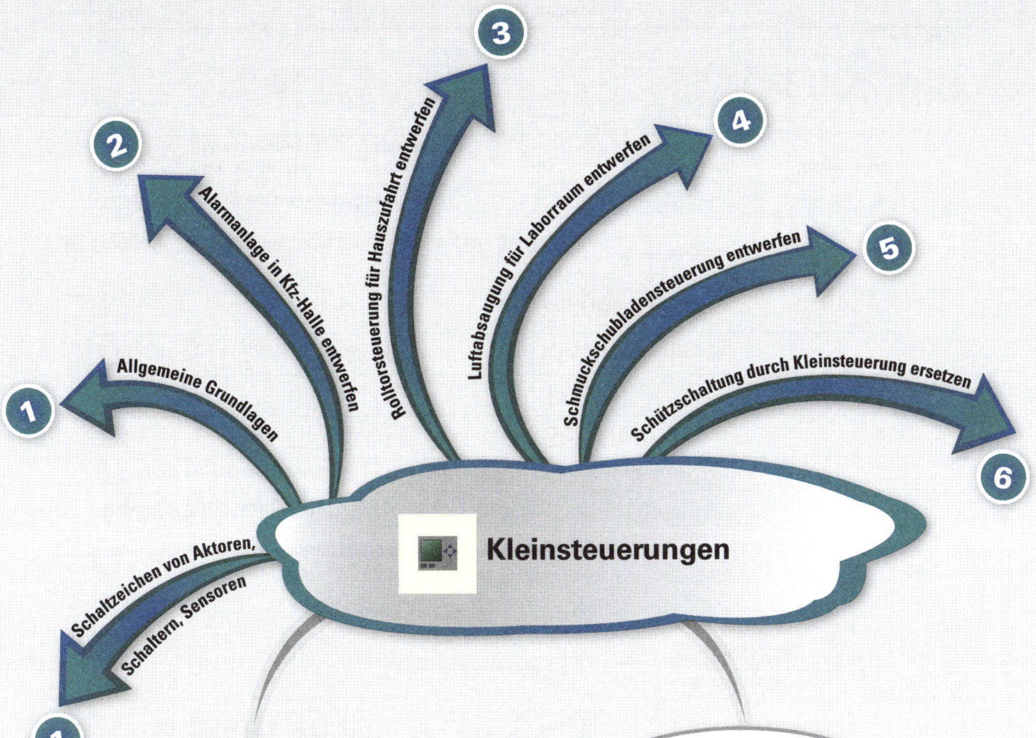

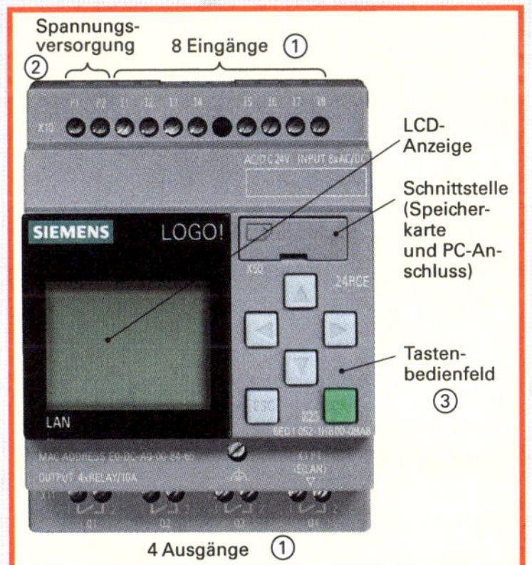

Kenndaten

- Versorgungsspannung 12/24 V DC, 24 V AC/DC, 115 V–230 V AC/DC, 230 V AC
- Schalteingänge 8–24
- Schaltausgänge 4–12
- Schaltleistung 1 A, 8 V–24 V DC; 8 A … 20 A, 230 V AC

Tipps und Hinweise

- Normgerechte Betriebsmittelkennzeichnung und Schaltzeichen verwenden.
- ① Die Eingangs- und Ausgangsbezeichnung wird auch Operand genannt.
- Bauteilkennzeichen ≠ Operand
- ② Im Schaltplan Versorgungsspannung nicht vergessen.
- ③ Ausgangsstrom der Kleinsteuerung zur Ansteuerung der Aktoren ausreichend?
- Für Einschalten beweglicher Teile immer Öffner verwenden.
- Im Steuerungsprogramm werden immer die Operanden verwendet.

Kompetenzen im Fachgebiet Kleinsteuerungen	Aufgaben	🙂	☹	🙂
Ich kann eine Kleinsteuerung nach Belegungsplan beschalten.	1.1, 2.1			
Ich kann eine Zuordnungsliste einer Kleinsteuerung korrekt ausfüllen.	1.1d, 3.1, 4.2, 5.1			
Ich kenne die Schaltzeichen und Betriebsmittel-kennzeichen von Aktoren.	1.1e			
Ich kenne die Schaltzeichen und Betriebsmittel kennzeichen von Sensoren.	1.1f			
Ich kenne verschiedene Elemente des Funktionsplanes (FUP).	1.2			
Ich kann aus einer Aufgabenstellung die Anschluss-belegung der Kleinsteuerung entwerfen.	2.1, 3.2, 4.3, 5.2			
Ich kann den FUP zu einer Aufgabenstellung entwerfen.	2.2, 3.3, 4.4			
Ich kann die Belastung des Ausgangsrelais einer Kleinsteuerung rechnerisch überprüfen.	2.3			
Ich kenne die Vorteile einer Kleinsteuerung gegenüber Schützschaltungen.	4.1a			
Ich kenne Kenndaten von Kleinsteuerungen.	4.1b			
Ich kenne die Möglichkeiten, ein Anwenderprogramm auf eine Kleinsteuerung zu übertragen.	4.1c			
Ich kann die Notwendigkeit der Verwendung von Öffner-kontakten erkennen.	4.2			
Ich kann eine bestehende Schützschaltung durch eine Kleinsteuerung ersetzen.	6.1, 6.2			

Für weitere Notizen:

🙂 beherrsche ich schon ☹ muss ich noch üben 🙂 Aufgaben habe ich gelöst

1 Kleinsteuerungen entwerfen

1.1 Kleinsteuerung nach Belegungsplan beschalten

a) Welche Betriebsmittel können an die Eingänge der Kleinsteuerung angeschlossen werden?

Taster, Schalter, Sensoren, z. B. Bewegungsmelder, Näherungsschalter

b) Welche Betriebsmittel können an die Ausgänge der Kleinsteuerung angeschlossen werden?

Aktoren, z. B. Schütze, Leuchten, Motoren

c) Ordnen Sie je zwei Sensoren und Aktoren in **Bild 1** der richtigen Stelle zu.

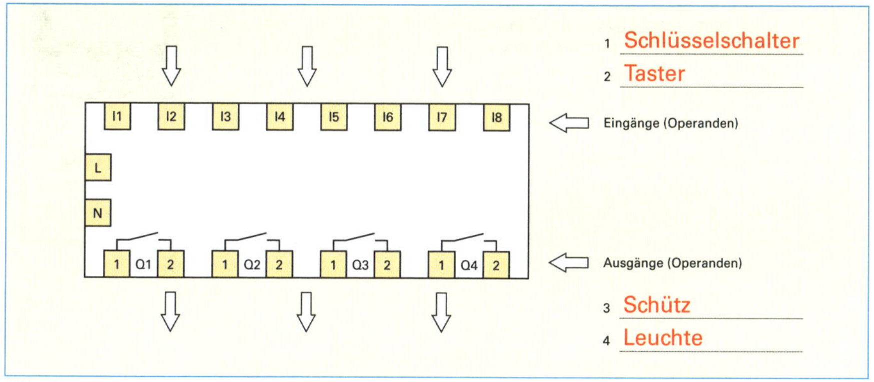

Bild 1: Anschlussplan

d) Erstellen Sie eine Zuordnungstabelle mit den in **Bild 1** ausgewählten Sensoren und Aktoren.

Tabelle 1: Zuordnungsliste

Betriebsmittelkennzeichnung	Operand	Kommentare
S1	I1	Schalter
S2	I2	Taster
Q1	Q1	Motorschütz
P1	Q2	Signalleuchte

e) Ergänzen Sie in **Tabelle 2** die Betriebsmittelkennzeichnungen.

Tabelle 2: Häufig verwendete Aktoren

Art	Betriebsmittel-kennzeichnung	Schalt-zeichen	Art	Betriebsmittel-kennzeichnung	Schaltzeichen
Hupe	P	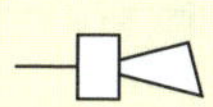	Leuchte	E	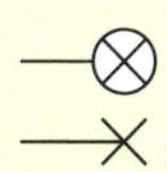 Auslass
Motor-schütz	Q	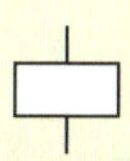	Melde-leuchte	P	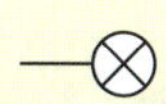

f) Ergänzen Sie in **Tabelle 1** die Betriebsmittelkennzeichnungen und die Schaltzeichen der Sensoren.

Tabelle 1: Häufig verwendete Sensoren

Art	Betriebsmittel-kennzeichnung	Schaltzeichen	Art	Betriebsmittel-kennzeichnung	Schaltzeichen
Taster EIN	S		Dämmerungs-schalter	B	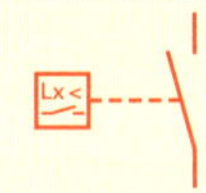
Taster AUS	S	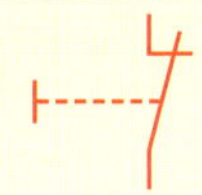	Endschalter	S	
Bewegungs-melder	B	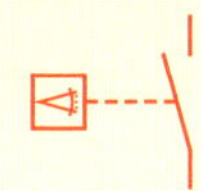	Sicherheits-leiste	B	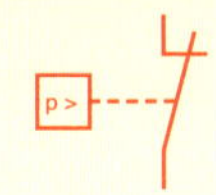
Näherungs-schalter	B	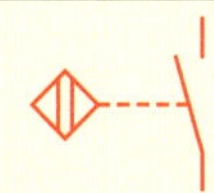	Schlüssel-schalter	S	

1.2 Steuerungsprogramm als Funktionsplan (FUP/FBS) entwerfen oder analysieren

a) Ergänzen Sie in **Tabelle 2** die wichtigsten Elemente des Funktionsplans (FUP), z. B. UND, ODER, NICHT, Speicherelement, Zeitschaltuhr, Einschalt-Ausschalt-Verzögerung.

Tabelle 2: Elemente des Funktionsplans

Element	Schaltzeichen im FUP	Element	Schaltzeichen im FUP
UND		Speicher	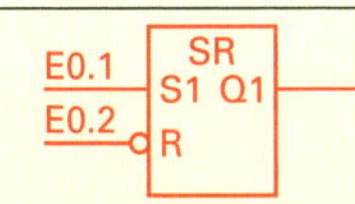
ODER	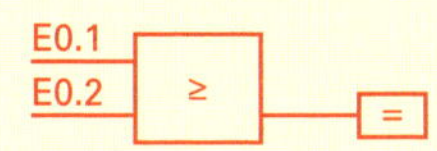	Zeitschaltuhr	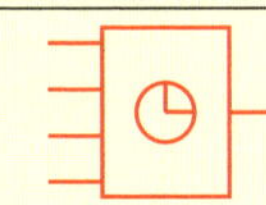
NICHT	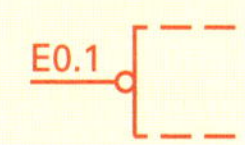	Einschalt-Auschalt-Verzögerung	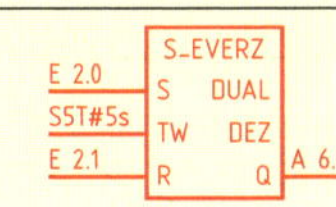

2 Kfz-Halle mit einfacher Alarmanlage ausrüsten

Nach mehreren Einbrüchen will der Inhaber einer Kfz-Werkstatt seine Fahrzeughalle mit einer Alarmeinrichtung ausstatten. Es soll ein Bewegungsmelder installiert werden und die Beleuchtungsanlage mit einer Kleinsteuerung gesteuert werden.

Vom Meister erhalten Sie folgendes Lastenheft:

- Beim Ansprechen des Bewegungsmelders sollen das Lichtband in der Halle und eine Hupe angeschaltet werden.
- Der Bewegungsmelder ist mit einem Schlüsselschalter zu schalten.
- Mit einer Zeitschaltuhr ist der Bewegungsmelder täglich in der Zeit zwischen 22 Uhr und 5 Uhr einzuschalten.

- Das Lichtband wird mit dem Taster S1 eingeschaltet und mit dem Taster S2 ausgeschaltet.
- Eine Außenbeleuchtung soll mit einem dreistufigen Schalter S3 auf Automatik oder EIN oder AUS schaltbar sein. Im Automatikbetrieb wird die Außenbeleuchtung vom Dämmerungsschalter gesteuert, bei EIN ist sie dauernd eingeschaltet.

2.1 Beschalten Sie den Anschlussplan der Kleinsteuerung mit den Betriebsmitteln **(Bild 1)**.

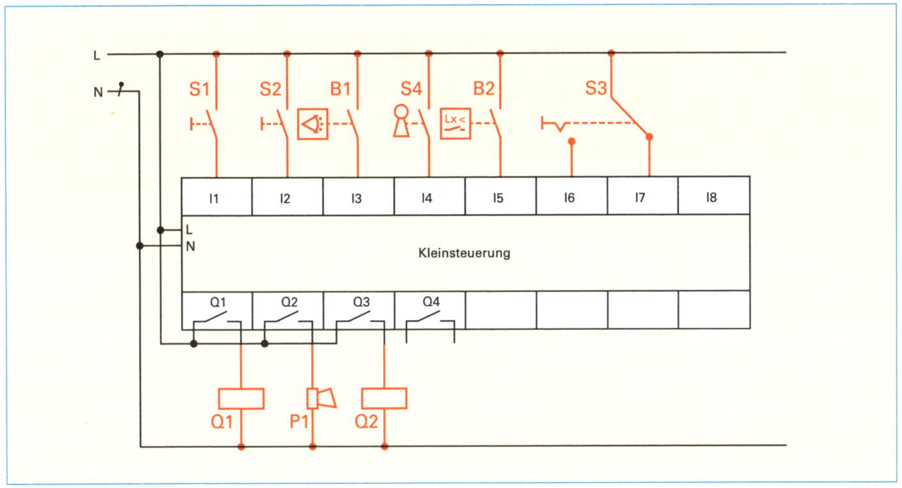

Bild 1: Anschlussplan einer Kleinsteuerung

2.2 Ergänzen Sie in **Tabelle 1** die Zuordnungsliste sowie das Programm der Kleinsteuerung in **Bild 1, folgende Seite.**

Tabelle 1: Zuordnungstabelle Alarmanlage

Nummer	Anschluss	Betriebsmittel	Nummer	Anschluss	Betriebsmittel
1	I1	Taster S1, Lichtband EIN	6	I6	Schalter S3, Außenlicht Automatik
2	I2	Taster S2, Lichtband AUS	7	I7	Schalter S3, Außenlicht EIN
3	I3	Bewegungs-melder B1	8	Q1	Leistungsschütz Q1 Lichtband 1
4	I4	Schlüssel-schalter S4	9	Q2	Hupe P1
5	I5	Dämmerungs-schalter B2	10	Q3	Leistungsschütz Q2 Außenbe-leuchtung

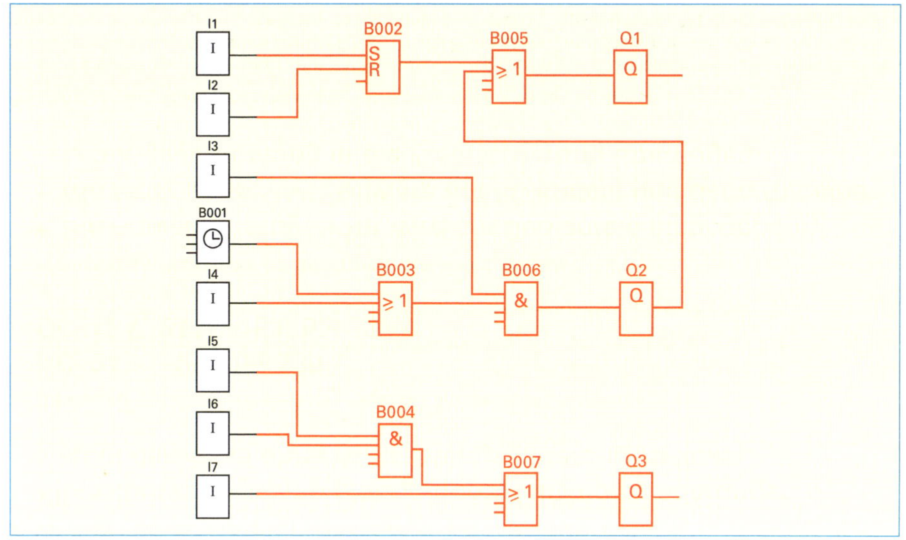

Bild 1: Programm als FUP

2.3 Der Ausgangsstrom der Relais der verwendeten Kleinsteuerung ist mit I_{max} = 8 A angegeben. Kann der Kunde einen Halogenstrahler mit 2000 W als Außenbeleuchtung direkt anschließen?

$$I = \frac{P}{U} = \frac{2000\ \text{W}}{230\ \text{V}} = 8{,}7\ \text{A} \Rightarrow$$

Der Halogenstrahler darf nicht angeschlossen werden.

3 Rolltorsteuerung an einer Hauszufahrt erneuern

Die Einfahrt zu einem Einfamilienhaus wird durch ein Rolltor gesichert **(Bild 2)**. Die alte Rolltorsteuerung soll durch eine Kleinsteuerung ersetzt werden.

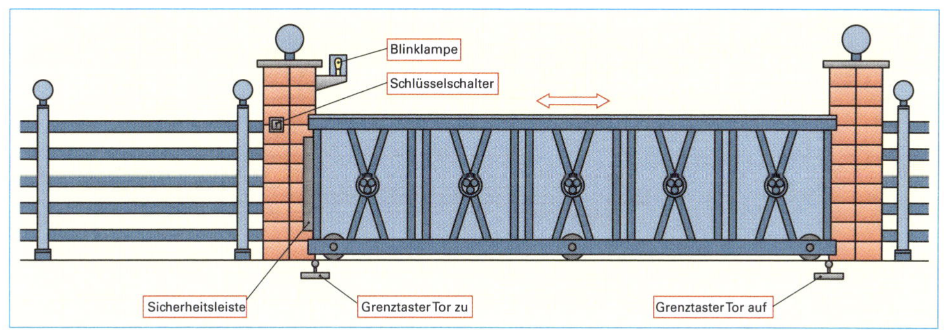

Bild 2: Technologieschema Rolltor

Im vorhandenen Lastenheft steht:

- Steuern vom Hausflur aus mit den Tastern: AUF mit S1, ZU mit S2, STOPP mit S3.
- Steuern am Eingangspfeiler mit einem Schlüsselschalter S4 (außen) oder einem Taster S5 (im Hof).
- Die Torposition „Tor offen" erkennt ein Grenztaster B1 und hält das Tor für 20 Sekunden geöffnet und schließt dann automatisch das Tor, bis der Grenztaster B2 „Tor ZU" anspricht.
- Eine Sicherheitsdruckleiste B3 unterbricht die Schließbewegung und schaltet ohne Verzögerung auf „Tor öffnen" um.
- Während sich das Tor bewegt, blinkt eine Warnleuchte P1.
- Der Elektromotor wird über die Schütze Q1 „Tor AUF" und Q2 „Tor ZU" gesteuert.

3.1 Ergänzen Sie die Funktionen in der Zuordnungstabelle **(Tabelle 1).**

Tabelle 1: Zuordnungstabelle Rolltorsteuerung

Betriebsmittel	Anschlüsse der Kleinsteuerung	Funktion
S1	I1	Tortaster AUF
S2	I2	Tortaster ZU
S3	I3	Tortaster STOPP
S4	I4	Schlüsselschalter AUF (Außen)
S5	I5	Tortaster AUF (Hof)
B1	I6	Grenztaster Tor offen
B2	I7	Grenztaster Tor zu
B3	I8	Sicherheitsdruckleiste
Q1	Q1	Schütz Tor AUF
Q2	Q2	Schütz Tor ZU
P1	Q3	Blinkleuchte

3.2 Ergänzen Sie den Anschlussplan der Kleinsteuerung in **Bild 1** unter Berücksichtigung von Drahtbruchsicherheit und hardwaremäßiger Verriegelung der Schütze a) mit den Sensoren und Aktoren und b) mit den Betriebsmittelkennzeichnungen.

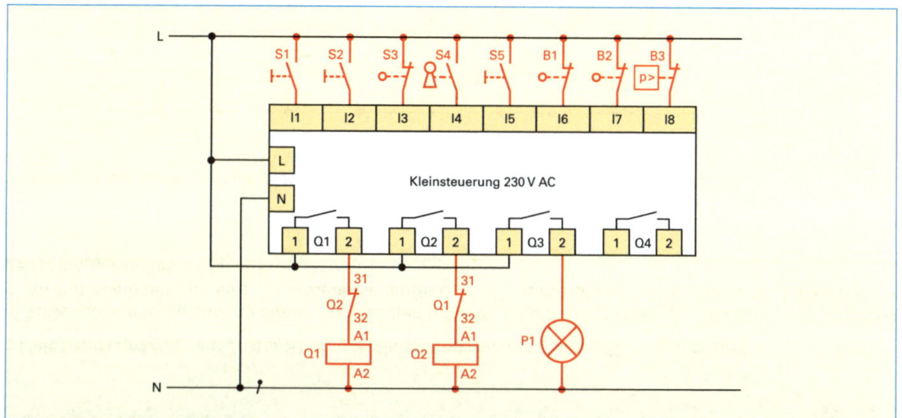

Bild 1: Anschlussplan der Rolltorsteuerung

3.3 Ergänzen Sie das Programm der Steuerung in FBS (FUP) in **Bild 1.**

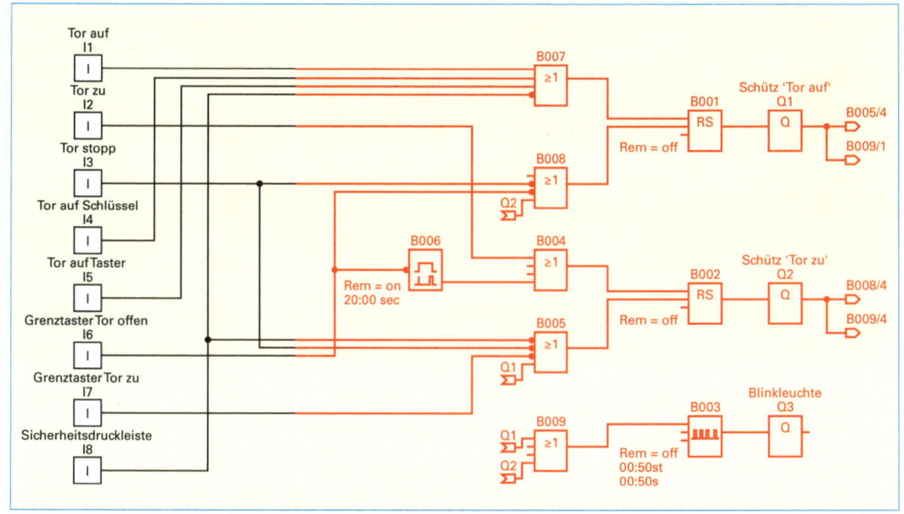

Bild 1: Programm in FBS (FUP)

4 Luftabsaugung in einem Labor einbauen

In einem Labor soll eine Luftabsauganlage eingebaut werden. Die Steuerung der Absauganlage soll mit einer Kleinsteuerung erfolgen.

4.1 Zur Steuerungstechnik stellt Ihnen der Meister folgende Fragen:

a) Welche Vorteile haben Kleinsteuerungen gegenüber Schützsteuerungen?

Kleinsteuerungen sind platzsparend, Funktionsänderungen sind in der Regel ohne Verdrahtungsänderung zu lösen.

b) Für welche Versorgungsspannungen werden Kleinsteuerungen gefertigt?

AC: 24 V, 115 V bis 230 V

DC: 12 V, 24 V, 115 V bis 230 V

c) Welche Möglichkeiten der Anwenderprogrammierung gibt es?

- Ein Anwenderprogramm wird am Bedienfeld eingegeben.
- Mit einer speziellen Software am PC erstellt und dann mit einer Leitungsverbindung in die Kleinsteuerung übertragen.

Der Meister gibt Ihnen folgende Funktionsbeschreibung der geplanten Anlage:

- Nach dem Einschalten der Anlage über den Taster S1 wird zuerst eine Zuluftklappe durch Einschalten des Rechtslaufs von Motor M1 durch Schütz Q1 geöffnet. Erreicht die Zuluftklappe ihre Endlage, wird der Endlagenschalter B1 betätigt und der Motor M1 abgeschaltet und der Absaugmotor M2 durch Schütz Q3 nach einer Verzögerungszeit von 5 Sekunden eingeschaltet.

- Wird der Taster S0 betätigt, schaltet der Absaugmotor M2 ab und die Zuluftklappe wird durch Linkslauf von Motor M1 durch Schütz Q2 geschlossen. Nach Erreichen der Endlage wird durch den Endlagenschalter B2 der Motor M1 abgeschaltet.
- Bei Betätigen des Tasters S0 vor Anlauf des Absaugmotors M2 fährt die Zuluftklappe ohne Verzögerung in die Grundstellung zurück.

4.2 Vervollständigen Sie die Zuordnungstabelle **(Tabelle 1)** unter Berücksichtigung der Vorgaben.

Tabelle 1: Zuordnungstabelle für die Luftabsaugung im Labor

Eingänge	Betriebsmittel	Funktion	Kontaktart
I1	S0	Taster AUS (Absaugung)	Öffner
I2	S1	Taster EIN (Luftabsaugung)	Schließer
I3	B1	Endlage Zuluftklappe offen	Öffner
I4	B2	Endlage Zuluftklappe geschlossen	Öffner
Ausgänge	**Betriebsmittel**	**Funktion**	**Kontaktart**
Q1	Q1	Schütz Motor M1 Rechtslauf	–
Q2	Q2	Schütz Motor M1 Linkslauf	–
Q3	Q3	Schütz Motor M2 (Absaugung)	–

4.3 Ergänzen Sie den Anschlussplan der Kleinsteuerung in **Bild 1**.

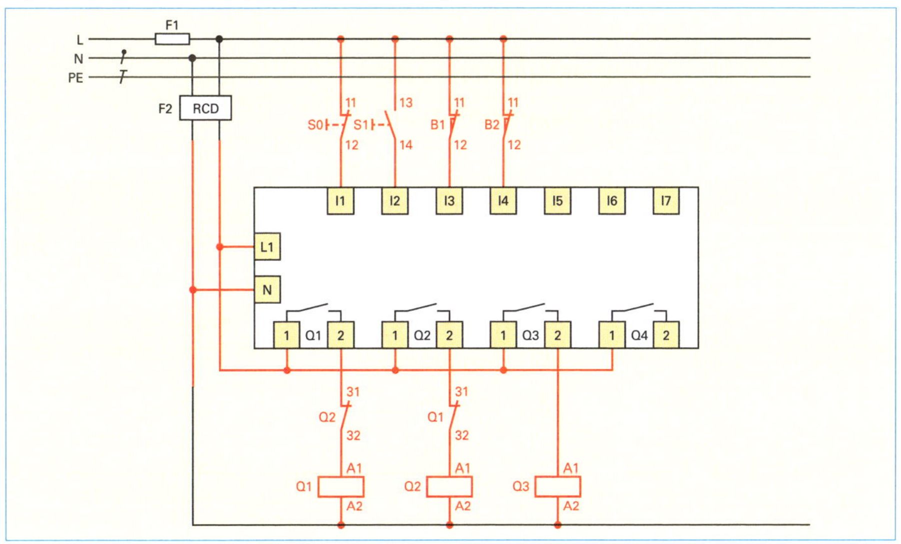

Bild 1: Anschlussplan der Kleinsteuerung

4.4 Ergänzen Sie das Programm der Steuerung in FBS (FUP) in **Bild 1.**

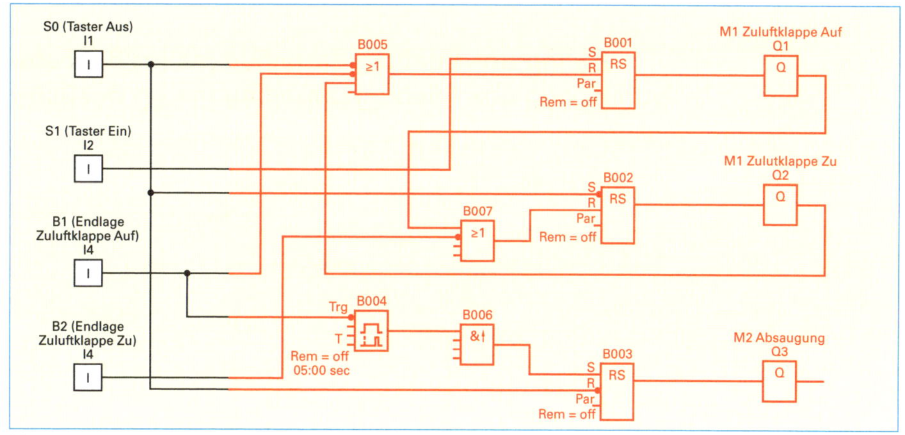

Bild 1: Programm der Steuerung in FBS

5 Schmuckschubladensteuerung entwerfen

In einem Juweliergeschäft werden besondere Ausstellungsstücke in drei Schmuckschubladen mit elektrischen Öffnern ausgestellt. Die Schubladen sollen von einem Steuerschrank aus geöffnet werden können **(Bild 1).**

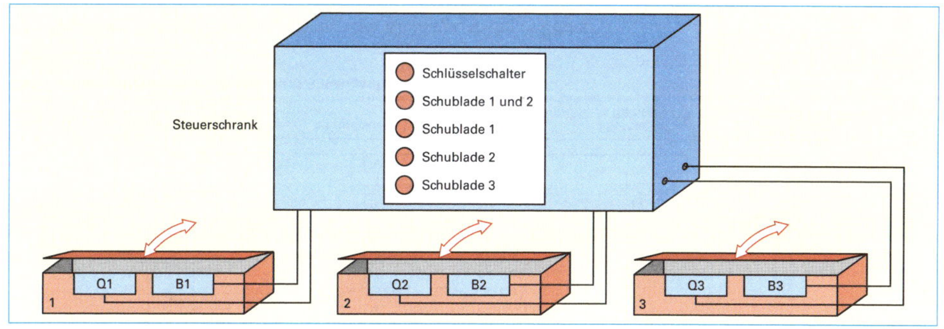

Bild 2: Technologieschema Schmuckschubladensteuerung

Drei Positionsschalter B1, B2 und B3 melden, ob die Schubladen offen oder geschlossen sind. Da ein Gleichspannungsnetz mit 24 V vorhanden ist, soll eine Kleinsteuerung mit einer Betriebsspannung von 24 V verwendet werden. Der Juwelier wünscht folgende Schaltbedingungen:

- Die Kleinsteuerung soll mit einen Schlüsselschalter Q_0 eingeschaltet und ausgeschaltet werden.
- Jedes Türöffnersignal soll für 10 Sekunden anstehen.
- Wird eine Tür geöffnet, wird das jeweilige Öffnersignal sofort abgeschaltet.
- Mit dem Taster S12 sollen Schublade 1 und Schublade 2 gleichzeitig zu öffnen sein.
- Schublade 1 kann nur geöffnet werden, wenn S1 betätigt wurde und Schublade 3 nicht offen ist.
- Schublade 2 kann nur geöffnet werden, wenn S2 betätigt wurde und Schublade 3 nicht offen ist.
- Schublade 3 kann nur geöffnet werden, wenn S3 betätigt wurde und Schublade 1 und Schublade 2 nicht offen sind.

5.1 Ergänzen Sie die Funktionen in der Zuordnungstabelle **(Tabelle 1)**.

Tabelle 1: Zuordnungstabelle Schmuckschubladensteuerung

Betriebsmittel	Anschlüsse der Kleinsteuerung	Funktion	
S12	E0	Taster betätigt	(Schublade 1 und Schublade 2 gleichzeitig öffnen)
S1	E1	Taster betätigt	(Schublade 1)
S2	E2	Taster betätigt	(Schublade 2)
S3	E3	Taster betätigt	(Schublade 3)
B1	E4	Schublade 1 offen	
B2	E5	Schublade 2 offen	
B3	E6	Schublade 3 offen	
Q1	A1	Schubladenöffner 1 EIN	
Q2	A2	Schubladenöffner 2 EIN	
Q3	A3	Schubladenöffner 3 EIN	

5.2 Ergänzen Sie den Anschlussplan der Kleinsteuerung in **Bild 1**.

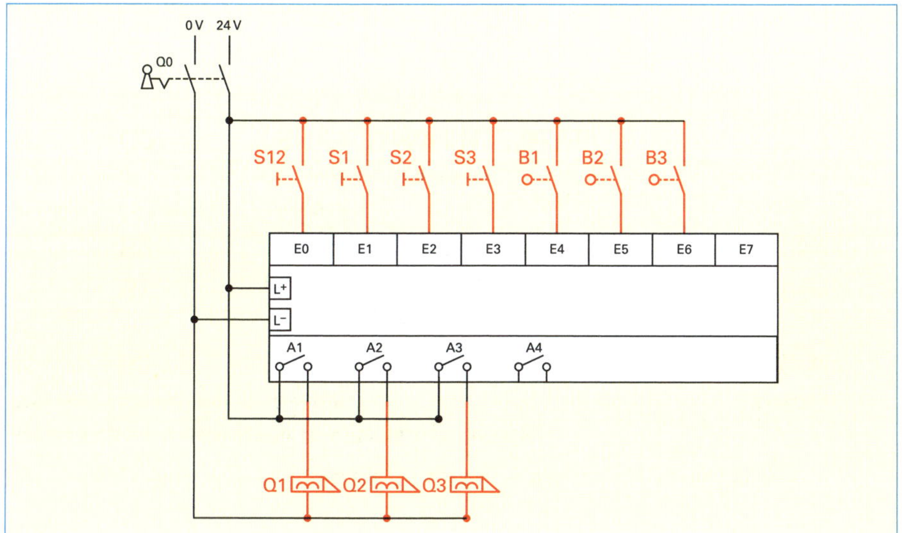

Bild 1: Anschlussplan der Schmuckschubladensteuerung

6 Schützschaltung durch eine Kleinsteuerung ersetzen

Bei der Renovierung eines Stallgebäudes soll die Schützschaltung für eine Lüftungs- und Absauganlage **(Bild 1)** durch eine Kleinsteuerung ersetzt werden. Der Meister beauftragt Sie, das Steuerprogramm zu entwerfen.

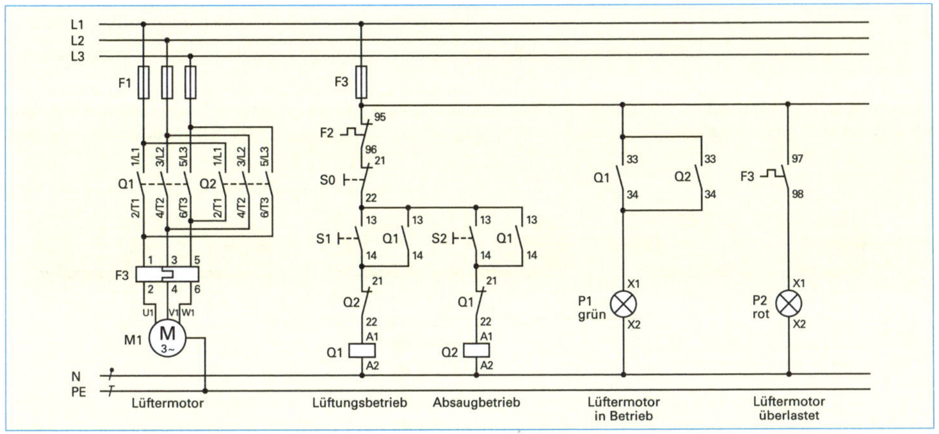

Bild 1: Schützschaltung der Lüftungs- und Absauganlage

6.1 Ergänzen Sie das Steuerprogramm der Kleinsteuerung in **Bild 2**.

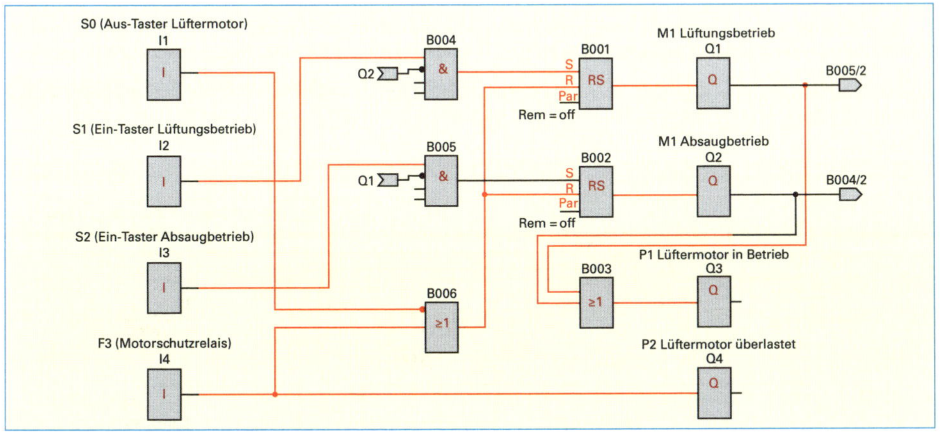

Bild 2: Steuerprogramm der Kleinsteuerung

6.2 Welche Verbindungen im Steuerprogramm ersetzen die Schützverriegelungen?

Ausgang Q1 auf negierten Eingang von B005/2 und
Ausgang Q2 auf negierten Eingang von B004/2

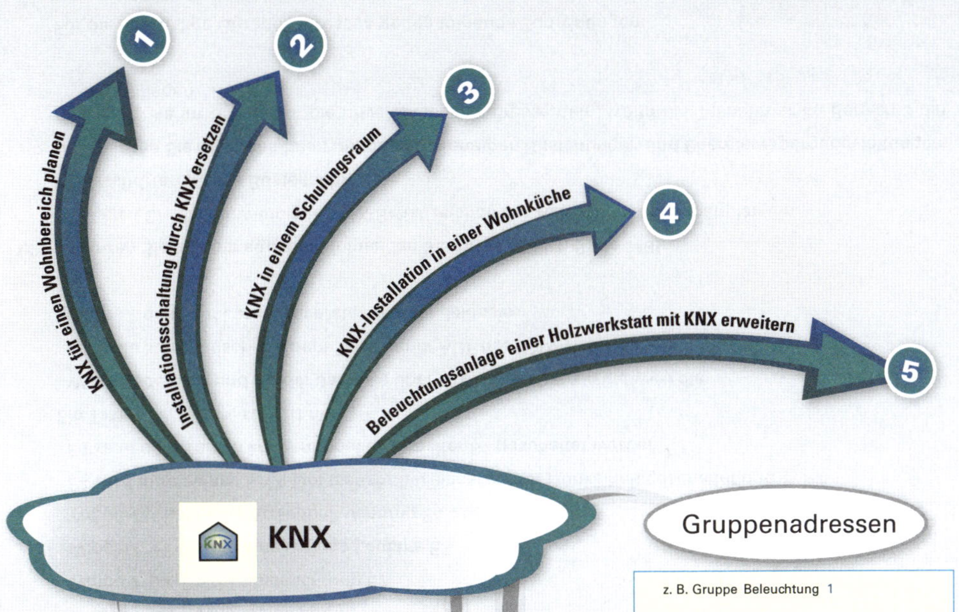

physikalische Adresse

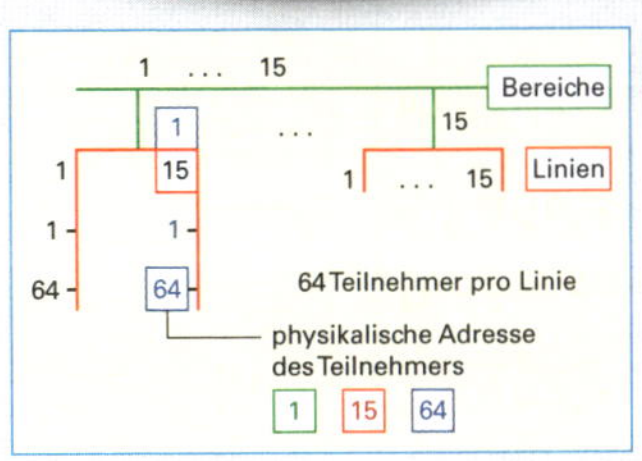

Gruppenadressen

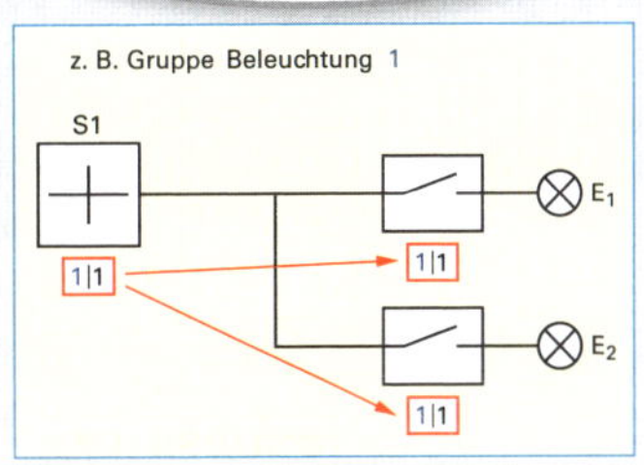

Baugruppen

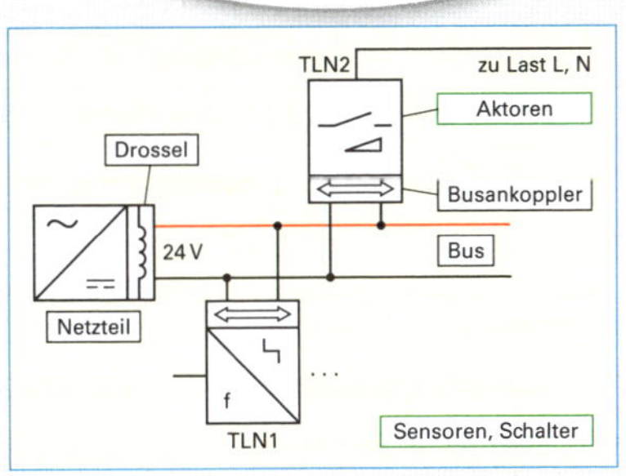

Tipps und Hinweise

- Jede Linie benötigt eine Spannungsversorgung.
- Spannungsversorgung hat keine Gruppenadresse.
- Alle Schalter, Aktoren, Sensoren sind über den Busankoppler mit Bus (rot/schwarz) verbunden.
- Physikalische Adressen sind Teilnehmeradressen.
- Gruppenadressen bestimmen Zusammenwirken von Sensoren und Aktoren.
- Binäreingänge und Aktorenausgänge verbinden die Betriebsmittel mit 230 V.

Kompetenzen im Fachgebiet KNX	Aufgaben			
Ich kenne die Aufgaben von KNX-Baugruppen	**1.1**			
Ich kann die Schaltzeichen für KNX-Baugruppen lesen.	**1.1, 1.2a, 3.1**			
Ich kann einen Schaltplan für busgesteuerte Installationen erstellen.	**1.2c, 2.5a, 3.2**			
Ich kann den Busteilnehmern geeignete physikalische Adressen vergeben und analysieren.	**1.2d, 2.4, 2.5b, 3.2, 4.4, 4.6a**			
Ich kann den Busteilnehmern geeignete Gruppenadressen vergeben.	**1.3, 2.5b, 3.3, 4.6b**			
Ich kann die Vorteile einer Businstallation beschreiben.	**2.1, 4.2**			
Ich kann die Aufgaben verschiedener KNX-Komponenten erklären.	**2.2**			
Ich kann den Leitungstyp einer KNX-Busleitung auswählen.	**2.3**			
Ich kann die geeignete Flankeneinstellung eines Binäreingangs für die Funktion einer Wechselschaltung einstellen.	**3.4**			
Ich kann den Unterschied zwischen einem seriellen und parallelen Bussystem erläutern.	**4.1**			

Für weitere Notizen:

beherrsche ich schon **muss ich noch üben** **Aufgaben habe ich gelöst**

1 KNX für einen Wohnbereich planen

In einem Wohnhaus ist die Steuerung der Beleuchtung mit vier Lichtquellen und die Steuerung der Jalousie mit Lamellenverstellung mit KNX-Geräten zu planen.

1.1 Ergänzen Sie in **Tabelle 1** die Bezeichnungen der KNX-Module.

Tabelle 1: Aufgaben von KNX-Modulen

Schaltzeichen	Bezeichnungen	Schaltzeichen	Bezeichnungen
	Netzgerät, Spannungsversorgung	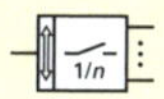	Schaltaktor, Binärausgang für *n* Kanäle
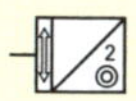	Tastsensor, 2 Kanäle	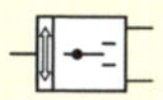	Jalousieaktor, 2 Kanäle
	Binärsensor, 4 Kanäle	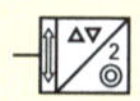	Jalousiesensor, 2 Kanäle
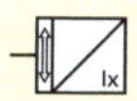	Helligkeitssensor		Windsensor

Zur Verwendung schlagen Sie dem Kunden folgende KNX-Baugruppen vor.

Ein Taster T1, 4-fach, schaltet mit

Wippe 1 die Küchenbeleuchtung E1,

Wippe 2 die Esstischbeleuchtung E2,

Wippe 3 E1, E2 und eine weitere Leuchte E3.

Wippe 4 schaltet die Außenbeleuchtung E4, **zusätzlich:**

E4 wird durch einen KNX-Lichtsensor bei einsetzender Dunkelheit geschaltet und

E4 kann durch einen konventionellen Schalter S1 geschaltet werden.

Ein Taster T2, 2-fach, steuert mit

Wippe 1 das Auf und Ab der Jalousie über M1, bei starkem Wind wird die Jalousie automatisch mit dem Telegramm AUF des KNX-Windsensors hochgefahren.

Wippe 2 dient zur Lamellenverstellung der Jalousie.

1.2 Ergänzen Sie den Schaltplan in folgenden Schritten **(Bild 1, Seite 143)**.

a) Tragen Sie die notwendigen KNX-Schaltzeichen der Aktoren in den Schaltplan ein.

b) Beschriften Sie die Busteilnehmer.

c) Ergänzen Sie den Schaltplan mit den notwendigen Busleitungen und Energieversorgungsleitungen.

d) Tragen Sie im Schaltplan die physikalischen Adressen ein, wenn die Teilnehmer im Bereich 3 der Linie 2 liegen.

Für die zweiteilige Gruppenadressen gelten folgende Zuordnungen:

0 Zentralfunktionen, 1 Beleuchtung, 2 Jalousien, 3 Heizung.

1.3 Tragen Sie in **Bild 1, folgende Seite,** die erforderlichen Gruppenadressen ein.

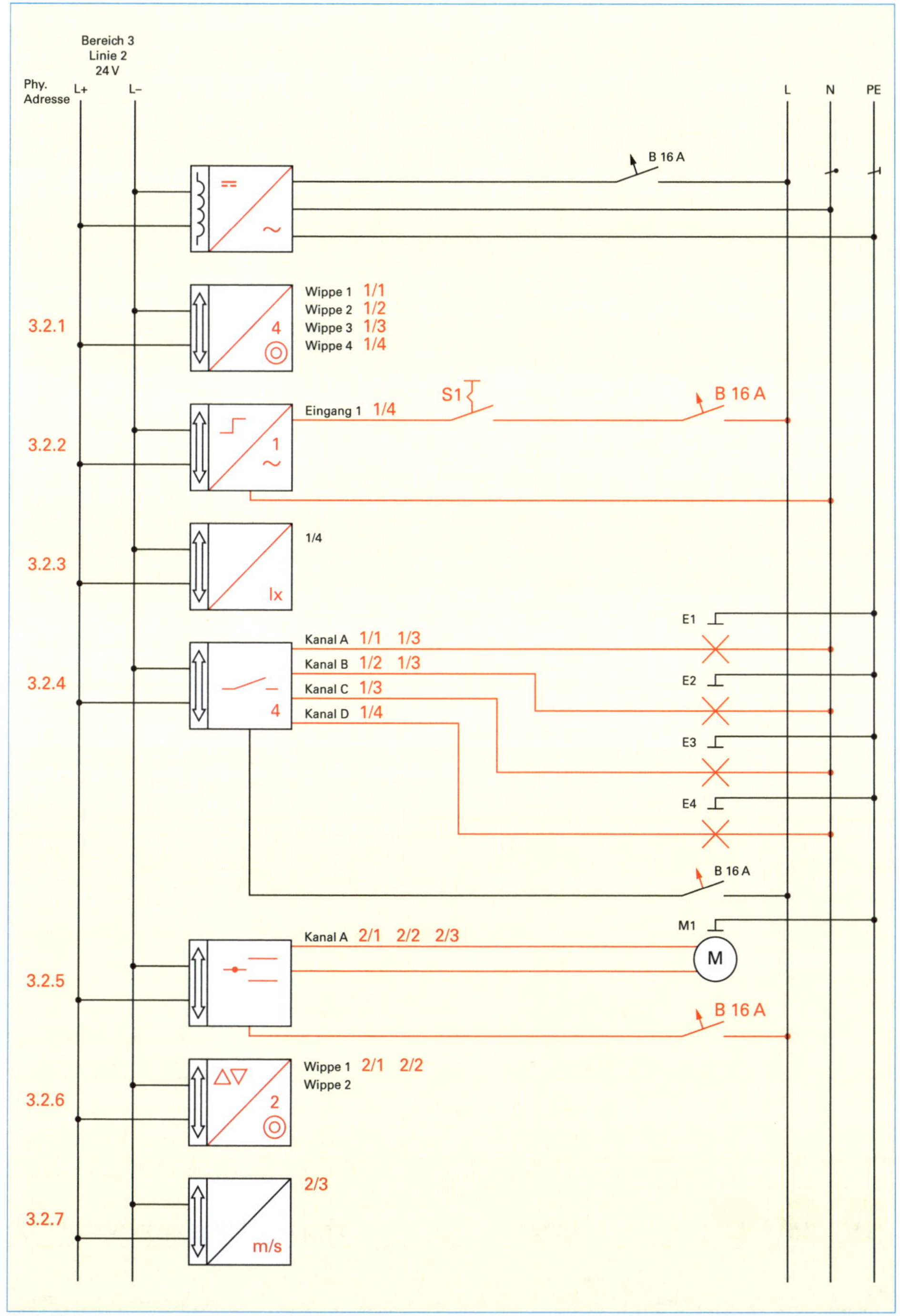

Bild 1: Schaltplan mit Gruppenadressen

❷ Installationsschaltung durch Gebäudeleittechnik mit KNX ersetzen

In einer Werkstatt sollen die Lichtbänder mit dem Installationsbus KNX geschaltet werden. Der Auftraggeber hat folgende Fragen an Sie:

2.1 Welche Vorteile hat das KNX-System gegenüber einer herkömmlichen Installation?

- hoher Bedienungskomfort
- Flexibilität bei Nutzungsänderungen
- Einsparung von Energiekosten
- Sicherheit durch Überwachung

2.2 Welche Aufgaben haben die KNX-Komponenten?

Sensor

Tastsensoren als Schalter, physikalische Sensoren, z. B. zur Temperaturerfassung, Bewegungsmelder, Brandmelder

Aktor

Schalten von Verbrauchern, Dimmaktoren, Jalousieaktoren

Busleitung

Über die Busleitung werden die Nachrichten von den Sensoren an die Aktoren übertragen.

Spannungsversorgung

versorgt die KNX-Komponenten mit einer Gleichspannung von 20 V bis 30 V

2.3 Welche Leitungstypen werden z. B. für die Installation des KNX-Bus verwendet?

IY (ST) Y 2 x 2 x 0,8 oder YMYMY 2 x 2 x 0,8

2.4 Welche Bedeutung hat die physikalische Adresse des 1-fach-Schaltaktors 3.4.25?

Bereich: 3 Linie: 4 Teilnehmernummer: 25

2.5 Gewünschte Zuordnungen:

Taster S1 soll Lichtband E1 schalten,
Taster S2 soll Lichtband E2 schalten,
Taster S3 soll Lichtband E3 schalten und dimmen,
Taster S4 soll Lichtband E1 und E2 schalten,
Taster S5 soll Lichtband E4 schalten.

a) Vervollständigen Sie den Stromlaufplan **Bild 1, folgende Seite**.

b) Ergänzen Sie den Stromlaufplan mit den physikalischen Adressen und den Gruppenadressen an der jeweiligen KNX-Komponente **(Bild 1, folgende Seite)**.

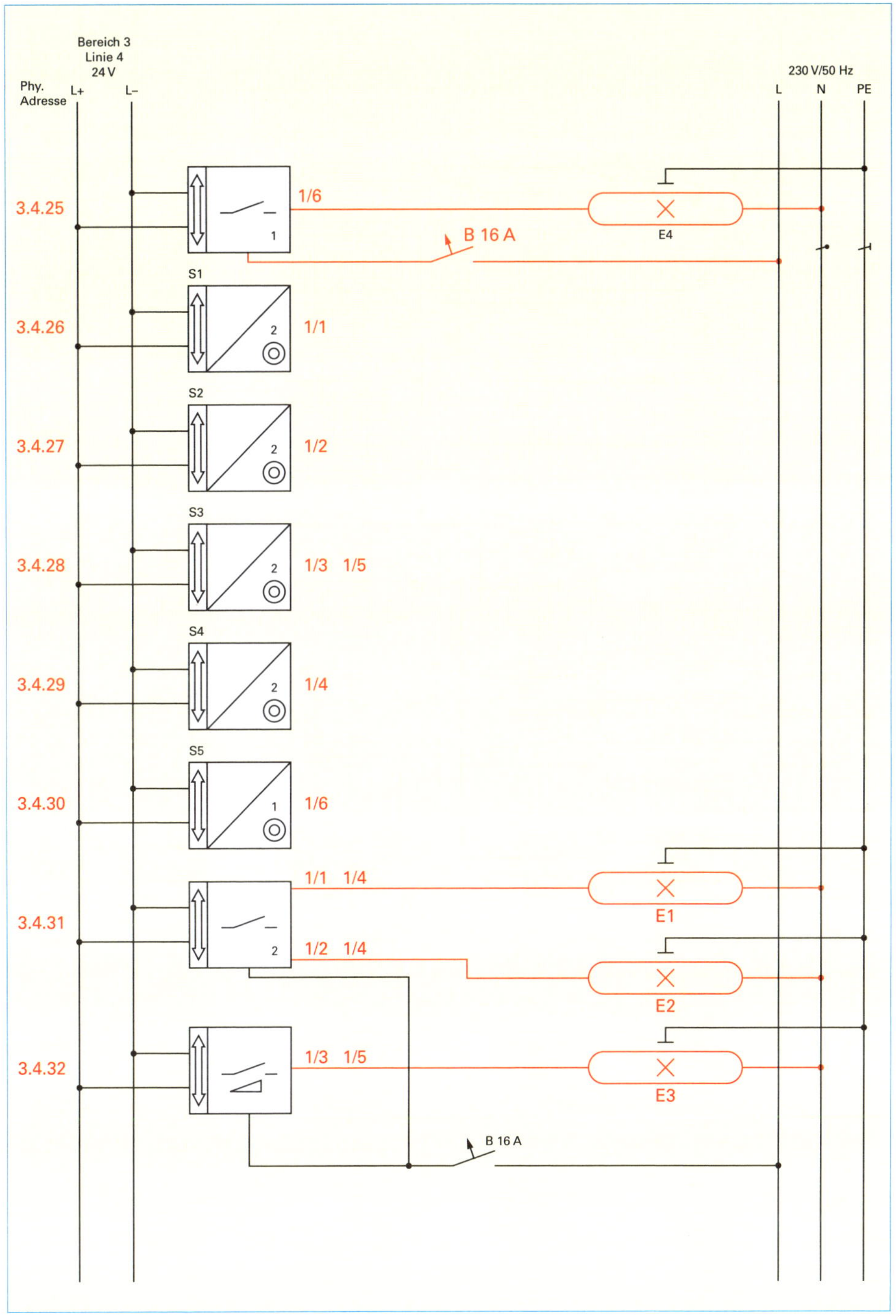

Bild 1: Stromlaufplan und Adressierung

3 KNX-Installation in einem Schulungsraum

Die Beleuchtung in einem Schulungsraum **(Bild 1)** mit Präsentationsleinwand wird mit einem KNX-System ausgestattet. Eine bestehende Wechselschaltung für den Vorhof soll in die KNX-Anlage integriert werden. Der Auftraggeber wünscht die folgenden Funktionen:

- Die Lichtbänder LB1 und LB2 sollen über die Wippe 1 der 4-fach-Tastsensoren von den Schaltstellen A und B schaltbar und dimmbar sein.
- Die Lichtbänder LB3 und LB4 sollen über die Wippe 2 der 4-fach-Tastsensoren von den Schaltstellen A und B schaltbar sein.
- Die vorhandene Wechselschaltung mit Q1 und Q2 schaltet die Leuchten E5 und E6 des Vorhofs. Sie wird über den Binäreingang Kanal A integriert.
- Wippe 4 des Tastsensors ist an der Tür, Schaltstelle A ist als zentraler Ein- und Ausschalter vorzusehen.
- Die Präsentationsleinwand soll über die Wippe 3 der 4-fach-Tastsensoren von den Schaltstellen A und B auf und ab steuerbar sein.

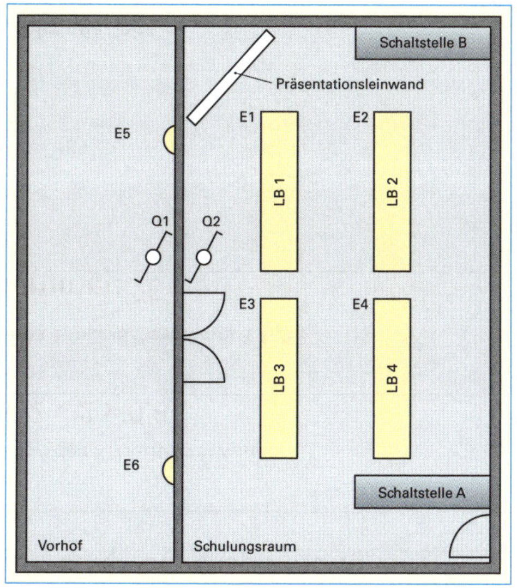

Bild 1: Grundriss Schulungsraum

3.1 Ergänzen Sie den Stromlaufplan in der Anlage mit den KNX-Schaltzeichen **(Bild 1, folgende Seite).**

3.2 Fügen Sie die notwendigen Leitungen in den Stromlaufplan ein **(Bild 1, folgende Seite).** Alle Geräte sind im Bereich 3 der Linie 2 zugeordnet. Ergänzen Sie die fehlenden physikalischen Adressen in der Anlage.

3.3 Bestimmen Sie die notwendigen Gruppenadressen:
Zentralbefehle in Hauptgruppe 9,
Beleuchtung in Hauptgruppe 1,
Präsentationsleinwand in Hauptgruppe 2

3.4 Welche Flankeneinstellung **(Tabelle 1)** ist am Binäreingang einzustellen, damit die Wechselschaltung richtig arbeitet?

Tabelle 1: Flankeneinstellungen für Binäreingänge

	Flanke	Schaltvorgang	Flanke	Schaltvorgang
Reaktion auf das Signal	steigend	EIN	fallend	–
	steigend	AUS	fallend	–
	steigend	UMschalten	fallend	–
	fallend	EIN	steigend	–
	fallend	AUS	steigend	–
	steigend	EIN	fallend	AUS
	steigend	AUS	fallend	EIN
	steigend	UMschalten	fallend	UMschalten
– kein Schaltvorgang				

⇒ steigend: UM, fallend: UM

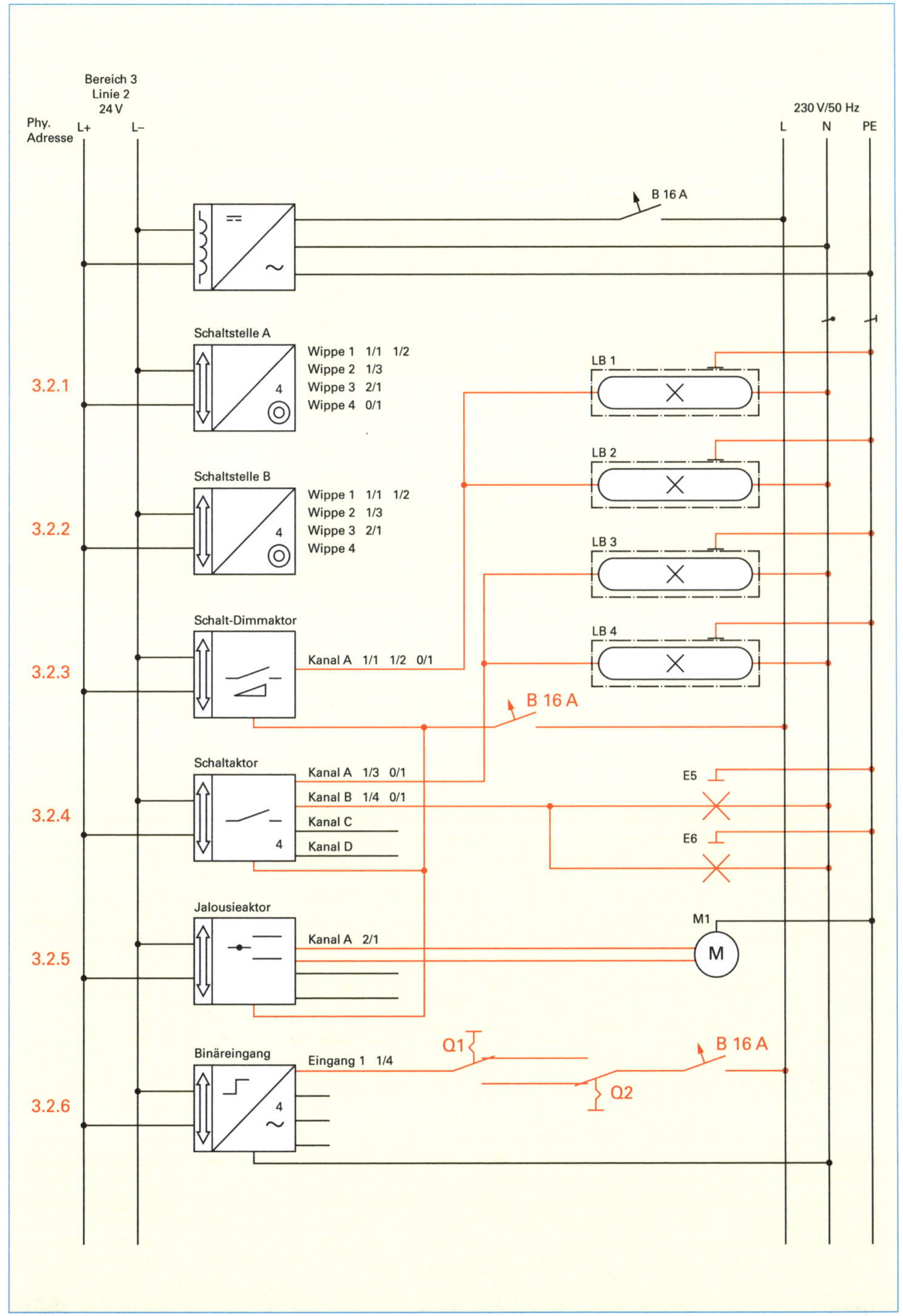

Bild 1: Stromlaufplan und Adressierung

4 KNX-Installation in einer Wohnküche

4.1 Welcher Unterschied besteht zwischen a) einem seriellen und b) einem parallelen Bussystem?

a) Serielles Bussystem:

Die Daten werden auf einer Leitung nacheinander übertragen.
Geringe Anzahl an Leiteradern, preiswert,
Nachteil: langsame Datenübertragung.

b) Paralleles Bussystem:

Die Daten werden über mehrere Leiteradern, z. B. 8, gleichzeitig mit höherer Datenübertragungsrate übertragen.
Nachteil: teure Leitungen, verkabeln teurer.

4.2 Nennen Sie mindestens vier Gründe für den Einsatz von KNX-Bussystemen.

- Ändern der Betriebsmittelzuordnung ohne Hardwareänderung,
- einfache Erweiterbarkeit
- weniger Klemmstellen, damit kürzere Montagezeiten
- dezentrale Steuerungs- und Regelungsmöglichkeiten
- Verringerung der Energie- und Betriebskosten
- Kommunikation mit Systemen der Hausautomation
- Visualisierungsmöglichkeiten der Anlage

4.3 Warum kommt das KNX-System ohne einen Zentralrechner aus?

Jeder KNX-Teilnehmer hat einen eigenen Mikrocontroller, der Informationen vom Bus empfangen, auswerten, verarbeiten und wieder über den Bus senden kann.

4.4 Welche Bedeutung hat die physikalische Adresse beim KNX-Bussystem?

Jedes Busgerät hat eine Teilnehmerkennung, d. h. eine physikalische Adresse. Diese wird bei der Projektierung der Anlage fest zugeordnet und im Geräte-EEPROM gespeichert. Eine Adresse kann nur einem Gerät zugeordnet werden.

4.5 Nennen Sie drei wichtige Informationen, die das Bustelegramm überträgt.

Quelladresse, Zieladresse, Nutzdaten

4.6 Die Beleuchtung einer Wohnküche mit vorgebautem Balkon soll mit einem KNX-Bussystem gesteuert werden. Bei der Besprechung zwischen Kunde und Meister wurde eine Skizze **(Bild 1)** angefertigt und folgendes notiert:

- Leuchte E1 über der Arbeitsplatte,
- Leuchte E2 über dem Essplatz,
- E1 und E2 sollen von den Schaltstellen an der Balkontür und der Flurtür beliebig schaltbar sein,
- Wippe 4 der 4-fach-Schaltsensoren hat jeweils die Funktion Zentral-AUS,
- Der Tastsensor an der Arbeitsplatte kann nur E1 schalten.

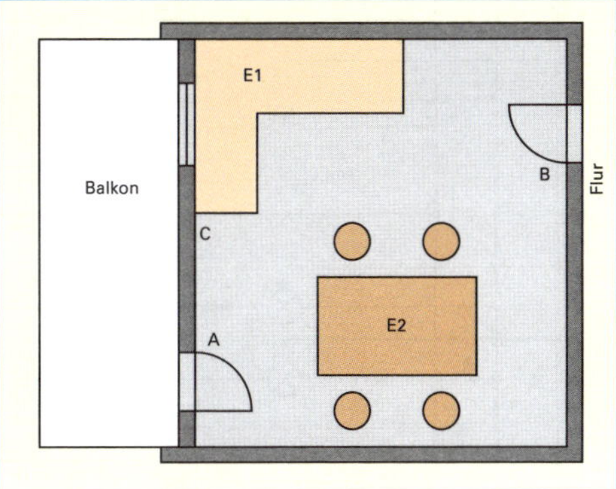

Bild 1: Skizze der Wohnküche

Der Meister hat Ihnen als Planungshilfe folgende Tabellenvorlage **(Tabelle 1)** erstellt und Ihnen folgende Arbeitsaufträge erteilt:

a) Tragen Sie in die Tabelle die erforderlichen physikalischen Adressen für Linie 3 im Bereich 4 ein.

b) Ordnen Sie die Gruppenadressen (logische Adressen) der Objekte den Sensoren und Aktoren zu.

Tabelle 1: Planungshilfe Wohnküche

a)					b)	
Physikal. Adresse	**Busteilnehmer**	**Einbaustelle**	**Objekt**	**Objektbeschreibung**	**Gruppenadressen**	**Bemerkungen**
4.3.1	Tastsensor	Flurtür	0	Wippe 1	1/1 1/4 1/9 1/10	Umschalter E1
			1	Wippe 2	1/2 1/4	Umschalter E2
			2	Wippe 3		
			3	Wippe 4	1/4	Zentral-AUS
4.3.2	Tastsensor	Balkontür	0	Wippe 1	1/1 1/4 1/9 1/10	Umschalter E1
			1	Wippe 2	1/2 1/4	Umschalter E2
			2	Wippe 3		
			3	Wippe 4	1/4	Zentral-AUS
4.3.3	Tastsensor	Arbeitsfläche	0	Wippe 1	1/9	EIN E1
			1	Wippe 2	1/10	AUS E1
4.3.4	Schaltaktor	Verteilerkasten	0	Ausgang 1	1/1 1/4 1/9 1/10	E1 Arbeitsfläche
			1	Ausgang 2	1/2 1/4	E2 Essplatz

5 Beleuchtungsanlage einer Holzwerkstatt mit KNX erweitern

Die Beleuchtungsanlage wird mit einem KNX-System ausgestattet. Eine bestehende Wechselschaltung soll weiterverwendet werden. Erwünscht sind folgende Funktionen:

- Die beiden Lichtbänder E1 und E2 sind gleichzeitig über die vorhandenen Wechselschalter S1 und S2 über die Kanäle 1 und 2 eines 4-fach-Schaltaktors schaltbar sein.
- Die Außenbeleuchtung E3 (4-fach-Schaltaktor, Kanal 3) soll mittels Bewegungsmelder bei Dunkelheit eingeschaltet werden. Zusätzlich ist vom Büro aus ein Schalten mit der linken Wippe eines 2-fach-Tastsensors vorzusehen. Die rechte Wippe schaltet die Bürobeleuchtung E4 (4-fach-Schaltaktor, Kanal 4).
- Die Leuchtreklame E5 am Gebäude soll helligkeitsgesteuert bei Dämmerungseinbruch eingeschaltet und mittels Schaltuhr um 23 Uhr ausgeschaltet werden (1-fach-Schaltaktor).
- Für das Zusammenwirken von Sensoren und Aktoren sind folgende Zuordnungen für die Gruppenadressen üblich: Zentral 0/X, Beleuchtung 1/X und für Jalousien 2/X.

5.1 Welche Zuordnung verwenden Sie im vorliegenden Fall?

Beleuchtung 1/X.

5.2 Ergänzen Sie in **Tabelle 1** die fehlenden Angaben.

Tabelle 1: Planungshilfe für Betriebsmittel, KNX-Geräte und Adressierungen

Betriebsmittel		Sektor/Aktor	Sektor/Aktor physikalische Adresse	Gruppenadresse
Kennzeichen	Bezeichnungen			
S1	Schalter 1	Binäreingang 4-fach (1)	1.1.1	1/1
S2	Schalter 2	Binäreingang 4-fach (2)		1/1
–		Tastsensor 2-fach (Außenb.)	1.1.2	1/2
–		Tastsensor 2-fach (Bürobel.)		1/3
–		Bewegungsmelder (PIR)	1.1.3	1/4
–		Lichtsensor (lx)	1.1.4	1/5
–		Zeitschaltuhr (t)	1.1.5	1/6
E1	Lichtband 1	Schaltfaktor 4-fach (1)	1.1.6	1/1
E2	Lichtband 2	Schaltfaktor 4-fach (2)		1/1
E3	Außenbeleuchtung	Schaltfaktor 4-fach (3)		1/2, 1/4
E4	Bürobeleuchtung	Schaltfaktor 4-fach (4)		1/3
E5	Leuchtreklame	Schaltfaktor 1-fach	1.1.7	1/5, 1/6

5.3 Vervollständigen Sie den Stromlaufplan und die Adressierung **(Bild 1)**.

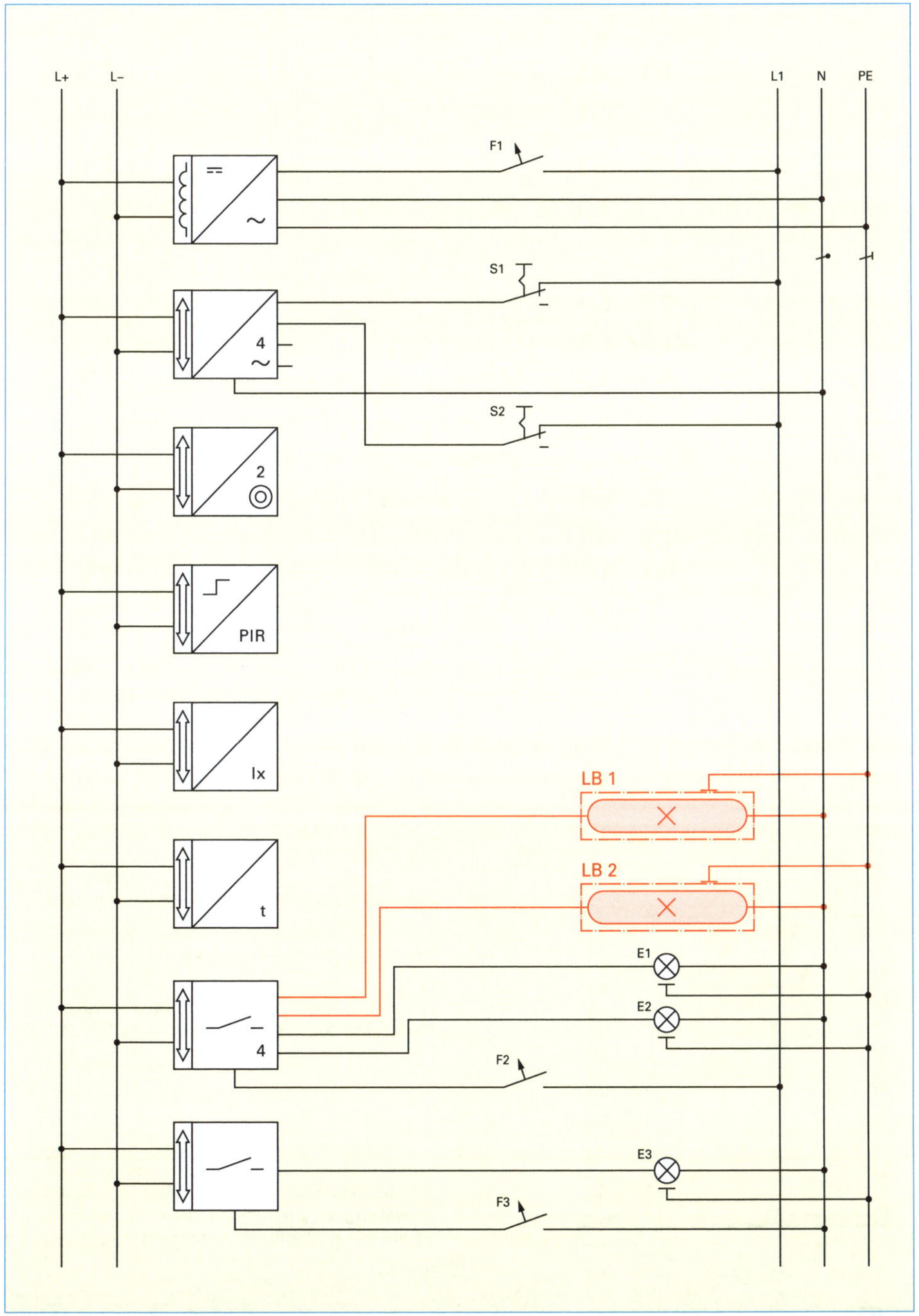

Bild 1: Stromlaufplan und Adressiuerung

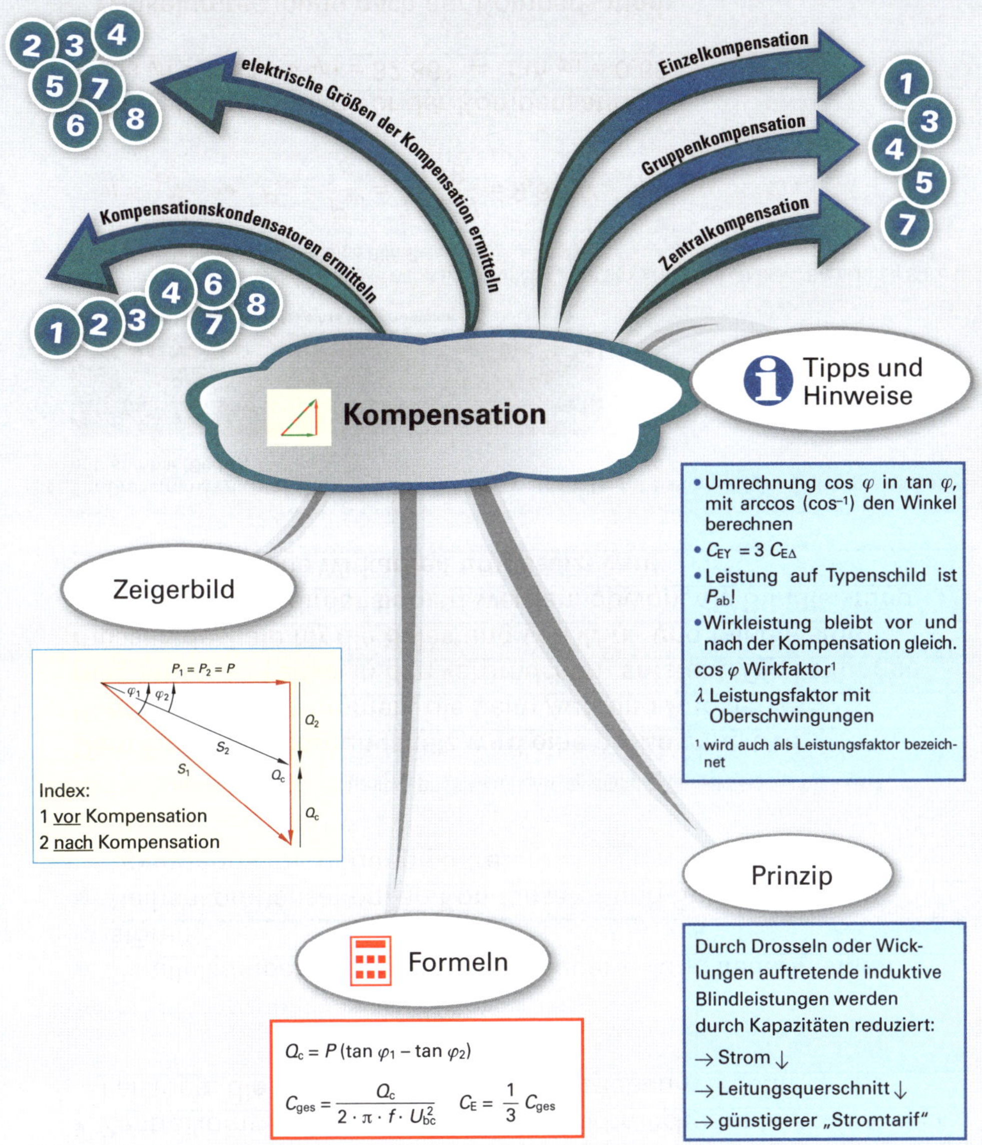

P	Wirkleistung
Q_c	kapazitive Blindleistung
Q_L	induktive Blindleistung
S	Scheinleistung
U	Spannung
C	Kapazität
C_E	Einzelkapazität
φ	Phasenverschiebungswinkel
VNB	Netzbetreiber

Kompetenzen im Fachgebiet Kompensation	Aufgaben	🙂	☹	🙂
Ich kenne die Bedeutung der verschiedenen Kompensationsarten.	1.1, 3.1, 4.1, 5.2, 7.1			
Ich kann die für die jeweilige Anwendung geeignete Kompensationsart vorschlagen.	3.1, 4.2, 6.2			
Ich kann die Besonderheiten der Parallel- und Reihenkompensation erklären.	1.2			
Ich weiß, warum in großen Anlagen Blindleistungskompensation vorgeschrieben ist.	1.3, 6.1, 8.1			
Ich kann den cos φ in den tan φ umrechnen.	1.4a, 2.1, 3.2a, 4.4b, 5.4, 6.4, 7.2, 8.2			
Ich kann die Kapazität eines Kompensationskondensators ermitteln.	1.4a, 2.2, 3.2b, 4.5, 6.4c, 7.3, 8.3			
Ich kann die Kompensationsblindleistung Q_c ermitteln.	1.4a, 2.1, 3.2a, 5.4, 6.4b, 7.2, 8.2			
Ich kann den Leiterstrom vor bzw. nach der Kompensation vergleichen.	2.3, 3.3, 5.5, 8.5			
Ich kann die Wirkleistung des zu kompensierenden Motors berechnen.	4.3, 5.6, 6.4			
Ich kann alle Leistungen eines unkompensierten Motors ermitteln.	5.1			
Ich kann alle Leistungen eines kompensierten Motors ermitteln.	5.3			
Ich kenne die Auswirkungen der Kompensation auf die elektrischen Größen der Schaltung.	6.3, 7.4			
Ich kann die zur Kompensation notwendigen Daten aus dem Leistungsschild des Motors entnehmen.	1.4, 6.4			
Ich kann ein Zeigerbild der Leistungen vor und nach der Kompensation zeichnen.	7.4			
Ich kann die Kapazität eines Kompensationskondensators in Sternschaltung berechnen.	8.4			

Für weitere Notizen:

🙂 beherrsche ich schon ☹ muss ich noch üben 🙂 Aufgaben habe ich gelöst

1 Kompensationsarten erläutern und berechnen

1.1 Nennen Sie die drei Kompensationsarten (räumliche Anordnung) und erklären Sie diese.

- Einzelkompensation, bei konstanten Blindleistungen.
- Gruppenkompensation, eine kleinere Anzahl von Verbrauchern wird an eine Kompensationsanlage angeschlossen.
- Zentralkompensation, für induktive Verbraucher unterschiedlicher Leistung, die nicht alle gleichzeitig betrieben werden.

1.2 Welche Nachteile ergeben sich bei der Einzelkompensation?

a) Parallelkompensation, kann Tonfrequenz-Rundsteueranlagen stören.

b) Reihenkompensation, an Kondensator und Spule kann eine Spannungsüberhöhung auftreten.

1.3 Warum schreiben die VNBs bei großen Blindleistungen die Blindleistungskompensation vor?

Dem Energieversorgungsnetz wird eine große induktive Blindleistung entnommen, die beim Auf- und Abbau des magnetischen Feldes in den Verbrauchern entsteht. Die Leitungen müssen deshalb für die Belastung von Wirk- und Blindleistung (Scheinleistung) dimensioniert werden, obwohl die Blindleistung nicht in elektrische Wirkarbeit umgesetzt wird.

1.4 Ein Drehstromasynchronmotor soll kompensiert werden. Dem Leistungsschild sind folgende Daten entnehmbar **(Bild 1)**.

3 ~ Mot.	50 Hz	
Δ 400 V	η 0,78	
7,5 kW	1484 min⁻¹	cos φ 0,84

Bild 1: Teil des Leistungsschildes eines Drehstrommotors

a) Durch die Kompensation soll der Wirkfaktor auf cos φ = 0,95 verbessert werden. Berechnen Sie die zur Kompensation notwendige Blindleistung.

$$\eta = \frac{P_{ab}}{P_{zu}} \Rightarrow P_{zu} = \frac{P_{ab}}{\eta} = \frac{7{,}5\ \text{kW}}{0{,}78} = 9{,}6\ \text{kW}$$

Winkelumrechnung vor der Kompensation:

$\cos\varphi_1 = 0{,}84 \Rightarrow \varphi_1 = 32{,}86° \Rightarrow \tan\varphi_1 = 0{,}65$

Winkelumrechnung nach der Kompensation:

$\cos\varphi_2 = 0{,}95 \Rightarrow \varphi_2 = 18{,}19° \Rightarrow \tan\varphi_2 = 0{,}33$

$Q_C = P_{zu} \cdot (\tan\varphi_1 - \tan\varphi_2) = 9{,}6\ \text{kW} \cdot (0{,}65 - 0{,}33) = 3{,}1\ \text{kvar}$

b) Berechnen Sie die Kapazität der Kompensationskondensatoren für die Dreieckschaltung.

$$C_{ges} = \frac{Q_C}{2 \cdot \pi \cdot f \cdot U^2} = \frac{3{,}1\ \text{kvar}}{2 \cdot \pi \cdot 50\ \text{Hz} \cdot (400\ \text{V})^2} = 61{,}67\ \mu\text{F}$$

$$C = \frac{C_{ges}}{3} = \frac{61{,}67\ \mu\text{F}}{3} = 20{,}56\ \mu\text{F}$$

2 Kompensation des Antriebmotors einer Lüftungsanlage ermitteln

Eine Lüftungsanlage wird von einem Drehstromasynchronmotor in Dreieckschaltung an 400 V/50 Hz angetrieben. Der Motor hat eine Bemessungsleistung P = 22 kW, den Wirkungsgrad η = 0,87 bei dem Wirkfaktor cos φ = 0,83. Durch Kompensation mit Kondensatoren soll der Wirkfaktor auf cos φ = 0,94 vergrößert werden.

2.1 Welche Kompensationsblindleistung Q_C ist erforderlich?

$$\eta = \frac{P_{ab}}{P_{zu}} \Rightarrow P_{zu} = \frac{P_{ab}}{\eta} = \frac{22\ \text{kW}}{0{,}87} = 25{,}3\ \text{kW}$$

Winkelumrechnung vor der Kompensation:

$\cos\varphi_1 = 0{,}83 \Rightarrow \varphi_1 = 33{,}90° \Rightarrow \tan\varphi_1 = 0{,}67$

Winkelumrechnung nach der Kompensation:

$\cos\varphi_2 = 0{,}94 \Rightarrow \varphi_2 = 19{,}95° \Rightarrow \tan\varphi_2 = 0{,}36$

$Q_C = P_{zu} \cdot (\tan\varphi_1 - \tan\varphi_2) = 25{,}3\ \text{kW} \cdot (0{,}67 - 0{,}36) = 7{,}84\ \text{kvar}$

2.2 Berechnen Sie aus der Kompensationsblindleistung Q_C die Kapazitäten der einzelnen Kompensationskondensatoren.

$$C = \frac{Q_C}{3 \cdot \omega \cdot U^2} = \frac{Q_C}{3 \cdot 2 \cdot \pi \cdot f \cdot U^2} = \frac{7{,}84\ \text{kvar}}{3 \cdot 2 \cdot \pi \cdot 50\ \text{Hz} \cdot (400\ \text{V})^2}$$

$C = 51{,}99\ \mu\text{F}$

2.3 Welchen Strom nimmt der Motor a) vor der Kompensation, b) nach der Kompensation auf?

$P_{zu} = U \cdot I \cdot \sqrt{3} \cdot \cos\varphi_1 \Rightarrow$

a) $$I_1 = \frac{P_{zu}}{U \cdot \sqrt{3} \cdot \cos\varphi_1} = \frac{25{,}3\ \text{kW}}{400\ \text{V} \cdot \sqrt{3} \cdot 0{,}83} = 44\ \text{A}$$

b) $$I_2 = \frac{P_{zu}}{U \cdot \sqrt{3} \cdot \cos\varphi_2} = \frac{25{,}3\ \text{kW}}{400\ \text{V} \cdot \sqrt{3} \cdot 0{,}94} = 38{,}85\ \text{A}$$

2.4 Wie verhalten sich die abgegebenen Wirkleistungen vor und nach der Kompensation zueinander?

Die Wirkleistungen bleiben gleich groß.

3 Kompensation für einen Axiallüftermotor ermitteln

Ein Landwirt lässt von Ihrem Betrieb ein neues Heugebläse einbauen. Der Drehstrommotor hat eine Bemessungsleistung von $P = 15$ kW, einen Wirkungsgrad von $\eta = 0{,}87$, einen Wirkfaktor $\cos\varphi_1 = 0{,}85$ und er soll über eine manuelle Stern-Dreieck-Anlaufschaltung am Drehstromnetz 400 V/230 V betrieben werden. In den Unterlagen des VNB ist eine Kompensation auf den Wirkfaktor $\cos\varphi_2 = 0{,}95$ vorgeschlagen.

3.1 Welche Kompensationsart schlagen Sie dem Landwirt vor?

Einzelkompensation, da konstante Blindleistung

3.2 Berechnen Sie

a) die erforderliche Blindleistung.

$$P_{zu} = \frac{P_{ab}}{\eta} = \frac{15\text{ kW}}{0{,}87} = 17{,}24\text{ kW}$$

Winkelumrechnung vor der Kompensation:
$\cos\varphi_1 = 0{,}85 \Rightarrow \varphi_1 = 31{,}79° \Rightarrow \tan\varphi_1 = 0{,}62$

Winkelumrechnung nach der Kompensation:
$\cos\varphi_2 = 0{,}95 \Rightarrow \varphi_2 = 18{,}19° \Rightarrow \tan\varphi_2 = 0{,}33$

$$Q_C = P_{zu} \cdot (\tan\varphi_1 - \tan\varphi_2) = 17{,}24\text{ kW} \cdot (0{,}62 - 0{,}33) = 5\text{ kvar}$$

b) die Gesamtkapazität der in Dreieck geschalteten Kompensationskondensatoren.

$$C_{ges} = \frac{Q_C}{2 \cdot \pi \cdot f \cdot U^2} = \frac{5\text{ kvar}}{2 \cdot \pi \cdot 50\text{ Hz} \cdot (400\text{ V})^2} = 99{,}47\text{ µF}$$

3.3 a) Berechnen Sie den Strom I_1 vor und I_2 nach der Kompensation.

$$I_1 = \frac{P_{zu}}{U \cdot \sqrt{3} \cdot \cos\varphi_1} = \frac{17{,}24\text{ kW}}{400\text{ V} \cdot \sqrt{3} \cdot 0{,}85} = 29{,}28\text{ A}$$

$$I_2 = \frac{P_{zu}}{U \cdot \sqrt{3} \cdot \cos\varphi_2} = \frac{17{,}24\text{ kW}}{400\text{ V} \cdot \sqrt{3} \cdot 0{,}95} = 26{,}19\text{ A}$$

b) Welcher Leiterquerschnitt muss verlegt werden?

Da mit 32 A abgesichert werden muss, ist ein Querschnitt von 4 mm² Cu ausreichend.

4 Kompensation in einer Obstabfüllanlage ermitteln

Der VNB verlangt die Kompensation der Motoren der Abfüllanlage. Ihre Firma soll prüfen, ob für die älteren Motoren von Obstförderband und Obstmühle Einzelkompensation oder Gruppenkompensation vorzunehmen ist.

Bemessungsdaten des Förderbandmotors:

$U = 400$ V; $I = 7{,}8$ A; $\cos\varphi_1 = 0{,}85$; $f = 50$ Hz; $P = 4{,}0$ kW

Bemessungsdaten des Obstmühlenmotors:

$U = 400$ V; $I = 14{,}5$ A; $\cos\varphi_2 = 0{,}85$; $f = 50$ Hz; $P = 7{,}5$ kW

4.1 Nennen Sie die drei Kompensationsarten und deren Eigenschaften.

- Einzelkompensation, bei konstanten Blindleistungen.
- Gruppenkompensation, eine kleinere Anzahl von Verbrauchern wird an eine Kompensationsanlage angeschlossen.
- Zentralkompensation, für induktive Verbraucher unterschiedlicher Leistung, die nicht alle gleichzeitig betrieben werden.

4.2 Welche Kompensationsart schlagen Sie vor? Begründen Sie Ihre Antwort.

Gruppenkompensation:
- Beide Motoren sind gleichzeitig in Betrieb.
- Die Motoren werden räumlich nahe bei einander betrieben.
- Gruppenkompensation ist preiswerter als Einzelkompensation.

4.3 Berechnen Sie für jeden Motor die zugeführte Wirkleistung.

$$P_{zuBand} = U \cdot I \cdot \sqrt{3} \cdot \cos\varphi_1 = \sqrt{3} \cdot 400\text{ V} \cdot 7{,}8\text{ A} \cdot 0{,}85 = 4{,}6\text{ kW}$$

$$P_{zuMühle} = U \cdot I \cdot \sqrt{3} \cdot \cos\varphi_2 = \sqrt{3} \cdot 400\text{ V} \cdot 14{,}5\text{ A} \cdot 0{,}85 = 8{,}5\text{ kW}$$

4.4 Berechnen Sie die erforderliche kapazitive Blindleistung zur Kompensation, wenn der Leistungsfaktor $\cos\varphi_3 = 0{,}95$ gefordert wird.

$$P_{zu} = P_{zuBand} + P_{zuMühle} = 13{,}1\text{ kW}$$
$$Q_C = P_{zu} \cdot (\tan\varphi_1 - \tan\varphi_3) = 13{,}1\text{ kW} \cdot (0{,}619 - 0{,}329) = 3{,}8\text{ kvar}$$

4.5 Die Kondensatoren sollen in Dreieckschaltung angeschaltet werden. Berechnen Sie a) die Gesamtkapazität und b) die Einzelkapazitäten.

a) $$C_{ges} = \frac{Q_C}{2 \cdot \pi \cdot f \cdot U^2} = \frac{3{,}8\text{ kvar}}{2 \cdot \pi \cdot 50\text{ Hz} \cdot (400\text{ V})^2} = 75{,}6\text{ µF}$$

b) $$C = \frac{C_{ges}}{3} = \frac{75{,}6\text{ µF}}{3} = 25{,}2\text{ µF}$$

5 Motorkompensation einer älteren Lüfteranlage durchführen

In einem Konstruktionsbüro arbeitet eine ältere Lüftungsanlage am Drehstromnetz 400 V/50 Hz. Der Bemessungsstrom beträgt $I = 41$ A, der Wirkfaktor $\cos\varphi = 0{,}8$. Die Anlage soll ohne Änderung der bestehenden elektrischen Installation um eine elektrische Heizung erweitert werden.

Sie sollen prüfen, ob das mit einer entsprechenden Kompensation möglich ist.

5.1 Wie groß sind die Scheinleistung S_1, die Blindleistung Q_1 und die Wirkleistung P der bestehenden Anlage?

$$S_1 = U \cdot I_1 \cdot \sqrt{3} = 400\text{ V} \cdot 41\text{ A} \cdot \sqrt{3} = 28{,}4\text{ kVA}$$
$$P_1 = S_1 \cdot \cos\varphi = 28{,}4\text{ kVA} \cdot 0{,}8 = 22{,}7\text{ kW}$$
$$Q_1 = S_1 \cdot \sin\varphi = 28{,}4\text{ kVA} \cdot 0{,}6 = 17{,}0\text{ kvar}$$

5.2 Erklären Sie dem Büroleiter a) die Wirkungsweise der Kompensation und nennen Sie ihm b) mindestens zwei Vorteile.

a) Durch die Kompensation werden die Scheinleistung und der Strom auf der Leitung reduziert. Die induktive Blindleistung von Motoren kann bis z. B. 98 % durch kapazitive Blindleistung von Kondensatoren ausgeglichen werden.

b)
- Kosteneinsparen durch entsprechende Dimensionierung von Anlagen und Leitungsquerschnitten.
- Größere Wirkleistungsübertragung bei unveränderter Netzinstallation.
- VNB gewährt günstigeren Stromtarif.

5.3 Berechnen Sie die Scheinleistung S_2 und die Blindleistung Q_2 für einen gewählten induktiven Leistungsfaktor $\cos \varphi_2 = 0{,}98$.

$$S_2 = \frac{P_1}{\cos \varphi_2} = \frac{22{,}7\ \text{kW}}{0{,}98} = 23{,}16\ \text{kVA}$$

$$Q_2 = \sqrt{S_2^2 - P_1^2} = \sqrt{(23{,}16\ \text{kVA})^2 - (22{,}7\ \text{kW})^2} = 4{,}59\ \text{kvar}$$

5.4 Welche kapazitive Blindleistung muss in diesem Fall zur Verfügung gestellt werden?

$$Q_{C2} = Q_1 - Q_2 = 17\ \text{kvar} - 4{,}59\ \text{kvar} = 12{,}41\ \text{kvar}$$

5.5 Welcher Strom I_2 fließt nach der Kompensation in der Zuleitung?

$$I_2 = \frac{S_2}{U \cdot \sqrt{3}} = \frac{23{,}16\ \text{kW}}{400\ \text{V} \cdot \sqrt{3}} = 33{,}43\ \text{A}$$

5.6 Welche Wirkleistung P_{Heiz} kann die Heizung bei dem vorgegebenen Bemessungsstrom $I = 41$ A aufnehmen?

$$P_{ges} = \sqrt{S_1^2 - Q_2^2} = \sqrt{(28{,}4\ \text{kVA})^2 - (4{,}59\ \text{kvar})^2} = 28{,}03\ \text{kW}$$

Damit wird die installierbare Heizleistung nach der Kompensation

$$P_{Heiz} = P_{ges} - P_1 = 28{,}03\ \text{kW} - 22{,}7\ \text{kW} = 5{,}33\ \text{kW}$$

6 Kompensation in einem Holzverarbeitungsbetrieb ermitteln

In einem Sägewerk werden baugleiche Motoren für das Sägewerk und die Späneabsaugung gleichzeitig betrieben. Der VNB verlangt vom Sägewerksbesitzer den Einbau einer Blindleistungskompensation, um den Leistungsfaktor $\cos \varphi = 0{,}92$ zu erreichen. Die Daten der Motoren können dem Leistungsschild entnommen werden **(Bild 1)**.

3 ~ Mot.		50 Hz
Δ 400 V		η 0,75
7,5 kW	1450 min⁻¹	$\cos \varphi$ 0,80

Bild 1: Motordaten auf dem Leistungsschild

6.1 Warum verlangt der VNB vom Endverbraucher beim Betrieb von Anlagen mit größerer induktiver Last eine Blindstromkompensation?

Durch die Kompensation werden größere induktive Ströme auf der Netzleitung zum Abnehmer vermieden. Dadurch wird das öffentliche Netz entlastet.

6.2 Welche Kompensationsart empfehlen Sie dem Sägewerksbesitzer? Begründen Sie Ihre Wahl.

Gruppenkompensation:
- da beide Motoren gleichzeitig in Betrieb sind,
- die Motoren räumlich nahe beieinander betrieben werden,
- geringerer Installationsaufwand, niedrigere Kosten.

6.3 Welche Wirkung hat eine Kompensationsschaltung auf folgende elektrischen Größen?

U: Netzspannung bleibt gleich,
I: Strom auf der Leitung wird kleiner,
Scheinleistung S: wird geringer,
Wirkleistung P: bleibt konstant,
Blindleistung Q: wird geringer,
Wirkfaktor $\cos \varphi$: wird größer.

6.4 Es sollen drei Kondensatoren in Dreieckschaltung geschaltet werden. Berechnen Sie

a) die zugeführte Wirkleistung

$$P_{zu} = 2 \cdot \frac{P_{ab}}{\eta} = 2 \cdot \frac{7500\ \text{W}}{0{,}75} = 20\ \text{kW}$$

b) die Blindleistung Q_C

Winkelberechnungen: $\cos \varphi_1 = 0{,}8 \Rightarrow \varphi_1 = 36{,}87° \Rightarrow \tan \varphi_1 = 0{,}75$
$\cos \varphi_2 = 0{,}92 \Rightarrow \varphi_2 = 23{,}07° \Rightarrow \tan \varphi_2 = 0{,}43$

$$\Rightarrow Q_C = P_{zu} \cdot (\tan \varphi_1 - \tan \varphi_2) = 20\ \text{kW} \cdot (0{,}75 - 0{,}43) = 6{,}4\ \text{kvar}$$

c) die Gesamtkapazität und die Kapazität eines Kondensators

$$C_{ges} = \frac{Q_C}{2 \cdot \pi \cdot f \cdot U^2} = \frac{6{,}4\ \text{kvar}}{2 \cdot \pi \cdot 50\ \text{Hz} \cdot (400\ \text{V})^2} = 127{,}32\ \mu\text{F}$$

$$C = \frac{C_{ges}}{3} = \frac{127{,}32\ \mu\text{F}}{3} = 42{,}44\ \mu\text{F}$$

7 Kompensation einer Gruppe von 10 Motoren durchführen

In einem Fertigungszentrum arbeiten gleichzeitig 10 Drehstrommotoren mit einer Bemessungsleistung von 2,2 kW mit einem Leistungsfaktor von 0,795. Der Wirkungsgrad entsprechend Effizienzklasse IE2 (IEC 60034-30; 2008) bei 100 % Last beträgt je Motor 0,795. Der Leistungsfaktor im Fertigungszentrum soll durch Kompensation auf 0,96 verbessert werden.

7.1 Warum führt man eine Blindleistungskompensation durch?

- Induktive Blindleistung von Motoren kann teilweise durch eine kapazitive Blindleistung ausgeglichen werden.
- Bei gleichbleibender Wirkleistung verringert sich die vom Netz aufgenommene Scheinleistung und damit die Stromstärke in der Zuleitung.
- Alle Betriebsmittel, z. B. Leitungen, Transformatoren und Schalter, können für einen geringeren Strom ausgelegt werden.
- Der Leistungsfaktor $\cos\varphi$ wird größer.

7.2 Berechnen Sie für das Fertigungszentrum die erforderliche kapazitive Blindleistung für den geforderten Leistungsfaktor $\cos\varphi = 0{,}96$.

$$\eta = \frac{P_{ab}}{P_{zu}} \Rightarrow P_{zu} = \frac{P_{ab}}{\eta} = 10 \cdot \frac{2{,}2\ \text{kW}}{0{,}795} = 27{,}67\ \text{kW}$$

Winkelumrechnung vor der Kompensation:
$\cos\varphi_1 = 0{,}795 \Rightarrow \varphi_1 = 37{,}34° \Rightarrow \tan\varphi_1 = 0{,}76$

Winkelumrechnung nach der Kompensation:
$\cos\varphi_2 = 0{,}96 \Rightarrow \varphi_2 = 16{,}26° \Rightarrow \tan\varphi_2 = 0{,}29$

$$Q_C = P_{zu} \cdot (\tan\varphi_1 - \tan\varphi_2) = 27{,}67\ \text{kW} \cdot (0{,}76 - 0{,}29) = 13\ \text{kvar}$$

7.3 Berechnen Sie die Gesamtkapazität und die Kapazität eines Kondensators.

$$C_{ges} = \frac{Q_C}{2 \cdot \pi \cdot f \cdot U^2} = \frac{13\ \text{kvar}}{2 \cdot \pi \cdot 50\ \text{Hz} \cdot (400\ \text{V})^2} = 258{,}6\ \mu\text{F}$$

$$C = \frac{C_{ges}}{3} = \frac{258{,}6\ \mu\text{F}}{3} = 86{,}2\ \mu\text{F}$$

7.4 Zeichnen Sie ein Zeigerbild der Leistungen, in dem sich die Veränderungen der Scheinleistungen zeigen lassen, und beschriften Sie das Zeigerbild **(Bild 1)**.

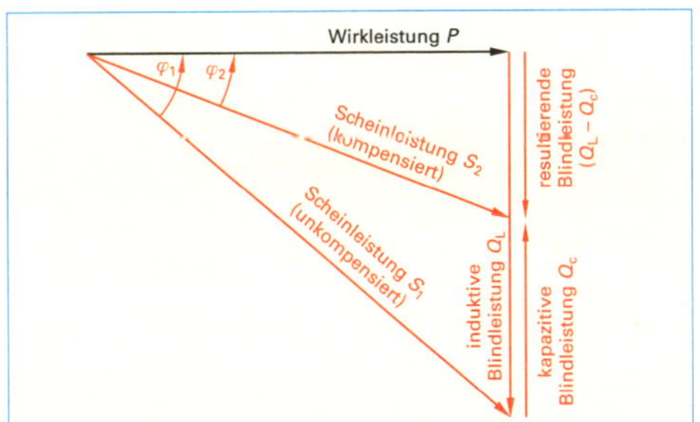

Bild 1: Zeigerbild der Leistungen

8 Kompensation eines Drehstromasynchronmotors ermitteln

In einem Recyclinghof treibt ein Drehstromasynchronmotor eine Schredderanlage an.
Daten des Motors:
- Dreieckschaltung an 400 V/50 Hz,
- Leistungsabgabe von 18,5 kW bei einem Wirkungsgrad von 85 %,
- Wirkfaktor ist mit 0,85 angegeben.

Durch Kompensation der induktiven Blindleistung soll ein Leistungsfaktor von 0,93 erreicht werden.

8.1 Nennen Sie drei Gründe, warum Motoren ab einer bestimmten Leistung kompensiert werden.

- VNB fordern eine Kompensation $\cos\varphi \geq 0{,}9$, damit die Blindleistung ausgeglichen wird.
- Verringerung der Energiekosten, da Blindleistung ab einer bestimmten Höhe in Rechnung gestellt wird
- geringere Belastung von z. B. Leitungen, Transformatoren, Schaltgeräten
- Leitungsverluste werden geringer durch niedrigere Ströme.

8.2 Ermitteln Sie die benötigte kapazitive Blindleistung der Kompensationskondensatoren.

$$\eta = \frac{P_{ab}}{P_{zu}} \Rightarrow P_{zu} = \frac{P_{ab}}{\eta} = \frac{18{,}5\ \text{kW}}{0{,}85} = 21{,}8\ \text{kW}$$

Winkelumrechnung vor der Kompensation:
$\cos\varphi_1 = 0{,}85 \Rightarrow \varphi_1 = 31{,}79° \Rightarrow \tan\varphi_1 = 0{,}62$
Winkelumrechnung nach der Kompensation:
$\cos\varphi_2 = 0{,}93 \Rightarrow \varphi_2 = 21{,}57° \Rightarrow \tan\varphi_2 = 0{,}40$

$$Q_C = P_{zu} \cdot (\tan\varphi_1 - \tan\varphi_2) = 21{,}8\ \text{kW} \cdot (0{,}62 - 0{,}40) = 4{,}8\ \text{kvar}$$

8.3 Berechnen Sie die Kapazität eines Kompensationskondensators für Dreieckschaltung.

$$C_{ges} = \frac{Q_C}{2 \cdot \pi \cdot f \cdot U^2} = \frac{4{,}8\ \text{kvar}}{2 \cdot \pi \cdot 50\ \text{Hz} \cdot (400\ \text{V})^2} = 95{,}5\ \mu\text{F}$$

$$C = \frac{C_{ges}}{3} = \frac{95{,}5\ \mu\text{F}}{3} = 31{,}8\ \mu\text{F}$$

8.4 Berechnen Sie die Kapazität eines Kompensationskondensators für Sternschaltung.

$$C_{ges} = \frac{Q_C}{2 \cdot \pi \cdot f \cdot U^2} = \frac{4{,}8\ \text{kvar}}{2 \cdot \pi \cdot 50\ \text{Hz} \cdot \left(\frac{400\ \text{V}}{\sqrt{3}}\right)^2} = 286{,}5\ \mu\text{F}$$

$$C = \frac{C_{ges}}{3} = \frac{286{,}5\ \mu\text{F}}{3} = 95{,}5\ \mu\text{F}$$

8.5 Berechnen Sie die Stromaufnahme vor der Kompensation und nach der Kompensation.

$$P = \sqrt{3} \cdot U \cdot I_1 \cdot \cos\varphi_1 \Rightarrow I_1 = \frac{P_{zu}}{\sqrt{3} \cdot U \cdot \cos\varphi_1} = \frac{21{,}8\ \text{kW}}{\sqrt{3} \cdot 400\ \text{V} \cdot 0{,}85} = 37{,}02\ \text{A}$$

$$P = \sqrt{3} \cdot U \cdot I_2 \cdot \cos\varphi_2 \Rightarrow I_2 = \frac{P}{\sqrt{3} \cdot U \cdot \cos\varphi_2} = \frac{21{,}8\ \text{kW}}{\sqrt{3} \cdot 400\ \text{V} \cdot 0{,}93} = 33{,}83\ \text{A}$$

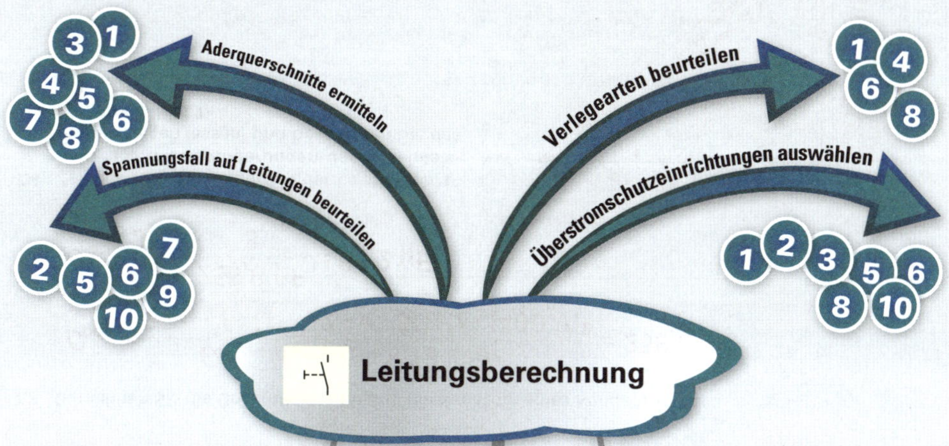

Formeln

$P = \sqrt{3} \cdot U \cdot I \cdot \cos\varphi \qquad \eta = \frac{P_{ab}}{P_{zu}}$

Drehstrom

$\Delta U = \frac{\sqrt{3} \cdot I \cdot l \cdot \cos\varphi}{\gamma \cdot A}$

Wechselstrom

$\Delta U = \frac{2 \cdot I \cdot l \cdot \cos\varphi}{\gamma \cdot A}$

ΔU Prozent

$\Delta u = \frac{\Delta U \cdot 100\,\%}{U}$

Tipps und Hinweise

- Bei Heizgeräten (z.B. Durchlauferhitzer) ist $\cos\varphi = 1$.
- Spannungsfall zwischen Hausanschluss und Verbraucher max. 3 %
- bei LS-Schaltern immer Auslösecharakteristik, Bemessungsstrom und Pole angeben, z.B. B 32 A 3pol
- Umrechnungsfaktoren f für von Tabelle abweichende Betriebsbedingungen, z.B. Umgebungstemperaturen, Verlegeart, Häufung beachten.
- P_{ab} steht auf dem Typenschild des Motors.

ΔU-Berechnung:

- **im unverzweigten** Stromkreis: Bemessungsstrom des Verbrauchers,
- **in allen anderen** Stromkreisen: Bemessungsstrom der Überstromeinrichtung verwenden.

wichtige Bedingungen

$I_b \leq I_N \leq I_Z$* $\qquad I_Z = f_1 \cdot f_2 \cdot I_r$

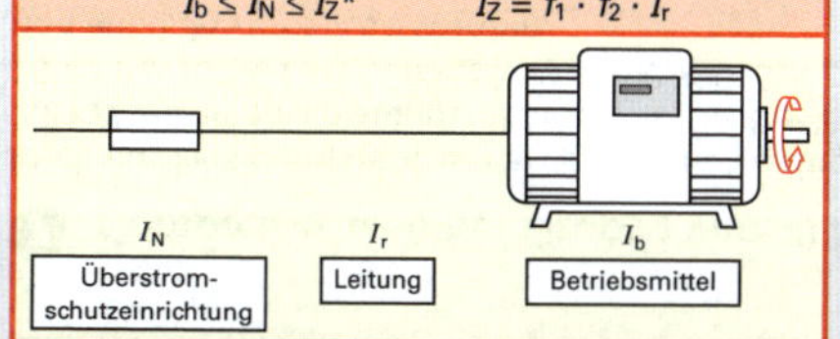

* I_Z Strombelastbarkeit der Leitung bei abweichenden Betriebsbedingungen von 30 °C

P_{ab}	abgegebene Leistung (mechanisch)
P_{zu}	aufgenommene Leistung (elektrisch)
U	Spannung
I	Strom
ΔU	Spannungsfall
Δu	prozentualer Spannungsfall bezogen auf U
l	Länge
γ	Leitfähigkeit
A	Fläche
I_r	Bemessungswert der Strombelastbarkeit
I_b	Betriebsstrom
I_N	Bemessungsstrom
I_Z	Strombelastbarkeit der Leitungen
f_1, f_2	Umrechnungsfaktoren für abweichende Betriebsbedingungen

Kompetenzen im Fachgebiet Leitungsberechnung	Aufgaben			
Ich kenne die Anwendung der verschiedenen Verlegearten von Kabeln und isolierten Leitungen.	**1.1a, 4.2, 6.2, 8.2a**			
Ich kann den Leitungsstrom eines elektrischen Verbrauchers berechnen.	**1.1b, 2.2b, 5.1a, 6.1, 8.1, 10.2**			
Ich kann den Aderquerschnitt für den Anschluss eines Verbrauchers ermitteln.	**1.2a, 3.2, 4.3, 5.2b, 6.5, 7.1, 8.2b**			
Ich kann für den Verbraucher den notwendigen Bemessungsstrom des LS-Schalters ermitteln.	**1.2b, 2.4, 3.1, 5.1b, 6.3**			
Ich kenne die Faktoren, die die Wahl des Querschnitts einer Installationsleitung beeinflussen.	**2.1, 5.2a, 7.3**			
Ich kann die elektrische Leistung eines Verbrauchers ermitteln.	**2.2a, 4.1a**			
Ich kenne den maximal zulässigen Spannungsfall auf Leitungen.	**5.3**			
Ich kann den prozentualen Spannungsfall auf einer Leitung beurteilen.	**1.3, 1.4, 5.3, 6.4, 7.2 8.3, 9.1, 10.4**			
Ich kann den prozentualen Spannungsfall auf einer Leitung ermitteln.	**2.3, 5.3, 6.4, 7.2, 9.1, 9.2, 10.4**			
Ich kenne die Notwendigkeit der unterschiedlichen Auslösecharakteristiken von Leitungsschutzschaltern.	**2.4**			
Ich kann den Aderquerschnitt für den Anschluss eines Verbrauchers bei vorgegebenem Spannungsfall ermitteln.	**2.5**			
Ich kann den Wirkungsgrad eines Verbrauchers ermitteln.	**4.1b**			
Ich kann die Umrechnungsfaktoren für Häufung bzw. abweichende Umgebungstemperaturen ermitteln.	**3.2, 4.3, 6.5, 6.6, 7.1**			
Ich kann aus dem Leistungsschild eines Motors die Einstellung des Motorschutzschalters ableiten.	**4.4**			
Ich kann die gewählte Verlegeart auf ihre Zulässigkeit überprüfen.	**5.4**			
Ich kann Leitungsbezeichnungen angeben.	**8.5, 9.2, 10.5**			
Ich kann Fehlverhalten von Betriebsmitteln analysieren.	**9.3**			
Ich kann aufgrund des Typenschildes eines Motors seine Schaltungsart im Drehstromnetz beurteilen.	**10.1**			
Ich kann die für den Betriebsfall geeignete Überstromschutzeinrichtung auswählen.	**2.4, 5.1b, 8.4, 10.3**			

Für weitere Notizen:

beherrsche ich schon **muss ich noch üben** **Aufgaben habe ich gelöst**

1 Leitungsberechnung für einen Durchlauferhitzer durchführen

Im Badezimmer soll ein Durchlauferhitzer mit 21 kW, 400 V installiert werden. Die Zuleitung, eine NYM-Leitung mit einer Länge von 22 m, ist in wärmedämmendem Material verlegt.

1.1 Bestimmen Sie a) die Verlegungsart und b) den Strom in der Leitung.

a) Verlegungsart A2, da mehradrige Mantelleitung in wärmegedämmtem Material

b) $P = \sqrt{3} \cdot U \cdot I \cdot \cos\varphi$ mit $\cos\varphi = 1 \Rightarrow$

$$I = \frac{P}{\sqrt{3} \cdot U} = \frac{21\ \text{kW}}{\sqrt{3} \cdot 400\ \text{V}} = 30{,}3\ \text{A}$$

1.2 Bestimmen Sie a) den Aderquerschnitt und b) den Bemessungsstrom des LS-Schalters mithilfe von **Tabelle 1**.

Tabelle 1: Strombelastbarkeit, Umrechnungsfaktoren von Kabeln und isolierten Leitungen — vgl. DIN VDE 0298 Teil 4 (Auszug)

Bemessungswert I_r der Strombelastbarkeit von Kabeln und Leitungen (PVC-isoliert) für feste Verlegung in den Verlegearten A1, A2, B1, B2, C und E.
Bemessungsstrom I_N der Überstrom-Schutzeinrichtung in A (Leitungsschutzsicherungen gG und LS-Schalter Typ B, C und D mit einem Abschaltstrom $I_a \leq 1{,}45 \cdot I_N$)
Betriebstemperatur: 70 °C, Umgebungstemperatur: 30 °C

Verlegeart		A1		A2		B1		B2		C		E	
belastete Adern		2	3	2	3	2	3	2	3	2	3	2	3
Nennquerschnitt in mm² Cu		Bemessungswert I_r der Strombelastbarkeit von Kabeln und Leitungen in A / Bemessungsstrom I_N der zugehörigen Überstrom-Schutzeinrichtungen in A											
1,5	I_r	15,5	13,5	15,5	13	17,5	15,5	16,5	15	19,5	17,5	22	18,5
	I_N	13	13	13	13	16	13	16	13	16	16	20	16
2,5	I_r	19,5	18	18,5	17,5	24	21	23	20	27	24	30	25
	I_N	16	16	16	16	20	20	20	20	25	20	25	25
4	I_r	26	24	25	23	32	28	30	27	36	32	40	34
	I_N	25	20	25	20	32	25	25	25	35	32	40	32
6	I_r	34	31	32	29	41	36	38	34	46	41	51	43
	I_N	32	25	32	25	40	35	35	32	40	40	50	40
10	I_r	46	42	43	39	57	50	52	46	63	57	70	60
	I_N	40	40	40	35	50	50	50	40	63	50	63	50
16	I_r	61	56	57	52	76	68	69	62	85	76	94	80
	I_N	50	50	50	50	63	63	63	50	80	63	80	80
25	I_r	80	73	75	68	101	89	90	80	112	96	119	101
	I_N	80	63	63	63	100	80	80	80	100	80	100	100
35	I_r	99	89	92	83	125	110	111	99	138	119	148	126
	I_N	80	80	80	80	125	100	100	80	125	100	125	125
50	I_r	119	108	110	99	151	134	133	118	168	144	180	153
	I_N	100	100	100	80	125	125	125	100	160	125	160	125

a) NYM 5 x 10 mm²

b) $I_N = 35\ \text{A}$

1.3 Berechnen Sie den Spannungsfall an der verlegten Leitung.

$$\Delta U = \frac{\sqrt{3} \cdot I \cdot l \cdot \cos\varphi}{\gamma \cdot A} = \frac{\sqrt{3} \cdot 30{,}3\ \text{A} \cdot 22\ \text{m} \cdot 1}{56\ \frac{\text{m}}{\Omega \cdot \text{mm}^2} \cdot 10\ \text{mm}^2} = 2{,}06\ \text{V}$$

1.4 Wird der maximal zulässige Spannungsfall eingehalten?

Ja. ΔU beträgt 2,06 V. Der Spannungsfall darf bis zu 3 % von 400 V, also bis zu 12 V betragen.

2 Leitungsberechnung für einen Pumpenmotor durchführen

Der Motor einer Pumpe wird über ein 90 m langes Kabel aus NYY, das in einem Installationsrohr im Erdreich verlegt wurde, an das Drehstromnetz mit 400/230 V angeschlossen. Folgende Motordaten sind bekannt: Bemessungsleistung $P = 3$ kW, Wirkfaktor cos j = 0,78, Wirkungsgrad (Leistungsfaktor) n = 0,88.

2.1 a) Von welchen Faktoren zusätzlich zur Verlegeart hängt der Querschnitt einer Leitung ab?

Betriebsmittelstrom, Umgebungstemperatur, Häufung.

b) Warum hängt der Leiterquerschnitt von der Verlegeart der Leitung ab?

Die Verlegeart beeinflusst die Wärmeabgabe der Leitung an die Umgebung. Bei schlechter Wärmeabgabe ist ein größerer Querschnitt zu wählen.

2.2 Berechnen Sie a) die zugeführte Leistung P_{zu} und b) den Bemessungsstrom I_N des Motors.

a) $P_{zu} = \frac{P_{mech}}{\eta} = \frac{3000\ \text{W}}{0{,}88} = 3410\ \text{W}$

b) $I_N = \frac{P_{zu}}{\sqrt{3} \cdot U \cdot \cos\varphi} = \frac{3410\ \text{W}}{\sqrt{3} \cdot 400\ \text{V} \cdot 0{,}78} = 6{,}31\ \text{A}$

2.3 Berechnen Sie den Spannungsfall der Leitung in Volt für den prozentualen Spannungsfall 1,5 %.

$$U_a = \frac{u_a \cdot U_N}{100\ \%} = \frac{1{,}5\ \% \cdot 400\ \text{V}}{100\ \%} = 6\ \text{V}$$

2.4 Für welchen Bemessungsstrom und welche Auslösecharakteristik ist der Leitungsschutzschalter auszulegen?

LS C 10 A, 3-polig, Auslösekennlinie C für erhöhten Anlaufstrom wegen Pumpenbetrieb und $I_N < 10$ A.

2.5 Welcher Mindestquerschnitt ist für die Außenleiter bei einem Spannungsfall von 1,5 % vorzusehen?

$$A = \frac{\sqrt{3} \cdot I_N \cdot l \cdot \cos\varphi}{\gamma \cdot U_a} = \frac{\sqrt{3} \cdot 6{,}31\ \text{A} \cdot 90\ \text{m} \cdot 0{,}78}{56\ \frac{\text{m}}{\Omega \cdot \text{mm}^2} \cdot 6\ \text{V}} = 2{,}28\ \text{mm}^2$$

$\Rightarrow A = 2{,}5\ \text{mm}^2$

3 Leitungsberechnung für Tunnelentlüftung durchführen

Zwei Gebläsemotoren mit den Daten von **Bild 1** dienen zur Tunnelentlüftung. Die Motoren werden über getrennte Zuleitungen, die auf einer Kabelpritsche verlegt sind, von einer Unterverteilung mit dem Drehstromnetz 690/400 V versorgt. Verlegungsart E, Umgebungstemperatur 30 °C.

	Hersteller	
3 ~ Mot.	50 Hz	
690/400 V	45/78 A	
42 kW	2950 min^{-1}	cos φ 0,85
IP 44	Isol. Kl. B	S1
DIN VDE 0530		

Bild 1: Leistungsschild Gebläsemotor

3.1 Ermitteln Sie anhand des Leistungsschildes den Bemessungsstrom der Überstromschutzeinrichtung bei Anschluss der Motoren an das Drehstromnetz 400 V (**Tabelle 1, Seite 164**).

bei 400 V $\Rightarrow I_b = 78$ A, $I_N = 80$ A

3.2 Ermitteln Sie den Querschnitt der Motorzuleitungen nach DIN VDE 0298-4 anhand der Häufungsfaktoren aus **Tabelle 1 und Tabelle 1, Seite 164.**

Tabelle 1: Umrechnungsfaktoren bei Häufung von Leitungen auf Kabelpritschen

Anzahl der Leitungen	1	2	3	4	6	9
Umrechnungsfaktoren *f*						
1 Pritsche	1,0	0,87	0,82	0,80	0,79	0,78
2 Pritschen	1,0	0,86	0,81	0,78	0,76	0,73

bei einer Kabelpritsche und 2 Leitungen $\Rightarrow f = 0{,}87$

$$\Rightarrow I_r = \frac{I_Z}{f} = \frac{80\ \text{A}}{0{,}87} = 92\ \text{A}$$

Aus der Tabelle 1 für $I_r = 101$ A abgelesen: $A = 25\ \text{mm}^2$

4 Leitungsberechnung Motoranschluss überprüfen

An einer Fruchtsaftzentrifuge wird ein neuer Motor angeschlossen. Das Leistungsschild des Motors enthält folgende Angaben **(Bild 2)**.

	Hersteller	
3 ~ Mot.	50 Hz	
690/400 V	9,2/16 A	
7,5 kW	1440 min^{-1}	cos φ 0,85

Bild 2: Leistungsschild des Motors

4.1 Berechnen Sie a) die Wirkleistungsaufnahme P_{zu} und b) den Wirkungsgrad η beim Betrieb am 400-V-Drehstromnetz.

a) $P_{zu} = \sqrt{3} \cdot U \cdot I \cdot \cos\varphi = \sqrt{3} \cdot 400\ \text{V} \cdot 16\ \text{A} \cdot 0{,}85 = 9{,}4\ \text{kW}$

b) $\eta = \dfrac{P_{ab}}{P_{zu}} = \dfrac{7{,}5\ \text{kW}}{9{,}4\ \text{kW}} = 0{,}8$

4.2 Für den Anschluss der Zentrifuge an den Verteiler wird eine NYM-Leitung verwendet. Dabei ist zu beachten:
- Der Elektroinstallationskanal enthält schon drei Leitungen für andere Motoren.
- Die Umgebungstemperatur kann bis zu 30 °C betragen.

Welche Verlegungsart ist erforderlich?

Elektroinstallationskanal $\Rightarrow$ B2

4.3 Für die Ermittlung des Leiterquerschnitts werden die Umrechnungsfaktoren f_2 bei Häufung von Kabeln aus **Tabelle 1** und **Tabelle 1, Seite 164,** benötigt.

Tabelle 1: Umrechnungsfaktoren f_2 bei Häufung von Kabeln oder Leitungen auf der Wand, im Rohr oder im Kanal verlegt

Anordnung der Leitungen		Anzahl der mehradrigen Leitungen oder Anzahl der Wechsel- oder Drehstromkreise 1	2	3	4	5	6	7	8	9	10
Gebündelt direkt auf der Wand, auf dem Fußboden, im Elektroinstallationskanal oder -rohr, auf oder in der Wand		1,0	0,8	0,7	0,65	0,6	0,57	0,54	0,52	0,5	0,48
Einlagig ohne Zwischenraum auf der Wand oder auf dem Fußboden ohne Zwischenraum		1,0	0,85	0,79	0,75	0,73	0,72	0,72	0,71	0,7	0,7

Welcher Leiterquerschnitt ist erforderlich?

$f_2 = 0{,}65$ für 3 Adern und 4 Leitungen

Bei Häufung wird der Bemessungswert der Strombelastbarkeit kleiner.

$I_Z = f_2 \cdot I_r = 0{,}65 \cdot 20\ \text{A} = 13\ \text{A}$

Ist $I_Z > I_{NMotor}$? $\Rightarrow$ nein, da 13 A < 16 A

Also nächsthöheren Wert der Strombelastbarkeit wählen in **Tabelle 1, Seite 164:**

$I_r = 27$ A mit A = 4 mm²

Bemessungswert der Strombelastbarkeit neu berechnen:

$I_Z = f_2 \cdot I_r = 0{,}65 \cdot 27\ \text{A} = 17{,}55\ \text{A}$

Ist $I_Z > I_{NMotor}$? $\Rightarrow$ ja, da 17,55 A > 16 A. Also ist ein Leiterquerschnitt von 4 mm² zu wählen.

4.4 Der Zentrifugenmotor soll mit einem Motorschutzschalter gegen Überlastung geschützt werden. Auf welche Stromstärke muss der Motorschutzschalter eingestellt werden?

$I_{NMotor} = 16$ A

5 Leitungsberechnung Durchlauferhitzer ermitteln

In einer Küche soll zur Warmwasserversorgung ein Durchlauferhitzer mit einer Leistung von $P = 18$ kW angeschlossen werden. Es stehen zur Auswahl eine zusätzlich im Putz zu verlegende NYM-Leitung oder ein im Putz zu verlegendes Installationsrohr für alle Küchenleitungen. Die Leitungslänge für den Anschluss an den Hauptverteiler (Zähler) beträgt 32 m.

5.1 a) Berechnen Sie den Betriebsstrom I_b des Durchlauferhitzers.

$$P = \sqrt{3} \cdot U_N \cdot I_b \cdot \cos\varphi \Rightarrow I_b = \frac{P}{\sqrt{3} \cdot U_N \cdot \cos\varphi} = \frac{18\ \text{kW}}{\sqrt{3} \cdot 400\ \text{V} \cdot 1} = 26\ \text{A}$$

b) Bestimmen Sie den Bemessungsstrom I_N und geben Sie die Bezeichnung für den notwendigen Überstromschutz an.

$I_b \leq I_N \Rightarrow$ Gewählt: $I_N = 32$ A $\Rightarrow$ LS B 32 A 3pol

5.2 a) Was ist bei der Installation einer neu in Putz zu verlegenden NYM-Leitung für die Ermittlung des Leiterquerschnittes zu berücksichtigen?

- Umgebungstemperatur 25 °C
- Verlegeart C
- 3 stromführende Leiter
- keine Häufung
- zulässige Betriebstemperatur für NYM-Leitung 70 °C.

Für die Ermittlung von Leiterquerschnitten wird die Tabelle 1 für die Umgebungstemperatur 25 °C verwendet.

Tabelle 1: Strombelastbarkeiten für Kabel und Leitungen $\vartheta_U = 25$ °C

Nennquerschnitt in mm²	$\frac{I_r}{I_N}$ Belastbarkeit in A											
	Verlegeart, Anzahl der Strom führenden Leiter											
	A1		A2		B1		B2		C		E	
	2	3	2	3	2	3	2	3	2	3	2	3
1,5	16,5	14,5	16,5	14	18,5	16,5	17,5	16	21	18,5	23	19,5
	16	13	16	13	16	16	16	16	20	16	20	16
2,5	21	19	19,5	18,5	25	22	24	21	29	25	32	27
	20	16	16	16	25	20	20	20	25	25	32	25
4	28	25	27	24	34	30	32	29	38	34	42	36
	25	25	25	20	32	25	32	25	35	32	40	35
6	36	33	34	31	43	38	40	36	49	43	54	46
	35	32	32	25	40	35	40	35	40	40	50	40
10	49	45	46	41	60	53	55	49	67	60	74	64
	40	40	40	40	50	50	50	40	63	63	63	63

ϑ_u Umgebungstemperatur; Bemerkung: Die Tabelle gilt für Kupferleiter bei einer Betriebstemperatur von 70 °C.

b) Welcher Leiterquerschnitt ist dann unter Berücksichtigung der zulässigen Strombelastbarkeit I_z aus **Tabelle 1** zu wählen?

$I_r = I_Z = 34 \text{ A} \Rightarrow A = 4 \text{ mm}^2$

$I_b \leq I_N \leq I_Z? \Rightarrow I_b = 26 \text{ A} \leq I_N = 32 \text{ A} \leq I_Z = 34 \text{ A}$

5.3 Berechnen Sie den maximal zulässigen Spannungsfall ΔU_{max} der Leitung und den tatsächlichen Spannungsfall ΔU für den Durchlauferhitzer.

$$\Delta U_{max} = \frac{U_N \cdot 3\,\%}{100\,\%} = \frac{400 \text{ V} \cdot 3\,\%}{100\,\%} = 12 \text{ V}$$

$$\Delta U = \frac{\sqrt{3} \cdot I_N \cdot l \cdot \cos\varphi}{\gamma \cdot A} = \frac{\sqrt{3} \cdot 26 \text{ A} \cdot 32 \text{ m} \cdot 1}{56 \frac{\text{m}}{\Omega \cdot \text{mm}} \cdot 4 \text{ mm}^2} = 6{,}43 \text{ V}$$

$\Delta U = 6{,}43 \text{ V} < \Delta U_{max} = 12 \text{ V} \Rightarrow$ Querschnitt ist ausreichend.

5.4 Ist die Verlegung aller Leitungen auch im vorhandenen Installationsrohr möglich?
Beachten Sie: Im Installationsrohr liegen NYM 5 x 6 für die Kücheninstallation und NYM 3 x 4 für den Durchlauferhitzer, mit 35 A abgesichert.

Geänderte Bedingungen:

- Verlegeart B2
- Häufung $f_2 = 0{,}8$ (aus **Tabelle 1, Seite 164**)

Aus der **Tabelle 1, vorhergehende Seite:**

$I_N = 35 \text{ A}, I_r = 36 \text{ A} \Rightarrow A = 6 \text{ mm}^2$

$I_{ZHäufung} = I_r \cdot f_2 = 36 \text{ A} \cdot 0{,}8 = 28{,}8 \text{ A}$

$I_b = 26 \text{ A} \leq I_N = 35 \text{ A} \leq I_{ZHäufung} = 28{,}8 \text{ A}$

$\Rightarrow$ Bedingung nicht erfüllt, d. h., Leitungsausführung ist so nicht zulässig.

6 Leitungsberechnung Saunaanschluss durchführen

Ihr Betrieb erhält den Auftrag, in einem Kellerraum den elektrischen Anschluss einer Sauna vorzunehmen. Das Heizgerät mit $P = 10$ kW ist für das Dreiphasennetz mit 400 V ausgelegt. Die 21 m lange Zuleitung aus PVC erfolgt in einem Installationsrohr auf Putz. Es sind Umgebungstemperaturen bis 25 °C zu erwarten.

6.1 Berechnen Sie den Bemessungsstrom des Heizgerätes.

$$P = \sqrt{3} \cdot U_N \cdot I \cdot \cos\varphi \Rightarrow I = \frac{P}{\sqrt{3} \cdot U_N \cdot \cos\varphi} = \frac{10 \text{ kW}}{\sqrt{3} \cdot 400 \text{ V} \cdot 1} = 14{,}4 \text{ A}$$

6.2 Welche Verlegeart ist nach DIN VDE 0298-4 anzuwenden?

B2

6.3 Ermitteln Sie den Bemessungsstrom der Überstromschutzeinrichtung und den notwendigen Leiterquerschnitt aufgrund der Strombelastbarkeit aus der **Tabelle 1, vorhergehende Seite**:

$I_N = 16 \text{ A} \Rightarrow A = 1{,}5 \text{ mm}^2$

6.4 Wird der zulässige Spannungsfall ΔU zwischen Saunagerät und Hauptverteilung bei dem gewählten Leiterquerschnitt mit einem Leitungsschutzschalter B 16 A, 3-polig eingehalten?

$$\Delta U = \frac{\sqrt{3} \cdot I_N \cdot l \cdot \cos\varphi}{\gamma \cdot A} = \frac{\sqrt{3} \cdot 14{,}4 \text{ A} \cdot 21 \text{ m} \cdot 1}{56 \frac{\text{m}}{\Omega \cdot \text{mm}} \cdot 1{,}5 \text{ mm}^2} = 6{,}24 \text{ V}$$

$$\Delta U_{max} = \frac{U_N \cdot 3\,\%}{100\,\%} = \frac{400 \text{ V} \cdot 3\,\%}{100\,\%} = 12 \text{ V}$$

$\Rightarrow \Delta U = 6{,}24 \text{ V} < \Delta U_{max} = 12 \text{ V} \Rightarrow$ i. O.

6.5 In den Herstellerdaten wird eine Umgebungstemperatur von 40 °C angegeben, für die ein Querschnitt der Zuleitung von 2,5 mm² empfohlen wird. Prüfen Sie, ob dieser Leiterquerschnitt zu verwenden ist.

Für die Ermittlung des Leiterquerschnittes wird die **Tabelle 1** für die Umgebungstemperatur von 30 °C verwendet.

Tabelle 1: Strombelastbarkeiten für Kabel und Leitungen ϑ_U = 30 °C

Nenn-quer-schnitt in mm²	$\frac{I_r}{I_N}$ Belastbarkeit in A; Verlegeart, Anzahl der Strom führenden Leiter: A1		A2		B1		B2		C		E	
	2	3	2	3	2	3	2	3	2	3	2	3
1,5	15,5	13,5	15,5	13	17,5	15,5	16,5	15	19,5	17,5	22	18,5
	13	13	13	13	16	13	16	13	16	16	20	16
2,5	19,5	18	18,5	17,5	24	21	23	20	27	24	30	25
	16	16	16	16	20	20	20	20	25	20	25	25
4	26	24	25	23	32	28	30	27	36	32	40	34
	25	20	25	20	32	25	25	25	35	32	40	32
6	34	31	32	29	41	36	38	34	46	41	51	43
	32	25	32	25	40	35	35	32	40	40	50	40
10	46	42	43	39	57	50	52	46	63	57	70	60
	40	40	40	35	50	50	50	40	63	50	63	50

ϑ_u Umgebungstemperatur; Bemerkung: Die Tabelle gilt für Kupferleiter bei einer Betriebstemperatur von 70 °C.

Aus **Tabelle 1** für Verlegeart B und den Querschnitt A = 2,5 mm²: $\Rightarrow I_N = 20$ A

Für 40 °C gilt der Umrechnungsfaktor $f_1 = 0{,}87$

$\Rightarrow I_Z = f_1 \cdot I_r = 0{,}87 \cdot 20\,\text{A} = 17{,}4\,\text{A}$. Die Zuleitung mit 2,5 mm² ist bis 17,4 A belastbar und damit zulässig für $I_N = 16$ A

6.6 Überprüfen Sie anhand von **Tabelle 1, Seite 168** und **Tabelle 2** das Ergebnis von Teilaufgabe 6.5.

Tabelle 2: Umrechnungsfaktoren für andere Umgebungstemperaturen als 30 °C

Isolierwerkstoff	ϑ_B in °C	Umrechnungsfaktoren bei ϑ_U in °C: 10	15	20	25	30	35	40	45	50	60
Naturkautschuk, synthetischer Kautschuk	60	1,29	1,22	1,15	1,08	**1,0**	0,91	0,82	0,71	0,58	–
Polyvinylchlorid	70	1,22	1,17	1,12	1,06	**1,0**	0,94	0,87	0,79	0,71	0,5
Ethylenpropylen-kautschuk	80	1,18	1,14	1,10	1,05	**1,0**	0,95	0,89	0,84	0,77	0,63

Für Verlegeart B und den Querschnitt $A = 1{,}5\,\text{mm}^2 \Rightarrow I_N = 16$ A

Für 40 °C gilt der Umrechnungsfaktor $f_1 = \frac{0{,}87}{1{,}06} = 0{,}82$

$\Rightarrow I_Z = f_1 \cdot I_r = 0{,}82 \cdot 16\,\text{A} = 13{,}13\,\text{A}$.

Die Zuleitung mit 1,5 mm² ist nur bis 13,13 A belastbar.

$\Rightarrow$ Entsprechend Herstellerangaben muss eine Leitung mit A = 2,5 mm² verlegt werden, da $I_b = 14{,}4$ A.

7 Leitungsberechnung Hallenbeleuchtung überprüfen

Ihr Betrieb soll die ordnungsgemäße Funktion einer Hallenbeleuchtung überprüfen. Die Hallenbeleuchtung besteht aus drei Lichtbändern mit je 21 Leuchtstofflampen. Die Lichtbänder erhalten jeweils eine eigene 45 m lange Zuleitung. Die drei PVC-Mantelleitungen zu den Lichtbändern werden in einem Kabelkanal verlegt. Im Betrieb der Anlage können Umgebungstemperaturen bis zu 40 °C auftreten.

Daten einer Leuchtstofflampe: $U = 230$ V/50 Hz, $I = 0{,}7$ A und cos $\varphi = 0{,}5$.

7.1 Berechnen Sie den notwendigen Leiterquerschnitt anhand der Strombelastbarkeit für ein Lichtband und bestimmen Sie den Bemessungsstrom I_N des Leitungsschutzschalters.

Tabelle 1: Strombelastbarkeiten für Kabel und Leitungen ϑ_U = 30 °C

Nenn-quer-schnitt in mm²	$\frac{I_r}{I_N}$ Belastbarkeit in A; Verlegeart, Anzahl der Strom führenden Leiter: A1		A2		B1		B2		C		E	
	2	3	2	3	2	3	2	3	2	3	2	3
1,5	15,5	13,5	15,5	13	17,5	15,5	16,5	15	19,5	17,5	22	18,5
	13	13	13	13	16	13	16	13	16	16	20	16
2,5	19,5	18	18,5	17,5	24	21	23	20	27	24	30	25
	16	16	16	16	20	20	20	20	25	20	25	25
4	26	24	25	23	32	28	30	27	36	32	40	34
	25	20	25	20	32	25	25	25	35	32	40	32
6	34	31	32	29	41	36	38	34	46	41	51	43
	32	25	32	25	40	35	35	32	40	40	50	40
10	46	42	43	39	57	50	52	46	63	57	70	60
	40	40	40	35	50	50	50	40	63	50	63	50

ϑ_u Umgebungstemperatur; Bemerkung: Die Tabelle gilt für Kupferleiter bei einer Betriebstemperatur vom 70 °C.

Aus **Tabelle 1** und mit den Umrechnungsfaktoren: Häufungsfaktoren, für 3 Leitungen: $f_2 = 0{,}65$. Für erhöhte Umgebungstemperatur $\vartheta = 40$ °C: $f_1 = 0{,}87$. Für belastete Leiter: Verlegeart B2,

$I_B = n \cdot I_l = 21 \cdot 0{,}7\,\text{A} = 14{,}7\,\text{A} < I_N = 16\,\text{A}$

$\Rightarrow I_r = 16{,}5\,\text{A} \Rightarrow A = 1{,}5\,\text{mm}^2$

$I_Z = I_r \cdot f_1 \cdot f_2 = 16{,}5\,\text{A} \cdot 0{,}65 \cdot 0{,}87 = 9{,}33\,\text{A} < 16\,\text{A}$ zu klein

$\Rightarrow A = 2{,}5\,\text{mm}^2$ damit $I_r = 23$ A

$I_Z = I_r \cdot f_1 \cdot f_2 = 23\,\text{A} \cdot 0{,}65 \cdot 0{,}87 = 13{,}0\,\text{A} < 16\,\text{A}$

zu klein $\Rightarrow A = 4\,\text{mm}^2 \Rightarrow I_r = 30$ A

$I_Z = I_r \cdot f_1 \cdot f_2 = 30\,\text{A} \cdot 0{,}65 \cdot 0{,}87 = 16{,}97\,\text{A} > 16\,\text{A}$ zulässig

7.2 Ist der Leitungsquerschnitt ausreichend, wenn der Spannungsfall auf der PVC-Mantelleitung höchstens 3% betragen darf?

$$\Delta U = \frac{2 \cdot I_N \cdot l \cdot \cos\varphi}{\gamma \cdot A} = \frac{2 \cdot 16\,A \cdot 45\,m \cdot 0{,}5}{56\,\frac{m}{\Omega \cdot mm} \cdot 4\,mm^2} = 3{,}21\,V$$

$$\Delta U_{max} = 230\,V \cdot \frac{3\,\%}{100\,\%} = 6{,}9\,V$$

$$\Rightarrow \Delta U = 3{,}21\,V < \Delta U_{max} = 6{,}9\,V \Rightarrow \text{zulässig}$$

7.3 Warum müssen bei höheren Temperaturen bzw. Kabelhäufungen größere Leiterquerschnitte verlegt werden?

- Bei hohen Umgebungstemperaturen kann die Leitung weniger Wärme an die Umgebung abgeben.
- Bei Kabelhäufung entsteht mehr Wärme im Kabelkanal.

8 Leitungsberechnung für ein Labor prüfen

Ihre Klasse erhält vom Fachlehrer den Auftrag, die Leitungsberechnung für ein geplantes Labor zu prüfen. Elektrische Betriebsmittel am Drehstromnetz mit 400 V: 8 Labortische mit je 2,2 kVA, Raumbeleuchtung 1,2 kVA, Standbohrmaschine mit 3 kVA. Für weitere Betriebsmittel sind zwischen Hauptverteiler (Zählerschrank) und Unterverteilung 20% Reserve vorzusehen.

8.1 Berechnen Sie aus den gegebenen Daten die maximale Stromstärke.

$$S = S_1 + S_2 + S_3 = 8 \cdot 2{,}2\,kVA + 1{,}2\,kVA + 3\,kVA = 21{,}8\,kVA$$

$$S_{120\,\%} = S \cdot 1{,}2 = 21{,}8\,kVA \cdot 1{,}2 = 26{,}16\,kVA$$

$$I = \frac{S_{120\,\%}}{\sqrt{3} \cdot U} = \frac{26{,}16\,kVA}{\sqrt{3} \cdot 400\,V} = 37{,}76\,A$$

8.2 Für die Leitung zwischen Hauptverteiler und Unterverteiler ist ein eigener Kabelkanal vorgesehen. Der Betrieb erfolgt bei Umgebungstemperaturen bis $\vartheta = 30\,°C$.

a) Welche Verlegeart ist bei drei belasteten Adern zu wählen? B2

b) Welcher Querschnitt ist für die Zuleitung unter Berücksichtigung der Strombelastbarkeit zu wählen? Aus **Tabelle 1, vorhergehende Seite,** für die Strombelastbarkeit bei 30 °C :

$I_Z = 46\,A$, $A = 10\,mm_2$, $I_N = 40\,A$

$I \leq I_N \leq I_Z? \Rightarrow I = 37{,}6\,A \leq I_N = 40\,A \leq I_Z = 46\,A \Rightarrow$ zulässig

8.3 Als Wirkleistungsfaktor wird $\cos\varphi = 0{,}87$ angenommen. Der Spannungsfall ΔU zwischen Unterverteilung und Hauptverteilung darf 0,5% bei der Leitungslänge von 28 m nicht überschreiten. Berechnen Sie für den zu wählenden Leiterquerschnitt den Spannungsfall in Volt und in Prozent.

$$\Delta U = \frac{\sqrt{3} \cdot I_N \cdot l \cdot \cos\varphi}{\gamma \cdot A} = \frac{\sqrt{3} \cdot 40\,A \cdot 28\,m \cdot 0{,}87}{56\,\frac{m}{\Omega \cdot mm} \cdot 10\,mm^2} = 3{,}01\,V$$

$$\Delta u_{Ltg} = \frac{\Delta U \cdot 100\,\%}{U} = \frac{3{,}01\,V \cdot 100\,\%}{400\,V} = 0{,}75\,\%$$

$\Rightarrow$ Spannungsfall zu groß.

Abhilfe: Leiterquerschnitt vergrößern auf $A = 16\,mm^2$

$$\Rightarrow U = \frac{\sqrt{3} \cdot I_N \cdot l \cdot \cos\varphi}{\gamma \cdot A} = \frac{\sqrt{3} \cdot 40\,A \cdot 28\,m \cdot 0{,}87}{56\,\frac{m}{\Omega \cdot mm} \cdot 16\,mm^2} = 1{,}88\,V$$

$$\Delta u_{Ltg} = \frac{\Delta U \cdot 100\,\%}{U} = \frac{1{,}88\,V \cdot 100\,\%}{400\,V} = 0{,}47\,\% = 0{,}5\,\%$$

$\Rightarrow$ Spannungsfall zulässig, d. h., der Querschnitt ist ausreichend.

8.4 Welche Überstromschutzeinrichtung ist vorzusehen?

LS B40A, 3pol. Je nach weiterer Ausstattung auch LS-Typ C.

8.5 Geben Sie die vollständige Bezeichnung der zu verlegenden Leitung an.

NYM-J 5 x 16 mm²

9 Leitungsberechnung für einen Druckluftkompressor durchführen

Der Kompressormotor wird über eine Zuleitung aus H05-VV-F 3 x 1 mm² mit der Länge von 26 m betrieben. Zeitweise läuft der Motor nicht an, gleichzeitig löst der Überstromschutzschalter aus.

Motordaten: $I_N = 2{,}4\,A$, $I_a/I_N = 9/1$, $\cos\varphi_{Anlauf} = 0{,}8$. Für einen sicheren Anlauf sollte der maximale Spannungsfall ΔU 6% nicht übersteigen.

9.1 Prüfen Sie den Spannungsfall der verwendeten Leitung.

$$I_a = 9 \cdot I_N = 9 \cdot 2{,}4\,A = 21{,}6\,A$$

$$\Delta U_{Ltg} = \frac{2 \cdot I_a \cdot l \cdot \cos\varphi}{\gamma \cdot A} = \frac{2 \cdot 21{,}6\,A \cdot 26\,m \cdot 0{,}8}{56\,\frac{m}{\Omega \cdot mm} \cdot 1\,mm^2} = 16{,}04\,V$$

$$\Delta u_{Ltg} = \frac{\Delta U \cdot 100\,\%}{U} = \frac{16{,}04\,V \cdot 100\,\%}{230\,V} = 6{,}96\,\%$$

$\Rightarrow$ Der Spannungsfall übersteigt den zulässigen Wert von 6%.

9.2 Mit welchem Leitungstyp tritt der Fehler nicht mehr auf?

H07RN-F 3G 1,5 mm²

$$\Delta U_{Ltg} = \frac{2 \cdot I_N \cdot l \cdot \cos\varphi}{\gamma \cdot A} = \frac{2 \cdot 21{,}6\,A \cdot 26\,m \cdot 0{,}8}{56\,\frac{m}{\Omega \cdot mm^2} \cdot 1{,}5\,mm^2} = 10{,}7\,V$$

$$\Delta u_{Ltg} = \frac{\Delta U \cdot 100\,\%}{U} = \frac{10{,}7\,V \cdot 100\,\%}{230\,V} = 4{,}65\,\%$$

⇒ Der Spannungsfall von 6 % wird eingehalten.

9.3 Warum löst das Überstromschutzorgan aus, wenn der Motor nicht anläuft, d. h. blockiert?

Da der Motor nicht anläuft, fließt der Anlaufstrom $I_a = 21{,}6$ A ständig. Nach der Auslösezeit der thermischen Sicherung eines LS-Schalters Typ B16A oder C16A wird abgeschaltet.

10 Leitungsberechnung für eine CNC-Fräsmaschine durchführen

Sie werden beauftragt, eine CNC-Fräsmaschine an das Drehstromnetz 400V/230 V mit einer mehradrigen Leitung anzuschließen. Die Länge der Zuleitung in einer wärmegedämmten Wand vom Hauptverteiler bis zum Maschinenanschluss beträgt 42 m. Der Betrieb der Maschine erfolgt bei Umgebungstemperaturen bis $\vartheta = 25$ °C **(Tabelle 1, folgende Seite)**. Das Typenschild am Motor der Fräsmaschine enthält folgende Angaben **(Bild 1)**.

	Hersteller	
3 ~ Mot.		50 Hz
400/230 V		55/95 A
50 kW	2950 min⁻¹	cos φ 0,87
IP 44	Isol.-Kla. B	S1
DIN VDE 0530		

Bild 1: Typenschild des Asynchron-Fräsenmotors

10.1 In welcher Schaltungsart darf der Fräsenmotor an das Drehstromnetz geschaltet werden?

Die zulässige Strangspannung beträgt 230 V. Der Motor darf also nur in Sternschaltung betrieben werden, damit die Strangspannung im Drehstromnetz nicht überschritten wird.

10.2 Ermitteln Sie den Bemessungsstrom und geben Sie die notwendige Überstromschutzeinrichtung an.

$I_b = 55$ A (Bild 1) ⇒ $I_N = 63$ A ($I_b \leq I_N$)
Gewählt: 3 x LS C63A, 3-polig, Charakteristik C wegen erhöhtem Anlaufstrom bei Asynchronmotoren.

10.3 a) Welche Verlegeart ist zu wählen?

Verlegeart A2, Leitung in wärmedämmender Wand, 3 belastete Adern

b) Geben Sie die Strombelastbarkeit der gewählten Leitung anhand **Tabelle 1** an.

Tabelle 1: Strombelastbarkeiten für Kabel und Leitungen $\vartheta_U = 25$ °C

Nenn-querschnitt in mm²	A1 2	A1 3	A2 2	A2 3	B1 2	B1 3	B2 2	B2 3	C 2	C 3	E 2	E 3	F 2	F 3¹	G 3h²	G 3v²
4	28	25	27	24	34	30	32	29	38	34	42	36	–	–	–	–
	25	25	25	20	32	25	32	25	35	32	40	35	–	–	–	–
6	36	33	34	31	43	38	40	36	49	43	54	46	–	–	–	–
	35	32	32	25	40	35	40	35	40	40	50	40	–	–	–	–
10	49	45	46	41	60	53	55	49	67	60	74	64	–	–	–	–
	40	40	40	40	50	50	50	40	63	63	63	63	–	–	–	–
16	65	59	60	55	81	72	73	66	90	81	100	85	–	–	–	–
	63	50	50	50	80	63	63	63	80	80	100	80	–	–	–	–
25	85	77	80	72	107	94	95	85	119	102	126	107	139	117	155	138
	80	63	80	63	100	80	80	80	100	100	125	100	125	100	125	125
35	105	94	98	88	133	117	118	105	146	126	157	134	172	145	192	172
	100	80	80	80	125	100	100	100	125	125	125	125	160	125	160	160

Kopfzeile: $\frac{I_r}{I_N}$ Belastbarkeit in A; Verlegeart, Anzahl der Strom führenden Leiter

ϑ_u Umgebungstemperatur, Bemerkungen: Die Tabelle gilt für Kupferleiter bei einer Betriebstemperatur vom 70 °C.

$I_N = 63$ A ⇒ A = 25 mm², $I_r = I_Z = 72$ A

10.4 Berechnen Sie a) den maximal zulässigen Spannungsfall ΔU für die Zuleitung und b) ist der Wert zulässig?

a) $$\Delta U = \frac{\sqrt{3} \cdot I_b \cdot l \cdot \cos\varphi}{\gamma \cdot A} = \frac{\sqrt{3} \cdot 55\,A \cdot 42\,m \cdot 0{,}87}{56\,\frac{m}{\Omega \cdot mm^2} \cdot 25\,mm^2} = 2{,}49\,V$$

$$\Delta U_{max} = \frac{U_N \cdot 3\,\%}{100\,\%} = \frac{400\,V \cdot 3\,\%}{100\,\%} = 12\,V$$

b) $\Delta U = 2{,}49\,V < \Delta U_{max} = 12\,V$ i. O.

10.5 Geben Sie die Typenbezeichnung der verwendeten Leitung an.

Gewählt: NYM-J- 4 x 25 mm² oder NYM-J- 5 x 25 mm²

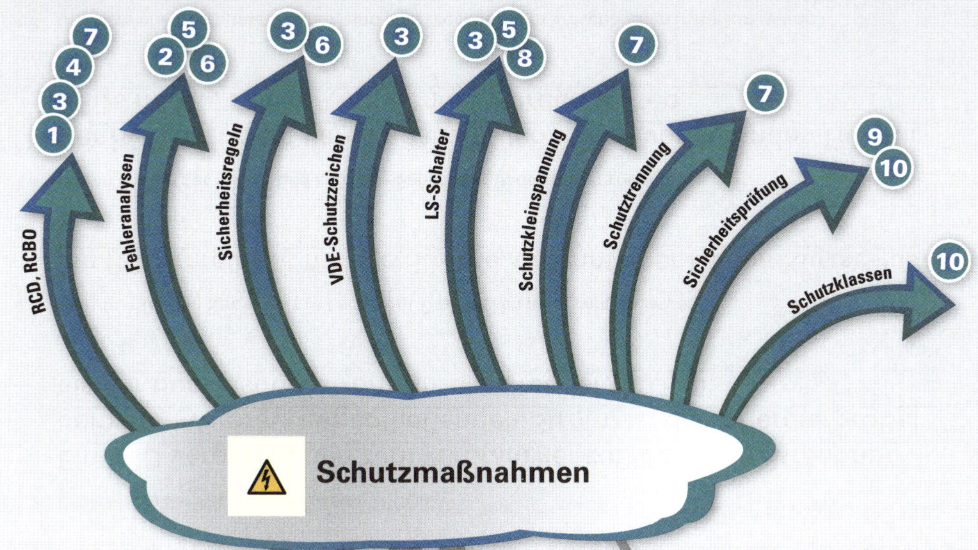

Tipps und Hinweise

- Ab 25 V AC/60 V DC ist Schutz gegen direktes Berühren erforderlich.
- Abschaltzeit im TN-System/230 V von 0,4 s muss eingehalten werden.

$$Z_s \leq \frac{U_0}{I_a}$$

- Abschaltzeit im IT-System/230 V von 0,2 s muss eingehalten werden

$$Z_s \leq \frac{U_0}{2\,I_a}$$

- Bei Schutztrennung darf nur 1 Verbraucher an Trenntransformator geschaltet werden.
- Elektrische Anlagen und Betriebsmittel müssen kontinuierlich instand gehalten werden.
- Prüfarbeiten bestehen immer aus den Teilen
  - Besichtigen
  - Erproben und Messen
  - Dokumentieren.

Schutz vor Überlast und Kurzschluss

- Schraubsicherungen
- NH-Sicherungen
- Geräteschutzsicherung
- LS-Schalter
- Motorschutzeinrichtungen

Schutz durch besondere Installationsrichtlinien

- Bäder
- Sauna
- landwirtschaftl. Betriebsstätten
- feuer-/explosionsgefährdete Betriebsstätten

Fehlerstrom-Schutzeinrichtungen

Schutzmaßnahmen nach DIN VDE 0100

- automatische Abschaltung der Stromversorgung
- doppelte oder verstärkte Isolierung
- Schutztrennung

- Schutzkleinspannung (SELV/PELV)
- zusätzlicher Schutz durch
  - RCD
  - Schutzpotenzialausgleich

Z_S Impedanz der Fehlerschleife
I_a Auslösestrom des Leitungsschutzschalters
U_0 Nennspannung Außenleiter gegen Erde

Kompetenzen im Fachgebiet Schutzmaßnahmen	Aufgaben			
Ich kann die Symbole auf einem RCD RCBO analysieren.	1.1, 4.2			
Ich kann die Funktionsweise eines RCD erläutern.	1.2, 3.3b			
Ich weiß, warum ein RCD zusätzlich abgesichert sein muss.	1.3, 2.4, 3.3a, 6.3b, 7.3a			
Ich kann den für die Anwendung geeigneten RCD auswählen.	1.4, 4.1b, 7.3b			
Ich kenne die Installationsrichtlinien für Badezimmer.	1.5			
Ich kann Netzsysteme erkennen.	2.1a			
Ich kann Fehler in Netzsystemen analysieren.	2.1b, 2.2, 2.4, 5.4a, 6.1a			
Ich kann Ströme in Fehlerstromkreisen berechnen.	2.3, 4.1a, 6.2, 6.4			
Ich kann die Auswirkungen eines Fehlerstromes auf den Menschen erläutern.	2.3d, 3.2, 6.3a–c			
Ich kann die Bedeutung der 5 Sicherheitsregeln erläutern.	3.1a, 6.1b			
Ich kann die Kenndaten eines Leitungsschutzschalters erläutern.	3.4			
Ich kann die Funktionsweise eines RCBO erläutern.	4.1c, 4.3			
Ich kann die Bedeutung der Schleifenimpedanzmessung erläutern.	5.1, 5.4b			
Ich kann Auslösekennlinien von LS-Schalter interpretieren.	5.2a, 6.3, 8.4a			
Ich kann die vorhandene Schleifenimpedanz beurteilen.	5.2b, 5.3b, 8.4b, 8.5			
Ich kann mögliche Fehler, die zum Auslösen des LS-Schalters führen, bei Schutzklasse I erläutern.	5.3a			
Ich kann die Anforderung der Schutzmaßnahmen in einem Laborraum analysieren und beurteilen.	7.1			
Ich kann die Wirkungsweise der Schutzkleinspannung erklären.	7.1b			
Ich kann die Anforderungen an NOT-AUS-Schalter erläutern.	7.2a			
Ich kenne die Farben der CEE-Steckverbindungen.	7.2b			
Ich kann die Aufgaben eines LS-Schutzschalters erläutern.	8.1, 8.2			
Ich kann die Symbole auf einem Leitungsschutzschalter analysieren.	8.3			
Ich kenne die Prüffristen für ortsveränderliche und ortsfeste Betriebsmittel.	9.1			
Ich kenne die Bedeutung der Abkürzung DGUV.	9.2			
Ich kann den Vorgang einer Geräteprüfung beschreiben und die Grenzwerte benennen.	9.3a			
Ich kenne die Unterschiede der notwendigen Messungen beim Prüfen von Geräten der Schutzklasse I und II.	9.3b			
Ich kann die Schutzart und die Schutzklasse auf einem Leistungsschild ermitteln.	10.1, 10.2			
Ich kann den Messvorgang zur Ermittlung des zulässigen Isolationswiderstandes beschreiben.	10.3			
Ich kann die Bedeutung von verschiedenen Leitungen benennen.	10.4b			
Ich kann für Verbraucher die geeigneten Leitungen auswählen.	10.4a–c			
Ich kann die Bedeutung von Sichtprüfungen und Funktionsprüfungen erläutern.	9.3, 10.5			
Ich kann die Schaltungsart eines Motors aus dem Leistungsschild ermitteln.	10.6			
Ich kann die Bedeutung von Schutzzeichen auf dem Betriebsmittel erläutern.	3.1b			

beherrsche ich schon — **muss ich noch üben** — **Aufgaben habe ich gelöst**

1 Schutzmaßnahmen mit RCD erklären

In einem Badezimmer mit Dusche müssen die Stromkreise mit einem RCD abgesichert werden **(Bild 1)**.

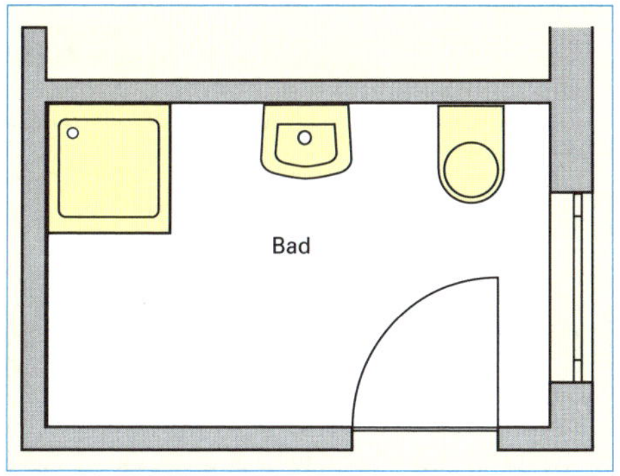

Bild 1: Grundriss Bad mit Dusche

1.1 Erklären Sie die Symbole und die Beschriftung auf dem RCD **(Bild 2)**.

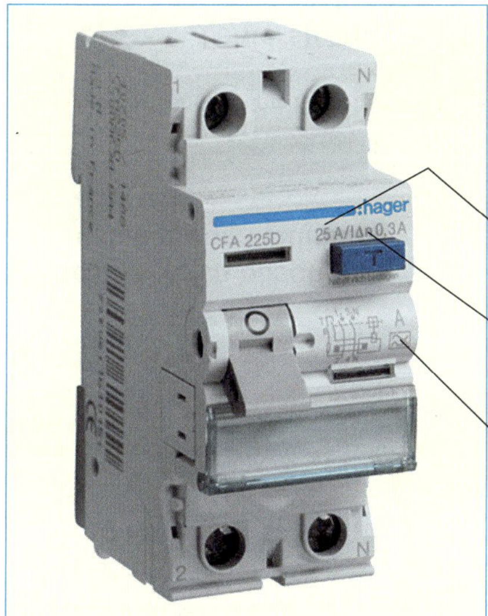

Bild 2 : Ansicht RCD-Typ D

25 A: Bemessungsstrom

$I_{\Delta N}$ 0,3 A: Bemessungsdifferenzstrom

RCD ist für Wechselstrom und pulsierende Gleichströme geeignet.

1.2 Erklären Sie die Wirkungsweise eines RCDs.

Ein RCD vergleicht den zum Verbraucher zufließenden Strom mit dem vom Verbraucher abfließenden Strom. Ist die Differenz größer als der Bemessungsstrom $I_{\Delta N}$, schaltet der RCD ab.

1.3 Warum muss ein Stromkreis mit einem RCD zusätzlich abgesichert werden?

Ein RCD vergleicht nur die Ströme, erkennt aber keinen Kurzschluss.

1.4 Prüfen Sie, ob der RCD in **Bild 2** für den Schutz des Badezimmers geeignet ist.

Der RCD darf nicht verwendet werden, da im vorliegenden Fall nur RCDs mit $I_{\Delta N} \leq 30$ mA verwendet werden dürfen.

1.5 Unter welchen Voraussetzungen kann eine Steckdose am Waschbecken installiert werden?

Der Abstand zwischen der senkrechten Fläche über der Duschwannenkante und der Steckdose ist ≥ 0,6 m.

2 Schutzmaßnahmen und Fehler analysieren

In einer elektrischen Anlage **(Bild 1)** treten der Fehler ① und der Fehler ② auf.

2.1 a) Welches Netzsystem wird in **Bild 1** dargestellt?

TN-C-System

b) Nennen Sie die Fachbezeichnungen für Fehler ① und der Fehler ②.

① Körperschluss

② Schutzleiterunterbrechung

2.2 Ein Fehlerstrom I_F entsteht, wenn eine Person mit dem Körperwiderstand R_K ein elektrisch leitendes Gehäuse mit dem Übergangswiderstand $R_ü$ berührt.

a) Ergänzen Sie in **Bild 1** den Fehlerstrom I_F und markieren Sie die beiden Fehler farbig.

b) Ergänzen Sie in **Bild 1** den Spannungspfeil für die Berührspannung U_B.

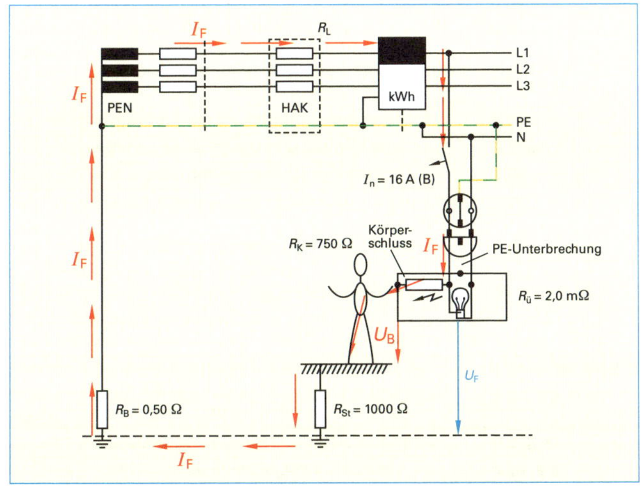

Bild 1: Fehlerstromkreis

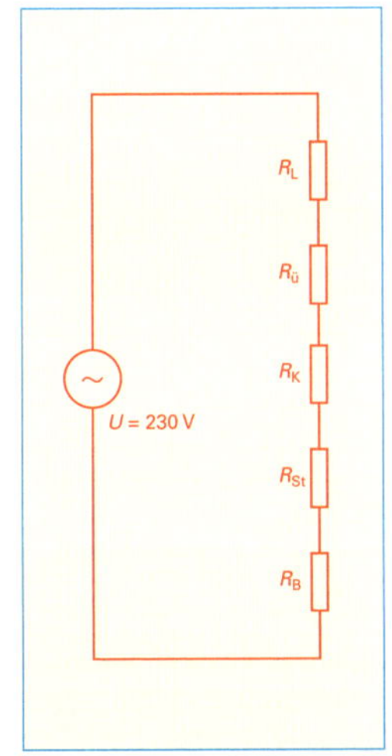

Bild 2: Ersatzstromkreis des Fehlerstroms

2.3 Die Wirkung auf den Menschen kann durch Ermittlung der Höhe des Fehlerstroms beurteilt werden.

a) Zeichnen Sie ein Ersatzschaltbild des Fehlerstromkreises **Bild 2**.

b) Berechnen Sie aus $R_L = 1{,}5\ \Omega$, $R_ü$, R_K, R_{St} und R_B den Widerstand R des Fehlerstromkreises.

$R = R_L + R_ü + R_K + R_{St} + R_B = 1{,}5\ \Omega + 0{,}002\ \Omega + 750\ \Omega + 1000\ \Omega + 0{,}5\ \Omega = 1752\ \Omega$

c) Berechnen Sie den Fehlerstrom I_F, der über den Körper fließt.

$$I_F = \frac{U}{R} = \frac{230\ V}{1752\ \Omega} = 131{,}3\ mA$$

d) Welche Auswirkungen kann ein Fehlerstrom ≥ 100 mA auf Menschen haben?

Je nach Einwirkdauer besteht die Gefahr von Herzkammerflimmern oder es kann zu einer tödlichen Stromwirkung kommen.

2.4 Ein Leitungsschutzschalter LS Typ B 16 A löst im obigen Fehlerfall nicht aus. Geben Sie Namen und Bemessungsdaten einer Schutzeinrichtung an, die im Fehlerfall wirksam abschalten kann.

Fehlerstromschutzeinrichtung RCD mit $I_{\Delta N}$ = 30 mA

3 VDE-Schutzmaßnahmen kennen

Der Meister erteilt Ihnen den Auftrag, im Badezimmer eines Kunden eine defekte Leuchte auszuwechseln.

3.1 a) Welche Sicherheitsregeln sind zu beachten und welche Tätigkeiten sind damit verbunden?

- Freischalten, LS-Schalter abschalten/Sicherung entfernen
- Gegen Wiedereinschalten sichern, z. B. Warnschild anbringen
- Spannungsfreiheit feststellen, z. B. mit dem Spannungsprüfer

b) Auf der Ersatzleuchte sehen Sie die VDE-Schutzzeichen **(Bild 1)**.

Bild 1: VDE-Schutzzeichen

Welche Bedeutung haben diese Zeichen?

① Betriebsmittel hält die VDE-Richtlinien ein.
② Funkschutzzeichen, Gerät hält die EMV-Richtlinien ein.
③ Schutzklasse II, Gerät ist schutzisoliert.
④ CE-Zeichen, Gerät entspricht den Richtlinien der EU-Verordnung.

3.2 Das Diagramm zeigt die Wirkungsbereiche bei Wechselstrom für 50 Hz auf erwachsene Personen nach DIN VDE 0140-479-1 **(Bild 2)**.

a) Geben Sie die Körperstromstärke für die Wahrnehmbarkeitsgrenze an.

I = 0,5 mA

b) Ab welcher Einwirkungsdauer ist ein Strom von 50 mA durch den menschlichen Körper lebensbedrohend?

Einwirkungsdauer ≥ 1 Sekunde

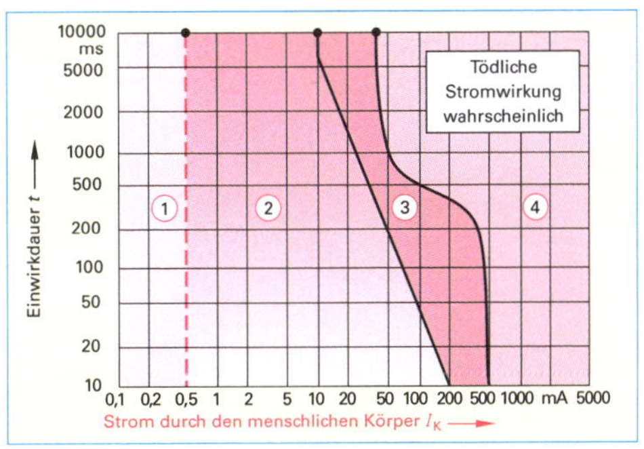

Bild 2: Wirkungsbereiche der Stromgefährdung

3.3 Beim Abschalten des LS-Schalters im Unterverteiler sehen Sie, dass der Badezimmer-Stromkreis keinen RCD enthält.

a) Erklären Sie dem Kunden die Aufgabe des LS-Schalters.

Ein LS-Schalter schützt nur die Leitung bei Überlast oder Kurzschluss.

b) Erklären Sie dem Kunden, warum zusätzlich ein RCD im Verteilerkasten eingebaut werden sollte.

Ein RCD schützt vor gefährlichen Körperströmen. Bei Strömen von $I_{\Delta N}$ = 30 mA löst der RCD z. B. in 0,2 Sekunden aus.

3.4 Im Unterverteiler sind Leitungsschutzschalter LS B 16 A eingebaut. Erklären Sie die Kennung B.

B entspricht einer bestimmten Auslösekennline, z. B. wird im Kurzschlussfall bei fünffachem Bemessungsstrom sicher ausgelöst.

4 Steckdosenstromkreise im Büro überprüfen

In einem Bürogebäude mit entsprechender IT-Ausrüstung (16 PC, 4 Drucker, 2 Kopierer usw.) löste der RCD in der Unterverteilung wiederholt aus. Es kommt zur Gesamtabschaltung. Der Unternehmer beauftragt Sie, den Fehler zu suchen und Abhilfe zu schaffen. Sie vermuten, dass die Ableitströme der Geräte die Gesamtabschaltung auslösen.

4.1 a) Prüfen Sie durch Berechnung die Summe der Ableitströme anhand **Tabelle 1**.

Tabelle 1: Ableitströme von IT-Geräten

Gerät	Ableitstrom	
	von	bis
Computer	1 mA	2 mA
Drucker	0,5 mA	1 mA
Tragbare Geräte	0,5 mA	0,75 mA
Faxgeräte	0,5 mA	1 mA
Kopierer	0,5 mA	1,5 mA
Filter	ca. 1 mA	ca. 1 mA

Summe möglicher Ableitströme: 16 · 2 mA + 4 · 1 mA + 2 · 1,5 mA = 39 mA

b) Erläutern Sie dem Unternehmer die Norm DIN VDE 0100–410 (2007-06).

Alle von Laien nutzbaren Steckdosenstromkreise mit einem Bemessungsstrom bis 20 A sind zusätzlich mit einem Fehlerstromschutzschalter mit einem Auslösestrom von $I_{\Delta N}$ = 30 mA zu schützen.

c) Für die einzelnen Stromkreise empfehlen Sie die Verwendung von RCBOs. Erklären Sie die Wirkungsweise von RCBOs.

RCBOs sind eine Kombination von RCD und LS-Schalter.

4.2 Erklären Sie die Bedeutung der folgenden Symbole auf dem RCBO (**Bild 1**).

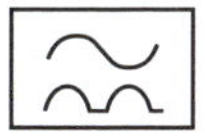	Geeignet für: Wechsel- und Pulsfehlerströme
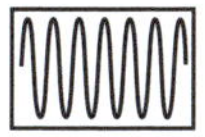	Geeignet für: Mischfrequenzen, abweichend von der Netzfrequenz
	Für Einsatz bei tiefen Temperaturen bis –25 °C
10000 / 3	10000: Ströme bis 10000 A abschaltbar 3: Energiebegrenzungsklasse, Kurzschlussstrom erreicht nicht seinen Scheitelwert

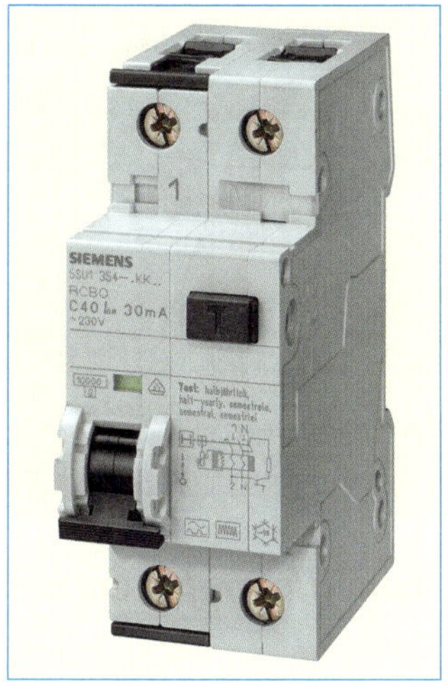

Bild 1: RCBO

4.3 Warum haben RCBOs 2 Kennlinien?

a)

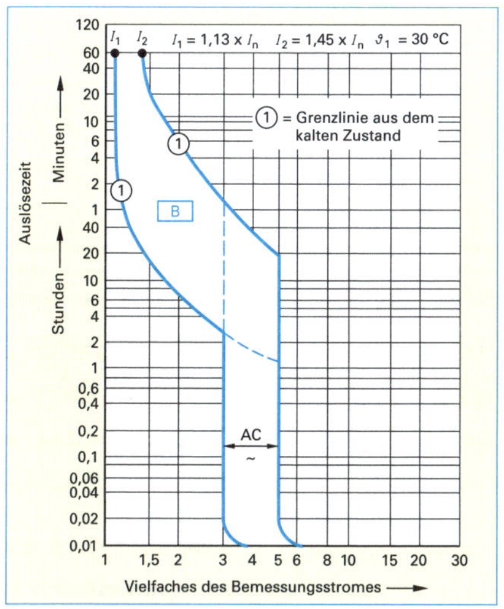

Bild 2: LS-Kennlinie

b)

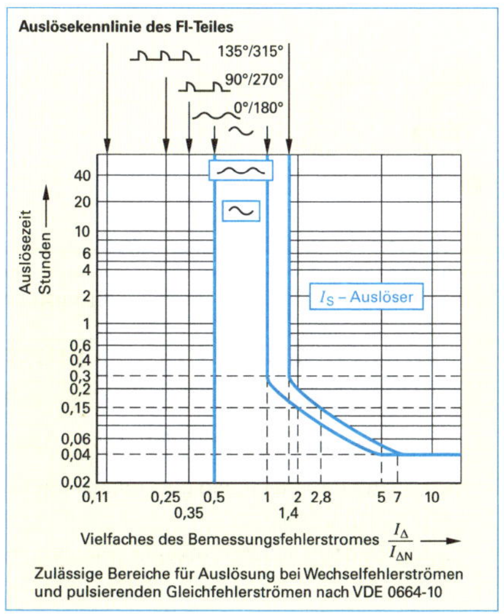

Bild 3: FI-Kennlinie

Da ein RCBO sowohl die Funktion eines Leitungsschutzschalters LS als auch die Funktion eines RCD erfüllt, müssen beide Auslösecharakteristiken angegeben werden.

5 Schutzkontaktsteckdose und Tischkreissäge überprüfen

An einer Schutzkontaktsteckdose mit AC 230 V wird eine Schleifenimpedanz von 1,9 Ω gemessen. Der Steckdosenstromkreis ist mit einem LS-Schalter TYP B 16 A abgesichert.

5.1 Welche Schutzmaßnahme kann durch die Schleifenimpedanzmessung überprüft werden?

Schutz durch automatisches Abschalten des Netzes durch eine Überstromschutzeinrichtung im TN-System.

5.2 a) Ermitteln Sie aus dem **Bild 1** Auslösecharakteristik für obigen LS-Schalter (LS Typ B 16 A) den erforderlichen Abschaltstrom I_a, für ein sicheres Abschalten spätestens nach 0,4 s.

$I_a = 5 \cdot I_N = 5 \cdot 16\text{ A} = 80\text{ A}$

b) Prüfen Sie durch Rechnung nach, ob der gemessene Wert der Schleifenimpedanz 1,9 Ω für obige Abschaltzeit ausreichend ist.

$$Z_S = \frac{2}{3} \cdot \frac{U_0}{I_a} = \frac{2}{3} \cdot \frac{230\text{ V}}{80\text{ A}} = 1{,}92\ \Omega$$

$Z_{S\text{gemessen}} \leq Z_{S\text{zulässig}}$, d. h. $1{,}9\ \Omega < 1{,}92\ \Omega$

⇒ Die Schleifenimpedanz ist ausreichend.

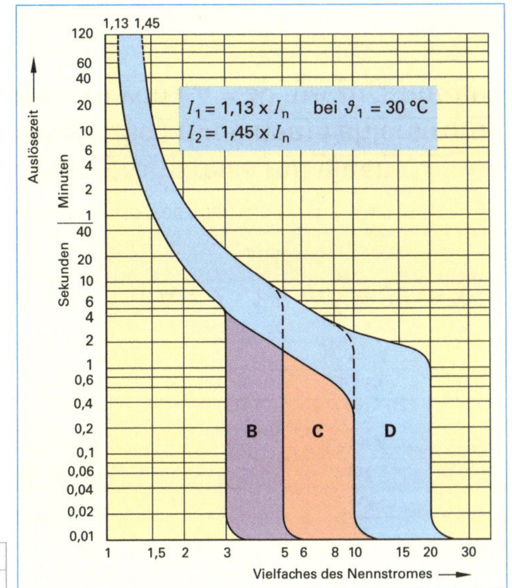

Bild 1: Auslösekennlinien für LS-Schalter

5.3 Beim Einschalten einer Tischkreissäge der Schutzklasse I an dieser Schutzkontaktsteckdose löst der LS-Schalter sofort aus.

a) Nennen Sie mögliche Fehler, die ein Auslösen bewirken können.

Körperschluss, Kurzschluss, Erdschluss

b) Welche Auswirkungen auf die Schutzmaßnahme hat eine zu große Schleifenimpedanz?

Bei zu großer Schleifenimpedanz (L-PE) ist der Strom im Kurzschlussfall zu klein, um den Leitungsschutzschalter sicher in der vorgeschriebenen Zeit auszulösen.

5.4 a) Zeichnen Sie in das Netzsystem **(Bild 1)** die Fehlerschleife ein.

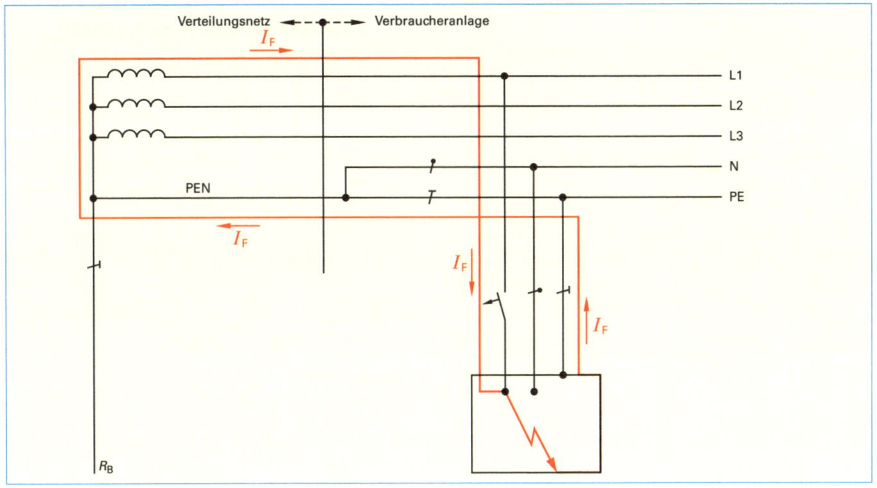

Bild 1: Stromlaufplan Netzsystem

b) Nennen Sie mindestens vier Teilwiderstände, aus denen die Schleifenimpedanz gebildet wird.

- Transformatorwicklung
- Außenleiter L1
- Anschlussklemmen
- Fehlerübergangswiderstand
- Schutzleiter
- PEN-Leiter

6 Elektrischen Unfall und VDE-Vorschriften erklären

6.1 Bei dem Versuch, einen Wackelkontakt an einer Standleuchte zu beseitigen, erhält der Wohnungsinhaber einen Stromschlag.

Fallbeschreibung:

- Die Standleuchte war in eine Schutzkontaktsteckdose eingesteckt.
- Der Steckdosenstromkreis für die Standleuchte war nur über einen LS-Schalter B 16 A abgesichert.
- Der Schutzkontaktstecker wurde für die Reparatur nicht ausgesteckt.
- Die Standleuchte wird über einen einpoligen Fußschalter geschaltet.
- Beim Öffnen des Leuchtengehäuses berührte der Wohnungsinhaber einen Leiter an der Kupferader, der sich aus der Anschlussklemme gelöst hatte.
- Der Wohnungsinhaber erhielt einen Stromschlag.

a) Erklären Sie, wie es zu dem Stromschlag kommen konnte.

- Nach DIN/VDE gibt es in Deutschland keine Festlegung, an welchen der beiden Kontakte der Schutzkontaktsteckdose Außenleiter und Neutralleiter anzuschließen sind, es gibt also mehrere Möglichkeiten des Einsteckens.
- Durch Betätigen des Fußschalters wurde der Neutralleiter, nicht der Außenleiter im Stromkreis unterbrochen.
- In der Anschlussdose der Leuchte lag die volle Netzspannung von 230 V am Leiter an, der sich gelöst hatte.
- Beim Öffnen des Leuchtengehäuses berührte der Wohnungsinhaber die spannungsführende Ader und erhielt einen lebensgefährdenden Stromschlag.

b) Welche Sicherheitsregeln für das Arbeiten an elektrischen Anlagen wurden nicht eingehalten?

Sicherheitsregel 1: Freischalten,
Sicherheitsregel 2: gegen Wiedereinschalten sichern,
Sicherheitsregel 3: Spannungsfreiheit feststellen.

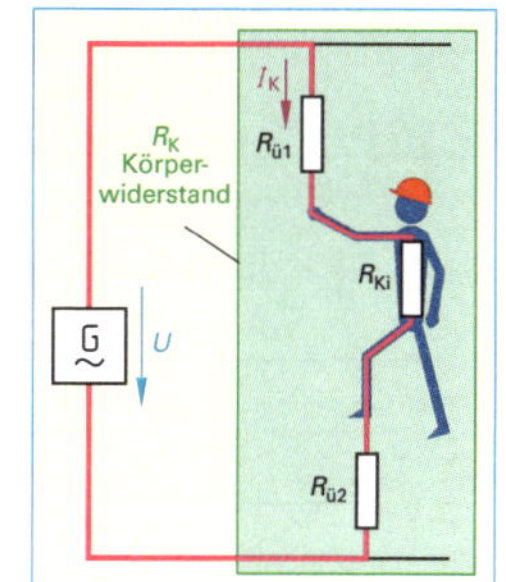

Bild 1: Körperwiderstand

6.2 Berechnen Sie den Stromfluss durch den menschlichen Körper **(Bild 1)**.
Gehen Sie von folgenden Widerstandswerten aus:
Übergangswiderstand Kupferader-Hand: $R_{ü1} = 30\ \Omega$
Körperwiderstand: $R_{Ki} = 1\ \text{k}\Omega$
Übergangswiderstand Fuß–Fußboden: $R_{ü2} = 0{,}3\ \text{k}\Omega$
Andere Widerstände sind vernachlässigbar.

$$R_K = R_{ü1} + R_{Ki} + R_{ü2} = 30\ \Omega + 1\ \text{k}\Omega + 0{,}3\ \text{k}\Omega = 1{,}33\ \text{k}\Omega$$

$$I_K = \frac{U}{R_K} = \frac{230\ \text{V}}{1{,}33\ \text{k}\Omega} = 0{,}173\ \text{A}$$

6.3 Der **Tabelle 1** können die Folgen der Einwirkungsdauer nach **Bild 2** entnommen werden

Tabelle 1: Körperreaktionen

Bereich	Körperreaktionen
AC–1	Keine Reaktion des Körpers
AC–2	Meist keine gefährliche Wirkung
AC–3	Gefahr von Herzkammerflimmern
AC–4	Tödliche Stromwirkung wahrscheinlich

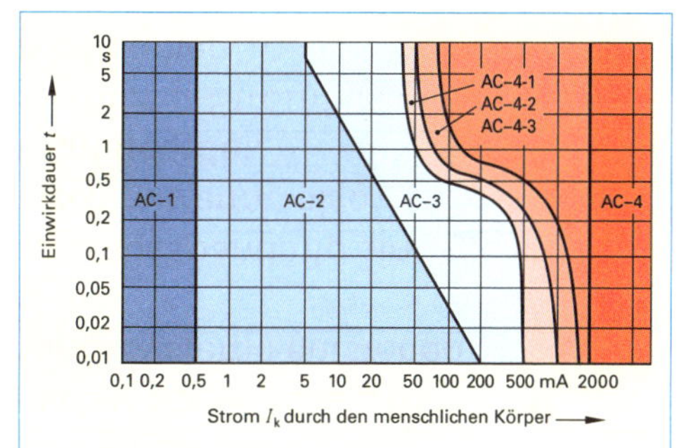

Bild 2: Wirkungsbereiche des Wechselstroms

a) Entnehmen Sie dem Diagramm **(Bild 2)** und der **Tabelle 1**, ab welcher Einwirkungsdauer eine tödliche Stromwirkung angenommen werden kann.

Einwirkungsdauer etwa 500 ms

b) Welcher zusätzliche Schutz ist nach DIN/VDE seit Juni 2007 für Steckdosen bis 20 A vorgeschrieben?

Schutz durch RCD mit $I_{\Delta N} = 30$ mA

c) Welche Reaktion zeigt ein Körper bei Anwendung des zusätzlichen Schutzes nach **Tabelle 1**?

Keine Reaktion des Körpers, da sofort abgeschaltet wird.

6.4 Die Schleifenimpedanz beträgt $Z_{Schl} = 1{,}2\ \Omega$.

a) Berechnen Sie den Fehlerstrom I_K, wenn an der Standleuchte ein Körperschluss auftritt.

$$I_K = \frac{U}{Z_{Schl}} = \frac{230\ V}{1{,}2\ \Omega} = 191{,}67\ A$$

b) Welches Abschaltverhalten zeigt der vorgeschaltete LS-Schalter?

LS-Schalter B 16 A hat $I_a = 16\ A \cdot 5 = 80\ A$. Der LS-Schalter löst in der vorgeschriebenen Zeit von 0,4 s aus, da der Abschaltstrom von 80 A weit überschritten wird.

7 Schutzmaßnahmen in einem Elektrolaborraum anwenden

In einem Berufsschulzentrum wird ein neuer Laborraum für Elektrotechnik eingerichtet. Der einzurichtende Laborraum muss in Bezug auf elektrische Schutzmaßnahmen besondere Anforderungen erfüllen. Prüfen Sie anhand des Übersichtsschaltplans **(Bild 1)**, ob diese Anforderungen erfüllt werden.

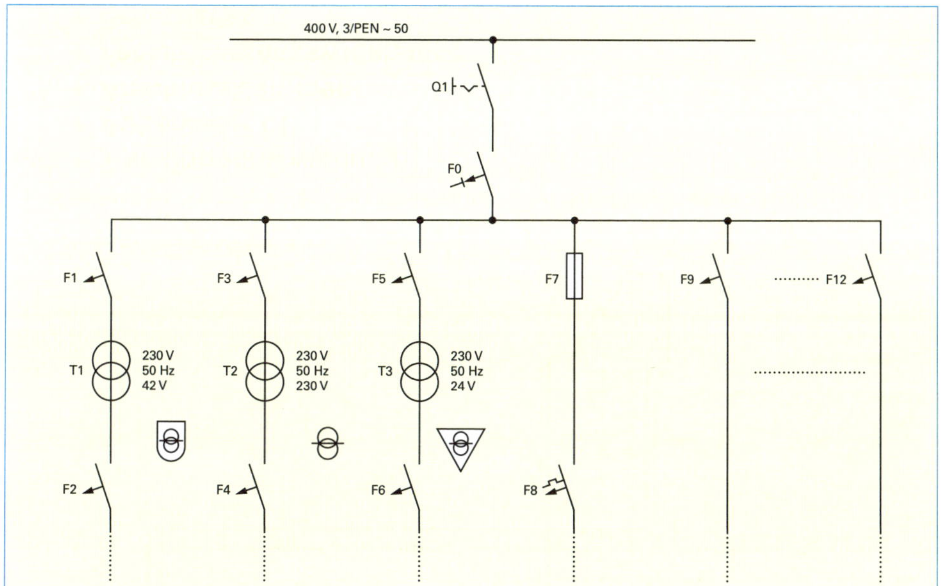

Bild 1: Übersichtsschaltplan Elektrolaborraum

7.1 a) Welche Betriebsmittel in **Bild 1** bezeichnen T1, T2 und T3?

T1: Sicherheitstransformator

T2: Trenntransformator

T3: Steuertransformator

b) Welche Schutzmaßnahmen bieten T1 und T2? Erklären Sie deren Wirkungsweise.

T1: Schutz durch Kleinspannung (SELV)

- Die Ausgangsspannung ist $U < 50\ V$ AC, d. h., es sind keine gefährlichen Berührspannungen möglich.
- Die Ausgangsseite ist nicht geerdet und auch nicht mit anderen Spannungssystemen verbunden.

⇒ Es kann somit kein gefährlicher Stromfluss gegen Erde oder gegen andere Spannungssysteme entstehen.

T2: Schutz durch Schutztrennung

- Eingangsspannung und Ausgangsspannung sind gleich,
- die Wicklungen sind galvanisch getrennt, also
- die Ausgangswicklung ist nicht geerdet.

⇒ Im Fehlerfall kann kein gefährlicher Stromfluss über Erde oder andere Verbindungen entstehen.

7.2 In die Labortische werden NOT-AUS-Schalter und CEE-Steckverbindungen für Wechselspannungen bis 50 V, 230 V und 230/400 V eingebaut.

a) Welche Anforderungen müssen NOT-AUS-Schalter erfüllen?

- Sie müssen leicht zugänglich und ständig verfügbar sein.
- Sie müssen bei Betätigung unverzögert abschalten.
- Nach der Betätigung müssen sie einrasten.
- Wiedereinschalten nur von Befugten, z. B. mit einem Schlüsselschalter.
- deutlich erkennbar.

b) Welche Kennfarben müssen die CEE-Steckverbindungen für 230 V und 400 V aufweisen?

230 V: Blau   400 V: Rot

7.3 Die Labortische werden durch je einen RCD geschützt.

a) Warum ist zusätzlich ein LS-Schalter vorzusehen?

Ein RCD ist kein Schutz bei Überlast oder Kurzschluss.

b) Welcher RCD-Typ ist zu verwenden, wenn im Labor z. B. auch Versuche mit Frequenzumrichtern und Dimmern durchgeführt werden sollen?

RCD-Typ B. Er schützt bei Wechselfehlerströmen, pulsierenden Gleichfehlerströmen und glatten Gleichfehlerströmen.

8 LS-Schalter installieren

8.1 Welche Aufgaben haben LS-Schalter?

- LS-Schalter schützen Leitungen und Anlagen gegen Überlastung und Kurzschluss.
- Sie können nach dem Auslösen wieder eingeschaltet werden.

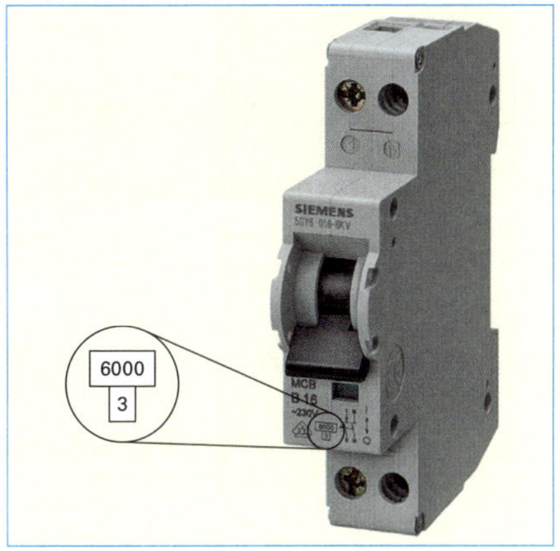

Bild 1: LS-Schutzschalter

8.2 Erklären Sie die beiden Auslösefunktionen des LS-Schalters.

- Thermischer Auslöser (mit Bimetall) schützt gegen Überlast.
- Elektromagnetischer Auslöser schützt gegen Kurzschluss.

8.3 Auf dem LS-Schalter sind folgende Symbole angebracht **(Bild 1)**. Erklären Sie diese Angaben.

[6000] Bemessungsschaltvermögen, d. h., der LS-Schalter kann Ströme bis 6000 A abschalten.

[3] Energiebegrenzungsklasse, d. h. stärkste Energiebegrenzung. Die Ausschaltzeit ist so kurz, dass ein Kurzschlussstrom seinen Scheitelwert nicht erreicht.

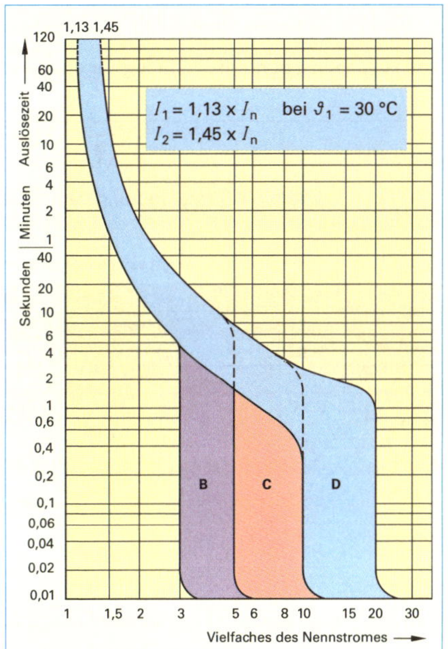

Bild 2: Auslösekennlinie

8.4 **Bild 2** zeigt die Auslösekennlinien eines LS-Schalters vom Typ B 16 A. Nach VDE 0100-410 ist im TN-Netz eine Abschaltzeit von 0,4 s gefordert.

a) Bestimmen Sie den Strom, der fließen muss, damit der LS-Schalter innerhalb der geforderten Zeit sicher auslöst.

$I_a = 5 \cdot I_N = 5 \cdot 16\text{ A} = 80\text{ A}$

b) Der LS-Schalter sichert einen Stromkreis mit einer Schleifenimpedanz von 3 Ω ab. Wird der LS-Schalter bei einem Körperschluss sicher abschalten?

$I_K \leq \dfrac{U_0}{Z_S} = \dfrac{230\text{ V}}{3\,\Omega} = 76{,}67\text{ A} \Rightarrow I_K < I_a \Rightarrow$ Abschalten nicht sicher

8.5 Nennen Sie Gründe für die Schleifenimpedanz von 3 Ω.

- große Übergangswiderstände, z. B. Klemmenschrauben,
- Leiterquerschnitt zu klein,
- Leiterlänge zu groß.

9 Sicherheitsüberprüfung durchführen

In einem Metall verarbeitenden Betrieb müssen die elektrischen Geräte auf ihre Sicherheit überprüft werden. Sie erhalten vom Meister eine Betriebsmittelliste **(Tabelle 1)** und werden mit der Durchführung der Prüfung beauftragt.

9.1 Ergänzen Sie in der folgenden **Tabelle 1** die DIN VDE-Normen, die Art der Prüfung und die Prüffristen gemäß DGUV Vorschrift 3.

Tabelle 1: Betriebsmittelliste Metallwerkstatt

Betriebsmittel	Nummer der DIN-VDE-Norm, Prüfart	Prüffrist gemäß DGUV 3
Handbohrmaschine Trennschleifer Heizgerät SK I	DIN VDE 0702, Wiederholungsprüfung für ortsveränderliche Betriebsmittel	alle 6 Monate
Ständerbohrmaschine, fest angeschlossen	DIN VDE 0105-100, Wiederholungsprüfung für ortsfeste Betriebsmittel	alle 4 Jahre

9.2 Welche Bedeutung hat die Abkürzung DGUV?

Die DGUV Vorschrift 3 löst die frühere BGV A3 ab. DGUV steht für Deutsche Gesetzliche Unfallversicherung. Die DGUV ist der Spitzenverband der gewerblichen Berufsgenossenschaften und der Unfallkassen.

9.3 Geben Sie die Prüfungspunkte in der richtigen Reihenfolge an und führen Sie die einzuhaltenden Messwerte auf.

a) Schutzisolierte Handbohrmaschine:

- Sichtprüfung, z. B. Schäden am Gehäuse, Zustand der Anschlussleitung und der Steckverbindung, Zugentlastung, Lesbarkeit der Aufschriften
- Messen des Isolationswiderstandes für SK II: $R_{iso} \geq 2\text{ M}\Omega$
- Messen des Berührstromes für SK II: $I_B \leq 0{,}5\text{ mA}$
- Funktionsprüfung
- Prüfen der Aufschriften, Korrektheit der Daten.
- Prüfprotokoll erstellen, d. h. Messwerte aufnehmen, Dokumentation erstellen

b) Heizgerät der Schutzklasse I mit einer Leistung von 2 kW:

- Sichtprüfung, z. B. Schäden am Gehäuse, Zustand der Anschlussleitung und der Steckverbindung, Zugentlastung, Lesbarkeit der Aufschriften
- Prüfen des Schutzleiterwiderstands der Anschlussleitung:
  $\leq 5\text{ m} \Rightarrow R_{SL} \leq 0{,}3\,\Omega$
  $\geq 5\text{ m} \Rightarrow R_{SL} = 0{,}3\,\Omega + 0{,}1\,\Omega$ je weitere 7,5 m

- Messen des Isolationswiderstandes für SK I: $R_{iso} \geq 0{,}3$ MΩ
- Messen des Schutzleiterstromes, falls der notwendige Isolationswiderstand für Heizgeräte bis 3,5 kW nicht erreicht wurde: $I_{SL} \leq 3{,}5$ mA
- Funktionsprüfung
- Prüfen der Aufschriften
- Prüfprotokoll erstellen, d. h. Messwerte aufnehmen, Dokumentation erstellen

10 Geräteprüfung nach DIN VDE 701-702 durchführen

In einer Biogasanlage wird in den Faulturm mit einem Kompressor Luft eingeblasen. Der Kompressor wird von einem Drehstromasynchronmotor (DASM) mit den Daten von **Bild 1** angetrieben.

Der Schutzleiter ist am Gehäuse des Motors angeschlossen. Im Rahmen der vorbeugenden Wartung wurden die Kugellager am Motor gewechselt. Nach der Instandsetzung muss eine Prüfung nach DIN VDE 0701-702 durchgeführt werden.

Hersteller xxx1		
3 ~		Nr. yyy1
230 V/400 V		2,4 A/4,2 A
1,1 kW	S1	cos φ 0,78
	1425 1/min	50 Hz
Isol.-Klasse: F	IP 44	15 kg
DIN VDE 0530 Teil 1		

Bild 1: Leistungsschild des DASM

10.1 Geben Sie Schutzklasse und Schutzart sowie die entsprechenden Symbole für den Motor an.

Schutzklasse 1  Schutzart IP 44 

10.2 Ist der Motor mit Schutzart IP 44 ausreichend geschützt, wenn im Raum Stäube und Kondenswasser auftreten können?

Nein, da
1. Ziffer 4: Motor hat Schutz gegen Fremdkörper ≥ 1 mm ∅, für staubgeschützt mindestens IP 5
2. Ziffer 4: Motor ist gegen Spritzwasser geschützt.

10.3 Beschreiben Sie den Prüfablauf für die Isolationsmessung und geben Sie den zulässigen Isolationswiderstand an.

- Betriebsspannung ist ausgeschaltet
- Messpannung von 500 V DC anlegen
- am Klemmbrett zwischen allen Wicklungsanschlüssen und dem Gehäuse messen

Für Schutzklasse I gilt: $R_{iso} \geq 1$ MΩ.

10.4 Bei der Sichtkontrolle der flexiblen Leitung zwischen Motorschutzschalter und Motor stellen Sie leichte Beschädigungen am Mantel fest, die einen Austausch erforderlich machen. Im Lager ist eine Leitung mit der Bezeichnung H07RN-F vorrätig.

a) Welche Anzahl an Adern ist für den Anschluss des Motors mindestens notwendig?

4 Adern

b) Was bedeutet die Bezeichnung H07RN-F?

H: harmonisierte Leitung
07: Bemessungsspannung 450/750 V
R: Isolierwerkstoff Kautschuk
N: Mantelwerkstoff Polychloroprenkautschuk
F: flexible Leitung, feindrähtig

c) Ist diese Leitung als Zuleitung für den Motor geeignet?

Ja, sie ist für mittlere mechanische Beanspruchungen und für trockene, feuchte und nasse Räume und auch im Freien zugelassen.

10.5 Die Anlage soll nach Beendigung der Wartungsarbeiten wieder in Betrieb genommen werden. Welche Prüfungen nehmen Sie vor?

- Sichtprüfung: zum Erkennen offen ersichtlicher Mängel, z. B. der Leitungen, Abdeckungen, Steckverbindungen, Zugentlastung.
- Funktionsprüfung: Die Anlage wird umfassend auf ihre ordnungsgemäße Funktion z. B. der Schalter, der Sicherheitseinrichtungen und besonderer Anweisungen geprüft.

10.6 In welcher Schaltungsart wird der Motor an das 400-V-Drehstromnetz angeschlossen und welcher Strom fließt in jedem Außenleiter?

Die Wicklungsstränge des Motors sind für 230 V ausgelegt. Der Motor wird mit Sternschaltung angeschlossen, gemäß Leistungsschild fließen in jedem Außenleiter 2,4 A.

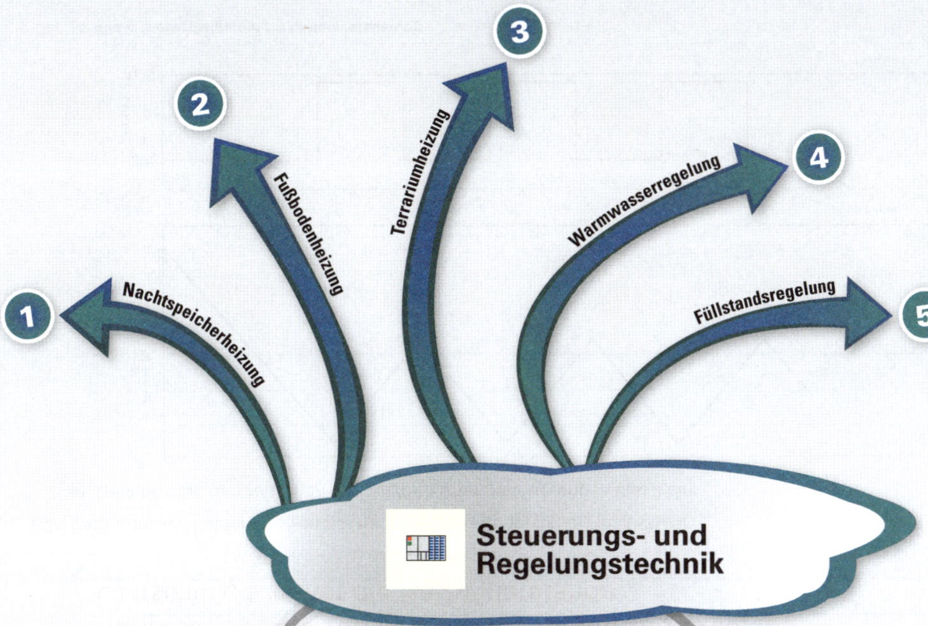

Blockschaltbild

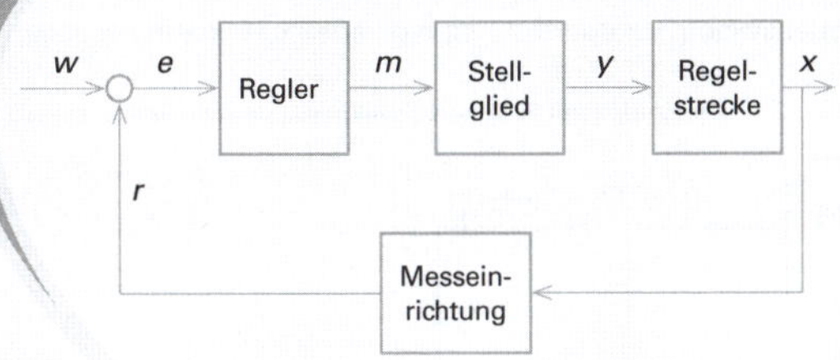

Regelungstechnische Größen

w Führungsgröße
x Regelgröße
r Rückführgröße
m Reglerausgangsgröße
y Stellgröße
e Regeldifferenz
z Störgröße

Tipps und Hinweise

- Steuerungen haben einen offenen Wirkungsablauf.
- Regelungen haben einen geschlossenen Wirkungskreislauf.
- Bei Regelstrecken muss das statische Verhalten (Endwert der Regelgröße) und das dynamische Verhalten (zeitlicher Verlauf der Regelgröße) nach Änderung der Stellgröße unterschieden werden.
- bei Heizungsregelungen Verzugszeit beachten.
- Regeleinrichtung besteht aus Messeinrichtung, Stellglied und Regler.

Kompetenzen im Fachgebiet Steuerungs- und Regelungstechnik	Aufgaben			
Ich kann ein Blockschaltbild einer Nachtspeicherheizung analysieren.	1.1			
Ich kann ein Steuerdiagramm einer Lüftersteuerung zeichnen.	1.2a			
Ich kann einen Zweipunktregler erläutern.	1.2b, 2.2, 3.2d, 4.4, 5.1b			
Ich kann einem regelungstechnischen Anwendungsfall die genormten regelungstechnischen Begriffe zuordnen.	1.3, 3.1c, 4.2, 5.2			
Ich kann einen Wirkungsplan oder ein Blockschaltbild einer Regelung verstehen.	1.3b, 3.1b, 4.2, 5.2			
Ich kann eine Fußbodenheizung entsprechend der Anwendung berechnen.	2.1			
Ich kann den Unterschied zwischen Steuerung und Regelung erläutern.	3.1a, 4.1			
Ich kann einen Temperatursensor analysieren.	3.2a–b, 4.2e			
Ich kenne den Unterschied zwischen einer stetigen und unstetigen Regelung.	3.2c, 5.1a			
Ich kann die Ausgangssignale im Regelkreis verstehen und skizzieren.	1.2a, 4.3, 5.3, 5.4			

Für weitere Notizen:

 beherrsche ich schon  muss ich noch üben  Aufgaben habe ich gelöst

1 Eine Nachtspeicherheizung überprüfen

Ein Raum einer Einliegerwohnung wird mit einer Nachtspeicherheizung beheizt. Sie erhalten vom Meister den Auftrag, die Anlage anhand des Blockschaltbildes **(Bild 1)** zu überprüfen.

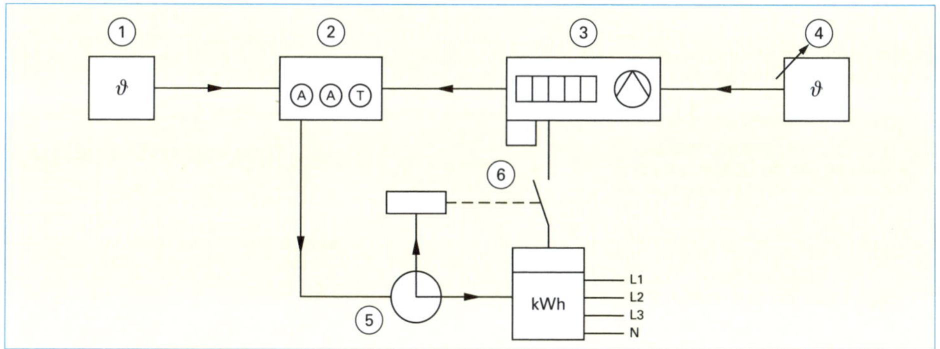

Bild 1: Blockschaltplan einer Nachtspeicherheizung mit kWh-Zähler

1.1 Welche Funktionen haben die Baugruppen im Blockschaltbild?

① Temperaturfühler
② Steuergerät
③ Speicherheizgerät
④ Raumthermostat
⑤ Rundsteuerrelais von Netzbetreiber oder Schaltuhr
⑥ Lastschütz, schaltet die Heizwiderstände

1.2 Der Lüfter wird abhängig von der Raumtemperatur gesteuert (EIN–AUS).

a) Zeichnen Sie den zeitlichen Verlauf der Lüfteransteuerung in **Bild 2** ein.

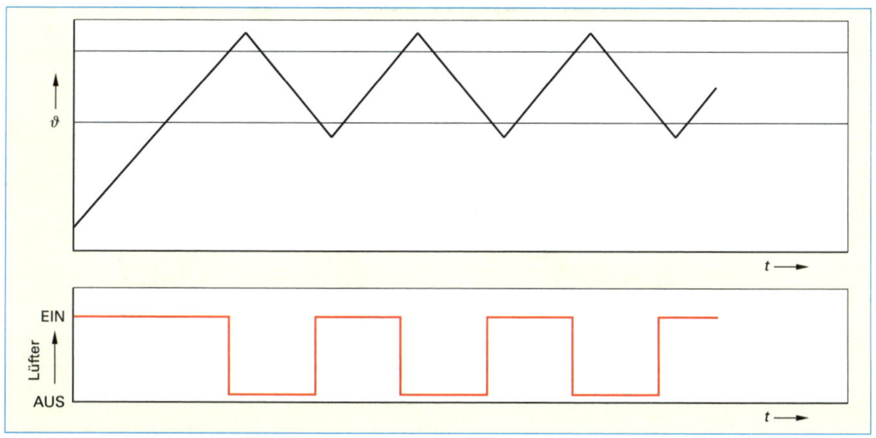

Bild 2: Steuerdiagramm zur Lüfteransteuerung

b) Welche Reglerart wird hier verwendet?

Zweipunktregler

1.3 a) Ergänzen Sie in **Tabelle 1** die Begriffe und Formelzeichen.

Tabelle 1: Regeltechnische Begriffe

Art, Größe	Begriff	Formelzeichen
Raumtemperatur	Regelgröße	x
Raumtemperaturregler	Regler	–
Speicherofen	Stellglied	–
Eingestellte Temperatur am Raumtemperaturregler	Führungsgröße	w
Öffnen eines Fensters	Störgröße	z
Einliegerwohnraum	Regelstrecke	–

b) Ergänzen Sie den Wirkungsplan der Heizungsregelung **(Bild 1)** anhand von **Tabelle 1.**

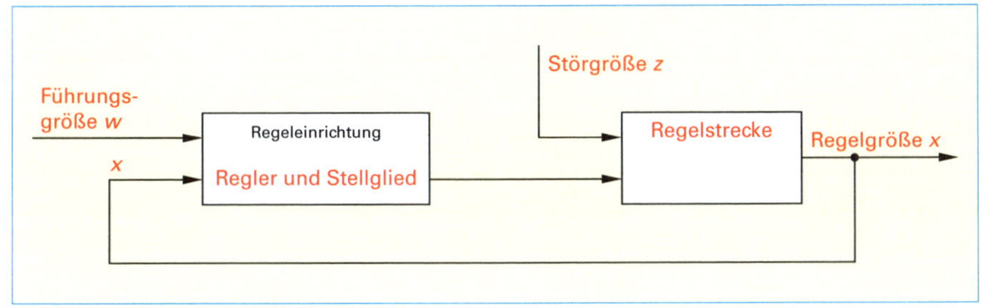

Bild 1: Wirkungsplan der Heizungsregelung

2 Fußbodenheizung mit Temperaturregelung auswählen

Bei dem Neubau eines Fitnessstudios wird im Ruheraum eine elektrische Fußbodenheizung installiert.

2.1 Der Raum hat die Maße 3 m x 5 m. Für die Berechnung wird der Temperaturwert für ein Bad angenommen.

a) Ermitteln Sie den überschlägigen Wärmebedarf in Watt für den Raum mit der Wärmebedarfstabelle **(Tabelle 2).**

Tabelle 2: Wärmebedarfsermittlung für Fußbodenheizung

Überschlägiger Wärmebedarf differenziert nach Einsatzzweck
Watt pro m² je nach Isolierung und Fensteranteil

Raum	Altbau	Neubau	Fertighaus	Niedrigenergiehaus
Keller	60	60	60	50
Hobbyraum	100	85	80	45
Wohnen	130	80	70	45
Essen	120	80	70	45
Kochen	100	65	50	40
Arbeiten	120	80	70	45
Diele/WC	80	55	50	40
Schlafen	80	65	60	40
Kind	130	80	70	50
Bad	150	110	90	60

Diesen Angaben liegt eine Raumhöhe von 2,65 m zugrunde.

$A = 15\ m^2, \quad P = A \cdot \frac{P}{m^2} = 15\ m^2 \cdot 110\ \frac{W}{m^2} = 1650\ W$

b) Wählen Sie aus dem Datenblatt der Heizmatte **(Bild 1)** eine geeignete Heizung aus.

THERMO BODEN, spezifische Leistung 160 W/m², Verlegebreite 30 cm						
Modell	Fläche m²	Länge m	Leistung W	Strom A	Widerstand Ω	Verbrauch für 1 Betriebsstunde in kWh*
TBSTC 30 160/1,5	1,0	3,3	160	0,7	331	0,16
TBSTC 30 160/1,5	1,5	5,0	240	1,0	220	0,24
TBSTC 30 160/2	2,0	6,7	320	1,4	166	0,32
TBSTC 30 160/3	3,0	10,0	480	2,1	110	0,48
THERMO BODEN, spezifische Leistung 160 W/m², Verlegebreite 50 cm						
Modell	Fläche m²	Länge m	Leistung W	Strom A	Widerstand Ω	Verbrauch für 1 Betriebsstunde in kWh*
TBSTC 50 160/4	4,0	8,0	640	2,8	81	0,64
TBSTC 50 160/5	5,0	10,0	800	3,5	66	0,80
TBSTC 50 160/6	6,0	12,0	960	4,2	55	0,96
TBSTC 50 160/7	7,0	14,0	1120	4,9	47	1,12
TBSTC 50 160/8	8,0	16,0	1280	5,6	41	1,28
THERMO BODEN, spezifische Leistung 120 W/m², Verlegebreite 50 cm						
Modell	Fläche m²	Länge m	Leistung W	Strom A	Widerstand Ω	Verbrauch für 1 Betriebsstunde in kWh*
TBSTC 50 120/1	1,0	2,0	120	0,5	441	0,12
TBSTC 50 120/1,5	1,5	3,0	180	0,8	294	0,18
TBSTC 50 120/2	2,0	4,0	240	1,0	220	0,24
TBSTC 50 120/3	3,0	6,0	360	1,5	147	0,36
TBSTC 50 120/4	4,0	8,0	480	2,1	110	0,48
TBSTC 50 120/5	5,0	10,0	600	2,8	88	0,60
TBSTC 50 120/6	6,0	12,0	720	3,1	73	0,72
TBSTC 50 120/7	7,0	14,0	840	3,7	63	0,84
TBSTC 50 120/8	8,0	16,0	960	4,2	55	0,96

Toleranz für Widerstandswerte +10 %/–5 %; auf Strom- und Leistungswerte gelten für Anschlussspannung 230 V.
Die in der obigen Tabelle aufgeführten Werte dienen lediglich der Orientierung. * Maximalwerte während der Aufheizphase.
Bild 1: Daten von Heizmatten

Typ TBS TC50 120/1,5

c) Wie viele Heizmatten werden für eine vollständige Bodenabdeckung benötigt?

n = 10 Heizmatten zu 3 m x 0,5 m

d) Berechnen Sie die täglichen Kosten für die Heizung, wenn sie 2 Stunden am Tag betrieben wird (Stromkosten $0{,}32\,\frac{€}{kWh}$)

$$K = W \cdot Preis = P \cdot t \cdot Preis = 10 \cdot 180\,W \cdot 2\,h \cdot 0{,}32\,\frac{€}{kWh} = 1{,}15\,€$$

2.2 Nach dem Einschalten der Heizung wird der Temperaturverlauf aufgezeichnet. Der Kennlinienschreiber zeigt folgendes Diagramm **(Bild 2)**.

a) Welcher Regler zeigt dieses Reglerverhalten?

Zweipunktregler

b) Entnehmen Sie dem Diagramm die niedrigste und die höchste Raumtemperatur.

Niedrigste Temperatur: 20 °C

Höchste Temperatur: 24 °C

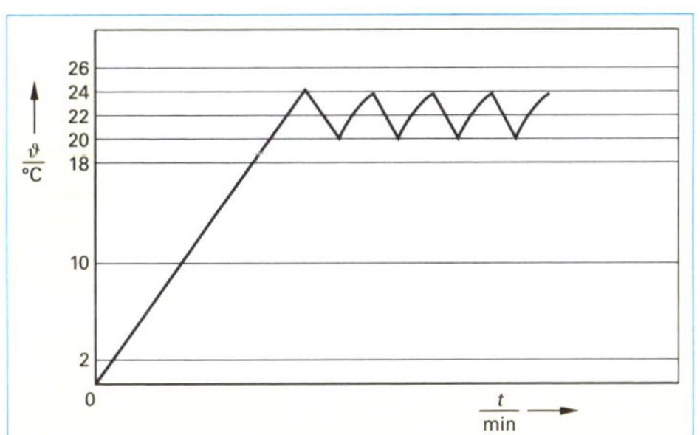

Bild 2: Temperaturverlauf der Regelung

c) Welche Bezeichnung aus der Regelungstechnik wird für den Temperaturunterschied verwendet?

Schalthysterese

d) Welche mittlere Temperatur stellt sich im Raum ein?

22 °C

e) Wie wird diese Temperatur regelungstechnisch bezeichnet?

Führungsgröße w

3 Terrariumheizung analysieren

3.1 In einem Terrarium soll mit einer Regelung eine konstante Temperatur eingestellt werden.

a) Erklären Sie den Unterschied zwischen Steuerung und Regelung anhand von je zwei Beispielen.

Steuerung:

Wirkungskette (ohne Rückwirkung), Störungen wirken direkt auf die Steuerung ein.

Regelung:

Geschlossener Wirkungskreis, Rückführung der Ausgangsgröße auf den Eingang, Störgrößen werden ausgeregelt.

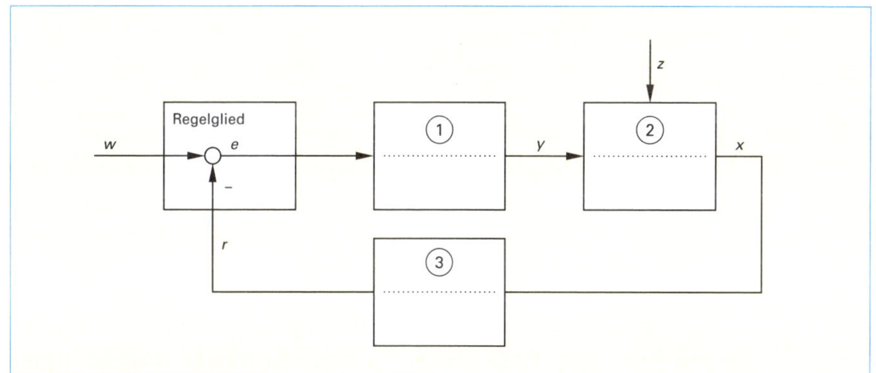

Bild 1: Baugruppen eines Regelkreises

b) Benennen Sie die im Blockschaltbild fehlenden Begriffe des Regelkreises **(Bild 1)**.

① Stellglied ② Regelstrecke ③ Messeinrichtung

c) Ergänzen Sie in **Tabelle 1** die fehlenden regelungstechnischen Begriffe und Formelzeichen.

Tabelle 1: Begriffe der Regelungstechnik und Kennbuchstaben					
Führungsgröße	Regelgröße	Regeldifferenz	Stellgröße	Störgröße	Rückführgröße
w	x	e	y	z	r

3.2 Zur Temperaturerfassung wird ein Temperatursensor in einer Brückenschaltung **(Bild 1)** verwendet.

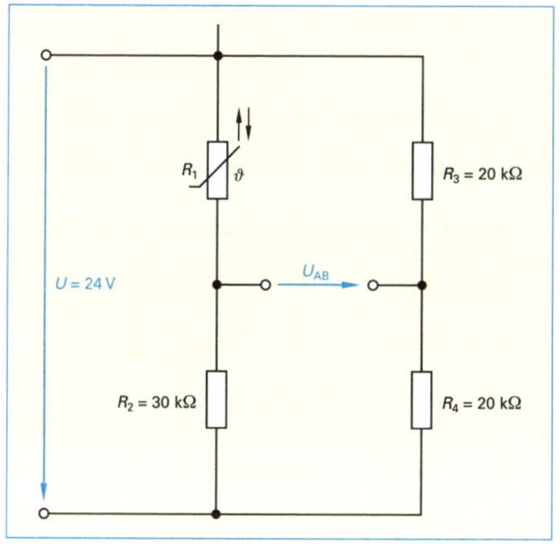

Bild 1: Brückenschaltung

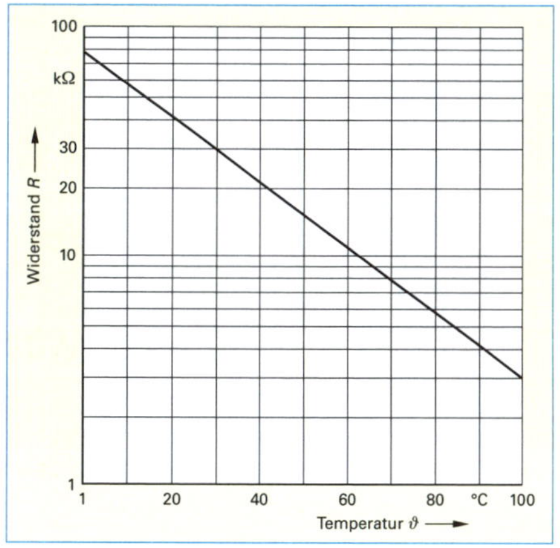

Bild 2: Kennlinie des Sensors

a) Um welches Bauelement handelt es sich bei R_1?

Heißleiter oder NTC

b) Entnehmen Sie der Kennlinie des Temperatursensors **(Bild 2)** den Widerstandswert für die abgeglichene Brücke.

Für $R_3 = R_4$ und $R_1 = R_2$ ist die Brücke abgeglichen, also
$U_{AB} = 0\,\text{V} \Rightarrow \vartheta = 30\,°\text{C}$.

c) Wodurch unterscheiden sich stetige und unstetige Regelung?

Stetige Regelung:

Die Stellgröße kann im Stellbereich jeden Wert annehmen.

Unstetige Regelung:

Die Stellgröße kann nur bestimmte Werte annehmen.

d) Wie kann ein Zweipunktregler realisiert werden?

Schmitt-Trigger-Schaltung, Bimetallregler

4 Warmwasserregelung analysieren

In einem Warmwasserbereiter regelt ein Zweipunktregler die Temperatur auf den Sollwert von 45 °C.

4.1 Erklären Sie den Unterschied zwischen Steuern und Regeln.

Steuern:

Offener Wirkungsablauf, keine Rückwirkung auf das Steuergerät, Störgrößen wirken ungehindert auf Steuerung ein.

Regeln:

Geschlossener Wirkungsablauf, Ausgangsgröße wird auf den Eingang zurückgeführt, Störgrößen werden ausgeregelt.

4.2 Regelungstechnische Größen erklären.

a) Benennen Sie die Blöcke ①, ②, ③, ④, ⑤ des Regelkreises in **Bild 1**.

b) Ergänzen Sie die zugehörigen Kennbuchstaben der Regelungstechnik an den Wirkungslinien.

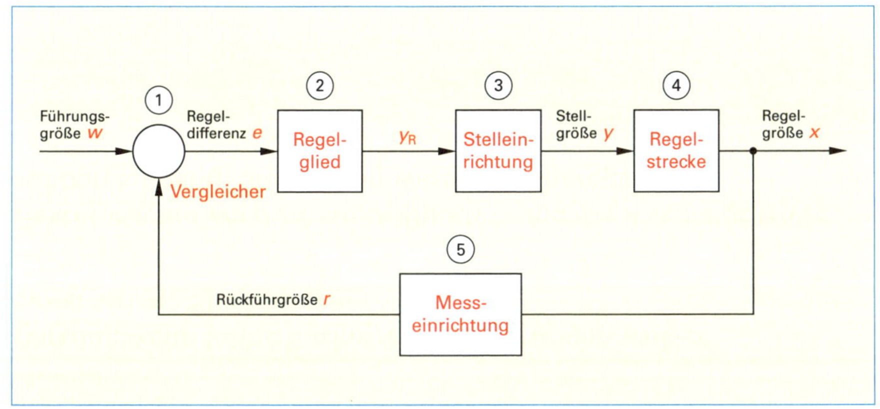

Bild 1: Regelkreis

c) Welche Aufgabe hat Block ①?

Die Rückführgröße *r* wird mit der Führungsgröße *w* verglichen und bildet daraus die Regeldifferenz *e*.

d) Erklären Sie die Wirkungsweise von Block ⑤.

Die Messeinrichtung setzt die Regelgröße *x* in ein Spannungs- oder Stromsignal um, bildet daraus die Rückführgröße *r* und führt sie dem Vergleicher zu.

e) Mit welchem Bauelement wird Block ⑤ in der Praxis realisiert?

Heißleiter, Thermoelement, Kaltleiter

4.3 Das Diagramm **(Bild 1)** zeigt den ungeregelten Verlauf der Regelgröße x und den Verlauf der Stellgröße y für einen Zweipunktregler.

Ergänzen Sie den Verlauf der Regelgröße x zwischen x_u und x_o.

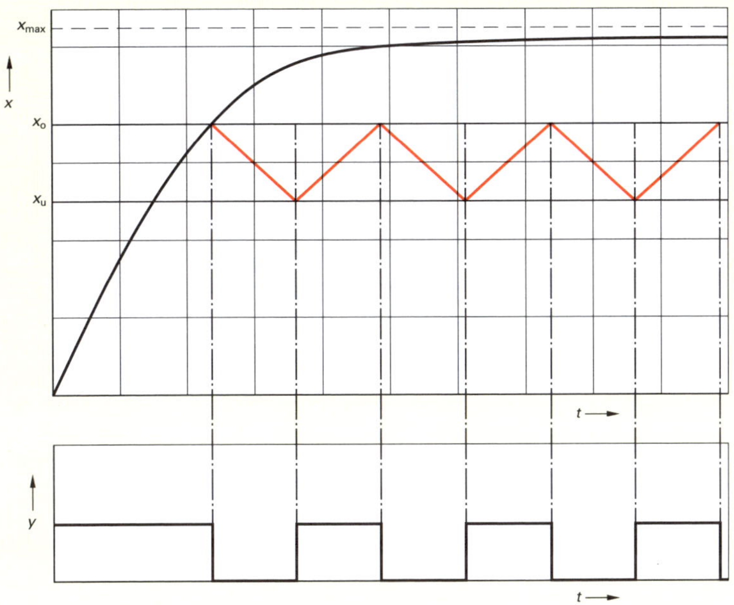

Bild 1: Regelgröße x und Stellgröße y des Zweipunktreglers

4.4 Zweipunktregler

a) Erklären Sie die Wirkungsweise eines Zweipunktreglers.

Ein Zweipunktregler besitzt nur zwei Schaltzustände.
Die Regelgröße schwankt um den Sollwert.
Die Schalthäufigkeit verringert sich mit zunehmender Schaltdifferenz (Hysterese).

b) Nennen Sie zwei Beispiele für Anwendungen von Zweipunktreglern in der Praxis.

Temperaturregelung, z. B. in Bügeleisen oder Backöfen

5 Füllstandregelung analysieren

In einer Zisterne für Brauchwasser soll die Wasserhöhe (Füllstand) mit einem Zweipunktregler in festgelegten Grenzen gehalten werden.

5.1 a) Nennen Sie die zwei grundsätzlichen Arten von Reglern.

stetige Regler, unstetige Regler

b) Zu welcher Art Regler nach Frage a) gehört der Zweipunktregler?

unstetige Regler

5.2 In **Bild 1** ist ein Teil eines Regelkreises abgebildet.

a) Vervollständigen Sie die fehlenden Blöcke des Regelkreises in **Bild 1.**

b) Ergänzen Sie die folgenden regeltechnischen Begriffe in **Bild 1:**

- Regeleinrichtung
- Regelstrecke
- Messeinrichtung
- Führungsgröße
- Regelgröße
- Störgröße

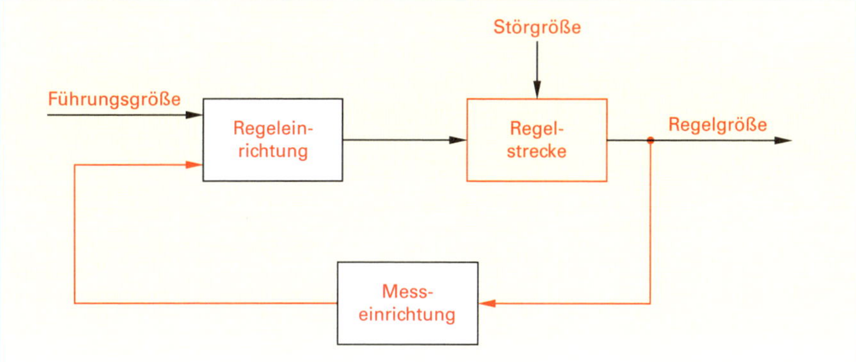

Bild 1: Unvollständiger Regelkreis

5.3 Zur Beurteilung des Regelverhaltens wird die Regelgröße (Füllstand) aufgezeichnet. Die Regelgröße wird in der Messeinrichtung in ein Spannungssignal umgesetzt **(Bild 2).**

a) Ergänzen Sie in **Bild 2** den oberen Füllstand mit x_o und den unteren Füllstand mit x_u.

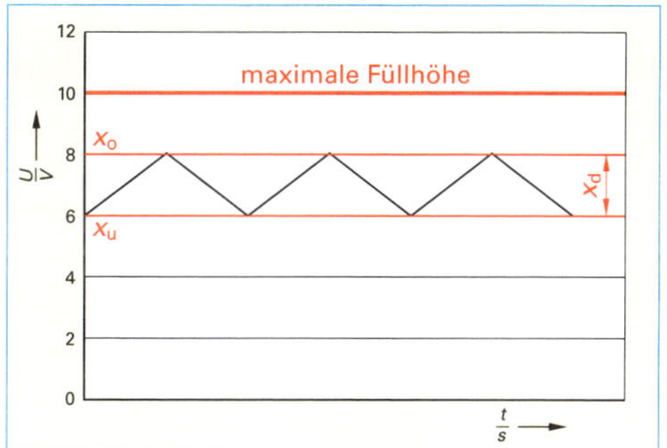

Bild 2: Ausgangssignal der Messeinrichtung

b) Berechnen Sie die Füllstände in Metern, wenn die maximale Füllhöhe 2,5 m beträgt.

$U_o = 8\,V$: $x_o = \frac{2{,}5\,m \cdot 8\,V}{10\,V} = 2{,}00\,m$ $U_u = 6\,V$: $x_u = \frac{2{,}5\,m \cdot 6\,V}{10\,V} = 1{,}50\,m$

5.4 Bei Zweipunktreglern tritt eine Hysterese der Regelgröße auf.

a) Berechnen Sie für die Füllstandsregelung den Wert der Hysterese x_d in Metern.

$x_d = 2{,}00\,m - 1{,}5\,m = 0{,}5\,m$

b) Kennzeichnen Sie den Wert in **Bild 2**.

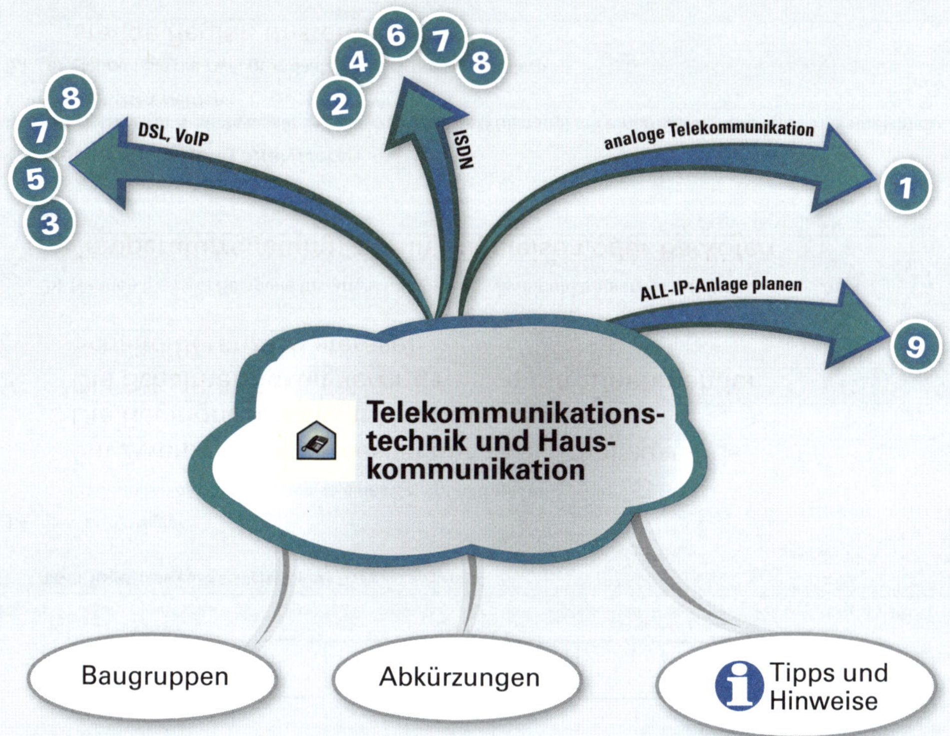

Baugruppen

- DSL-Splitter
- DSL-Modem/Router
- IAE-/UAE-Dose
- Tk-Anlage

Abkürzungen

- BNetzA
  Bundesnetzagentur
- NTA
  Network Termination Analog
- TAE
  Telekommunikations-Anschluss-Einheit
- UAE
  Universal-Anschluss-Einheit
- VoIP
  Voice over Internet Protocol
- DSL
  Digital Subscriber Line
- All-IP
  All Internet Protocol

Tipps und Hinweise

- Bei Telekommunikationsleitungen wird der Leiterdurchmesser angegeben.

Kompetenzen im Fachgebiet Telekommunikationstechnik	Aufgaben			
Ich kenne die Verbindungstechniken des IP-Telefonierens.	3.4			
Ich kann die Eigenschaften eines Kabelanschlusses beschreiben.	6.1			
Ich kann die Funktion von DOCSIS erklären.	6.3			
Ich kann die Komponenten für die Kabelanschlusstechnik nennen.	6.5			
Ich kann wesentliche Eigenschaften von All-IP nennen.	8.5b			
Ich kenne die zuständige Stelle für die Einhaltung des Telekommunikationsgesetzes.	1.1			
Ich kenne die Baugruppen der analogen Anschlusstechnik.	1.2–1.4, 5.3			
Ich kann die Kennzeichnung der Tk-Leitungen analysieren.	5.4, 5.5, 9.1			
Ich kenne die Baugruppen der ISDN-Anschlusstechnik.	8.1, 8.2			
Ich kann die Notwendigkeit der Verwendung von Abschlusswiderständen bei der S_0-Schnittstelle erläutern.	4.1b, 7.4, 7.5			
Ich kann die Bedeutungen von DSL, ADSL, VDSL, VoIP benennen.	3.1, 3.2, 8.5			
Ich kann die Unterscheidungsmerkmale zwischen ISDN und VoIP beschreiben.	3.3			
Ich kann das Anlagenschema einer ISDN-Anlage mit DSL analysieren.	4.1a–c, 7.2, 7.3, 8.3			
Ich kenne die Aufgaben der Hardware, die für einen DSL-Betrieb notwendig ist.	4.2a, 8.4			
Ich kann übliche Datenraten beim DSL-Betrieb interpretieren.	4.2b			
Ich kann das Vernetzungsschema für einen Internetbetrieb von PCs skizzieren und beschreiben.	4.2d, 9.2, 9.4			
Ich kann das Anlagenschema für VoIP benennen und analysieren.	5.1, 5.2			
Ich kenne die Bezeichnung von Datenleitungen und deren Kennwerte.	9.1, 9.3			
Ich kenne verschiedene Internetverbindungen.	8.6			
Ich kann die Besonderheiten bei Umstellung auf einen ALL-IP-Anschluss erklären.	7.1			

Für weitere Notizen:

beherrsche ich schon — muss ich noch üben — Aufgaben habe ich gelöst

1 Analoge Telekommunikation erklären

1.1 Wer sorgt in Deutschland für die Einhaltung des Telekommunikationsgesetzes?

Die Bundesnetzagentur (BNetzA)

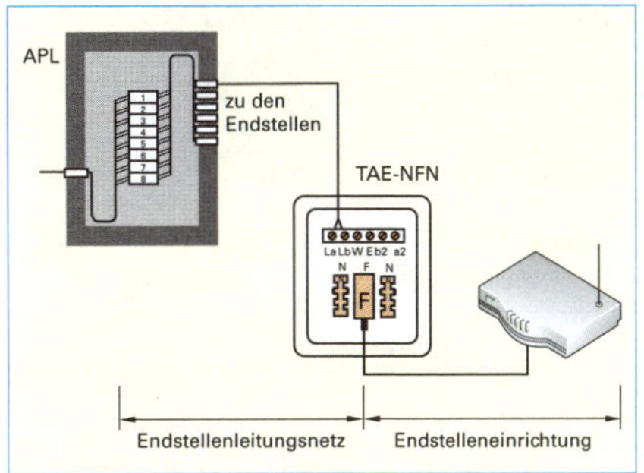

Bild 1: Abschlusspunkte im Liniennetz

1.2 Welche Bedeutung haben a) APL und b) NTA?

a) Anschlusspunkt Linientechnik

b) Network Termination Analog (Endstelle)

1.3 Wer verbindet den APL mit der Endstelle NTA?

Der Netzbetreiber, z. B. die Telekom.

1.4 Welche Aufgaben haben die TAE?

Eine TAE (Telekommunikations-Anschluss-Einheit) wird als Übergabepunkt zwischen Netzbetreiber und Hausnetz verwendet. Die TAE-Dose wird mit den 2 Leitern La und Lb angeschlossen.

1.5 Welche Bedeutung haben die Bezeichnungen F und N **(Bild 2)**?

F von Fernsprechen, N von Nicht Fernsprechen mit den entsprechenden Codierstegen.

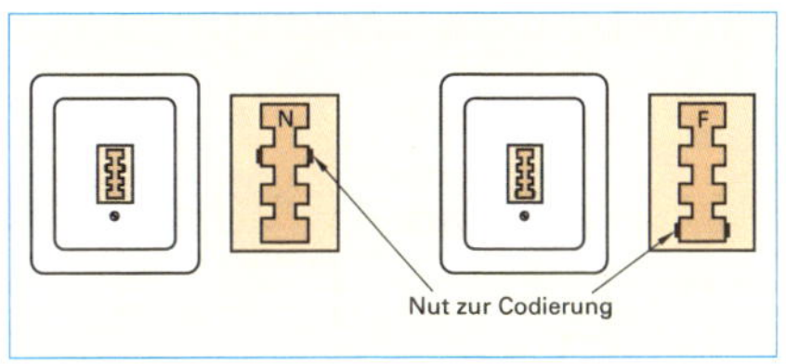

Bild 2: TAE-Dosen mit N-Codierung und F-Codierung

2 ISDN erklären

2.1 Was bedeutet ISDN?

Integrated Services Digital Network = digitales Netz für integrierte Dienste

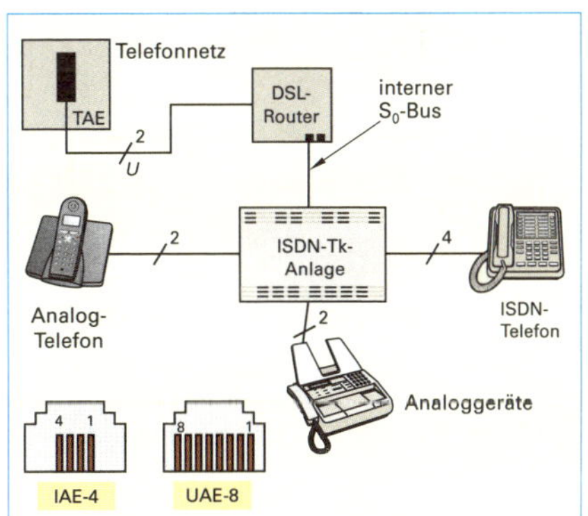

Bild 3: Beispiel-Konfiguration mit ISDN im Hausnetz

2.2 Verwendet werden RJ-Steckverbindungen, die unterschiedlich benannt und verdrahtet werden. Wodurch unterscheiden sich die Anschlüsse IAE und UAE **(Bild 3)**?

IAE: ISDN-Anschluss-Einheit, mit 4 Anschlüssen, entspricht RJ11.

UAE: Universal-Anschluss-Einheit. mit 8 Anschlüssen, entspricht RJ45

2.3 Warum benützt der S_0-Bus vier Busleiter?

Beim S_0-Bus werden je 2 Leiter für den Empfang und 2 Leiter für das Senden verwendet.

2.4 Warum muss der S_0-Bus am ISDN-Telefon **(Bild 3, Seite 204)** mit Widerständen abgeschlossen werden?

Am Leitungsende werden durch den Abschluss mit 100-Ω-Widerständen Störungen durch Reflexionen vermieden.

3 DSL-Arten, VoIP erklären

3.1 Welche Bedeutungen haben die Abkürzungen DSL, ADSL und VDSL?

DSL: Digital Subscriber Line = Digitaler Teilnehmeranschluss,

ADSL: Asymmetric Digital Subscriber Line = Asymmetrischer DSL-Anschluss,

VDSL: Very High Digital Subscriber Line = Digitaler Hochgeschwindigkeitsanschluss.

3.2 Welche Bedeutung hat die Abkürzung VoIP in **Bild 1**?

Voice over Internet Protocol = Sprachübertragung über Internet, Internettelefonie, kurz: IP-Telefonie.

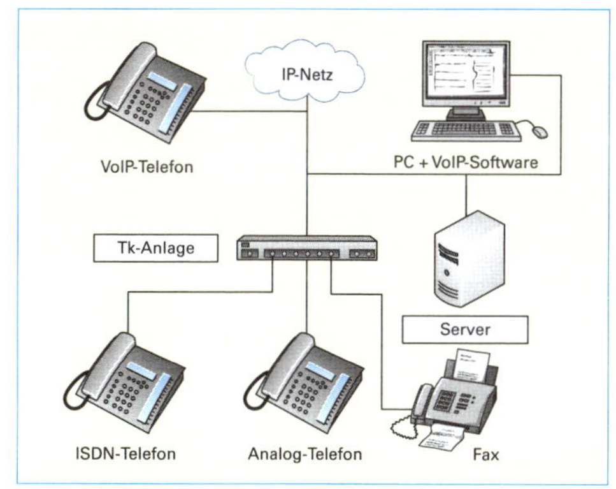

Bild 1: VoIP-Netzwerk

3.3 Auf welche Weise werden die Sprachsignale bei VoIP übertragen?

Bei VoIP werden die digitalisierten Sprachsignale in Datenpakete zerlegt und über das Internet übertragen.

3.4 Nennen Sie drei Arten der IP-Telefonie **(Bild 2)**

- IP-Telefon
- Hardware-Gateway mit Analogtelefon
- Software-Gateway und Dialer (im PC), Headset

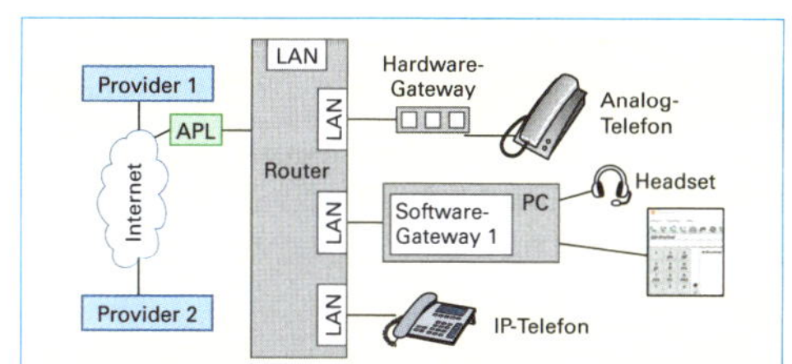

Bild 2: Arten der IP-Telefonie

4 VoIP-Telefonanlage und DSL-Vernetzung

In einem Kaufhaus soll nach den Wünschen des Inhabers die alte Telefonanlage ersetzt werden und die PC im Hause sollen intern Daten austauschen können. DSL steht mit 6 Mbit/s zur Verfügung.

Merkmale der Telekommunikationsanlage:

Die externe VoIP-Anlage ist für 10 VoIP-Telefone vorgesehen, interne Gespräche gebührenfrei. Das vorhandene analoge Faxgerät (G3) soll weiter verwendet werden. Die PC sollen über DSL vernetzt werden.

4.1 Ergänzen Sie das Anlagenschema ab der 1. TAE-Dose (Übergabepunkt) bis zu den Endgeräten.

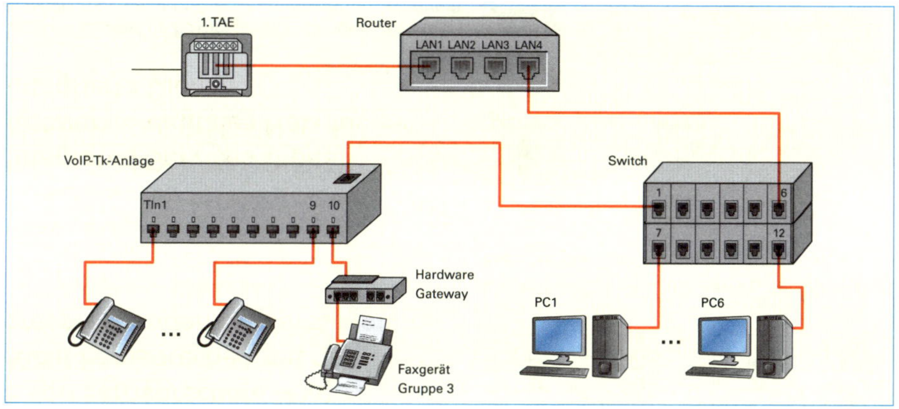

Bild 1: Anlagenskizze der Telekommunikationsanlage

4.2 Erklären Sie die Aufgabe der Anschlüsse LAN1 bis LAN4.

Es sind die DSL-Anschlüsse am Router.

4.3 Im Gespräch erkundigt sich der Inhaber über die Eigenschaften des DSL-Anschlusses. Geplant sind auch Video-Konferenzen mit hoher Bitrate.

a) Welche Bedeutung hat die Angabe 6016/576 kBit/s bei DSL?

6016 kBit/s: Datenrate beim Herunterladen von Daten aus dem Netz (Download)

576 kBit/s: Datenrate beim Datenübertragen in das Netz (Upload).

b) Wie kann festgestellt werden, ob die Bitrate für Video-Konferenzschaltungen ausreicht?

Durch einen Speedtest.

4.4 Viele DSL-Anbieter und PC-Zeitschriften bieten DSL-Tests im Internet unter z.B. www.wieistmeineip.de. Ermitteln an Ihre möglichen DSL-Geschwindigkeiten.

Bild 2.

4.5 Welche Bedeutung haben die Referenzwerte in Bild 2?

Diese Werte werden nicht unterschritten (vom Provider garantiert).

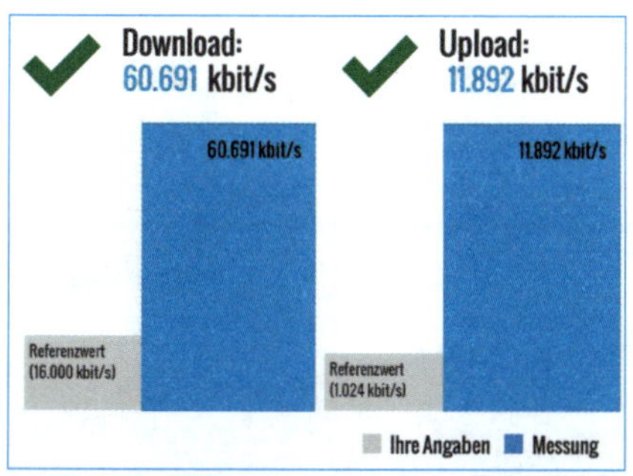

Bild 2: Speedtestergebnis

5 Internetzugang bereitstellen

Eine Saftkelterei benötigt für Internettelefonie, Onlinebanking und zur Abwicklung von Bestellungen einen Internetzugang. Der Provider hat einen Router geliefert, der installiert werden soll.

5.1 Benennen Sie die Komponenten im Blockschaltbild **(Bild 1)**.

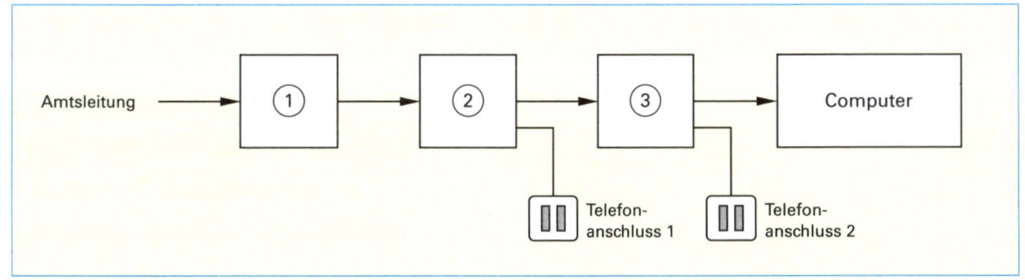

Bild 1: Blockschaltplan Internetzugang

①: NTA-Dose (1. TAE-Dose)

②: DSL-Splitter

③: DSL-Modem/Router

5.2 Warum kann nur am Telefonanschluss 2 ein Internettelefon angeschlossen werden?

Erst nach dem Modem/Router steht das Internet zur Verfügung. Am Telefonanschluss 1 können Analogtelefone oder nach Anschluss eines zusätzlichen NTBA ISDN-Telefone angeschlossen werden.

5.3 Die Telefonanschlussdose (TAE-Dose) hat zwei verschiedene Steckbuchsentypen **(Bild 2)**.

a) Erklären Sie die Bezeichnungen der Buchsen und welche Geräte jeweils anschließbar sind.

N-Codierung:

Anschluss für Nichtfernsprechgeräte, z. B. Fax (G3), Anrufbeantworter

F-Codierung:

Anschluss für Fernsprechgeräte

b) An welche Klemmen der TAE-Dose wird die Amtsleitung angeschlossen?

Klemme 1 und Klemme 2

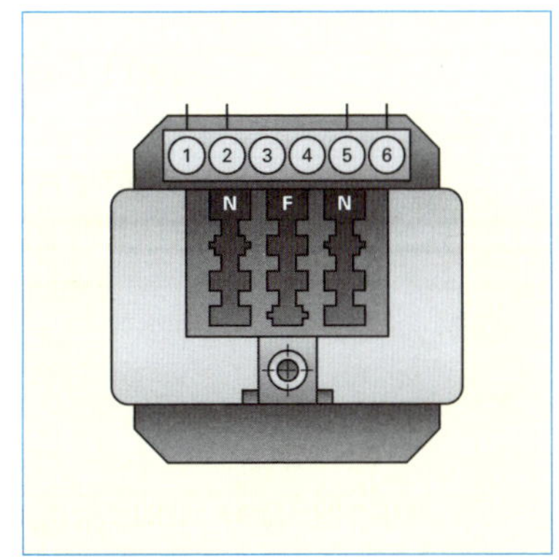

Bild 2: TAE-Dose

c) An welche Klemmen darf eine weitere TAE-Dose angeschlossen werden?

Klemme 5 und Klemme 6

d) Welchen Nachteil hat diese Anschlussart?

Wird ein Telefongerät angesteckt, wird die Verbindung zu den Klemmen 5 und 6 abgeschaltet. Damit sind die folgenden Dosen abgeschaltet.

5.4 Für den Anschluss der TAE-Dose stehen Telekommunikationsleitungen vom Typ J-Y (ST) Y 2 x 2 x 0,6 und J-Y (ST) Y 4 x 2 x 0,6 zur Verfügung.

Erklären Sie Bedeutung der Typbezeichnung.

J	Installationsleitung
Y	PE-Isolierung der Adern
St	Statischer Schirm
Y	PVC-Leitermantel
2 x 2 x 0,6	2 Stämme (2 Doppeladern) x Adernzahl x Leiterdurchmesser
4 x 2 x 0,6	4 Stämme (4 Doppeladern) x Adernzahl x Leiterdurchmesser

5.5 Adernkennzeichnung

Bild 1 zeigt verschiedene Farbkennzeichnungen von Tk-Leitungen.

a) Kennzeichnen Sie jeweils die a-Ader und die b-Ader.

b) Welche Adern bilden jeweils eine Doppelader?

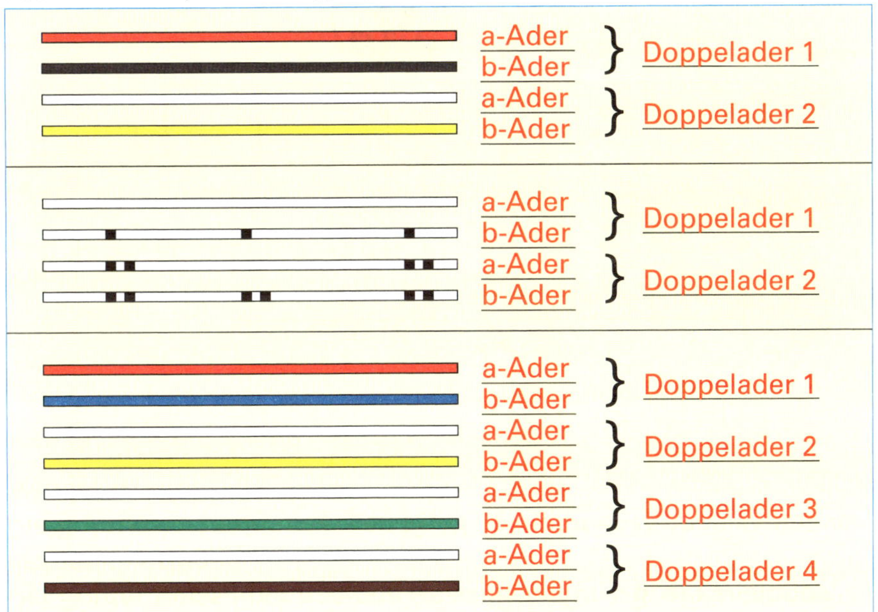

Bild 1: Aderkennzeichnungen

6 Telekommunikationsanlage erweitern

Der Kunde möchte an einem Kabelanschluss analog telefonieren, Fernsehen mit DVB-C und das Internet nutzen können.

6.1 Erklären Sie dem Kunden die Bezeichnung DVB-C.

DVB-C: Digital Video Broadcasting Cable = Digitales Fernsehen über Kabel.

6.2 Welche Eigenschaften muss der Kabelanschluss aufweisen?

- Datenübertragung für Internet und Telefonieren mit Breitband-internetzugang.
- DVB-C-Fernsehprogrammübertragung.

6.3 Der Kunde hat beim Kabelnetzanbieter den Begriff DOCSIS gelesen. a) Erklären Sie ihm a) die Bedeutung und b) die Wirkungsweise.

a) DOCSIS von Data over Cable Service Interface Specification = Schnittstellenspezifikation für Datenübertragung in Kabelnetzen.

b) Die Teilnehmer müssen die Bitrate teilen, Datenübertragung in beiden Richtungen.

Bild 1: Multimediadose

6.4 Für den Betrieb am Kabelnetz ist eine Multimediadose vorzusehen. Benennen Sie die Anschlüsse in **Bild 1**.

6.5 Skizzieren Sie einen Blockschaltplan mit den notwendigen Komponenten für den Anschluss an ein Kabelnetz.

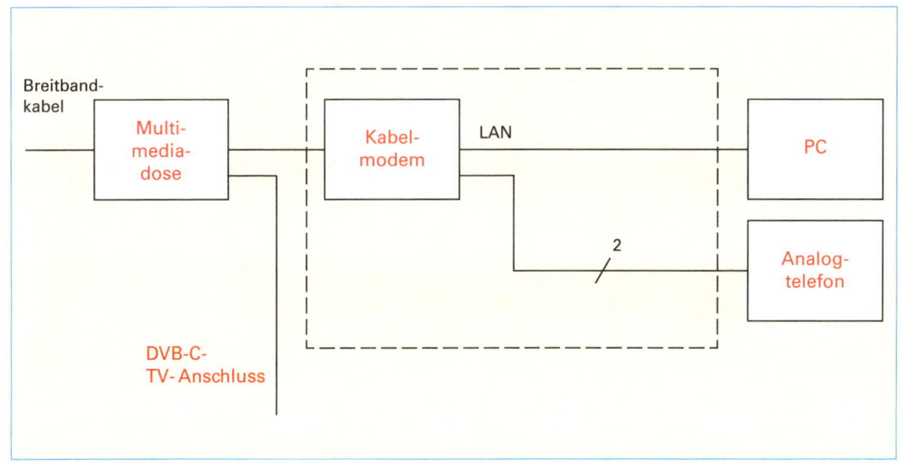

Bild 2: Blockschaltplan für Multimedia-Kabelanschluss

7 ALL-IP-Anschluss mit ISDN-Telefonanlage

Ein Hausbesitzer möchte wissen, ob er seine ISDN-Tk-Anlage **(Bild 1)**, ein analoges Faxgerät und das vorhandene alte DSL-Modem am ALL-IP-Anschluss weiter verwenden kann. Das Arbeitszimmer soll ein weiteres ISDN-Telefon erhalten, interne Gespräche sollen kostenfrei sein. Im Wohnzimmer soll ein „Nostalgie"-Analogtelefon verwendet werden. Das Faxgerät ist am VoIP-Router anzuschließen.

7.1 Erklären Sie dem Kunden, welche Punkte bei der Umstellung auf einen ALL-IP-Anschluss zu beachten sind.

- Es ist ein ALL-IP-fähiger Router notwendig, der einen ISDN-Anschluss besitzt.
- Der Router muss über analoge Anschlüsse für z. B. ein analoges Faxgerät verfügen.
- Die Rufnummern der internen ISDN-Teilnehmer können weiter verwendet werden.

7.2 Ergänzen Sie im Blockschaltplan **(Bild 1)** die Geräteerweiterungen.

7.3 Ergänzen Sie den Blockschaltplan **(Bild 1)** mit Angabe der benötigten Adernzahlen.

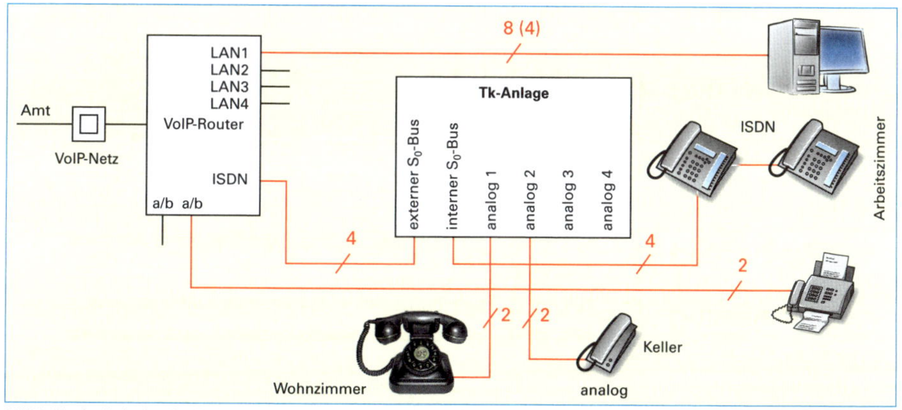

Bild 1: Blockschaltplan der Anlage

7.4 Erklären Sie, welche Bedingungen beim Verdrahten der internen ISDN-Abschlussdose am S_0-Bus zu beachten sind.

Es müssen in der letzten ISDN-Dose je ein Abschlusswiderstand mit 100 Ω am Sendeadernpaar und am Empfangsadernpaar angeschlossen werden.

7.5 Welche Effekte können entstehen, wenn die letzte Anschlussdose nicht beschaltet wird?

Leitungen werden mit ihrem Wellenwiderstand abgeschlossen. Bei Fehlanpassung, also fehlenden Widerständen, kommt es zu Reflexionen.

8 ISDN-Tk-Anlage am ALL-IP-Anschluss

Eine Büromarktfiliale ist auf einen ALL-IP-Anschluss umgestellt worden. Eine vorhandene ISDN-Tk-Anlage soll erweitert werden. Im Büro sollen wie bisher ein ISDN-Telefon und ein analoges Faxgerät zur Verfügung stehen. In den zwei Verkaufsräumen ist je ein ISDN-Telefon vorzusehen. Intern soll Telefonieren kostenlos sein, externe Gespräche sollen von zwei Geräten gleichzeitig führbar sein. Der Anschluss des PC an das Internet soll über den DSL-Router **(Bild 1)** erfolgen.

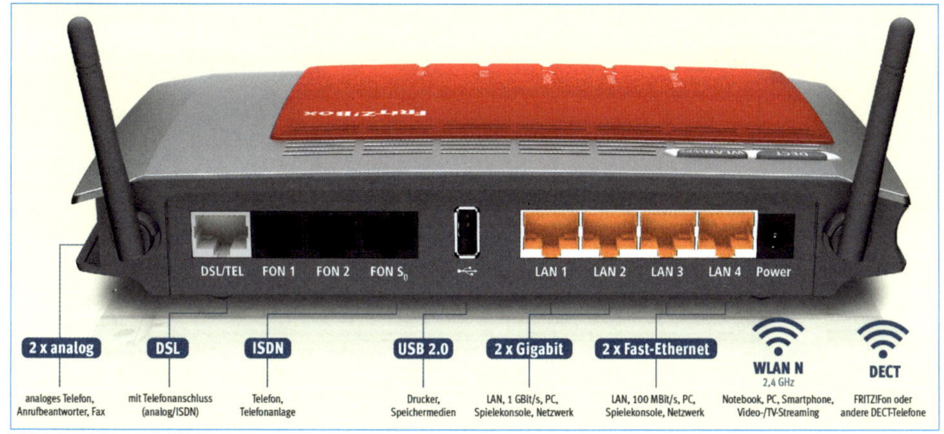

Bild 1: Anschlüsse am DSL-Router

8.1 a) Welche Anschlussart ist zu wählen?

ISDN-Basisanschluss

b) Nennen Sie Gründe für Ihre Wahl.

- Interner S_0-Bus der Tk-Anlage für kostenloses internes Telefonieren nötig.
- Nur zwei Gespräche gleichzeitig gefordert.
- Primärmultiplexanschluss zu teuer.

8.2 a) Welche Anschlusseinheiten werden für ISDN verwendet?

IAE von ISDN-Anschluss-Einheit (IAE8(4))
UAE von Universal-Anschluss-Einheit (UAE8(8))

b) Wodurch unterscheiden sich die Anschlusseinheiten?

IAE8(4): Buchse mit 8-poligem Steckergesicht, 4 Buchsenkontakte.
UAE8(8): Buchse mit 8-poligem Steckergesicht, 8 Buchsenkontakte.

c) Wann ist der Faxanschluss am a/b-Adapter des DSL-Routers anzuschließen anstatt an der Tk-Anlage?

Wenn die Tk-Anlage das T.38-Protokoll nicht beherrscht.

8.3 Vervollständigen Sie den Übersichtsschaltplan **(Bild 1)** und tragen Sie die jeweiligen Aderzahlen ein.

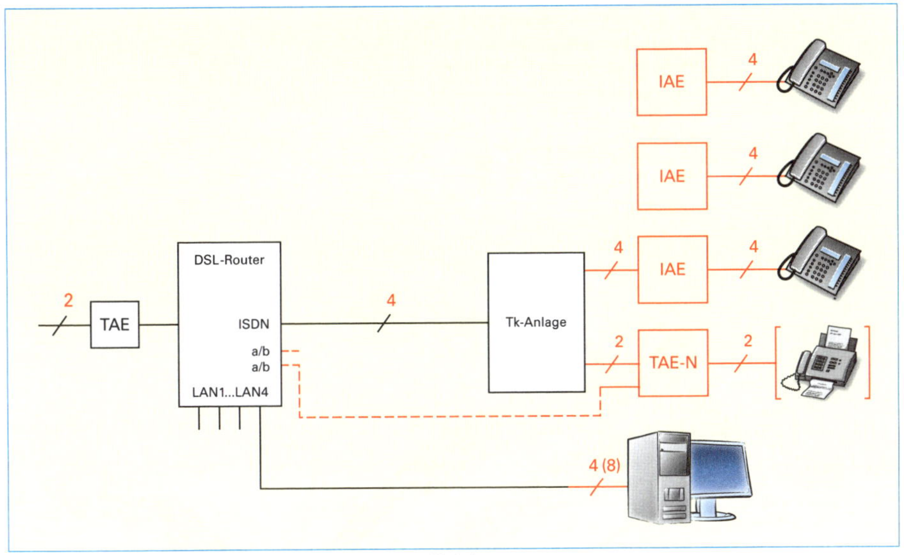

Bild 1: Blockschaltplan von DSL-Router und der erweiterten Tk-Anlage

8.4 Wie viele LAN-Geräte können an den DSL-Router **(Bild 1, Seite 211)** angeschlossen werden?

4 LAN-Geräte

8.5 a) Erläutern Sie dem Auftraggeber die Bezeichnung VoIP.

VoIP: Voice over Internet Protocol ⇒ Internettelefonie

b) Welche Vorteile hat der All-IP-Anschluss?

All-IP ermöglicht die Übertragung von Computerdaten, Audiodaten und Videoinformationen über das Internet mittels Internetprotokoll.

8.6 Welche Internet-Verbindungsmöglichkeiten gibt es außer DSL?

- Internet über Kabelanschluss, z. B. Unitymedia
- Internet über Mobilfunk-Modem, z. B. UMTS-Stick, LTE-Stick
- Internet über Satellit, z. B. skyDSL

9 Telekommunikations- und Hausanlage planen

Ein Kunde plant, neben seinem Wohnhaus ein Gästehaus mit drei Ferienwohnungen zu errichten **(Bild 1)**. Jede Ferienwohnung soll Internetempfang und Telefon erhalten. Die notwendigen Leitungen zum Gästehaus sollen in einem Leerrohr verlegt werden. Das neue Gästehaus ist ca. 20 m vom Wohnhaus entfernt.

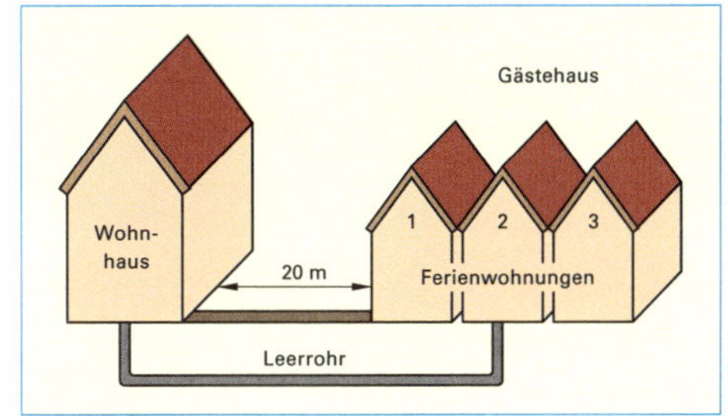

Bild 1: Wohnanlage

Vorhanden:
Ein analoges Telefon, DSL (über die Telefonleitung), eine ISDN-Anlage mit 3 ISDN-Telefonen und ein WLAN-Router. Bei der anstehenden Anschlussumstellung auf VoIP soll die Anlage angepasst werden.

Planung:
Im Wohnhaus wird ein DSL-Modem (IAD) mit a/b-Anschlüssen für vorhandene Analogtelefone und einem ISDN-Anschluss installiert, um die vorhandenen ISDN-Telefone jeweils mit eigener Nummer weiter in den Ferienwohnungen verwenden zu können. Im Gästehaus soll ein zweiter WLAN-Router als WLAN-Access-Point über ein Ethernet-LAN-Kabel angeschlossen werden.

9.1 Nennen Sie die Leitungsarten mit Adernanzahl, die im Leerrohr zu verlegen sind.

Ethernet-Leitung: Cat5e oder höher, Telefon: J-Y(ST)Y 4 x 2 x 0,6

9.2 Vervollständigen Sie den Blockschaltplan. Ergänzen Sie ggf. noch nicht eingezeichnete Komponenten.

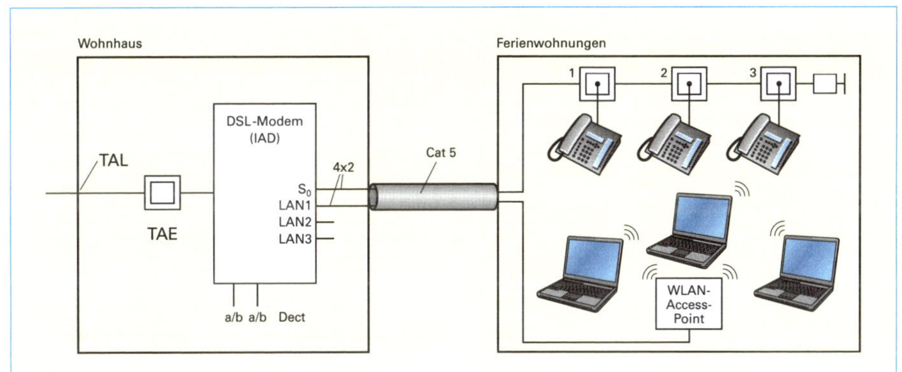

Bild 2: Blockschaltplan der neuen Anlage

9.3 Nennen Sie neben dem Internet drei weitere Dienste, welche über eine Ethernet-Verkabelung genutzt werden können.

IP-TV, IP-Radio, IP-Telefonie (VoIP), Gebäudeautomation

9.4 Warum ist es sinnvoll, zwei verschiedene Drahtlosnetzwerkverbindungen (WLAN/Gastzugang) mit getrennten Zugängen und Passwörtern zu nutzen?

Es sind z. B. keine illegalen Inhalte über das Drahtlosnetzwerk in den Ferienwohnungen herunterladbar, da im DSL-Modem sperrbar. Die Signalstärke ist für Entfernungen > 20 m nicht ausreichend groß.

9.5 Kann für jede Ferienwohnung eine eigene Telefonnummer vergeben werden?

Ja, mit dem ISDN-Anlagenanschluss lassen sich ausreichend viele Telefone mit eigenen Nummern anschließen.

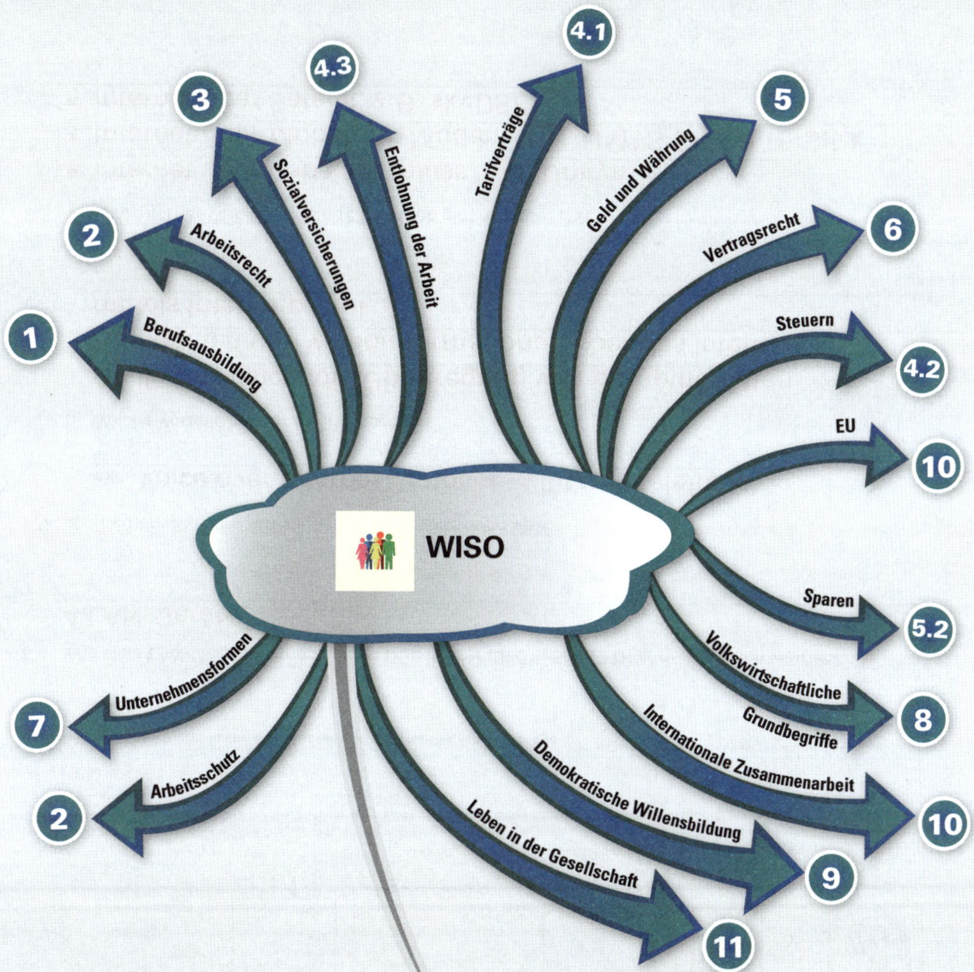

Tipps und Hinweise

- Bei den Auswahlaufgaben ist auf verneinende Fragen zu achten.
- Bei den Fragestellungen ist auf die Verben zu achten.

Kompetenzen im Fachgebiet WISO	Aufgaben			
Ich kenne gesetzliche Regelungen, die für eine berufliche Ausbildung gelten.	1			
Ich kann wichtige gesetzliche Regelungen der Arbeitswelt erklären.	2.1–2.3			
Ich kann wichtige Inhaltspunkte des Arbeitsvertrages benennen.	2.4, 2.5			
Ich kenne wichtige Regelungen der gesetzlichen Sozialversicherungen.	3			
Ich kann wichtige Regelungen bei Tarifverträgen beschreiben.	4.1			
Ich kenne die Verwendung der Steuern und deren Einteilung.	4.2a–b			
Ich kenne die Steuerklassen bei der Einkommenssteuer.	4.2c			
Ich kann verschiedene Lohnbegriffe erläutern.	4.3, 4.4			
Ich kann verschiedene Zahlungsarten unterteilen.	5.1, 5.3			
Ich kenne die Bedeutung der verschiedenen Finanzprodukte für junge Leute.	5.2			
Ich kenne Regelungen des Vertragsrechts.	6			
Ich kann verschiedene Rechtsformen von Unternehmen unterscheiden.	7			
Ich kann volkswirtschaftliche Begriffe benennen und erläutern.	8			
Ich kann die Elemente der Demokratie in Deutschland erläutern.	9			
Ich kenne Organe und Aufgaben der EU.	10.3			
Ich kann die Merkmale der modernen Arbeitswelt erläutern.	11.1			
Ich kann die Rollenverteilung der Geschlechter in der heutigen Gesellschaft analysieren.	11.2			
Ich kenne verschiedene Gremien der UNO.	10.1			
Ich kenne die Funktion des Sicherheitsrates.	10.2			
Ich kenne Gründe für Flucht und Migration.	10.4			

Für weitere Notizen:

beherrsche ich schon — muss ich noch üben — Aufgaben habe ich gelöst

Wirtschaftskunde

1 Berufsausbildung

1.1 Welche Organisation erstellt die Bildungspläne der Berufsschule?

- [ ] IHK
- [x] Kultusministerium des jeweiligen Bundeslandes
- [ ] Handwerkskammer
- [ ] Arbeitsministerium

1.2 Welche Angaben muss eine Ausbildungsordnung nicht enthalten?

- [x] Ausbildungsvergütung
- [ ] Ausbildungsdauer
- [ ] Ausbildungsrahmenplan
- [ ] Ausbildungsberufsbild

1.3 Nennen Sie die Mindestangaben in einem Ausbildungsvertrag (mindestens sechs).

Angabe des Ausbildungsberufes (Ziel der Ausbildung), Gliederung der Ausbildung (zeitlich und sachlich), Dauer und Beginn der Ausbildung, Dauer der Probezeit, tägliche Ausbildungszeit, Ausbildungsmaßnahmen außerhalb des Betriebes, Höhe und Zahlung der Vergütung, Urlaubsregelung, Kündigungsregelung

1.4 Wozu sind Ausbildende nach dem Berufsbildungsgesetz nicht verpflichtet?

- [x] Die Fahrkosten zur Ausbildungsstätte zu bezahlen
- [ ] Die Arbeitsmittel kostenlos bereitzustellen
- [ ] Den Auszubildenden zum Besuch der Berufsschule freizustellen
- [ ] Den Auszubildenden selbst auszubilden oder einen Ausbilder damit zu beauftragen

1.5 Wann endet ein Ausbildungsverhältnis?

Nach bestandener Abschlussprüfung.

1.6 Nennen Sie mindestens 4 Pflichten des Auszubildenden

Lernpflicht, Sorgfaltspflicht,
Teilnahmepflicht (z. B. Besuch der Berufsschule),
Weisungen Folge zu leisten,
Einhaltung der Betriebsordnung,
Bewahrungspflicht (z. B. Werkzeuge, Werkstoffe, Maschinen),
Verschwiegenheitspflicht

2 Arbeitsschutz und Arbeitsrecht

2.1 Jugendarbeitsschutzgesetz

a) Für wen gilt das Jugendarbeitsschutzgesetz?

Für alle Arbeitnehmer unter 18 Jahren

b) In **Bild 1** sind Teilbereiche des Jugendarbeitsschutzgesetzes dargestellt. Ergänzen Sie die fehlenden Begriffe.

Arbeitszeit	Nachtruhe	Urlaub	Berufsschule
Pausen	Fünf-Tage-Woche	Gefährliches Arbeiten	Ärztliches Attest

Bild 1: Jugendarbeitsschutzgesetz (Teilbereiche)

c) Nennen Sie die maximalen Arbeitszeiten für Jugendliche.

Täglich: maximal 8 Stunden

Wöchentlich: höchstens 40 Stunden

2.2 Gesetze in der Arbeitswelt

a) Welche der folgenden Aussagen treffen nicht für das Arbeitsschutzgesetz zu?

- [ ] Regelt die grundlegenden Arbeitsschutzpflichten des Arbeitgebers
- [ ] Regelt die Pflichten und Rechte der Beschäftigten
- [x] Überwachung der Einhaltung des Tarifgesetzes
- [ ] Überwachung des Arbeitsschutzes nach dem Gesetz

b) In welchem Gesetz ist die Tätigkeit von Fachkräften der Arbeitssicherheit geregelt?

- [ ] Betriebsverfassungsgesetz
- [x] Arbeitssicherheitsgesetz
- [ ] Jugendarbeitsschutzgesetz
- [ ] Arbeitsschutzgesetzes

2.3 Betriebsrat

a) Was wird durch das Betriebsverfassungsgesetz (BetrVG) geregelt?

Die Mitbestimmung der Arbeitnehmer im Betrieb

b) Was ist nicht die Aufgabe eines Betriebsrates?

- [x] Die Betriebsleitung in wirtschaftlichen Angelegenheiten zu beraten
- [ ] Die Einhaltung der Tarifverträge und Unfallverhütungsvorschriften zu überwachen
- [ ] Die Eingliederung von Schwerbehinderten zu fördern
- [ ] Mit der Jugend- und Auszubildendenvertretung eng zusammenzuarbeiten

2.4 Arbeitsverträge

a) Welche der folgenden Regelungen gilt für Arbeitsverträge?

- [ ] Der Kündigungsschutz kann ausgeschlossen werden
- [x] Gesetzliche Regelungen dürfen nicht unterschritten werden
- [ ] Bei Nichterfüllung kann Schadenersatz verlangt werden
- [ ] Eine Probezeit muss festgelegt werden

b) Der 20-jährige Jungkoch Sven Steeven hat das Glück, auf seine Bewerbungen mehrere Zusagen als Hotelkoch bekommen zu haben. Er erhält Angebote sowohl für befristete als auch für unbefristete Arbeitsverträge.
Zu welcher Art von Arbeitsverhältnis würden Sie Sven Steeven raten? Begründen Sie Ihre Antwort.

Bei einem unbefristeten Arbeitsvertrag gelten nach der Probezeit der Kündigungsschutz, verlängerte Kündigungsfristen (Arbeitsplatzsicherheit) und es gibt wesentlich bessere Möglichkeiten für Weiterbildung und berufliche Entwicklung gegenüber befristeten Arbeitsverhältnissen.

2.5 Beendigung eines Arbeitsverhältnisses

a) Nennen Sie drei Gründe für die Beendigung eines Arbeitsvertrages.

- Kündigung
- Aufhebungsvertrag
- Erreichen des Rentenalters

b) Welche weiteren Angaben enthält ein qualifiziertes Arbeitszeugnis gegenüber einem einfachen Arbeitszeugnis?

- [ ] Kündigungsgrund
- [ ] Angaben über die Beschäftigung
- [x] Leistung und Verhalten des Beschäftigten
- [ ] Angaben über den Beschäftigungsort

c) Welche gesetzlichen Fristen sind bei einer ordentlichen Kündigung des Arbeitsnehmers einzuhalten?

4 Wochen zum 15. oder zum Monatsende.

d) Nennen Sie mindestens 3 Gründe für eine fristlose Kündigung durch den Arbeitgeber.

Arbeitsverweigerung,
Betrug, Diebstahl, Veruntreuung,
geschäftsschädigende Äußerungen,
Tätlichkeiten

e) Ein Mitarbeiter bekommt die Kündigung von seinem Chef. An welches Gericht muss er sich wenden, wenn er die Kündigung nicht hinnehmen will?

- [ ] Amtsgericht
- [ ] Sozialgericht
- [ ] Verwaltungsgericht
- [x] Arbeitsgericht

3 Sozialversicherungen

3.1 Seit 2009 gibt es den Gesundheitsfond **(Bild 1)**.
Drei Partner zahlen in den Gesundheitsfond ein.

a) Benennen Sie den dritten Zahler ①.

Steuerzahler

b) Seit wann gelten für Arbeitnehmer und Arbeitgeber die gleichen Beitragssätze?

seit 2013

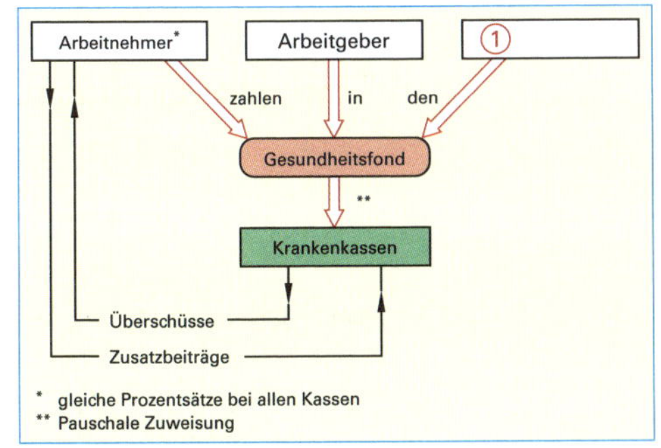

Bild 1: Gesundheitsfond

3.2 Für welchen Sozialversicherungszweig leistet der Arbeitnehmer keine Beiträge?

- [ ] Krankenversicherung
- [x] Unfallversicherung
- [ ] Rentenversicherung
- [ ] Pflegeversicherung

3.3 Tragen Sie in **Tabelle 1** die Träger der verschiedenen Sozialversicherungen ein.

Tabelle 1: Versicherungen und ihre Träger

Versicherung	**Versicherungsträger**
Rentenversicherung	Deutsche Rentenversicherung
Gesetzliche Unfallversicherung	Berufsgenossenschaft
Arbeitslosenversicherung	Bundesagentur für Arbeit

3.4 Von welcher Organisation werden die Kosten eines Betriebsunfalles übernommen?

- [ ] Gesetzliche Krankenkasse
- [x] Berufsgenossenschaft
- [ ] Gewerbeaufsichtsamt
- [ ] Betriebskrankenkasse

3.5 Welche Aufgaben übernehmen Individualversicherungen? Nennen Sie fünf Individualversicherungen.

Aufgabe: Die Individualversicherung ersetzt Schäden, die nicht durch eine gesetzliche Versicherung abgedeckt sind.

Typen: Haftpflichtversicherung, Hausratversicherung, Kfz-Versicherung, private Krankenversicherung, Lebensversicherung, Reisegepäckversicherung

4 Entlohnung der Arbeit

4.1 Tarifverträge

a) Welche Regelungen werden durch Tarifverträge getroffen?

Durch Tarifverträge werden einheitliche Löhne und Arbeitsbedingungen für ganze Wirtschaftzweige und Regionen (Bundesländer) festgelegt.

b) Welche der aufgeführten Institutionen handeln Tarifverträge aus?

- [ ] Einzelne Betriebe mit den Kammern
- [ ] Arbeitgeber mit einzelne Arbeitnehmern
- [x] Arbeitgeberverbände mit den Gewerkschaften
- [ ] Bundesarbeitsminister mit den Gewerkschaften

c) Nennen Sie die Stationen, die bei einer Tarifrunde durchlaufen sein müssen, bis ein Schlichter eingeschaltet wird.

Ablauf des alten Tarifvertrags, Verhandlungen, Warnstreiks, Scheitern der Verhandlungen

d) Die Gewerkschaft IG Metall ist auch für Elektroberufe zuständig. Bei einem Lohnabschluss 2006 hat die Gewerkschaft gleichzeitig eine flexible Lohnkomponente durchgesetzt. Erklären Sie, was das Besondere daran ist.

Die Komponente erlaubt dem Arbeitgeber, einen prozentualen Lohnanteil dem wirtschaftlichen Zustand seines Betriebes anzupassen. Ist die betriebliche Situation schlecht, kann der prozentuale Lohnzuschlag verringert werden. Bei guter wirtschaftlicher Lage kann dieser Zuschlag auch erhöht werden.

4.2 Steuern

a) Erklären Sie den Unterschied zwischen direkten und indirekten Steuern.

Direkte Steuern:

Sie sind vom Steuerpflichtigen selbst an das Finanzamt abzuführen.

Indirekte Steuern:

Sie zahlt der Verbraucher über den Preis einer Ware.

b) In 2013 nahm der Staat insgesamt 619,7 Mrd. € an Steuern an. Nennen Sie vier Bereiche, für die der Staat die Steuereinnahmen verwendet.

soziale Bereiche (Bildung, staatliche Institutionen), Verteidigung, Schuldentilgung, Subventionen, Infrastruktur

c) In welcher der folgenden Steuerklassen ist ein lediger Handwerksgeselle eingruppiert?

- [x] Lohnsteuerklasse I
- [ ] Lohnsteuerklasse II
- [ ] Lohnsteuerklasse IV
- [ ] in einer anderen Lohnsteuerklasse

d) Welche Aufwendungen zählen steuerlich zu den Werbungskosten.

Alle Aufwendungen zum Erwerb, zur Sicherung und zur Erhaltung des Arbeitslohns.

4.3 Lohn

a) Erläutern Sie die folgenden Begriffe:

Bruttolohn:

Entgelt der geleisteten Arbeit → Grundlohn + Zulagen + Zuschläge + anderweitige Leistungen

Nettolohn:

Bruttolohn minus gesetzliche Abzüge (Steuern, Sozialabgaben)

Reallohn:

Nettolohn minus Preisanstieg/Inflationsrate

a) In welchem der nachfolgend aufgeführten Fälle handelt es sich um Leistungslohn?

- [ ] Monatslohn
- [x] Akkordlohn
- [ ] Wochenlohn
- [ ] Stundenlohn

b) Zeitlohn und Leistungslohn. Nennen Sie die Unterschiede.

Zeitlohn:

Grundlage dafür ist die am Arbeitsplatz verbrachte Zeit.

Leistungslohn:

Er hängt vom geleisteten Arbeitsergebnis ab.

4.4 Vielen Arbeitnehmern sind die Begriffe Stundenlohn und Lohnnebenkosten nicht bekannt.

a) Erklären Sie den Begriff Stundenlohn.

Stundenlohn ist z. B. der Bruttobetrag, den der Arbeitnehmer pro Arbeitsstunde erhält.

b) Welche Lohnnebenkosten entrichtet der Arbeitnehmer?

Der Arbeitnehmer zahlt Lohnsteuer und entrichtet Abgaben für die Krankenversicherung, Arbeitslosenversicherung, Pflegeversicherung, Rentenversicherung und den Solidaritätsbeitrag.

c) Nennen Sie Lohnnebenkosten für Arbeitgeber.

Der Arbeitgeber bezahlt anteilig zu den genannten Versicherungen ein und kommt zudem für die Unfallversicherung auf.

5 Umgang mit Geld

5.1 Es gibt drei unterschiedliche Zahlungsarten **(Bild 1)**.

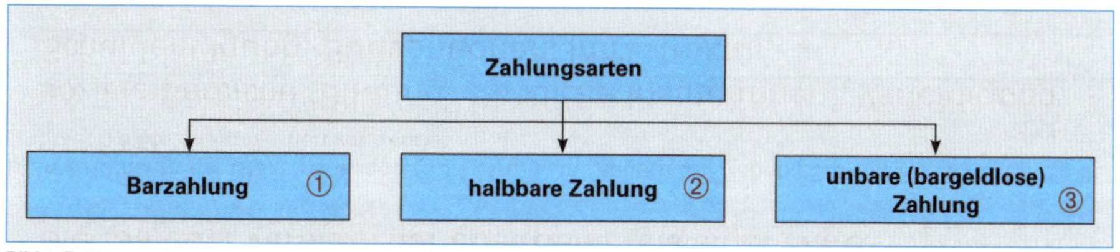

Bild 1: Zahlungsarten

a) Nennen Sie je drei Beispiele für die einzelnen Zahlungsarten.

① persönliche Übergabe oder durch Boten, Express-Brief, Einschreibebrief, Geldversand der Postbank (Postbankminutenservice)

② Zahlschein, Nachnahme, Barscheck, Zahlungsanweisung, Reisescheck

③ Verrechnungsscheck, Überweisung, Dauerauftrag, Lastschrift, Karte, Homebanking

b) Der 16-jährige Simon Werner möchte ein gebrauchtes Mountainbike kaufen. Der Verkäufer verlangt, dass Simon in bar zahlt. Worauf sollte Simon bei der Übergabe des Geldes bestehen?

Dass der Verkäufer eine Quittung als Nachweis der Zahlung ausstellt.

5.2 Finanzprodukte

Bild 2 zeigt eine Grafik zum Thema Finanzprodukte.

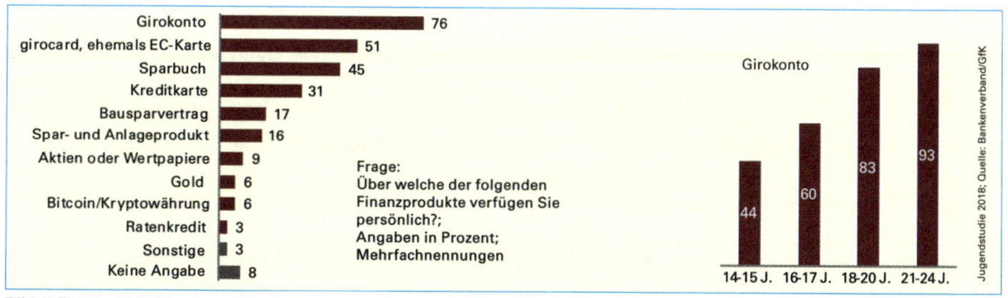

Bild 2: Finanzprodukte

a) Welche Finanzprodukte werden von jungen Leuten benutzt?

Die am häufigsten genutzten Finanzprodukte von 14- bis 24-Jährigen sind das Girokonto, die Girocard und das Sparbuch. Am wenigsten wird mit Aktien und Wertpapieren gearbeitet.

b) Eine hohe Prozentzahl von Jugendlichen hat ein Sparbuch.
Begründen Sie, warum ein Tagesgeldkonto eine Alternative zum herkömmlichen Sparbuch darstellt.

Bei Tagesgeldkonten kommt man jederzeit an sein gesamtes Geld.

5.3 Andreas Mann hat bei Ebay über einen Händler ein iPhone gekauft.

a) Zeigen Sie drei mögliche unterschiedliche Zahlungsarten, die Andreas für die Bezahlung des iPhones verwenden kann.

Kreditkarte, Einzugsermächtigung, Nachnahme, Überweisung, Kauf auf Rechnung

b) Stellen Sie aus Käufersicht zwei Risiken beim Einkauf im Internet dar.

Lieferverzug bei Vorauskasse, keine absolute Sicherheit gegen Betrug, Ware muss unbesehen angenommen werden, bestimmte Zahlungsarten können riskant sein z. B. Kreditkartenzahlungen.

6 Vertragsrecht

6.1 Zum Zustandekommen eines Kaufvertrages sind zwei Willenserklärungen nötig. Benennen Sie sie.

① Angebot des Verkäufers

② Annahme des Käufers

6.2 Aus welchem Grund kann ein Rechtsgeschäft angefochten werden?

- [ ] Bei Verstoß gegen Gesetze
- [x] Bei arglistiger Täuschung
- [ ] Bei sittenwidrigen Geschäften
- [ ] Bei Verträgen mit Geschäftsunfähigen

6.3 Verträge können in unterschiedlicher Form abgeschlossen werden. Nennen Sie drei Beispiele für Verträge, für die die Schriftform vorgeschrieben ist.

befristeter Arbeitsvertrag, Ratenkaufvertrag, Kreditvertrag, Ehevertrag (notariell beglaubigt), Pflegevertrag, Kündigung von Mietverträgen

6.4 Wer schlichtet bei Streitigkeiten zwischen Handwerksbetrieb und Kunde?

- [ ] Die Verbraucherzentrale
- [ ] Das Arbeitsgericht
- [x] Die Schiedsstelle der Handwerkskammer
- [ ] Die Berufsgenossenschaft

6.5 Erklären Sie den Unterschied zwischen Eigentum und Besitz und vervollständigen Sie **Tabelle 1**.

Eigentum: rechtliche Verfügungsgewalt über eine Sache

Besitz: tatsächliche Nutzungsgewalt über eine Sache

Tabelle 1: Beispiel für Eigentum und Besitz

Sache	Eigentümer	Besitzer
Service-Pkw	Firma	Monteur
Mietwohnung	Vermieter	Mieter
Gestohlener Lkw	Fahrzeughalter	Dieb

6.6 Ein Kunde ist mit der gelieferten Sache nicht einverstanden. Welche Gewährleistungsansprüche hat er?

Fehlerbehebung (Nachbesserung) oder bei Nichterfüllung Neulieferung, Rücktritt vom Vertrag, Minderung oder Schadenersatz

7 Rechtsformen von Unternehmen

7.1 Welche zwei Gruppen unterscheidet man bei den Gesellschaftsunternehmen? Tragen Sie die fehlenden Begriffe in **Bild 1** ein.

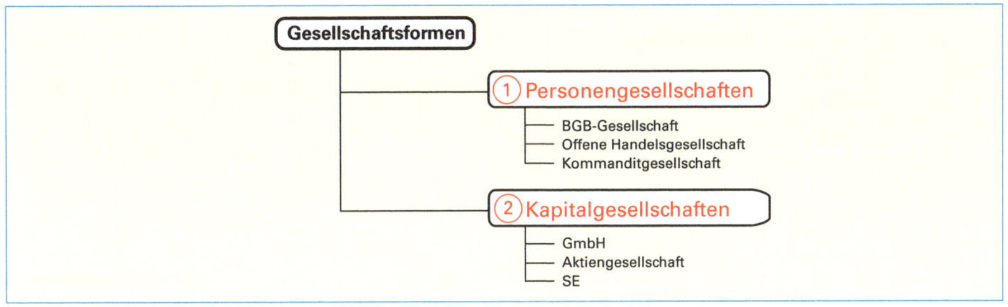

Bild 1: Gesellschaftsformen

7.2 Einzelunternehmen

a) Nennen Sie wichtige Merkmale, die ein Einzelunternehmen gegenüber einer Personengesellschaft hat.

- keine Formvorschriften bei der Gründung
- alle Entscheidungen werden von einer Person getroffen
- volles Haftungsrisiko

b) Welche Betriebe sind oft Einzelunternehmen?

- [ ] Baumärkte
- [ ] Banken
- [ ] Versicherungen
- [x] Bäckereien

7.3 Sie möchten sich selbstständig machen und eine GmbH gründen. Nennen Sie je 2 Vor- und Nachteile.

Vorteile:

Haftung nur mit eingebrachtem Kapital, geringeres Risiko.

Nachteile:

Gewinn muss geteilt werden, Kredite sind schwerer zu erhalten, da begrenzte Haftung.

7.4 Bereits im 19. Jahrhundert wurden Genossenschaften gegründet.

a) Nennen Sie das Ziel einer Genossenschaft.

Schaffung eines wirtschaftlichen oder sozialen Vorteils durch den gemeinschaftlichen Geschäftsbetrieb ihrer Mitglieder.

b) Nennen Sie zwei allgemein bekannte Arten von Genossenschaften.

Winzergenossenschaft, Banken (Volks- oder Raiffeisenbanken), Einzelhandel (CooP)

8 Volkswirtschaftliche Grundbegriffe

8.1 Benennen Sie die vier Phasen eines Konjunkturzyklus in der Wirtschaft anhand von **Bild 1**.

① Aufschwung
② Hochkonjunktur (Boom)
③ Abschwung (Rezession)
④ Konjunkturtief (Depression)

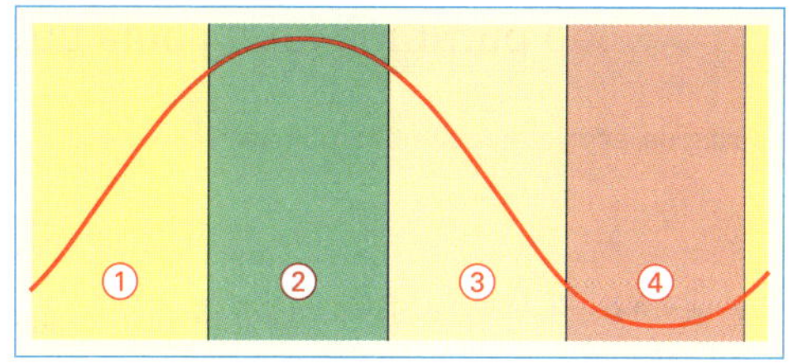

Bild 1: Phasen des Konjunkturzyklus

8.2 Nennen Sie drei Kennzeichen einer Wirtschaftskrise.

Niedrige Inflationsrate, steigende Arbeitslosigkeit, Bruttosozialprodukt sinkt, Zinsen werden geringer

8.3 Was ist unter dem Bruttonationaleinkommen (BNE) zu verstehen?

Die Summe aller Güter und Dienstleistungen in der jeweiligen Landeswährung (z. B. € oder US $), die in einer Volkswirtschaft innerhalb eines Jahres hergestellt bzw. bereitgestellt werden.

8.4 Mehrere Unternehmen beschließen, für ihre Erzeugnisse einen Mindestpreis zu verlangen. Wie wird eine solche Vereinbarung genannt?

- [ ] Monopol
- [ ] Oligopol
- [ ] Syndikat
- [x] Kartell

8.5 Nennen Sie mindestens 3 Bevölkerungsgruppen, die besonders von Arbeitslosigkeit bedroht sind.

Personen mit Migrationshintergrund, schlecht ausgebildete Arbeitnehmer, ältere Personen, Alleinerziehende

8.6 Mit welchen Größen wird die Wirtschaftlichkeit eines Unternehmens berechnet?

- [ ] Umsatz und Gewinn
- [ ] Fremdkapital und Eigenkapital
- [x] Ertrag und Aufwand
- [ ] Produktionsmenge und Umsatz

8.7 Nennen Sie mindestens 3 Wirtschaftszweige, die besonders stark von staatlichen Subventionen abhängen.

Landwirtschaft, Bergbau, Verkehrswesen, kulturelle Einrichtungen

Sozialkunde (Gemeinschaftskunde)

9 Demokratie in Deutschland

9.1 Erläutern Sie wesentliche Elemente der Bundesrepublik Deutschland.

Deutschland besteht aus 16 Bundesländern, die über den Bundesrat an der Bundesgesetzgebung mitwirken. Jedes Bundesland hat eine Landesregierung.

9.2 Nennen Sie je drei Bereiche, die in Deutschland allein vom Bund und allein von den Ländern bestimmt werden.

Bund: Außen- und Verteidigungspolitik, Fernverkehr, Nachrichtendienste, Staatsangehörigkeiten

Länder: Schulen und Hochschulen, Polizei, Rundfunk und Fernsehen

9.3 In **Bild 1** sind die Verfassungsorgane der Bundesrepublik Deutschland dargestellt.

a) Benennen Sie die in **Bild 1** fehlenden Einträge ① bis ④

① Bundesminister
② Bundespräsident
③ Bundestag
④ Bundesrat

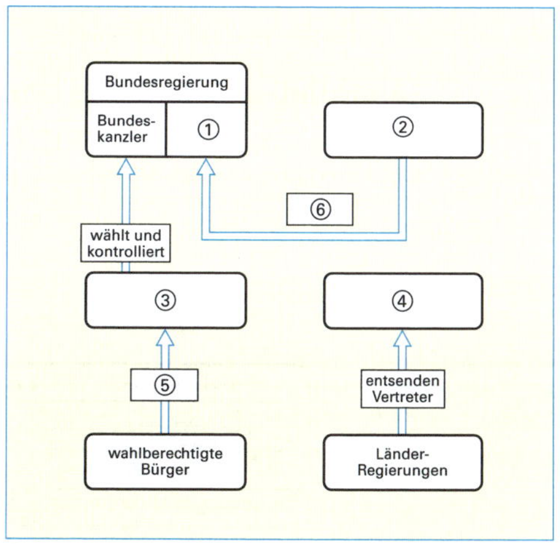

Bild 1: Verfassungsorgane der Bundesrepublik Deutschland

b) Welche Auswahl trifft auf die Felder ⑤ und ⑥ in **Bild 1** zu?

- ☐ wählen und wählen
- ☐ ernennen und wählen
- ☒ wählen und ernennen

9.4 An neuen Gesetzen der Bundesregierung wirken Bundestag und Bundesrat mit. Erklären Sie die Zusammenhänge.

Die Bundesregierung bzw. das zuständige Ministerium formuliert einen Gesetzesentwurf. Der Bundestag berät und beschließt mit Mehrheit in mehreren Lesungen das Gesetz. Sobald in großem Maße die Interessen der Bundesländer berührt werden, muss auch der Bundesrat als Vertretung der Länder zustimmen (oder ablehnen).

9.5 Bei der Wahl des Deutschen Bundestages gelten für die Wahlhandlung bestimmte Grundsätze (Art. 38 GG). Ergänzen Sie in **Tabelle 1** die fünf Wahlgrundsätze und erläutern Sie diese kurz.

Tabelle 1: Wahlgrundsätze

Wahlgrundsätze (Art. 38 GG)	**Bedeutung**
Allgemein	Jeder Staatsbürger, unabhängig von Einkommen, Geschlecht, Religion, Herkunft, Vermögen etc., darf wählen.
Unmittelbar	direkte Wahl ohne Vorschaltung von Wahlmännern
Frei	Ausübung des Wahlrechts darf nicht behindert werden.
Gleich	Alle Wählerstimmen haben den gleichen Wert.
Geheim	Stimmabgabe darf nicht kontrolliert werden.

9.6 In Demokratien wie in Deutschland ist die staatliche Gewalt in Institutionen geteilt **(Bild 1)**.

① Bundestag ② Bundesregierung ③ Bundesverfassungsgericht ④ Landgericht
⑤ Bürgermeister ⑥ Landespolizei ⑦ Bundesrat ⑧ Amtsgericht

Bild 1: Institutionen

Nennen Sie a) die drei Staatsgewalten in Deutschland mit dem Fremdwort und der deutschen Übersetzung und b) ordnen Sie die in **Bild 1** genannte Institution den Staatsgewalten zu.

a)	b)
Legislative – gesetzgebende Gewalt	① ⑦
Exekutive – ausführende Gewalt	② ⑤ ⑥
Judikative – richterliche Gewalt	③ ④ ⑧

9.7 Welche der nachfolgenden Aufgaben führt der Bundespräsident aus?

- ☐ Er bestimmt die Richtlinien der Politik
- ☐ Er hat den Vorsitz im Bundesrat
- ☒ Er repräsentiert Deutschland und unterzeichnet Gesetze und internationale Verträge
- ☐ Er ordnet den Einsatz der Bundeswehr an

9.8 Bei der Wahl zum Deutschen Bundestag kommt es immer wieder zu Überhangmandaten. Erklären Sie den Begriff.

Überhangmandate entstehen, wenn eine Partei aufgrund der abgegebenen Erststimmen mehr Direktkandidaten in den Bundestag entsendet, als ihr nach dem Verhältnis der Zweitstimme Bundestagssitze zustehen.

10 Internationale Zusammenarbeit

10.1 Vereinte Nationen UNO (United Nations Organization)

a) Wie viele Staaten gehören der UN-Generalversammlung an?

- [ ] 212
- [x] 193
- [ ] 12
- [ ] 192

b) Nennen Sie mindestens drei Hauptorgane der UNO.

Sicherheitsrat, Generalversammlung, Wirtschafts- und Sozialrat,
Sekretariat, Internationaler Gerichtshof, Treuhandrat

c) Nennen Sie die Hauptaufgaben der UNO.

Einhaltung des Völkerrechts,
Wahrung des Weltfriedens,
Schutz der Menschenrechte,
Förderung der internationalen Zusammenarbeit

10.2 Sicherheitsrat der Vereinten Nationen (Weltsicherheitsrat)

a) Wie viele ständige und wechselnde Mitglieder hat der Rat?

5 ständige und 10 wechselnde

b) Welches der folgenden Länder ist kein ständiges Mitglied?

- [ ] Frankreich
- [ ] China
- [x] Indien
- [ ] USA

c) Erklären Sie das „Vetorecht" im Zusammenhang mit der Arbeitsweise des Sicherheitsrates.

Die fünf ständigen Mitglieder haben das „Vetorecht".
Ein Beschluss kommt nicht zustande, wenn eines dieser Länder dagegen stimmt.

d) Nennen Sie vier Maßnahmen, die der Sicherheitsrat beschließen kann, um internationale Konflikte beizulegen.

- Wirtschaftssanktionen
- Verhandlungen auf diplomatischer Ebene
- Einsatz von Blauhelmen (Friedenssicherung)
- Mandat für Militäreinsatz
- Entsendung von Wahlbeobachtern
- Hilfe beim Wiederaufbau

10.3 Europäische Union (EU)

a) Die „Europäische Gemeinschaft für Kohle und Stahl (EGKS)", auch Montanunion genannt, gilt als einer der Vorläufer der EG. Wann wurde sie gegründet und welche Staaten waren Mitglieder?

18. April 1951,
6 Staaten: Belgien, Bundesrepublik Deutschland, Frankreich, Italien, Luxemburg und die Niederlande

b) Nennen Sie fünf Organe der EU und deren wichtigste Aufgaben.

Europäischer Rat:	Grundsatzentscheidungen
Europäisches Parlament:	Mitwirkung bei der Gesetzgebung, Haushaltsbeschluss
Rat der Europäischen Union:	Mitwirkung bei der Gesetzgebung
Europäische Zentralbank:	Festlegung und Ausführung der Geldpolitik
Europäischer Gerichtshof:	Judikative (Rechtsprechung)
Europäische Kommission:	Exekutive (Ausführendes Organ)
Europäischer Rechnungshof:	Kontrolle der Ausgaben

c) Nennen Sie vier Bereiche des freien Binnenmarktes innerhalb der EU.

Freier Warenverkehr, Freier Personenverkehr,
Freier Kapitalverkehr, Freier Dienstleistungsverkehr

10.4 Migration/Flucht

a) Nennen Sie drei Gründe für Migration.

- Fachkräftebedarf und Arbeitskräftebedarf in den Industriestaaten
- Überbevölkerung in Entwicklungsländern
- Verbesserung des Sozialstatus
- Unterdrückung der Menschenrechte

b) Beschreiben Sie drei Gründe, weshalb Menschen lebensgefährliche Strapazen auf sich nehmen, um aus ihrer Heimat zu flüchten.

- Krieg/Bürgerkrieg im eigenen Land
- Verfolgung aus politischen, religiösen, geschlechtsspezifischen Gründen
- Soziale aussichtslose Lage wie Arbeitslosigkeit, Krankheit, Behinderung
- Armut
- Notlage durch Umweltkatastrophen

11 Leben in der Gesellschaft

11.1 Im **Bild 1** werden Veränderungen der Arbeitswelt in Deutschland dargestellt.

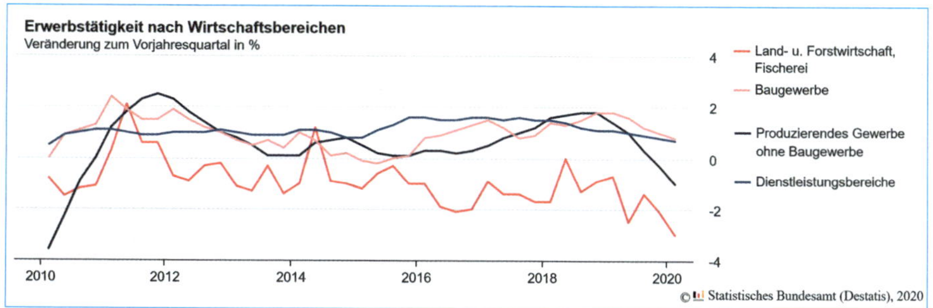

Bild 1: Erwerbstätige nach Wirtschaftszweigen

a) Nennen Sie die wesentlichen Veränderungen.

Absinken des primären Sektors, Reduktion im produzierenden Gewerbe, beständiger Anstieg im tertiären Sektor.

b) Nennen Sie zwei Ursachen für den Wandel in der Arbeitswelt.

Automatisierung nimmt zu, d.h., der Bedarf an Servicekräften steigt. Der Bedarf an Pflegekräften nimmt aufgrund der Altersstruktur zu.

c) Nennen Sie drei wichtige Merkmale der heutigen Informationsgesellschaft.

- kostengünstige Kommunikationsmöglichkeiten
- globaler Informationsaustausch
- Veränderungen bei den Kommunikationstechnologien
- vermehrter Einsatz der neuen Medien im täglichen Leben

d) Zeigen Sie vier verschiedene Anwendungsbereiche für Multimedia auf.

- Internet
- Smartphone
- Computerspiele
- E-Book Reader
- E-Learning
- soziale Netzwerke

e) Nennen Sie drei mögliche Gefahren der Internetnutzung.

- Datenmissbrauch
- Einschränkung bzw. Verlust sozialer Kontakte
- Verschuldungsgefahr
- jugendgefährdende Beiträge
- Suchtgefahren

11.2 Rollenauffassung in der heutigen Gesellschaft

a) Die Rollen des Mannes und der Frau haben sich in den letzten Jahrzehnten geändert. Zeigen Sie dies an drei Beispielen.

- Gleichberechtigung von Mann und Frau,
- gleiche Bildungs- und Berufsmöglichkeiten,
- Elternzeit für beide Elternteile möglich,
- gemeinsames Sorgerecht,
- mehr Frauen in wichtigen Positionen

b) Benennen Sie drei Gründe, die zu diesen Veränderungen geführt haben.

- gesetzliche Gleichberechtigung und Menschenrechtserklärung,
- stärkeres Selbstbewusstsein der Frauen aufgrund von besserer Bildung und Vorkämpferinnen,
- geänderte Statusvorstellungen,
- Festigung des Wohlstandes in Familien durch Doppelverdienst

c) Durch das veränderte Rollenbild sind neue Lebensformen in unserer Gesellschaft entstanden. Nennen Sie Beispiele dazu.

- Leben als Single oder Alleinerziehende/r,
- Patchwork-Familien, Kleinfamilien,
- eheähnliche Gemeinschaften (ohne Trauschein),
- gleichgeschlechtliche Partnerschaften

d) Nennen Sie drei Bereiche, in denen Frauen in der Gesellschaft noch benachteiligt sind.

- Arbeitslohn,
- berufliche Karriere,
- Wiedereinstieg ins Berufsleben nach der Elternzeit,
- Aufgabenübernahme im familiären Bereich und Haushalt

e) Nennen Sie drei Möglichkeiten, wie für Frauen die Vereinbarkeit von Familie und Beruf gefördert werden kann.

- Einrichtung von Kindertagesstätten,
- flexible Arbeitszeiten,
- Freizeitprogramme für Kinder,
- Arbeitsplatzgarantien für Mütter bei Familienpausen,
- stärkere Einbindung der Väter im familiären Bereich

Bildquellenverzeichnis

			Seite im Buch
ABB	68309 Mannheim	www.abb.com	110–1
ABUS-Sicherheitstechnik	58300 Wetter	www.abus.com	108–1
AVM	10559 Berlin	www.avm.de	211–1
Bankenverband	10178 Berlin	www.bankenverband.de	222-2
Bartl Wärmepumpen	70499 Stuttgart-Weilimdorf	info@bartlwp.de	75–1, 76–1
EhT Haustechnik (AEG)	90449 Nürnberg	www.aeg-haustechnik.de	71–1, 196–1
ERCO	58507 Lüdenscheid	www.erco.com	Umschlagbild
Hager	66440 Blieskastel	www.hager.com	178–1
HEA	10117 Berlin	hea.de	72–1
Hirschmann (Belden Electronics)	72654 Neckartenzlingen	belden.com	15–1
IBH GmbH	27749 Delmenhorst	info@ihb-deutschland.de	45–1
Siemens AG	80333 München	www.siemens.com	124-1, 128–1, 182–1, 188–1
Solara AG	22767 Hamburg	info@solara.de	82–1
SolarWorld AG	53175 Bonn	solarworld.com	85–1
Statistisches Bundesamt	65189 Wiesbaden	www.destatis.de	230–1
Stiebel-Eltron	37603 Holzminden	www.stiebel-eltron.de	67–1
Sunways AG (RCT power)	78467 Konstanz	www.sunways.eu	92–1
Swissvoice			213-1
Telekom Deutschland GmbH	53227 Bonn	www.telekom.de	206-2
Vaillant Deutschland GmbH	42859 Remscheid	www.vaillant.de	69–1, 2
VdS	50735 Köln	vds.de	104–1, 105–1